通识

大学通识教育教材

大学人文教程

DAXUE RENWEN JIAOCHENG

主　编　詹艾斌　陶也青
副主编　刘　瑾　夏　成

高等教育出版社·北京

内容提要

本书是大学通识教育教材。

本书内容覆盖面广，涉及人文素养的诸多层面，共分四编，分别为哲学与文化、语言与文学、艺术与美学、历史与道德。本书旨在引导学生阅读经典篇章，提升人文修养，促进自我全面发展。

本书适合作为高等学校相关课程教材，也可供社会读者阅读参考。

图书在版编目(CIP)数据

大学人文教程 / 詹艾斌，陶也青主编. —北京：高等教育出版社，2019.8(2021.8 重印)

ISBN 978-7-04-052509-0

Ⅰ. ①大… Ⅱ. ①詹… ②陶… Ⅲ. ①人文科学-高等学校-教材 Ⅳ. ①C

中国版本图书馆 CIP 数据核字(2019)第 176287 号

策划编辑 朱争争 吴凤贤 **责任编辑** 朱争争 **封面设计** 张文豪 **责任印制** 高忠富

出版发行	高等教育出版社	**网　　址**	http://www.hep.edu.cn
社　　址	北京市西城区德外大街 4 号		http://www.hep.com.cn
邮政编码	100120		http://www.hep.com.cn/shanghai
印　　刷	上海天地海设计印刷有限公司	**网上订购**	http://www.hepmall.com.cn
开　　本	787mm×1092mm 1/16		http://www.hepmall.com
印　　张	17		http://www.hepmall.cn
字　　数	395 千字	**版　　次**	2019 年 8 月第 1 版
购书热线	010-58581118	**印　　次**	2021 年 8 月第 2 次印刷
咨询电话	400-810-0598	**定　　价**	36.00 元

本书如有缺页、倒页、脱页等质量问题，请到所购图书销售部门联系调换

物 料 号 52509-00

本书编委会

主　编　詹艾斌　陶也青

副主编　刘　瑾　夏　成

编　委　申　丽　伍文珺　刘月华　刘邦平　孙尊章
苏小丽　杨　敏　肖瑞红　张勇生　张　燕
陈建锋　欧阳小婷　易小会　周云颖　周圣男
胡翠柏　姚燕苹　黄春玲　黄　蓉　崔文娜
曾　诚　简思香　潘多灵　潘志刚　戴　彧

前　　言

据记载，古希腊哲学家第欧根尼常在大白天提着灯笼，行走于科林斯城邦的集市上。好奇者问其故，答曰：我在寻找“人”。或有人谓，运动会上人的数量不可胜计，他却说那不可胜计者，无一可称其为“人”，至多只是“半个人”。这里所说的“半个人”，大体相当于后来马尔库塞所说的“单向度的人”，他们处于“碎片化的”生存状态。

“碎片化的”生存状态何以产生？在《审美教育书简》中，席勒说，源于人的物质存在的感性冲动和源于人的精神存在的形式冲动各有片面性。感性冲动出于物质需求，形式冲动出于理性法则，二者分别受到自然要求和理性要求的强制，人在这两种冲动中是不自由的，“人永远只束缚在整体的个别的小碎片上，仅把自己培养成一块小碎片；他耳边永远只响着他不停地驱赶着的小轮发出的单调的噪声，永远也无法达到他本质上的和谐，他未能将其天性中的人性表达出来，而仅仅成为其活动和知识的印痕”。在当下，一方面，日益精细的社会分工和学科分类，常使人囿于理性知识的孤岛之中难以突围；另一方面，无所不在的大众传媒和消费文化，又易使人溺于感官娱乐的深潭难以自拔。“半个人”“单向度的人”在日常生活中的身影越来越稠密。

人文教育，乃是要重新弥合人与自身的物质需求、人与世界的理性法则之间的冲突，也要重新弥合人自身的物质需求和世界的理性法则之间的冲突。它不放弃对艺术的感性直观，也不放弃对世界的深邃思考；它不放弃现实的身体愉悦，也不放弃理想的道德责任。它致力于感性与理性、有限与无限的统一，由此实现人的完整性，以及日常生存的诗性。

从西方来讲，“人文”一词，来自“人文主义”（humanism）。在西方文艺复兴时期，欧洲人对于古希腊罗马文化的热情被激发出来，他们相信只有通过研究古典艺术、文学和哲学，人才能成为一个完整的人，由此形成了人文学。

于中国而言，“人文”一词，最早见于《易》。《易·贲》卦辞说：“小利有攸往，天文也；文明以止，人文也；观乎天文以察时变，观乎人文以化成天下。”此处，“人文”与“天文”对举，主要指文化对人性的教化、培育和塑造。司马光在《传家集》中说：“古之所谓文者，乃诗书礼乐之文，升降进退之容，弦歌雅颂之声，非今之所谓文也；——今之所谓文者，古之‘辞’也。”对于将《易传》“人文”狭义地理解为诗文辞章之“文”，司马光感到不满。以今天的眼光来看，“文”的形式更是多种多样，包含着人类优美心灵的一切优美作品，涉及文学、艺术、历史、哲学等多个学科领域。特别要强调的是，今日的人文学要能容纳“科学”这一领域，要将科学精神铸入人文，又从人性角度审视科学，以实现科学精神与人文精神的有效融合。这样的人文学可称为新人文学，与之相应的人文教育可称为新人文教育。

鉴于新人文教育及其精神取向的重要性，我一直想编写一部高质量的新人文教育教材，并在本科生中使用。本教材的编写缘于我，也由我拟定整体框架、确定具体篇目，但工作的最终完成，是众多人员合作的结果，他们分别是：

第一部分：

曾诚（南昌师范学院）、夏成（江西农业大学）、伍文珺（江西省文化厅）、崔文娜（南昌工学院）、易小会（南昌工学院）、欧阳小婷（江西警察学院）、刘邦平（豫章师范学院）。

第二部分：

张勇生（江西师范大学）、肖瑞红（江西省瑞金市教研室）、刘瑾（南昌工学院）、周圣男（华中科技大学）、胡翠柏（南昌工学院）、刘月华（南昌工学院）、周云颖（江西师范大学）、崔文娜（南昌工学院）、张燕（安徽省马鞍山市中加双语学校）。

第三部分：

夏成、潘多灵（豫章师范学院）、申丽（山东交通职业学院）、黄蓉（抚州幼儿师范高等专科学校）、杨敏（江西省奉新县第二中学）、简思香（江西省樟树市第三中学）、周云颖。

第四部分：

夏成、戴彧（江西师范大学）、张燕、苏小丽（南昌工学院）、易小会、姚燕苹（江西省抚州市第一中学）、胡翠柏。

另外，孙瑾、赖欢、戴宵、王卓、梁汉英、严孝琪、钟巧、周敏婕参加了此次编写的资料收集、校对等工作。在此一并致谢！

由于时间仓促，能力亦有限，教材当会存在不足之处，我们诚望得到读者的批评指正。

詹艾斌

2019 年 7 月

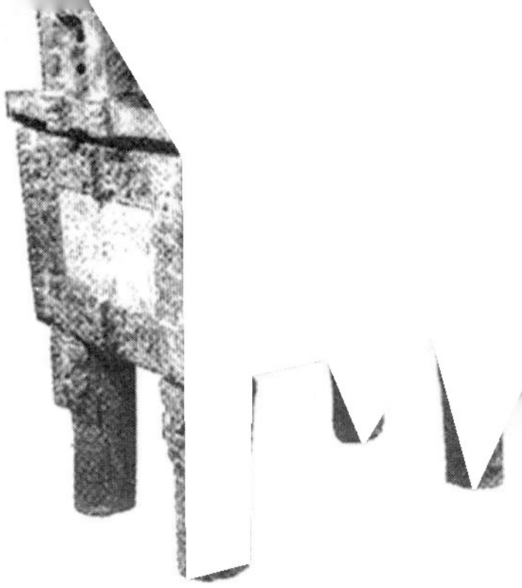

目　录

第一编　哲学与文化

导　言

哲学：源于好奇的追问

你可曾为这样一些问题感到困惑：怎样去定义宇宙的浩瀚？在茫茫星系中，为何只恰好在地球上产生了能够孕育生命的阳光、水分、土壤、大气和各种元素？人类在这难究始末的世界上诞生，到底能做些什么？

或者我们换一种问法——

造物的意义何在？

唯心主义者会回答："宇宙便是吾心，吾心便是宇宙。"仿佛人的心意能通达万物，"我"就是这宇宙间万物生息的根源和理由，或者请出"神明"来证明存在者之所以存在是因为契合了造物神的心意。而对于这种无从考究的"神"，从古至今，人都充满着莫名的敬畏；唯物主义者显然并不认可"造物主"的存在，在他们眼中，那些浩瀚无边的物质实体的存在都是依照其自身的发展规律而自然产生的，与"造物"无关，也就是所谓的"天地合气，万物自生"。那么在此天地之间，人又能做些什么呢？

第一个仰望苍穹的人，开启了人类对宇宙的思考之路。或许是在某个盛夏的夜晚，他一个不经意的抬头，发现了繁星密布、广阔无垠的天空。此时，他的心中必然会对这未知的，广博、深邃的天穹产生莫名的畏惧和崇拜感，有一个朦胧而又庞大的答案找到了他——这就是世界。

世界在空间上的无限性以及在时间上的永恒性会让只有短短数十载生命的人类产生强烈的紧迫感和深重的无奈感，而能够在对比之中找到这两种感觉的人大抵就具备了哲思的气质。因为接下来他将要去追问：世界的根本是什么？自己与世界之间是一种什么样的关系？那种试图在两个问题之间寻求沟通桥梁的人，就是最初的智者。

哲学的发源地之一是古希腊，从希腊语的词源上看，"哲学"最初的意义是"爱智慧"。那时的智慧主要体现在对"世界"和"我"这两个永恒主题的追问之中。对世界的根本面目穷极追问的结果或许只能是让人感到沮丧的徒劳无功，原因在于这是一个永恒延绵的谜，就像对细胞做无限度分解，对未知数进行无限次开方是一项永远无止境的工程。这种求索的姿态却不会因此而改变，因为人生存的意义就体现在对此类重大的根本性问题的纠缠中，他们必然会永久地思索下去，思索另一个哲学追问："我"应当如何在"世界"中存在？"我"在"世界"中存在的意义是什么？如果他只停留在对每天的食物来源和居住场地的应付上，就与一般动物相差无几，生命的状态仅仅是"活着"，而无关"存在"。但对生命意义的追问，表现出人类的情感与理性最终归根于对精神生活的向往，而正是精神生活在人类的生活中所占的比重显示了人的高度。

后来我们把前一种对世界的追问定义为“世界观”，而后一种对生命的思考视为“人生观”，二者共同构成了哲学的两大基石。哲学，就起始于人对于自然的惊叹，由惊叹而求认知，认知中的错误和不可得又促使人产生疑虑，怀疑自身存在的可能性，进而追问生命的意义。人的惊叹指向的是宇宙中的神秘未知，而怀疑则归因于自身内心的繁复莫测，无论是哪一种，都属于我们意识形态领域的活动。但这不是一整套既定的、能够全面认知的意识形态，凡是涉及哲学的两大基本问题的追问都没有最终的答案，这是每个个体思想的独特性使然，以及哲学始终对世界和人生保持追问姿态的本质要求。

以上分析表明，哲学研究的问题，是对世界本质的追问和对生命意义的考察。在一般人看来，思考这两大问题根本不实用，既不能养家糊口发家致富，又不能张其声誉名扬天下，为什么还要花时间和精力去关注这些“没用”的问题？古希腊哲学家泰勒斯年轻时曾经是一个商人，由于他把大部分的时间都用于思考（探索天上的星象和世界的本源），这导致他经营不善，由此遭到大家的嘲笑，说他是个没用的人。有一天晚上，泰勒斯走在旷野之中，他抬头仰望星空，看见了满天星斗。泰勒斯对着满天的星星思考了一会儿，然后预言，说第二天会下雨。就在这时，他掉进了一个坑，差点摔个半死。别人把他救起来，他说：“谢谢你把我救起来。你知道吗，明天会下雨啊？”人们听说这件事后，都嘲笑他，说哲学家只知道天上的事而不知道脚下的事。是的，哲学家思考的往往是些形而上的事情，没有实用价值。哲学，它既不像数理化、计算机和各种工程建筑学的应用型科学一样，能够计算出精准的答案或是建造出有形的实体，以供各种现实物质生活环节的必需；它也不像文学、音乐、绘画、戏剧等艺术门类，能够给人提供精神上的愉悦。那么，哲学与日常生活是否毫无瓜葛而仅仅是存在于人的脑袋中的虚无猜想呢？哲学真的一无是处吗？

德国哲学家黑格尔说，一个民族只有拥有那些关注天空的人，这个民族才有希望。如果一个民族只是关心眼下脚下的事情，这个民族是没有未来的。泰勒斯就是凭借对“什么是世间万物的本原”这个哲学问题的追问，提出了“万物源于水”的早期唯物主义观点，成为代表希腊智慧的第一人。哲学思考本身就是一种生活方式。对于生活中的不如意、挫折和一些难以在短时间内得到改善的现状，哲学能给人提供坦然面对的勇气和独特冷静的思考角度，在调整人们心态的同时，也调整着人们观察世界和人生的眼光。

对于哲学的“智慧”，不同的人有不同的看法。有的人将它视为技能、谋略和权术，如“说话的哲学”“为人处世的哲学”“营销的哲学”“高官的哲学”等。人们常把这种注重社会事务和人伦关系的哲学称为“入世哲学”。甚至有人说中国的哲学大都是入世的。因为从“显学”儒家到培养“隐士”的道家学派，无论是哪一家的思想都直接或间接地谈及人际关系、社会道德与政治手段，不论是问生死还是做圣人，都以处于现实社会中的个人为对象。这种论断从表面上看，似乎是有道理的，但哲学的根本却远不是这么简单就能概括的。追逐实用并非哲学真正的意义和价值，相反，对“不实用”的追求才是哲学的大用。

哲学源于世俗，但其个性和精神必然超越其上。面对现实，人们通常有两种态度。一种被称作“出世的哲学”，它认为要追求最高形式的成就，必须远离社会，摆脱尘世的喧嚣。这种哲学如黑格尔所说：是一间隔离的圣所，它的祭司必须远离俗世，潜心于真理。另一种态度是对社会发展走向和时代精神密切关注，将自己的人生观、价值观与现实生活融合在一起，坚守人类最基本的价值尺度，摆脱所处社会和时代的干预束缚，对现实进行审视和批判。这种哲学如席勒所说是在精神的意义上，摆脱特定国家和时代的束缚，做一切时代的公民。这种哲学被称为“入世的哲学”。

哲学是出世与入世的统一。不接地气的哲学脱离现实，会遁入清谈，而直接以现实的准则来判断哲学，又会不得其要领。苏格拉底曾为追求真理甘冒杀身之险，独身一人与被视为民主政治源头的雅典城邦法庭公然对抗。一边是哲学家为坚持心中的正义追求更合理的人生而受到迫害，另一边是以民主自由为依据，履行当时正规的法令程序。二者孰是孰非？若是单纯以现实的准则来判断，则难免失之偏颇。哲学家关注的是世界与人生，而政治关心的是政权的稳固、阶级的利益等，两者并不是同一个层面的问题。如何使得出世的心态与入世的精神在哲学上完成统一？我想中国哲学家所提倡的“内圣外王”的人格或许是最好的答案。“内圣”注重人精神修养的成就，而“外王”强调在外在社会中的功用，也就是说，内在修为高的人理论上就具备成为王者的条件。这种说法与柏拉图的“哲学王”很相似，柏拉图的理想国中的国王就应该是哲学家。当然，这仅是理论上的构想，具体在实际中哲学家能否为王那是另一码事，而这亦是无关宏旨的。

谈及对人类精神生活的关注，哲学与宗教有着微妙的相通之处：都涉及人类的终极关怀，都在追求心灵境界的提升。然而，宗教与哲学有着本质的区别。首先，宗教把人类的终极关怀放在彼岸世界，如“来世”；哲学把人类的终极关怀放在现实，即此生。其次，宗教虽然也讲世界整体的问题，但宗教是以感性表象的形式讲世界的普遍性；哲学则是通过严密的推理、抽象的概念来说明世界的普遍性问题。第三，哲学并不提倡偶像崇拜，主张人们依靠自己的理性探索和思考；宗教则依靠外在的权威迫使人无条件服从它的管束。宗教对人生困境的解答和终极意义的思考，带有某种不容置疑的独行专断的特性。哲学却相反，哲学的最大特点就在于它具有开放性，它思索的问题永远没有唯一答案。对哲学问题的解答没有绝对的标准答案，“绝对”真理在哲学中处于指引前进却不可企及的“信仰”地位。这正是哲学的可贵之处，它促使人们去享受发问和探索的过程本身，对那些未知的问题在思维和心理上永远处于积极求知的活跃状态。如果说对宗教信仰的追求让人得以享受安身栖心的归宿而就此停止烦劳的思索，哲学则是给思想精力疲惫或是困顿的人提供短暂的休憩地和新的路标，爱智慧的人将永远走在寻找的途中。

哲学在寻求信仰的同时，还注重过程的科学性，强调用头脑和实践来解答心灵提出的问题。哲学对人生中终极真理的追问依靠理性，要求用充分的理由来对问题做出相对正确的回答。信仰宗教的人则认为，人对未知事物求解的过程和手段应当归结于基于对神明崇拜的自我修行；人的智慧或者说理性难以企及世界和人生的本真，必须依靠神明的点化。例如，道教和道家学派，前者属于宗教，后者属于哲学派别。道教教徒在修行过程中会用提炼方术或修炼丹药来避免人的自然衰老和死亡，道家学派却强调人之生死乃是自然之物生息的必然结果，人应当修心平静地享受整个过程。道教试图让信徒逆反规律去作为，道家却讲究在遵循自然规律的前提下享受人生。它们的区别是宗教与哲学的区别。

值得注意的是，哲学固然需要由理性来构建合乎常规、逻辑的知识体系，但不能以此将哲学等同于科学知识。关于这一点，康德早已提出了明确的观点：用人类理性发明的语词只能谈论现象，而不能谈论世界的本质。由知性（这里指科学）来解答灵魂所问的问题，必然会陷入二律背反。也就是说，面对问题，哲学拥有科学所不具备的解答能力。那么这种能力究竟是什么呢？

哲学的形而上、不世故使它与艺术也有相通之处，它们都关注世界和人生。它们中一个执着于对世界和人生进行思考与体悟，另一个则是用贴切独特的语言将之以美的形式表达出来。我们读文学作品时，常常可以通过文字构想出人物的相貌和言谈举止，甚至窥见作者的内心世界。哲学论著中的如“本体”“主体”和“意识形态”之类的超级概念，则会让人感觉像一张灰色的网，其中各种概念的繁杂交织的知识谱系往往让人觉得千头万绪难以厘清，这就是人们所谓的“抽象”。哲学喜欢隐瞒思考过程中的喜乐悲欢，只将思索推导的结论呈现出来，而文学则毫无保留地袒露内心的些微悸动和灵魂深处的暴风骤雨。哲学需要文学的灵性和激情，正如文学需要哲学的视角和深度。中西方很多优秀的哲学著作都能让人欣赏到文学美感的律动，在《论语》《庄子》《理想国》《瓦尔登湖》《浮士德》等作品中，储藏着丰厚深远的哲学隽语，同时也放射出经久不衰的美的光环。我们从陀思妥耶夫斯基、萨特、托尔斯泰的小说与散文中学到的哲学，一点也不会比专业哲学课本中的少。能够为人接受、赞赏的哲学作品绝不是单一的思想清单，它关乎个人对于人生的丰富阅历和个人本身真实淳朴的性格和情感表达，它以毫无虚饰的面貌出现，正如生活中的阳光、空气、土壤、河流一样，唤起我们内心深处亲切而悠远的回响。

雅斯贝尔斯说，哲学是一个动词而不是一个名词，哲学的本质不在于掌握真理而在于寻找真理。学习哲学需要秉承哲学最基本的追问精神，思考那些根本性的问题并孜孜不倦地寻找答案。或许到最后可能找不到答案，又或许找到了。结果并不重要，重要的是相较于结果，哲学更注重那段寻求结果的过程。一个伟大的哲学家，往往是一个优秀的提问者。他不给人们提供关于问题的现成解答，而是引领人们持续不断地思考。那些引发他全身心投入苦思冥想的问题，也将沿传下去启发后来的人去思考和探索。可能他找到的答案只属于个人，但他在寻求答案的过程中提出的每一个问题都能够与大家分享，这些问题应该属于整个社会和整个时代。

学习哲学没有一劳永逸的方法，只有万古常新的提问和解答的方式。真正关心哲学、爱智慧的人，不会简单地依据问题按图索骥地捡拾前人的答案。最宝贵的不是答案而是问题本身和追寻答案的过程。事物的发展有一个由旧到新的过程，站在前人的肩膀上可以看得更远，继承前人的智慧成果可以规避一些思想迷误。继承已有的哲学思想，是有必要的。但是，以前人的哲学成就为原点，弄清楚已有哲学家的观念，把他们推导的逻辑过程和结论记住，这是不会成为真正的哲学家的。学习前人的思想，这确实比他们自己去思考和摸索答案要来得轻松，或许也能弄出些成绩来。但是这样的学习，只是对历史的陈述和总结。我们需要的是学会思考和提问。那些广纳诸家思想真谛而从未提出自己思考的问题的人，只能被称作“哲学史家”。哲学中的创新依旧要回到思考的能力本身，这表现为从整体出发把握问题关键的领悟力和洞察力，以及超越前人思维框架的广阔视野和相当的领悟能力。一个不具备创新能力的人，他所从事的任何研究都不能被视为研究，那些我们至今仍奉为经典的哲学思想的生命力在于其本身就具有鲜活的再创造能力。

学习哲学的过程可能枯燥无味令人生厌，也可能生动活泼引人入胜，这取决于学习者是不是一名爱智者。在哲学领域中，学习知识是次要的。学习哲学的首要目标是唤起自己思考的热情，做一个有活泼心智的人。学习哲学不能局限于课堂和教材，也不应该拘囿于抽象的概念和理论，而应该回到现实生活中，让哲学“鲜活”起来，也让自己的思维活跃开来。

在维特根斯坦的《哲学研究》中有这样一段话：

“我们有一种幻觉……在于试图抓住语言的无可与之相比的本质……其实，只要‘语言’‘经验’‘世界’这些词有用处，它们的用处一定像‘桌子’‘灯’‘门’这些词一样卑微。”“当哲学家使用一个语词——‘知’‘在’‘对象’‘我’‘句子’‘名称’——并试图抓住事物的本质时，我们必须不断问自己：这个语词在语言里——语言是语词的家——实际上是这么用的吗？我们把语词从形而上学的用法重新带回到日常用法。”①

我们应该操持维特根斯坦的基本立场——把哲学思考拉回到“粗糙的地面上”，将千百年前的智慧从书架上拉下来，去其尘埃，保持真切的道德直觉和清醒的问题意识，让思想真正受到哲学爱智魅力的熏陶。

除了增加人生阅历与联系现实思考以外，学习哲学的一个重要环节是阅读一些经典的哲学原著。初学者可以挑选一本较为简明的哲学史著作，在阅读期间培养自己的兴趣，找到大致的哲学领域中的兴奋点。在此基础上不妨找到感兴趣的哲学家的思想或者某一问题深入广泛地研习，在与超越时空的大家思想的沟通中产生共鸣，找到属于自己的问题。

文化：精英和大众的对话

哲学人类学家兰德曼说：“文化创造比我们迄今为止所相信的有更加广阔和更加深刻的内涵。人类生活的基础不是自然的安排，而是文化形成的形式和习惯。正如我们历史地所探究的，没有自然的人，甚至最早的人也是生存于文化之中。”②人总是存在于一定的文化之中。从衣食住行到生老病死，从劳动实践到玄学艺术，人类的思想、行为和存在状态，无一不与文化具有密切的联系。

虽然人与文化的关系如此亲近，但是对文化的界定却是一件极其困难的事情。雷蒙·威廉斯认为，英文中意义最复杂的几个词语，文化(culture)是其一。依雷蒙·威廉斯所说，文化最接近的词源是拉丁文 cultura，具有“栽种”或“照料”的主要意义。culture 在早期的用法里，是一个表示“过程”(process)的名词，意指对某物，基本上是对某种农作物或动物的照料。在英语中，文化“照料动植物的成长”的意义，从 16 世纪初，被延伸为“对

① 路德维希·维特根斯坦：《哲学研究》，陈嘉映译，上海人民出版社 2005 年版，第 91 页。 ② 兰德曼：《哲学人类学》，彭富春译，工人出版社 1988 年版，第 260—261 页。

心灵的陶冶和人格的培育”等意义。而在18和19世纪之交的德语中，文化不仅具有上述意义，还可以用来描述“人类发展的世俗过程”，和今日所说的文明具有类似的意味。但是，在当时，文化在性质上与文明是相对立的。文化是传统的、人类的、精神的，而文明却是新兴的、机械的、物质的（无人情味的）。到了19世纪中期，在一些著作中，文化与文明的意义已经等同，可指称人类发展过程中所有的精神和物质创造。就此，雷蒙·威廉斯说，文化概念演变的复杂性与现代用法的复杂性已经显现出来。①

但是造成文化一词意义复杂的原因不仅在于这个词的意义在欧洲语言中有着复杂的演变史，更在于这个词在不同的学科领域以及思想体系中被用作重要的概念。② 美国学者 A. L. Kroeber 和 Clyde Kluckhohn 合著的 *culture，a critical review of concepts and definitions* 一书列举历史上文化的若干类型的一百多种定义，但是仍有学者认为，未能悉尽概括不论是历史文献之中还是今日正在流行的文化定义。③ 文化一词的意义之复杂，可见一斑。对文化的界定如此困难，因此本文并不拟就文化的概念进行辨析式的阐述，而只是通过对两种在当今社会仍普遍存在的文化思想的介绍，以显现文化的一般面貌和现实意义。

一、文化是最“最优秀的知识和思想”

持精英主义立场的文化学者中，马修·阿诺德是极具代表性的一位。马修·阿诺德认为“文化以美好与光明为完美之品格”④，是“当前世界上所能了解的最优秀的知识和思想，使我们能做到尽最大可能接近事物之坚实的可知的规律，从而使我们的行动有根基，减少了混乱，使我们能达到比现在更全面的完美境界”⑤。在马修·阿诺德看来，这种“最优秀的知识和思想”，来自于西方源远流长的“两希”传统。“一个注重智慧，另一个注重顺服；一个强调全面透彻地了解人的职责的由来依据，另一个则力主勤勉地履行职责，一个

---

① 雷蒙·威廉斯：《关键词：文化与社会的词汇》，刘建基译，生活·读书·新知三联书店2005年版，第101—109页。 ② 雷蒙·威廉斯：《关键词：文化与社会的词汇》，刘建基译，生活·读书·新知三联书店2005年版，第101页。 ③ 陆扬、王毅所著的《文化研究导论》认为 A. L. Kroeber 和 Clyde Kluckhohn 将文化的定义分为哲学的、艺术的、教育的、心理学的、历史的、人类学的、社会学的、生态学的和生物学的九个类类型。而殷海光在《中国文化的展望》中认为 A. L. Kroeber 和 Clyde Kluckhohn 将文化的定义分为记述的、历史的、规范性的、心理的、结构的和发生的六个类型。之所以有这种差异，是因为殷海光的六个类型来自对 *culture，a critical review of concepts and definitions* 第二部分 *Definitions* 的翻译，而陆扬、王毅则对该书中所提到的文化观念进行了重新归纳，所以得出了九个类型。尽管 A. L. Kroeber 和 Clyde Kluckhohn 对文化定义列举甚详、研究甚细，但是陆扬、王毅认为“不论是历史文献之中还是今日正在流行的文化定义，都未必是这九种基本类型可以悉尽概括的”，只能说“大多数文化定义可以在这九个门类下得到说明”（参见陆扬、王毅：《文化研究导论》，复旦大学出版社2006年版，第3—9页。殷海光：《中国文化的展望》，上海三联书店2002年版，第28—41页）。另外，A. L. Kroeber 和 Clyde Kluckhohn 的著作中到底提到多少种关于文化的定义，也是众说纷纭，衣俊卿说是161种（参见衣俊卿：《文化哲学十五讲》，北京大学出版社2004年版，第6页），殷海光称至少有164种（参见殷海光：《中国文化的展望》，上海三联书店2002年版，第28页）。 ④ 马修·阿诺德：《文化与无政府状态》（修订译本），韩敏中译，生活·读书·新知三联书店2012年版，第18页。 ⑤ 马修·阿诺德：《文化与无政府状态》（修订译本），韩敏中译，生活·读书·新知三联书店2012年版，第132页。

慎之又慎，确保不将黑暗当成了光，另一个则是看到大的亮光就奋力向前。”①古希腊文化传统和古希伯来文化传统是异质的，因此两者在发展的过程中有着激烈的斗争；但是也正因为两者是异质的，所以两者才有互补的可能性。西方文化发展的历史就是“两希”传统对抗和融合的历史。二者在对抗中不断融合，从而弥补自身的片面性。马修·阿诺德认为，要建构真正的文化，需要重回传统的不朽之泉中，汲取永恒的知识和思想。在现实中，传统只能以经典文学和高雅艺术为主要载体。因此，文化可以简单地理解为浓缩在经典文学和高雅艺术里的思想活动和传统精神。在社会分崩、人性扭曲之时，文化具有重塑社会和人性的功能。这种精英主义的文化显然只掌握在少数人手中。马修·阿诺德带着几分轻蔑的态度将贵族阶级称为“野蛮人”，将中产阶级称为“非利士人”，将工人阶级称为“群氓”，并将改造社会、完善人性的希望寄托在承负人类知识和真理传播功能的受过高等教育的少数人身上。

马修·阿诺德的文化思想上承柯尔律治，下启 F. R. 利维斯。柯尔律治认为教养是知识分子阶层中的一小部分人的财富，有教养的知识分子肩负着引导文明发展进步的职责。他说，“整个秩序的目标和最终意图就是：保留和保护过去丰富的文明遗产，进而把现在和过去连接起来；完善和丰富文明宝库，进而把现在和未来连接起来。”②和柯尔律治及阿诺德一样，利维斯相信文化一直掌握在少数人手中，依赖这数量有限的群体，传统中最微妙、最容易遭到破坏的部分才得以保存，一个时代人类更好生活的内在标准才得以维系。

阿诺德和利维斯所代表的是贵族主义、精英主义的文化理论。在他们心中，文化是在时间中所凝结的最纯粹、最美好的艺术、思想，是以柏拉图、莎士比亚等为代表的“伟大的传统”。对于大众，阿诺德等人是轻视的。对于阿诺德等人来说，文化的一个重要功用就是教育大众，“控制大众社会里不守规矩的力量”③，以避免社会在功利化的大潮中日益走向粗俗、野蛮。所以说在阿诺德等人的文化思想中，存在着明显的“精英—大众”的二元对立，具有鲜明的保守主义色彩。持保守主义立场的文化学者在世界各国都不乏其人，如美国的白璧德，及其在中国的学生胡先骕等人。

二、文化是“一种特殊的生活方式”

相对于阿诺德和利维斯来说，雷蒙·威廉斯的文化理论更具开放性和民主色彩。在《关键词：文化与社会的词汇》一书中，雷蒙·威廉斯较为简洁地从三个方面对文化进行了界定。其一，文化指的是“18 世纪以来思想、精神与美学发展的一般过程”。这一层次上的文化，大致相当于今天所说的文明之意，是物质、精神、制度、宗教、艺术、科学的历史轨迹和现实存在，如我们常说的中华文化、美国文化等；其二，文化表示“一种特殊的生活方式”，比如日常所说的贵族文化、工人阶级文化甚或草根文化；其三，文化用来描述“关于

① 马修·阿诺德：《文化与无政府状态》(修订译本)，韩敏中译，生活·读书·新知三联书店 2012 年版，第 107 页。 ② 柯尔律治：《论教会和国家体制》，见约翰·斯道雷：《文化理论与通俗文化导论》，杨竹山、郭发勇、周辉译，南京大学出版社 2006 年版，第 29 页。 ③ 约翰·斯道雷：《文化理论与通俗文化导论》，杨竹山、郭发勇、周辉译，南京大学出版社 2006 年版，第 26 页。

知性的作品与活动，特别是艺术方面的”，对大多数人来说，这对应的是音乐、文学、绘画、雕刻、戏剧与电影。①

雷蒙·威廉斯对文化概念的阐释，最有意味的一点在于他认为文化表示“一种特殊的生活方式”。在雷蒙·威廉斯的一生中，他对文化的概念的界定多有变化，但是不管怎么变化，文化是“一种特殊的生活方式”这一观点始终没有动摇。雷蒙·威廉斯这个观点受人类学者泰勒的影响。泰勒认为文化“是一个包括全部的知识、信仰、艺术、道德、法律、风俗以及作为社会成员的人所掌握和接受的任何其他才能和习惯的复合体”②。和泰勒一样，雷蒙·威廉斯将文化的外延推向更为广阔的领域。但相对于泰勒将文化看作一个“整体”，雷蒙·威廉斯强调了“特殊”。文化不仅有着社会形式，而且这些社会形式表达着“某种特定的意义和价值观念”。由此，雷蒙·威廉斯实际上肯定了不同阶层、不同形式的文化，虽然这些不同阶层和形式的文化有着诸多差异，但是都有自身的合理性。因此，雷蒙·威廉斯的文化思想更有开放性和民主色彩。

雷蒙·威廉斯说，文化有两种意义，或者指日常生活的全部，或者指特殊的艺术与学问的发现与创造的过程。有人只取一种，而他兼取两种。他固然珍视英国的精英文化传统，但是他认为文化的形式与社会生活存在着密切关系。“今日围绕于‘文化’一词意义的许多问题，的确都是由‘工业’‘民主’‘阶级’等词的改变所代表的重大历史变迁所引起的。”③文化意义上的历史实际是日常生活变迁的历史，是人对所理解的有关工业和民主定义的反映。在人的生长和生活不断地由人自身调节和改变的情况下，“文化的意义史是我们赋予它的历史，而且，它只能在我们所处的具体的社会环境中才能被理解和接受”④。也就是说，当新的社会群体，新的生产、生活方式出现时，文化的形式必然会随之改变。因此，雷蒙·威廉斯在肯定与传统贵族社会相联系的精英文化的同时，也肯定了利维斯所不屑的大众文化、工人阶级文化；在肯定经典文学和艺术的同时，肯定了与现代传媒相联系的电视、电影、广告等新的文化形式。更为重要的是，对雷蒙·威廉斯来说，文化的区别并不是阶级、等级的区分，而只是一种形式的区分。雷蒙·威廉斯认为艺术是一种普通的人类活动。英国的工人阶级虽没有能够创造出自己特殊的如小说、诗歌、戏剧等文化形式，但是，如果把文化看成一种生活方式而不仅仅是思想和精神产品以及文学艺术，那么，英国的工人阶级便体现出自身强大的创造力，他们创立了诸如合作社、工会等民主机构，并具有一种独特的社区归属感和团结精神。这是属于工人阶级自身的文化。所以说，雷蒙·威廉斯的“文化是一种特殊的生活方式”的理论，饱含着一种文化民主思想，显示出对精英文化所具有的阶级性和特权意识的深刻批判以及对民主理想的维护。

① 雷蒙·威廉斯：《关键词：文化与社会的词汇》，刘建基译，生活·读书·新知三联书店2005年版，第101—109页。 ② 泰勒：《原始文化：神话、哲学、宗教、语言、艺术和习俗发展之研究》，连树声译，广西师范大学出版社2005年版，第1页。 ③ 雷蒙·威廉斯：《文化与社会》，吴松江、张文定译，北京大学出版社1991年版，第16页。 ④ 雷蒙·威廉斯：《关键词：文化与社会的词汇》，刘建基译，生活·读书·新知三联书店2005年版，第87—93页。

三、不会终结的文化之争

马修·阿诺德等人的文化理论具有鲜明的贵族趣味和精英色彩。他们所关注的是文化的塑造功能。马修·阿诺德说:"必须普泛地发扬光大人性,才合乎文化所构想的完美理念……个人必须携带他人共同走向完美……使奔向完美的队伍不断发展壮大……完美最终应是构成人性之美和价值的所有能力的和谐发展,这是文化研究人性和人类经验后所构想的完美。"①在马修·阿诺德等人看来,扩充自身、扩展能力、增长智慧、使自己变得更美好,这是人类精神的理想,也正是文化的真正价值所在。但是随着工商业社会的发展,西方社会和人类心灵面临日益粗俗、混乱的危险,因此,他们希望通过对经典文学和艺术的崇扬,塑造西方社会和人性,使之保持古典的和谐与优美。

雷蒙·威廉斯等人的文化理论更具有民主性和开放性。相对于文化的塑造功能,雷蒙·威廉斯等人更为关心的是文化中所隐藏着的权力问题。雷蒙·威廉斯认为"文化的层次与雅俗跟既定的比较对象和评判标准休戚相关"。也就是说,精英与大众、高雅与低俗、文化等级的划分并不完全取决于文化的内容和形式,也取决于评判的标准,或者更准确地说,取决制定评判标准的权力以及掌握权力的人。雷蒙·威廉斯的学生伊格尔顿深受其师影响,在论述文学的时候曾说道,某些文字写就的东西之所以是文学,"最终不仅涉及个人趣味,而且涉及某些社会集团赖以行使和维持其政治权力的假定"②。将历史中流传下来的文学和艺术经典当作文化的全部,实质是一种自欺欺人的想法。雷蒙·威廉斯对文化背后隐藏的权力的揭示,否定了阿诺德等人的保守主义和精英主义文化观。"文化是平常的",存在于每一个社会和每一个心灵之中。可以说,雷蒙·威廉斯打破了小部分人对文化的垄断,为普通大众参与文化创造奠定了理论基础。

马修·阿诺德和雷蒙·威廉斯这两派文化理论,各有所得,也各有所失。精英主义的文化理论"以一个有教养的'少数人'阶层与一个被判定是毫无创造力的群氓阶层对立起来,那是种有害的高傲和怀疑主义。以一个含情脉脉的有机的过去与一个分崩离析不知所云的现在对立起来,则可能导致忽视历史而且否定真实"③。而反观雷蒙·威廉斯等人的文化理论,则又易于陷入民粹主义的误区,从而加剧社会的反智倾向和虚无思想。在今日拜物主义和大众传媒影响日盛之时,一方面,流行音乐、商业电影、体育竞技、网络狂欢、广场舞、女神节,让人感受到大众文化旺盛的生命力和创造力;但另一方面,也让人对当今文化发展的方向和前途感到焦虑和不安。

一百年前,发生在中国的新文化运动,在某种程度上,也可被视为是文化精英化还是大众化的一场论战。新文化运动伊始,陈独秀提出著名的"三大主义",胡适提出著名的

① 马修·阿诺德:《文化与无政府状态》(修订译本),韩敏中译,生活·读书·新知三联书店2012年版,第11页。 ② 特雷·伊格尔顿:《二十世纪西方文学理论》,伍晓明译,陕西师范大学出版社1987年版,第18页。 ③ 陆扬、王毅:《文化研究导论》,复旦大学出版社2006年版,第146页。

“八不主义”。[1] 在胡适等人看来，言文不一，为文化的普及带来难度，如是言文合一，能说即能写，显然能为大众的文化学习带来便利。为降低学习的难度，胡适等人不仅主张言文合一，还预备着将来某一天能够文字合一，实现汉语的拼音化。

与胡适相对立，胡先骕站在文化保守主义的立场，对新文化运动批评甚多。其一，如同利维斯，胡先骕珍视的是文学的传统。针对新文学对西方作家的借鉴，胡先骕泼冷水说：“欲列于作者之林，必有一定之美术价值。非效法某种主义，便可称文学家也。文学极非一蹴可就之物”。[2] 其二，针对新文化运动中的平民立场，胡先骕批评说：“人类天性绝不相齐……若以有历史以来七八千年全数之人类计之，则尤可见大智慧者之如凤毛麟角也。然一大智慧者之功德，百千万平民不能及之。今日人类物质上精神之幸福，莫非根据于少数大智慧家之学说。历史上之往迹，亦随少数领袖人物为转移。”[3]更说，“若果一切文化迁就知识卑下之阶级，则浸成一退化之选择”[4]。在此，胡先骕表现出鲜明的精英立场。其三，针对新文化运动的人道主义思想，胡先骕强调用道德和理智来节制情欲。他认为人道主义崇尚天性，鼓吹自由，不仅如纸中画饼，不得实现，且撩拨人的本能，使社会欲望泛滥，文化衰退。[5]

胡先骕认为，同胡适等新文化运动者的争论，不是进步与反动之争，而是“文明与野蛮之争”[6]。胡先骕此处的区分非常耐人寻味。在胡先骕看来，胡适等人的改革存在的问题不是改革没有现实功用，相反，现实功用也许会很明显，但是这种现实功用是以文化的倒退为代价的，所以说二者之争是文明与野蛮之争。在时移世危之时，胡先骕特别强调“必须审慎保存其伟大之旧文明之精魂也”[7]。

新文化运动过去已经百年，此时回头审视当时的争论，双方的得失也许稍显清晰。胡适于 1922 年即曾得意地说：“《学衡》的议论，大概是反对文学革命的尾声了。我可以大胆说，文学革命已过了讨论的时期，反对党已破产了，从此以后，完全是新文学的创造时期。”[8]确然，当时白话文战胜文言文，新的文化形态代替了传统的文化形态的形势已经确定。但是，以白话为语言形式的新文化能否达到中国传统文化所具有的高度，直至今日，仍是一个难以回答的问题。

---

① 陈独秀的“三大主义”，指的是“推倒雕琢的、阿谀的贵族文学，建设平易的、抒情的国民文学；推倒陈腐的、铺张的古典文学，建设新鲜的、立诚的写实文学；推倒迂晦的、艰涩的山林文学，建设明了的、通俗的社会文学”。胡适的“八不主义”，指的是“一、不做言之无物的文字；二、不做无病呻吟的文字；三、不用典；四、不用套语烂调；五、不重对偶，文须废骈，诗须废律；六、不做不合文法的文字；七、不模仿古人；八、不避俗话俗字”。 ② 胡先骕：《欧美文学最近之趋势》，见《胡先骕文存》（上卷），张大为、胡德熙、胡德焜编，江西高校出版社 1995 年版，第 24 页。 ③ 胡先骕：《论批评家之责任》，见《胡先骕文存》（上卷），张大为、胡德熙、胡德焜编，江西高校出版社 1995 年版，第 68 页。 ④ 胡先骕：《论批评家之责任》，见《胡先骕文存》（上卷），张大为、胡德熙、胡德焜编，江西高校出版社 1995 年版，第 69 页。 ⑤ 胡先骕：《文学之标准》，见《胡先骕文存》（上卷），张大为、胡德熙、胡德焜编，江西高校出版社 1995 年版，第 253—254 页。 ⑥ 胡先骕：《白璧德中西人文教育谈》，见《胡先骕文存》（上卷），张大为、胡德熙、胡德焜编，江西高校出版社 1995 年版，第 74 页。 ⑦ 胡先骕：《白璧德中西人文教育谈》，见《胡先骕文存》（上卷），张大为、胡德熙、胡德焜编，江西高校出版社 1995 年版，第 75 页。 ⑧ 胡适：《五十年来中国之文学》，见《胡适文集》第 3 卷，欧阳哲生编，北京大学出版社 1998 年版，第 262—263 页。

胡先骕文化理论中的那种将大众视为群氓的精英意识确实是容易让人生厌的。但是冒着令人生厌的危险，我们还是要说，相对于肥皂剧集、网络神曲、美女直播、电视选秀，"旧文明的精魂"有着永远的价值和吸引力。

精英和大众，传统与现代，文化间的矛盾与斗争从来没有停止过。在不同的地域，不同的时代，有着不同的体现。文化间的矛盾与斗争可能带给人许多困惑，但它并不是一个可怕的现象。罗素说："每一个社会都受着两种相对立的危险的威胁：一方面是由于过分讲纪律与尊敬传统而产生的僵化，另一方面是由于个人主义与个人独立性的增长而使得合作成为不可能，因而造成解体或者是对外来征服者的屈服。"①要避免两种危险的出现，有赖于文化间的对话与交流。矛盾与斗争，并非只意味着文化间的冲突，也意味着文化间的交流与对话。在交流与对话中，不同类型的文化才可能克服彼此的片面性，融合成新的，更具有生命力的文化类型。

① 罗素：《西方哲学史》(上)，何兆武、李约瑟译，商务印书馆1977年版，第20页。

1844 年经济学哲学手稿（节选）[①]

马克思

《1844 年经济学哲学手稿》书影

我们且从当前的国民经济的事实出发。

工人生产的财富越多，他的生产的影响和规模越大，他就越贫穷。工人创造的商品越多，他就越变成廉价的商品。物的世界的增值同人的世界的贬值成正比。劳动生产的不仅是商品，它生产作为商品的劳动自身和工人，而且是按它一般生产商品的比例生产的。

这一事实无非是表明：劳动所生产的对象，即劳动的产品，作为一种异己的存在物，作为不依赖于生产者的力量，同劳动相对立。劳动的产品是固定在某个对象中的、物化的劳动，这就是劳动的对象化。劳动的现实化就是劳动的对象化。在国民经济的实际状况中，劳动的这种现实化表现为工人的非现实化，对象化表现为对象的丧失和被对象奴役，占有表现为异化、外化。

劳动的现实化竟如此表现为非现实化，以致工人非现实化到饿死的地步。对象化竟如此表现为对象的丧失，以致工人被剥夺了最必要的对象——不仅是生活的必要对象，而且是劳动的必要对象。甚至连劳动本身也成为工人只有通过最大的努力和极不规则的间歇才能加以占有的对象。对对象的占有竟如此表现为异化，以致工人生产的对象越多，他能够占有的对象就越少，而且越受自己的产品即资本的统治。

这一切后果包含在这样一个规定中：工人对自己的劳动的产品的关系就是对一个异己的对象的关系。因为根据这个前提，很明显，工人在劳动中耗费的力量越多，他亲手创造出来反对自身的、异己的对象世界的力量就越强大，他自身、他的内部世界就越贫乏，归他所有的东西就越少。宗教方面的情况也是如此。人奉献给上帝的越多，他留给自身的就越少。工人把自己的生命投入对象；但现在这个生命已不再属于他而属于对象了。因此，这种活动越多，工人就越丧失对象。凡是成为他的劳动的产品的东西，就不再是他自身的东西。因此，这个产品越多，他自身的东西就越少。工人在他的产品中的外化，不仅意味着他的劳动成为对象，成为外部的存在，而且意味着他的劳动作为一种与他相异的东西不依赖于他而在他之外存在，并成为同他对立的独立力量；意味着他给予对象的生命是

① 选自中共中央马克思恩格斯列宁斯大林著作编译局：《马克思恩格斯文集》第 1 卷，人民出版社 2009 年版。

作为敌对的和相异的东西同他相对立。

现在让我们来更详细地考察一下对象化,即工人的生产,以及对象即工人的产品在对象化中的异化、丧失。

没有自然界,没有感性的外部世界,工人什么也不能创造。自然界是工人的劳动得以实现、工人的劳动在其中活动、工人的劳动从中生产出和借以生产出自己的产品的材料。

但是,自然界一方面在这样的意义上给劳动提供生活资料,即没有劳动加工的对象,劳动就不能存在,另一方面,也在更狭隘的意义上提供生活资料,即维持工人本身的肉体生存的手段。

马克思墓地雕像

因此,工人越是通过自己的劳动占有外部世界、感性自然界,他就越是在两个方面失去生活资料:第一,感性的外部世界越来越不成为属于他的劳动的对象,不成为他的劳动的生活资料;第二,感性的外部世界越来越不给他提供直接意义的生活资料,即维持工人的肉体生存的手段。

因此,工人在这两方面成为自己的对象的奴隶:首先,他得到劳动的对象,也就是得到工作;其次,他得到生存资料。因此,他首先是作为工人,其次是作为肉体的主体,才能够生存。这种奴隶状态的顶点就是:他只有作为工人才能维持自己作为肉体的主体,并且只有作为肉体的主体才能是工人。

(按照国民经济学的规律,工人在他的对象中的异化表现在:工人生产得越多,他能够消费的越少;他创造的价值越多,他自己越没有价值、越低贱;工人的产品越完美,工人自己越畸形;工人创造的对象越文明,工人自己越野蛮;劳动越有力量,工人越无力;劳动越机巧,工人越愚笨,越成为自然界的奴隶。)

国民经济学由于不考察工人(劳动)同产品的直接关系而掩盖劳动本质的异化。当然,劳动为富人生产了奇迹般的东西,但是为工人生产了赤贫。劳动生产了宫殿,但是给工人生产了棚舍。劳动生产了美,但是使工人变成畸形。劳动用机器代替了手工劳动,但是使一部分工人回到野蛮的劳动,并使另一部分工人变成机器。劳动生产了智慧,但是给工人生产了愚钝和痴呆。

劳动对它的产品的直接关系,是工人对他的生产的对象的关系。有产者对生产对象和生产本身的关系,不过是这前一种关系的结果,而且证实了这一点。对问题的这另一个方面我们将在后面加以考察。因此,当我们问劳动的本质关系是什么的时候,我们问的是工人对生产的关系。

以上我们只是从一个方面,就是从工人对他的劳动产品的关系这个方面,考察了工人的异化、外化。但是,异化不仅表现在结果上,而且表现在生产行为中,表现在生产活动本身中。如果工人不是在生产行为本身中使自身异化,那么工人活动的产品怎么会作为相异的东西同工人对立呢?产品不过是活动、生产的总结。因此,如果劳动的产品是外化,那么生产本身必然是能动的外化,活动的外化,外化的活动。在劳动对象的异化中不过总结了劳动活动本身的异化、外化。

那么,劳动的外化表现在什么地方呢?

首先,劳动对工人来说是外在的东西,也就是说,不属于他的本质;因此,他在自己的劳动中不是肯定自己,而是否定自己,不是感到幸福,而是感到不幸,不是自由地发挥自己的体力和智力,而是使自己的肉体受折磨、精神遭摧残。因此,工人只有在劳动之外才感到自在,而在劳动中则感到不自在,他在不劳动时觉得舒畅,而在劳动时就觉得不舒畅。因此,他的劳动不是自愿的劳动,而是被迫的强制劳动。因此,这种劳动不是满足一种需要,而只是满足劳动需要以外的那些需要的一种手段。劳动的异己性完全表现在:只要肉体的强制或其他强制一停止,人们会像逃避瘟疫那样逃避劳动。外在的劳动,人在其中使自己外化的劳动,是一种自我牺牲、自我折磨的劳动。最后,对工人来说,劳动的外在性表现在:这种劳动不是他自己的,而是别人的;劳动不属于他;他在劳动中也不属于他自己,而是属于别人。在宗教中,人的幻想、人的头脑和人的心灵的自主活动对个人发生作用不取决于他个人,就是说,是作为某种异己的活动,神灵的或魔鬼的活动发生作用,同样,工人的活动也不是他的自主活动。他的活动属于别人,这种活动是他自身的丧失。

因此,结果是,人(工人)只有在运用自己的动物机能——吃、喝、生殖,至多还有居住、修饰等等——的时候,才觉得自己在自由活动,而在运用人的机能时,觉得自己只不过是动物。动物的东西成为人的东西,而人的东西成为动物的东西。

吃、喝、生殖等等,固然也是真正的人的机能。但是,如果加以抽象,使这些机能脱离人的其他活动领域并成为最后的和唯一的终极目的,那它们就是动物的机能。

我们从两个方面考察了实践的人的活动即劳动的异化行为。第一,工人对劳动产品这个异己的、统治着他的对象的关系。这种关系同时也是工人对感性的外部世界、对自然对象——异己的与他敌对的世界——的关系。第二,在劳动过程中劳动对生产行为的关系。这种关系是工人对他自己的活动——一种异己的、不属于他的活动——的关系。在这里,活动是受动;力量是无力;生殖是去势;工人自己的体力和智力,他个人的生命——因为,生命如果不是活动,又是什么呢?——是不依赖于他、不属于他、转过来反对他自身的活动。这是自我异化,而上面所谈的是物的异化。

我们现在还要根据在此以前考察的异化劳动的两个规定推出它的第三个规定。

人是类存在物,不仅因为人在实践上和理论上都把类——他自身的类以及其他物的类——当作自己的对象;而且因为——这只是同一种事物的另一种说法——人把自身当作现有的、有生命的类来对待,因为人把自身当作普遍的因而也是自由的存在物来对待。

无论是在人那里还是在动物那里,类生活从肉体方面来说就在于人(和动物一样)靠无机界生活,而人和动物相比越有普遍性,人赖以生活的无机界的范围就越广阔。从理论领域来说,植物、动物、石头、空气、光等等,一方面作为自然科学的对象,一方面作为艺术的对象,都是人的意识的一部分,是人的精神的无机界,是人必须事先进行加工以便享用和消化的精神食粮；同样，从实践领域来说，这些东西也是人的生活和人的活动的一部分。人在肉体上只有靠这些自然产品才能生活，不管这些产品是以食物、燃料、衣着的形式还是以住房等等的形式表现出来。在实践上，人的普遍性正是表现为这样的普遍性，它把整个自然界——首先作为人的直接的生活资料，其次作为人的生命活动的对象（材料）和工具——变成人的无机的身体。自然界，就它自身不是人的身体而言，是人的无机的身体。人靠自然界生活。这就是说，自然界是人为了不致死亡而必须与之处于持续不断的交互作用过程的、人的身体。所谓人的肉体生活和精神生活同自然界相联系，不外是说自然界同自身相联系，因为人是自然界的一部分。

导读

1844年4月至8月，流寓巴黎的马克思在研究政治经济学时写下了大量手稿，后人将这些片段性的手稿进行编辑整理，以时间命名为《1844年经济学哲学手稿》。《1844年经济学哲学手稿》发表后，迅速成为马克思主义研究的热点，被学界广泛讨论和引用，因此又常被简称为《手稿》。

《手稿》写于三个笔记本上，其中第二个笔记本只保存下来4页。1932年《手稿》全文发表时，编者将附在第三个笔记本结尾的总结性质的文字移于《手稿》篇首作为序言。于是从形式上讲，《手稿》就分为序言、笔记本Ⅰ、笔记本Ⅱ、笔记本Ⅲ四个部分。

从形式上讲，《手稿》给人的感觉是片段的，未完成的，但这并不影响《手稿》内容的丰富和思想的深邃。因为丰富的原创思想，《手稿》被学者誉为“马克思哲学革命的源头活水和思想基因”①。另外，尽管手稿表面上是片段的，未完成的，实际上却贯穿着一条鲜明的主线，即人的解放和社会的解放。而这两者，又都体现在马克思对异化劳动的分析之中。所以，马克思的异化理论在《手稿》中具有核心意义。

一、异化劳动和人本质的丧失

在马克思之前，不少著名思想家，如荷兰著名法学家格劳修斯、英国唯物主义哲学家霍布斯等都有关于异化的论述，在他们的学说中，异化主要有权利转让之义。卢梭为异化概念赋予了新的意义。卢梭认为，“出自造物主之手的东西，都是好的，而一到人的手里，就都变坏了”②。在此，异化已经具备了人的社会活动及其产品，反成为人的主人的这一现代意义。

异化概念在德国古典哲学中被广泛使用，黑格尔是第一个真正在哲学范畴探讨异化的哲学家。他主要在“对象化”“外化”的意义上使用异化概念，以说明绝对观念在扬弃中发展与回归的历程。异化可谓是黑格尔思辨哲学体系运行的动力。

黑格尔的异化理论是辩证的，也是唯心的。费尔巴哈通过批判黑格尔唯心主义哲学，

---

① 王东、刘军：《马克思哲学革命的源头活水和思想基因——〈1844年经济学哲学手稿〉新解读》，《理论学刊》2003年第3期。 ② 卢梭：《爱弥儿》，李平沤译，商务印书馆1996年版，第5页。

建立了人本主义的异化观。费尔巴哈认为人按照自己的形象创造了上帝，然后又把上帝当作独立的主体膜拜，因此上帝是人的异化。但是，“费尔巴哈不能找到从他自己所极端憎恶的抽象王国通向活生生的现实世界的道路”①，他所说的“人”，同“上帝”一样，都“保持为一个崇高的彼岸世界，一个达不到的本质，一个神”，②所以仍然是抽象的，而不是现实的人。

“黑格尔从神异化出人，费尔巴哈从人异化出神”③，二者的异化理论都是片面的。马克思超越了黑格尔和费尔巴哈，通过对资本主义经济社会的分析，建立起了既是辩证的，又是唯物的异化理论。马克思在《手稿》里使用的“异化”这一概念，其主要内涵是指人类社会发展在一定阶段上，人的劳动创造物同人相对立成为统治人的敌对力量。在《异化劳动和私有财产》这一节，马克思分析了异化劳动的四层表现。

第一，劳动者同他们的劳动产品相异化。即“劳动所生产的对象，即劳动的产品，作为一种异己的存在物，作为不依赖于生产者的力量，同劳动相对立”④。也就是说劳动者生产的产品，作为不依赖劳动者的独立力量，成为统治劳动者的社会力量。并且，“工人在劳动中耗费的力量越多，他亲手创造出来反对自身的、异己的对象世界的力量就越强大，他自身、他的内部世界就越贫乏，归他所有的东西就越少”。劳动产品作为劳动者主体力量的显现成果，本该属于劳动者，但是在资本主义社会中却被资本家占有。因此，劳动者生产的东西越多，统治他奴役他的力量越强，他的本质就丧失越多。于是，工人的“劳动作为一种与他相异的东西不依赖于他而在他之外存在，并成为同他对立的独立力量；意味着他给予对象的生命是作为敌对的和相异的东西同他相对立。”

第二，劳动者与生产活动相异化。劳动者的产品成了统治劳动者的异化力量，这必然造成劳动者与生产活动相异化，因为劳动不但不是劳动者自我确证和自我满足的方式，反而加速了劳动者本质的丧失。在劳动中，“劳动者不是感到幸福，而是感到不幸，不是自由地发挥自己的体力和智力，而是使自己的肉体受折磨、精神遭摧残”。这种情况下，“劳动不是满足一种需要，而只是满足劳动以外的那些需要的一种手段”。对在异化劳动中，人的本质丧失这种现象，马克思作出了沉痛的描述，“人（工人）只有在运用自己的动物机能——吃、喝、生殖，至多还有居住、修饰等等——的时候，才觉得自己在自由活动，而在运用人的机能时，觉得自己只不过是动物。动物的东西成为人的东西，而人的东西成为动物的东西”。

第三，劳动者与自己的类本质相异化。马克思据说的“类本质”指的是人的自由的、有意识的活动。马克思指出：“生产生活就是类生活。这是产生生命的生活。一个种的整体特性、种的类特性就在于生命活动的性质，而自由的有意识的活动恰恰就是人的类特性。”

①《路德维希·费尔巴哈和德国古典哲学的终结》，见《马克思恩格斯文集》第4卷，人民出版社2009年版，第294页。 ②安东尼·吉登斯：《资本主义与现代社会理论——对马克思、涂尔干和韦伯著作的分析》，郭忠华、潘华凌译，上海译文出版社2007年版，第26页。 ③姜丕之：《马克思与黑格尔》，中国青年出版社1983年版，第55页。 ④中共中央马克思恩格斯列宁斯大林著作编译局：《1844年经济学哲学手稿》，见《马克思恩格斯文集》第1卷，人民出版社2009年版，第156页。以下若引用此文，不再一一标明出处。

动物只有在肉体的直接支配下才进行生产，而人甚至不受肉体需要的影响也进行生产，并且只有不受这种需要的影响才进行真正的生产。所以说，正是有意识的劳动将人同其他能进行生产活动的动物，如蜜蜂、海狸、蚂蚁区分开来。然而，“异化劳动把自主活动、自由活动贬低为手段，也就把人的类生活变成维持人的肉体生存的手段”，从而使“人的类本质，无论是自然界，还是人的精神的类能力，都变成了对人来说是异己的本质”。

第四，人同人相异化。马克思认为，“人同自己的劳动产品、自己的生命活动、自己的类本质相异化的直接结果就是人同人相异化”。通过以上三个方面的异化，马克思很自然地推导出人与人的异化。马克思认为，“人对自身的关系只有通过他对他人的关系，才成为对他来说是对象性的、现实的关系”。人作为社会存在物，人的一切社会关系都要在人与他人的关系中表现出来。“因此，如果人对自己的劳动产品的关系、对对象化劳动的关系，就是对一个异己的、敌对的、强有力的、不依赖于他的对象的关系，那么他对这一对象所以发生这种关系就在于有另一个异己的、敌对的、强有力的、不依赖于他的人是这一对象的主宰。”工人通过异化劳动生产出一个跟劳动格格不入的人，即资本家。当工人与自身相对立时，他必然与他人，即资本家相对立。

简而言之，在私有制的生产活动中，人与自我、他人、社会的关系被扭曲，人的本质丧失，自我、他人、社会均以彼此的异化物的形式存在。

二、共产主义和人的解放

通过对异化劳动的分析，马克思展示出资本主义社会中工人的悲惨处境和一切人与一切人为敌的残酷图景。由此不难看出，只有改变资本主义社会私有制的社会关系，才能使工人从异化劳动的悲惨处境中解放出来。而工人的解放，也是社会的解放和人的解放，“因为工人的解放包含全人类的解放；其所以如此，是因为整个人类奴役制包含在工人同生产的关系中，而一切奴役关系只不过是这种关系的变形和后果罢了”。

虽然只有消灭私有制，才可能实现社会的解放及人的解放。但是马克思并不赞同绝对的平均主义。在笔记本Ⅲ中，马克思批判了以财富的绝对平均化为目的的“粗陋的”共产主义思想，马克思认为这种思想表面上看，是否定了私有财产，但实际上，“不过是私有财产关系的普遍化和完成”。

在批判“粗陋的”共产主义的基础上，马克思明确提出：“共产主义是私有财产即人的自我异化的积极的扬弃，因而是通过人并且是为了人而对人的本质的真正占有；因此，它是向自身、向社会(即人的)人的复归，这种复归是完全的、自觉的而且保存了以往发展的全部财富的。这种共产主义……它是人和自然界之间、人和人之间的矛盾的真正解决，是存在和本质、对象化和自我确证、自由和必然、个体和类之间的斗争的真正解决。”

吉登斯说：“《手稿》的基调是，把黑格尔和费尔巴哈普遍本体论意义上的‘异化’范畴移植到特定的社会历史语境中去。”①吉登斯说的没错，但是马克思理论思想的来源绝不

① 安东尼·吉登斯：《资本主义与现代社会理论——对马克思、涂尔干和韦伯著作的分析》，郭忠华、潘华凌译，上海译文出版社2007年版，第18页。

仅限于黑格尔和费尔巴哈。德国古典哲学最根本的问题就是人的自由问题。马克思认为,共产主义要求实现“具有丰富的、全面而深刻的感觉的人”,要求人对人的本质的完全占有,这正显示出马克思对自康德、席勒以来的整个德国古典哲学传统的继承。马克思从德国古典哲学中汲取理论资源,展开对资本主义社会政治、经济现状及相关理论的批判,最终指向于共产主义的理想,指向了人的解放和社会的解放。

马克思继承了传统,又超越着传统。《手稿》中,马克思学说的三个部分:政治经济学、哲学和共产主义学说融汇成了一个整体;历史、现在和未来融汇成了一个整体;抽象的、具体的和个体的人融汇成了一个整体。《手稿》是马克思思想成形过程中的一部重要著作,正如黑格尔的《现象学》是“黑格尔哲学的真正诞生地和秘密”一样,《手稿》可视为马克思学说的“真正的诞生地和秘密”。

思考与讨论

1. 谈谈马克思的异化理论与德国古典哲学的联系。
2. 谈谈马克思的异化理论对当代西方马克思主义理论的影响。
3. 选取一篇现代西方作家的小说,试用马克思的异化理论对其进行分析。

拓展阅读

1. 中共中央马克思恩格斯列宁斯大林著作编译局:《路德维希·费尔巴哈和德国古典哲学的终结》,见《马克思恩格斯文集》第 4 卷,人民出版社 2009 年版。

2. 中共中央马克思恩格斯列宁斯大林著作编译局:《家庭、私有制和国家的起源》,见《马克思恩格斯文集》第 4 卷,人民出版社 2009 年版。

3. 姜丕之:《马克思与黑格尔》,中国青年出版社 1983 年版。

4. 安东尼·吉登斯:《资本主义与现代社会理论——对马克思、涂尔干和韦伯著作的分析》,郭忠华、潘华凌译,上海译文出版社 2007 年版。

5. 朱立元:《历史与美学之谜的求解——论马克思〈1844 年经济学哲学手稿〉与美学问题》,上海人民出版社 2014 年版。

马克思、康德论人的主体性

关于费尔巴哈的提纲[①]

马克思

一

费尔巴哈

从前的一切唯物主义(包括费尔巴哈的唯物主义)的主要缺点是:对对象、现实、感性,只是从客体的或者直观的形式去理解,而不是把它们当做感性的人的活动,当做实践去理解,不是从主体方面去理解。因此,和唯物主义相反,唯心主义却把能动的方面抽象地发展了,当然,唯心主义是不知道现实的、感性的活动本身的。费尔巴哈想要研究跟思想客体确实不同的感性客体,但是他没有把人的活动本身理解为对象性的[gegenständliche]活动。因此,他在《基督教的本质》中仅仅把理论的活动看做是真正人的活动,而对于实践则只是从它的卑污的犹太人的表现形式去理解和确定。因此,他不了解"革命的""实践批判的"活动的意义。

二

人的思维是否具有客观的[gegenständliche]真理性,这不是一个理论的问题,而是一个实践的问题。人应该在实践中证明自己思维的真理性,即自己思维的现实性和力量,自己思维的此岸性。关于思维——离开实践的思维——的现实性或非现实性的争论,是一个纯粹经院哲学的问题。

三

关于环境和教育起改变作用的唯物主义学说忘记了:环境是由人来改变的,而教育者本人一定是受教育的。因此,这种学说必然把社会分成两部分,其中一部分凌驾于社会之上。

环境的改变和人的活动或自我改变的一致,只能被看做是并合理地理解为革命的实践。

① 选自中共中央马克思恩格斯列宁斯大林著作编译局:《马克思恩格斯文集》第1卷,人民出版社2009年版。

四

费尔巴哈是从宗教上的自我异化，从世界被二重化为宗教世界和世俗世界这一事实出发的。他做的工作是把宗教世界归结于他的世俗基础。但是，世俗基础使自己从自身中分离出去，并在云霄中固定为一个独立王国，这只能用这个世俗基础的自我分裂和自我矛盾来说明。因此，对于世俗基础本身应当在自身中、从它的矛盾中去理解，并且在实践中使之发生革命。因此，例如，自从发现神圣家族的秘密在于世俗家庭之后，世俗家庭本身就应当在理论上和实践中被消灭。

五

费尔巴哈不满意抽象的思维而喜欢直观；但他把感性不是看做实践的、人的感性的活动。

六

费尔巴哈把宗教的本质归结于人的本质。但是，人的本质不是单个人所固有的抽象物。在其现实性上，它是一切社会关系的总和。

费尔巴哈没有对这种现实的本质进行批判，所以他不得不：

(1) 撇开历史的进程，把宗教感情固定为独立的东西，并假定有一种抽象的——孤立的——人的个体。

(2) 所以，本质只能被理解为“类”，理解为一种内在的、无声的、把许多个人自然地联系起来的普遍性。

七

因此，费尔巴哈没有看到，“宗教感情”本身是社会的产物，而他所分析的抽象的个人，是属于一定的社会形式的。

八

全部社会生活在本质上是实践的。凡是把理论引向神秘主义的神秘东西，都能在人的实践中以及对这种实践的理解中得到合理的解决。

九

直观的唯物主义，即不是把感性理解为实践活动的唯物主义，至多也只能达到对单个人和市民社会的直观。

十

旧唯物主义的立脚点是市民社会，新唯物主义的立脚点则是人类社会或社会的人类。

十一

哲学家们只是用不同的方式解释世界，问题在于改变世界。

实践理性批判(节选)[①]

康 德

1. 解题

实践的诸原理是包含有意志的一个普遍规定的那些命题，这个普遍规定统率着多个实践的规则。如果这个条件只被主体看作对他的意志有效的，这些原理就是主观的，或者是一些准则；但如果那个条件被认识到是客观的、即作为对每个有理性的存在者的意志都有效的，这些原理就是客观的。或者是一些实践的法则。

2. 定理Ⅰ

将欲求能力的一个客体(质料)预设为意志的规定根据的一切实践原则，全都是经验性的，并且不能充当任何实践法则。

康德

我把欲求能力的质料理解为一个被欲求有现实性的对象。既然对这个对象的欲望先行于实践规则，并且是使这一规则成为自己的原则的条件，所以我就说(第一)：这条原则于是任何时候都是经验性的。因为这样一来，规定这个任意的根据就是一个客体的表象，以及这表象对主体的那样一种关系，通过它，欲求能力就被指定去使这客体成为现实。但对主体的这样一种关系就是对一个对象的现实性感到的愉快。所以这种愉快必将被预设为规定这任意的可能性条件。但关于某一个对象的不论哪一个表象都决不能先天地认识到：它是与愉快或不愉快结合在一起的，还是与之漠不相关的。所以在这种情况下对任意的规定根据任何时候都必定是经验性的，因而把这规定根据预设为条件的那条实践的质料原则也必定是经验性的。

既然(第二)一个仅仅建立在某种愉快或不快的感受性(它任何时候都只能被经验性地认识，而不能对于一切有理性的存在者都以同样的方式有效)这一主观条件之上的原则，虽然对拥有这种感受性的那个主体也许可以用作感受性的准则，但甚至就对这种感受性本身来说(由于这原则缺乏必须被先天认识到的客观必然性)也不能用作法则：那么，一个这样的原则永远也不能充当一条实践的法则。

① 选自康德：《实践理性批判》，邓晓芒译，杨祖陶校，人民出版社2003年版。

3. 定理Ⅱ

一切质料的实践原则本身全都具有同一种类型，并隶属于自爱或自身幸福这一普遍原则之下。

出自一件事物的实存的表象的愉快，只要它应当作为对这个事物的欲求的规定根据，它就是建立在主体的感受性之上的，因为它依赖于一个对象的存有；因而它属于感官（情感），而不属于知性，后者按照概念来表达表象与一个客体的关系，却不是按照情感来表达表象与主体的关系。所以这种愉快只有当主体对于对象的现实性所期待的那种快意的感觉规定着欲求能力时，才是实践的。但现在，一个有理性的存在者对于不断伴随着他的整个存在的那种生命快意的意识，就是幸福，而使幸福成为规定任意的最高根据的那个原则，就是自爱的原则。所以，在从任何一个对象的现实性都可以感觉到的愉快或不快中建立起规定任意的最高根据的那一切质料的原则，就它们全部属于自爱或自身幸福的原则而言，都完全具有同一个类型。

…………

4. 定理Ⅲ

如果一个有理性的存在者应当把他的准则思考为实践的普遍法则，那么他就只能把这些准则思考为这样一些不是按照质料，而只是按照形式包含有意志的规定根据的原则。

一个实践原则的质料是意志的对象。这个对象要么是意志的规定根据，要么不是。如果它是意志的规定根据，那么意志的规则就会服从于一个经验性的条件（服从于进行规定的表象对愉快和不愉快的情感的关系），于是它就不会是什么实践法则了。现在，如果我们把一切质料，即意志的每个对象（作为规定根据）都排除掉，那么在一个法则中，除了一个普遍立法的单纯形式之外，就什么也没有剩下来。所以一个有理性的存在者要么根本不能把自己的主观实践的诸原则即各种准则同时思考为普遍的法则，要么必须假定，惟有这些法则的那个单纯形式，即它们据以适合于普遍立法的形式，才使它们独立地成为了实践的法则。

…………

8. 定理Ⅳ

意志自律是一切道德法则和与之相符合的义务的惟一原则：反之，任意的一切他律不仅根本不建立任何责任，而且反倒与责任的原则和意志的德性相对立。因为德性的惟一原则就在于对法则的一切质料（也就是对一个欲求的客体）有独立性，同时却又通过一个准则必须能胜任的单纯普遍立法形式来规定任意。但那种独立性是消极理解的自由，而纯粹的且本身实践的理性的这种自己立法则是积极理解的自由。所以道德律仅仅表达了纯粹实践理性的自律，亦即自由的自律，而这种自律本身是一切准则的形式条件，只有在这条件之下一切准则才能与最高的实践法则相一致。因此，如果那个只能作为与法则联结着的欲望之客体而存在的意愿质料，被放进实践法则中作为它的可能性条件，那么从中就形成任意的他律，也就是对于遵从某一冲动或爱好这种自然规律的依赖性，而意志就不是自己给自己提供法则，而只是提供合理地遵守病理学上的规律的规范；但是，那以这种方式永远不能在自身包含有普遍立法形式的准则，不仅不能以这种方式建立起任何责任，而且甚至是与一个纯粹实践理性的原则、因而同时也与德性的意向相对立的，哪怕从中产生的行动应会是合法的。

导读

在以古印度哲学、中国哲学为代表的东方哲学思想和以古希腊哲学为源头的西方哲学思想这两大哲学体系中，“世界”与“我”是两大永恒的主题。从中引发出两种哲学追问：世界是什么？我是什么？前者与本原论紧密联系在一起，是人类试图从世界的起源及发展变化的根据来把握不受自身意识干涉或未经认知的世界，后者是基于前者的进一步深化，从天人关系、形神关系、知行关系、动静关系等角度追问生命的意义和价值。我们不难发现，始终有一条主线贯穿在两大哲学主题中，那就是人作为主体及主体价值。

在人类社会早期，由于认识的局限，人在大自然面前无能为力，人是自然的奴仆。在漫长的人类历史中，随着人对客观世界的认知和改造能力逐渐增强，人们逐渐认识到了人的能动性和主动性，在中西方哲学史上先后萌生了以人为本的思想，也就是将人视为主体，这意味着对主体性的高度彰显。在我国春秋初期，齐国名相管仲（约前 723 或前 716—前 645）明确提出：“夫霸王之所始也，以人为本。本理则国固，本乱则国危。”①肯定了人（尤指奴隶阶级）在为国建设的生产活动中具备与“奴隶主会说话的财产”不一样的自我价值，体现了“天地之间，莫贵于人”的精神，这在当时等级制度森严的奴隶制社会显然具有鲜明的超时代性。在西方，古希腊时代有哲学家开始将人的主观感受视为事物存在与其价值的尺度，例如，智者普罗泰戈拉曾提出“人是万物的尺度，是存在的事物存在的尺度，也是不存在的事物不存在的尺度”②，另一位著名的哲学家苏格拉底喊出“人，认识你自己”这一口号，意味着将先前把人作为精神主体这一本体论的哲学命题转向了研究人生，即关于人在世界中生存的方法和价值的问题，由此苏格拉底也被赞作“西方人本主义之父”。

然而，那时人们对人的主体和作为客体的自然、社会的研究，毕竟只是基于单纯朴素的直观理解，还不算完善，甚至没有形成明确的主客体观念，更没有人系统地阐发过与主体相关的思想。真正将主体和主体性思想发展形成较为成熟的理论形态以指导物质生产和哲学文化的实践活动，肇始于文艺复兴时期。

14 世纪后半期，随着雇佣劳动关系的出现和原始资本积累的需求急剧加速，意大利形成了西方资本主义最初始的工业生产形式——手工工场。新兴资产阶级的发展壮大需要大量的自由劳动力，需要从根本上摆脱封建制度对各类市民阶级（手工工人、农民与普通居民）的束缚，这就要求在意识形态领域创造新的资产阶级文化来反抗和替代旧的基督教文化。与此相应，资产阶级理论家、思想家们站在神学的对立面，强调人的价值和尊严，肯定科学的地位，掀起了轰轰烈烈的思想解放运动——文艺复兴运动。在科学主义和人

① 管子：《管子》，李山译注，中华书局 2009 年版，第 112 页。 ② 北京大学哲学系外国哲学史教研室：《古希腊罗马哲学》，生活·读书·新知三联书店 1957 年版，第 138 页。

文主义两大旗帜的指引下，人们开始将目光从教堂转向现实人生，从认知能力和实践能力两方面提升人的主体地位，追求个性解放，强调人的尊严，实现人格独立，进而确立人的主体价值，即人的主体性。但丁曾热情讴歌人的主体地位的伟大："人的高贵，就其许许多多的成果而言，超过了天使的高度。"①莎士比亚也曾高度赞颂人在浩瀚宇宙中的主体地位："人是多么了不起的一件作品！理性是多么高贵！论行动，多么像天使……宇宙的精华，万物的灵长！"②这些文艺复兴运动的先驱，一方面将人类与其他生物相比较，强调人有认知和改造世界的理智；另一方面把人与神相提并论，将人比作神，甚至超越神的能力范畴，说明人的独立自由不受任何力量的摆弄。

蒸汽和机械时代的来临昭示出资本主义生产力发展壮大，建立相应的完善和牢固的生产关系来确立资产阶级的统治地位成为合乎历史发展潮流的时代需求，由此在思想文化上引发了一场"光明其观念"的深刻革命——启蒙运动。启蒙思想家们继承了文艺复兴时期的人学观念（即人是中心，是自然的主体），在哲学上倡导"理性原则"，将自由、平等、博爱的信念贯穿于人的个性解放事业中，并主张人应对自然规律有正确的认识且将之视为人的行为准则。培根"人就是人的上帝""知识就是力量"恰恰就是为人的知识智慧在生活实践中的力量打出的有力标语——强调人作为主体不仅能认知世界，而且可以能动地将世界改造成符合人类要求的状态。被黑格尔称作"现代哲学之父"的笛卡儿，也是欧洲近代哲学的奠基人之一。他提出的"我思故我在"的命题被视为其追寻的"哲学第一原理"，至今仍回荡在人们耳际。笛卡儿赞美人的聪明才智，因为这决定了"人之为人"，但他又认为这种聪明才智并不等于掌握了真知，对真理的把握应能够随时接受理性的批判检验。笛卡儿的"怀疑"是反对经院哲学和神学的绝对权威利器，它第一次将人的理性推至最高形式的存在。

科学和理性的发展孕育了德国古典哲学。德国古典哲学的奠基者康德提出"三大批判"来支撑其整个庞大的哲学大厦，分别是"纯粹理性批判""实践理性批判"和"判断力批判"。这里的"批判"是指对理性的"考察""厘清"和"分析研究"。康德在他的"三大批判"中先后讨论人对自然世界和自身感性世界的认识，纯粹理性在人的意志、理想和道德方面的运用，以及二者的连接点——反思判断力。英国后期经验主义哲学家休谟提出：人们的一切认知均源于人的经验的习惯性联想，任何未经人的经验验证的事物都有值得怀疑的可能。其强烈的怀疑论和不可知论倾向引发了康德的批判。康德力求将经验主义与唯理主义统一于人的思维和外在的客观存在中而彰显出"主体的能动性"，这一划时代的理念集中体现在"人是目的"这一重要命题中。"人就是现世上创造的最终目的，因为人乃是世上独一无二的存在着能够形成目的的概念，是能够从一大堆有目的而形成的东西中，借助于他的理性，而构成目的的一个体系。"③人作为唯一具有理性的存在者，其本身就是行为的目的，任何法律规约和道德义务要求都只是为了人本身，因为每个人本身就是一个绝

① 周辅成：《从文艺复兴到19世纪资产阶级哲学家政治思想家有关人道主义人性论言论选辑》，商务印书馆1966年版，第66页。 ② 莎士比亚：《莎士比亚全集》第7卷，朱生豪译，人民文学出版社1987年版，第63页。 ③ 康德：《实践理性批判》，邓晓芒译，杨祖陶校，人民出版社2003年版。

对价值。当然，人也有作为手段的一个方面。

康德的一生都在伸张理性的能动作用，他主张正是人的理性决定了人的道德价值，而唯有人的意志自律才能使其成为可能。在康德的论述中，纯粹实践理性是人的道德实践的根本，也可以说唯有在实践的领域人的主体性才有得以实现的途径。

康德对“实践”的强调成为马克思主义哲学诞生的基础。

马克思主义哲学中的主体性思想是人学问题上的历史性变革。它超越了传统哲学唯心、先验、非理性地理解主体的局限，它立足于唯物论、辩证法和实践观三重维度，科学地探讨了人的本质、人的主体地位、人的意义价值以及人的异化等问题。

马克思在《关于费尔巴哈的提纲》的起始部分就写道：“从前的一切唯物主义(包括费尔巴哈的唯物主义)的主要缺点是：对对象、现实、感性，只是从客体的或者直观的形式去理解，而不是把它们当做感性的人的活动，当做实践去理解，而不是从主体方面去理解。因此，和唯物主义相反，唯心主义却把能动的方面抽象地发展了，当然，唯心主义是不知道现实的、感性的活动本身的。”①费尔巴哈将神学和思辨哲学还原至人学和人本学的土壤中，达到对个人或者是市民社会的直观，但是由于“人的本质并非单个人所固有的抽象物，在其现实性上，它是一切社会关系的总和。费尔巴哈没有对这种现实的本质进行批判”②，因而他不得不滑入机械唯物主义的阵营。

马克思哲学领域中的“实践”是其主体性哲学谈论的核心，与康德哲学中的“实践”相同的是，二者均将之视作通向无限永恒的“至善”与实现人的解放和自由全面发展的根本、唯一途径。马克思辩证地继承了康德“主体能动性”理论中的主客观统一，又同样凸显主体性。与康德不同的是，马克思没有沉溺于架空人的对象性活动的纯粹理性思辨中。从方法论上说，在主体的行为道德标准的确立上，康德认为存在先验的、恒常的理性为其提供不变的道德准则，而并未考虑到现实生活的千变万化和先验思想的可靠性。马克思从实际出发，将实践的准则落到现实的根基之上，这是二者最基本的区别。也正因如此，马克思对德国古典主义哲学的批判走向了对于客观现实的改造，而非导向纯粹的理性思辨。然而“不可否认的是，由于马克思批判黑格尔以及青年黑格尔派的需要，马克思强调经济基础对于意识形态的决定作用，并致力于对经济基础本身的批判，革命的主体性被以一种总体性的方式在经济关系的积极地位中被给出，革命阶级的意识形成过程中中介性环节研究的缺失，使得他在形式上表现为一种纯自发的关系”③。这也就是说，康德的主体性哲学中对主体理性、意志自律的强化弥补了马克思的主体实践理论中对现实革命主体意识的形成阶段性考察的欠缺，二者在关于实践的考察问题上相互补充且相互不可取代。

哲学家们对人的主体地位的确立及其主体性的彰显凸显了人的尊严，提高了人的地位，确保了政治制度的文明进程，极大地促进了人的发展。另一方面，我们也必须认识到主体性是有限度的，不能无限度地拔高人的主体性地位，否则会带来灾难。如果认为所有

① 中共中央马克思恩格斯列宁斯大林著作编译局：《马克思恩格斯文集》第1卷，人民出版社2009年版，第499页。 ② 中共中央马克思恩格斯列宁斯大林著作编译局：《马克思恩格斯文集》第1卷，人民出版社2009年版，第501页。 ③ 罗骞：《论马克思的现代性批判及其当代意义》，上海人民出版社2007年版，第313页。

的认识和实践都绝对地以“我”这一主体为导向，整个宇宙中的存在都应以“我”为评判标准（这里的“我”可以指个人、团体、社会、国家甚至整个人类），这必然会导致人与自然关系的紧张，导致人类中心论。

人在实践中的认识与在道德上的评价都是相对的。相对于在社会生活关系中的其他客体或主体，人不是自然的绝对主人，人也不可能恒久地控制整个自然，否则就极易走入“自我中心化”“人类中心化”的误区。

正朝着现代化方向前行的中国，主体性的发展与其现代性的发展密切相关。当前，社会中既存在着官本位的奴性意识，也存在着“人类中心”意识，对此，我们又该如何探索一条合乎国情的合理化道路？这正是我们亟待进行的当下思考。

正是因为主体性的相对性，它会随着人类社会的发展呈现出不同的面貌。在当下中国语境中，面对主体性的建构和对未来主体性发展的期许，我们应当从人的基本能力出发，秉持一个最高目的——即人的解放和全面自由发展，洞察其发展的特殊背景环境，及时发觉、应对其过程中呈现出的负面情态，使人们能够真正实现从现代生存方式到科学生存方式的飞跃。

思考与讨论

1. 谈谈你对“主体”和“主体性”这一组概念的理解。

2. 马克思的主体性思想与康德有何关联？为什么说“马克思主义哲学中的主体性思想是人学问题上的历史性变革”？

3. 结合实例阐述在当今世界的全球化背景下解读主体性的意义何在。

拓展阅读

1. 陈金美：《论主体性与客体性、主体间性的关系》，《求索》1997 年第 5 期。

2. 王义军：《从主体性原则到实践哲学》，中国社会科学出版社 2002 年版。

3. 郭湛：《主体性哲学——人的存在及其意义》，云南人民出版社 2002 年版。

4. 王南湜、谢永康：《后主体性哲学的视域——马克思唯物主义的当代阐释》，中国人民大学出版社 2004 年版。

5. 梁赞诺夫：《梁赞诺夫版〈德意志意识形态·费尔巴哈〉》，夏凡编译，南京大学出版社 2008 年版。

答复这个问题:"什么是启蒙运动?"(节选)①

康 德

启蒙运动就是人类脱离自己所加之于自己的不成熟状态。不成熟状态就是不经别人的引导,就对运用自己的理智无能为力。当其原因不在于缺乏理智,而在于不经别人的引导就缺乏勇气与决心去加以运用时,那么这种不成熟状态就是自己所加之于自己的了。Sapere aude!② 要有勇气运用你自己的理智!这就是启蒙运动的口号。

懒惰和怯懦乃是何以有如此大量的人,当大自然早已把他们从外界的引导之下释放出来以后(naturaliter maiorennes③),却仍然愿意终身处于不成熟状态之中,以及别人何以那么轻而易举地就俨然以他们的保护人自居的原因所在。处于不成熟状态是那么安逸。如果我有一部书能替我有理解,有一位牧师能替我有良心,有一位医生能替我规定食谱,等等;那么我自己就用不着操心了。只要能对我合算,我就无需去思想:自有别人会替我去做这类伤脑筋的事。

绝大部分人(其中包括全部的女性)都把步入成熟状态认为除了是非常之艰辛而外并且还是非常之危险的;这一点老早就被每一个一片好心在从事监护他们的保护人关注到了。保护人首先是使他们的牲口愚蠢,并且小心提防着这些温驯的畜牲不要竟敢冒险从锁着他们的摇车里面迈出一步;然后就向他们指出他们企图单独行走时会威胁他们的那种危险。可是这种危险实际上并不那么大,因为他们跌过几跤之后就终于能学会走路的;然而只要有过一次这类事例,就会使人心惊胆战并且往往吓得完全不敢再去尝试了。

任何一个个人要从几乎已经成为自己天性的那种不成熟状态之中奋斗出来,都是很艰难的。他甚至于已经爱好它了,并且确实暂时还不能运用他自己的理智,因为人们从来都不允许他去做这种尝试。条例和公式这类他那天分的合理运用或者不如说误用的机械产物,就是对终古长存的不成熟状态的一副脚梏。谁要是抛开它,也就不过是在极狭窄的沟渠上做了一次不可靠的跳跃而已,因为他并不习惯于这类自由的运动。因此就只有很少数的人才能通过自己精神的奋斗而摆脱不成熟的状态,并且从而迈出切实的步伐来。

然而公众要启蒙自己,却是很可能的;只要允许他们自由,这还确实几乎是无可避免的。因为哪怕是在为广大人群所设立的保护者们中间,也总会发现一些有独立思想的人;他们自己在抛却了不成熟状态的羁绊之后,就会传播合理地估计自己的价值以及每个人的本分就在于思想其自身的那种精神。这里面特别值得注意的是:公众本来是被他们套上了这种羁绊的,但当他们的保护者(其本身是不可能有任何启蒙的)中竟有一些人鼓动

---

① 选自康德:《历史理性批判文集》,何兆武译,商务印书馆1990年版。 ② 要敢于认识自己。——译注 ③ 由于自然方式而成熟。——译注

他们的时候，此后却强迫保护者们自身也处于其中了；种下偏见是那么有害，因为他们终于报复了本来是他们的教唆者或者是他们教唆者的先行者的那些人。因而公众只能是很缓慢地获得启蒙。通过一场革命或许很可以实现推翻个人专制以及贪婪心和权势欲的压迫，但却绝不能实现思想方式的真正改革；而新的偏见也正如旧的一样，将会成为驾驭缺少思想的广大人群的圈套。

然而，这一启蒙运动除了自由而外并不需要任何别的东西，而且还确乎是一切可以称之为自由的东西之中最无害的东西，那就是在一切事情上都有公开运用自己理性的自由。可是我却听到从四面八方都发出这样的叫喊：不许争辩！军官说：不许争辩，只许操练！税吏说：不许争辩，只许纳税。神甫说：不许争辩，只许信仰。（举世只有一位君主[①]说：可以争辩，随便争多少，随便争什么，但是要听话！）到处都有对自由的限制。

然则，哪些限制是有碍启蒙的，哪些不是，反而是足以促进它的呢？——我回答说：必须永远有公开运用自己理性的自由，并且唯有它才能带来人类的启蒙。私下运用自己的理性往往会被限制得很狭隘，虽则不致因此而特别妨碍启蒙运动的进步。而我所理解的对自己理性的公开运用，则是指任何人作为学者在全部听众面前所能做的那种运用。一个人在其所受任的一定公职岗位或者职务上所能运用的自己的理性，我就称之为私下的运用。

就涉及共同体利益的许多事物而言，则我们必须有一定的机器，共同体的一些成员必须靠它来保持纯粹的消极态度，以便他们由于一种人为的一致性而由政府引向公共的目的，或者至少也是防止破坏这一目的。在这上面确实是不容许有争辩的；而是人们必须服从。但是就该机器的这一部分同时也作为整个共同体的，乃至于作为世界公民社会的成员而论，从而也就是以一个学者的资格通过写作面向严格意义上的公众时，则他是绝对可以争辩的，而不致因此就有损于他作为一个消极的成员所从事的那种事业。因此，一个服役的军官在接受他的上级交下某项命令时，竟抗声争辩这项命令的合目的性或者有用性，那就会非常坏事；他必须服从。但是他作为学者而对军事业务上的错误进行评论并把它提交给公众来作判断时，就不能公开地加以禁止了。公民不能拒绝缴纳规定于他的税额；对所加给他的这类赋税惹是生非地擅行责难，甚至可以当作诽谤（这可能引起普遍的反抗）而加以惩处。然而这同一个人作为一个学者公开发表自己的见解，抗议这种课税的不适宜与不正当不一样，他的行动并没有违背公民的义务。同样地，一个牧师也有义务按照他所服务的那个教会的教义向他的教义问答班上的学生们和他的会众们作报告，因为他是根据这一条件才被批准的。但是作为一个学者，他却有充分自由，甚至于有责任，把他经过深思熟虑有关那种教义的缺点的全部善意的意见以及关于更好地组织宗教团体和教会团体的建议传达给公众。这里面并没有任何可以给他的良心增添负担的东西。因为他把作为一个教会工作者由于自己职务的关系而讲授的东西，当作是某种他自己并没有自由的权力可以按照自己的心意进行讲授的东西；他是受命根据别人的指示并以别人的名义进行讲述的。他将要说：我们的教会教导这些或那些；这里就是他们所引用的论据。于是，他就从他自己不会以完全的信服而赞同、虽则他很可以使自己负责进行宣讲的那些条文中——因为

① 君主指普鲁士腓德烈大王。——译注

并非是完全不可能其中也隐藏着真理，而且无论如何至少其中不会发现[①]有任何与内心宗教相违背的东西，——为他的听众引绎出全部的实用价值来。因为如果他相信其中可以发见任何与内心宗教相违背的东西，那么他就不能根据良心而尽自己的职务了，他就必须辞职。一个就任的宣教师之向他的会众运用自己的理性，纯粹是一种私下的运用；因为那往往只是一种家庭式的聚会，不管是多大的聚会；而在这方面他作为一个牧师是并不自由的，而且也不能是自由的，因为他是在传达别人的委托。反之，作为一个学者通过自己的著作而向真正的公众亦即向全世界讲话时，则牧师在公开运用他的理性上便享有无限的自由可以使用他自己的理性，并以他自己本人的名义发言。因为人民（在精神事务上）的保护者而其本身居然也不成熟，那便可以归结为一种荒谬性，一种永世长存的荒谬性了。

康德与他的朋友

然则一种牧师团体、一种教会会议或者一种可敬的教门法院（就像他们在荷兰人中间所自称的那样），是不是有权宣誓他们自己之间对某种不变的教义负有义务，以便对其每一个成员并且由此也就是对全体人民进行永不中辍的监护，甚至于使之永恒化呢？我要说：这是完全不可能的。这样一项向人类永远封锁住了任何进一步启蒙的契约乃是绝对无效的，哪怕它被最高权力、被国会和最庄严的和平条约所确认。一个时代决不能使自己负有义务并从而发誓，要把后来的时代置于一种决没有可能扩大自己的（尤其是十分迫切的）认识、清除错误以及一般地在启蒙中继续进步的状态之中。这会是一种违反人性的犯罪行为，人性本来的天职恰好就在于这种进步；因此后世就完全有权拒绝这种以毫无根据而且是犯罪的方式所采取的规定。

凡是一个民族可以总结为法律的任何东西，其试金石都在于这样一个问题：一个民族是不是可以把这样一种法律加之于其自身？它可能在一个有限的短时期之内就好像是

① 原文为“见”。

在期待着另一种更好的似的,为的是好实行一种制度,使得每一个公民而尤其是牧师都能有自由以学者的身份公开地,也就是通过著作,对现行组织的缺点发表自己的言论。这种新实行的制度将要一直延续下去,直到对这类事情性质的洞见已经是那么公开地到来并且得到了证实,以致于通过他们联合(即使是并不一致)的呼声而可以向王位提出建议,以便对这一依据他们更好的洞见的概念而结合成另一种已经改变了的宗教组织加以保护,而又不至于妨碍那些仍愿保留在旧组织之中的人们。但是统一成一个固定不变的、没有人能够(哪怕在一个人的整个一生中)公开加以怀疑的宗教体制,从而也就犹如消灭了人类朝着改善前进的整整一个时代那样,并由此给后代造成损害,使得他们毫无收获,——这却是绝对不能容许的。一个人确实可以为了他本人并且也只是在一段时间之内,推迟对自己有义务加以认识的事物的启蒙;然而径行放弃它,那就无论是对他本人,而更其是对于后代,都可以说是违反而且践踏人类的神圣权利了。

——1784 年 9 月 30 日,于普鲁士哥尼斯堡

导读

1784 年,启蒙运动大功将成,但狂热主义、迷信、巫术的阴影依然不时威胁着欧洲。在这种情况下,普莱辛写信给自己敬爱的老师康德,请求他依凭自己的地位,奋笔疾书,"为理性和人类的事业写出惊人之作"。[①] 康德没有直接回应弟子,但是该年 12 月,康德发表了论文《答复这个问题:"什么是启蒙运动?"》,对启蒙运动的相关问题进行了阐述。不同于弟子仅将目光局限于启蒙的对立物,康德还将批判的目光指向了启蒙自身,从而将启蒙学说推向了一个更深的层次。

一、只有启蒙学者才提倡理性吗?

曼弗雷德·盖尔说:"18 世纪启蒙运动的自我解释涉及一种被比喻为光的理性。"[②]确然,启蒙这个词的意义是以比喻的形式呈现的。"启蒙"一词在法文和英文里都源于光,法文是 lumière 的复数 lumières,英文是 light 的动名词 enlightenment。[③] 对于 18 世纪的启蒙学者来说,启蒙即将一切概念、观点、思想置于理性前面进行衡量,即用理性之光驱散因蒙昧造成的黑暗。不过,令人玩味的是,"理性之光"的隐喻自古以来便就存在。

古希腊哲学家柏拉图在《理想国》中,提出了著名的"洞喻"说。苏格拉底设想这样一个洞穴,它有一条长长甬道通向外面,可让亮光照进来。有一些"囚徒"从小就生活在这个洞穴中,头颈和腿脚被缚,不能走动不能回头,只能向前看着洞穴后壁。而他们背后,也就是洞穴的出口处,有一堆正在燃烧的火,火焰的光芒将外面行走的人们的影子和这些囚徒

① 盖尔:《康德的世界》,黄文前、张红山译,中央编译出版社 2012 年版,第 186 页。 ② 盖尔:《康德的世界》,黄文前、张红山译,中央编译出版社 2012 年版,第 178 页。 ③ 参见盖伊:《启蒙时代(上):现代异教精神的兴起》,刘北成译,上海人民出版社 2015 年版,序第 1 页。

的影子，投射在洞穴的后壁上。这些囚徒由于长期观察的是这些影子，他们势必会以为这些不实的影像就是真实的事物。只有当这些“囚徒”挣脱束缚，才能看到了影子的本原——火光。而如果他再走出洞穴，他将会看到更接近真理本质的东西——太阳之光。柏拉图说：“整个身体不改变方向，眼睛是无法离开黑暗转向光明的。”[①]同样，作为整体的灵魂必须转向，才能“正面观看实见，观看所有实在中最明亮者”[②]。柏拉图所说的转向，就是从黑暗转向光明、从野蛮转向文明、从蒙昧转向理性，把握最高的真理。

关于中世纪，许多人认为是黑暗的。但是艾柯说：“中世纪人自认生活在极为灿烂的环境中。”[③]奥古斯丁和托马斯·阿奎那在谈美时，都强调光的重要性。光，是美的本原，同时，也是善的本原。当然，作为神学家的奥古斯丁和托马斯·阿奎那所说的不是柏拉图所说的哲学之光，而是信仰之光。但是，相对于原始宗教来说，中世纪的基督教信仰可以说是一种理性的信仰，它将人对精神和灵魂的关注提升到极致，从而形成了关于黑暗与光明、野蛮与文明、蒙昧与理性的另一种划分和另一性质的最高真理。

所以，就如卡西勒所说，“理性”一词早就失去了一义性。[④] 如果说柏拉图意味着哲学理性、奥古斯丁意味着信仰理性，那么十八世纪启蒙学者所说的理性之光又有怎样与众不同的特征，以至于使其将自身的世纪称为“理性的世纪”？

18 世纪哲学的思维方法是建立在自然科学的基础之上的。卡西勒说，18 世纪采用“牛顿物理学的方法论模式”，但已经“不满足于把分析仅仅当作获得数理知识的伟大的思想工具，它还把分析看作所有一般思维之必需的、不可或缺的工具”[⑤]。也就是说，不同于柏拉图的哲学理性、奥古斯丁的信仰理性，18 世纪启蒙学者建立了认知理性。他们运用这一新的尺度，对社会所有方面进行重新评判，进而鼓吹自由、平等、博爱。

二、启蒙就是用理性照亮黑暗吗？

既然就欧洲历史而言，理性之光从没有熄灭过。只不过在不同的时代，理性的内涵不同。那么，康德关于启蒙的学说又有何独特的意味？

“启蒙运动就是人类脱离自己所加之于自己的不成熟状态。不成熟状态就是不经别人的引导，就对运用自己的理智无能为力。”[⑥]在为启蒙运动所下的定义中，康德强调的并非是理性，而是对理性的自主、自由运用。这是康德对十八世纪启蒙学说的重要贡献，因为在康德之前的哲学，始终存在着一种独断的倾向，而康德打破了这种独断，从而将人的自主性、将人的尊严和价值，作为一个严肃的问题呈现于哲学中，从而将启蒙思想提升到一个新的高度。

柏拉图认为，由“公式、原理、定义、规则”构成的共相世界，才是世界的本原。而服从于这些公式、原理、定义、规则的具体物质存在构成的表象世界，只不过是共相世界的“影

① 柏拉图：《理想国》，郭斌和、张竹明译，商务印书馆 1986 年版，第 272—276 页。 ② 柏拉图：《理想国》，郭斌和、张竹明译，商务印书馆 1986 年版，第 277 页。 ③ 艾柯：《美的历史》，彭淮栋译，中央编译出版社 2011 年版，第 99 页。 ④ 卡西勒：《启蒙哲学》，顾伟铭、杨光仲、郑楚宣译，山东人民出版社 1988 年版，第 4 页。 ⑤ 卡西勒：《启蒙哲学》，顾伟铭、杨光仲、郑楚宣译，山东人民出版社 1988 年版，第 10 页。 ⑥ 康德：《历史理性批判文集》，何兆武译，商务印书馆 1990 年版，第 23 页。

子”，是一种次级的存在世界。对于基督教来说，尘世的生活不过是进入天国前的准备罢了。对于十八世纪的启蒙学者来说，凡是最后不能归纳于“数—量”的事物都不可能构成知识。所有的这些关于理性的学说无不具有独断论的倾向，即将自身持有的学说作为终极真理而排斥其他的学说。哲学、信仰、科学，这些宏大的概念在推翻其他权威的同时，又将自己树立为至高无上的权威。不管是柏拉图、奥古斯丁还是十八世纪的启蒙学者，在他们身上都有着强烈的救世精神。他们异口同声地在强调，“照我所说的去做，走我的路，这路通向真理”。但是不能不看到，伴随着中世纪的信仰之光的，是焚烧“异端”的十字架上的熊熊火焰。而十八世纪的科学之光，在驱散蒙昧与黑暗的同时，也将人推向了科学的祭台，人的价值、尊严和自由都受到了严重的挑战，人沦为“机械”。

与前人给出真理不同，康德强调要运用“自己的理智”寻找真理。康德认为人的“不成熟状态”是自己强加于自己的。康德后来对这一问题有着更清晰的论述。在《判断力批判》中，康德认为知性的准则就是“自己思维”。这个准则“是一种永不被动的理性的准则。对被动的理性，因而对理性的他律的癖好就叫作成见；而一切成见中最大的成见就是，把自然想象成不服从知性通过自己的根本法则奠定为它的基础的那些规则：这就是迷信。从迷信中解放出来就叫做启蒙”①。所以，在康德的学说中，运用“自己的理智”是启蒙的根本要义。他甚至说，“这一启蒙运动除了自由而外并不需要任何别的东西……那就是在一切事情上都有公开运用自己理性的自由”②。在这里，康德推倒了一切权威。任何人，对于任何问题，都有权利开展思考并发表自己的意见。同时，任何人，对于任何问题，都没有权利依据某种不变的教义，从而对全体人民进行永不中辍的监护。所以说，康德不是自己扮演救世主的角色，也反对任何人充当这个角色，而是呼吁人民克服懒惰和怯懦，勇敢地运用自己的理智，从受监护的幼稚状态中走出来。

三、理性是万能的吗?

康德强调，要独立自由地运用自己的理性。但是，这样会不会使自由陷入相对主义的泥潭，从而最终消解了理性自身。从康德哲学的体系来讲，并不会如此。

德国古典哲学家登上哲学舞台时，正是经验论和唯理论在认识论方面的争论陷入僵局，科学理性与自由发生冲突的时候。哲学面临的一个重要任务就是调解经验论和唯理论、认知理性与自由之间的矛盾，避免自身的分崩离析。前者的问题关键在于知识的基础是建立经验还是建立在先验的理性之上的，后者的问题在于从科学理性出发，自然因果律成了放之四海而皆准的客观规律，自由因此失去了立身之地，人本身的价值和尊严受到挑战。

康德解决问题的办法是颠倒传统对于知识和对象的关系的认识。康德提出，真理之所以为真理，是因为对象符合观念，而不是传统所认为的观念符合对象。这样，一方面，我们的知识的确必须建立在经验的基础之上，但是在另一方面，进行认识活动的主体本身具有一整套先天的认知形式。两者结合，才能形成认识。以这样的方式，康德调和了经验论

① 李秋零：《康德著作全集》第5卷，中国人民大学出版社2007年版，第306页。 ② 康德：《历史理性批判文集》，何兆武译，商务印书馆1990年版，第25页。

和唯理论的冲突。同时，这也意味着事物对于人来说被划分成两个方面，一是通过主体的先天认知形式所认识的事物，康德称为“表现”；另一方面是未经形式限制因而在认识之外的事物，即“事物自身”或“物自体”。这样的划分固然限制了理性的作用，但是也为自由保留了存在的空间。因为这个不被认知形式所限制的领域也不受因果律所限制，是一个自由的领域。以这样的形式，康德调和了科学与自由之间的冲突。

在“表现”领域，是人为自然立法。但是，人不是随意为自然立法，而必须受理性的先天范畴的制约，理性的先天范畴和感性直观的结合，便形成了我们所说的科学知识。在“物自体”领域，是人为自身立法。同样，人也不是随意为自己立法，而是受着善良意志的制约，其表现便是道德自律。

因此，康德虽将“公开运用自己理性的自由”看得重于一切，但是康德所说的理性有着自身的界限。理性不能超出自身的界限，否则便是“理性的僭越”。康德“把一个无限之维放置在有限的理性存在者之内。向着超于自身的无限之维敞开，有限者才能够具有对自身有限性的真实意识，在匮乏之中赢得自身反省的勇气和决心，承受理性自身的拷问，负起批判的天职。这是启蒙给予现代世界惟一永久的财富”①。正因如此，到了新的时代，福柯还是认为，自康德之后，“现代哲学历经两个世纪，以不同的形式一直在重复这个问题。从黑格尔至霍克海默或哈贝马斯，中间经过尼采或马克斯·韦伯，很少有哲学不曾直接或间接地碰到这同一个问题：所谓‘启蒙’的事件究竟是什么？它至少在某方面决定了我们是什么，我们想的是什么以及我们所做的是什么”②。

思考与讨论

1. 谈谈法国启蒙思想的时代意义。
2. 康德的启蒙思想与法国启蒙学者的启蒙思想有何不同？
3. “被启蒙摧毁的神话，却是启蒙自身的产物”，霍克海默和阿道尔诺如是说（霍克海默、阿道尔诺：《启蒙辩证法》，上海人民出版社 2006 年版，第 5 页）。谈谈你对这句话的理解。

拓展阅读

1. 康德：《纯粹理性批判》，李秋零译，中国人民大学出版社 2011 年版。
2. 康德：《实践理性批判》，李秋零译，中国人民大学出版社 2011 年版。
3. 盖伊：《启蒙时代》（上、下），刘北成译，上海人民出版社 2015 年版。
4. 卡西勒：《启蒙哲学》，顾伟铭、杨光仲、郑楚宣译，山东人民出版社 1988 年版。
5. 霍克海默、阿道尔诺：《启蒙辩证法——哲学断片》，渠敬东、曹卫东译，上海人民出版社 2006 年版。

---

① 陈剑澜：《康德的启蒙之问》，《读书》2004 年第 5 期，第 127 页。 ② 福柯：《福柯集》，杜小真编选，上海远东出版社 1998 年版，第 528 页。

中国哲学之悦乐精神(节选)[1]

吴经熊

中国哲学有三大主流,就是儒家、道家和释家,而释家尤以禅宗为最重要。这三大主流,全部洋溢着悦乐精神。虽然其所乐各有不同,可是它们一贯的精神,却不外"悦乐"两字。一般说来,儒家的悦乐导源于好学、行仁和人群的和谐;道家的悦乐在于逍遥自在,无拘无碍,心灵与大自然的和谐,乃至于由忘我而找到真我;禅宗的悦乐则寄托在明心见性、求得本来面目而达到入世出世的和谐。由此可见,和谐实在是儒家、道家和禅宗三家悦乐精神的核心。和谐原是音乐的用语,有和谐就有悦乐。《礼记·乐记》说:"乐者,乐也。"也就是这个意思。我想,天下之至乐,莫过于研究三家不同的悦乐方式,并将它们融为一炉而合成一个大和谐。

一、儒家的悦乐

《论语》一开头便洋溢着悦乐的气氛,而谱出孔子人生哲学的全音程:

子曰:"学而时习之,不亦悦乎?有朋自远方来,不亦乐乎?人不知而不愠,不亦君子乎?"

从这句话里,我们可以体会到读书的乐趣、友谊的乐趣以及修养自己的人格而不求人知的乐趣。孔子曾经形容他自己说:"其为人也,发愤忘食,乐以忘忧,不知老之将至。"这就是夫子内心悦乐的真情流露。

孔门弟子中,孔子最喜爱颜回。他曾经赞美颜回说:"贤哉,回也!一箪食,一瓢饮,在陋巷,人不堪其忧,回也不改其乐。贤哉,回也!"(《雍也》)这显示孔子最欣赏的是内得于心而非外取于物的悦乐境界。实际上孔子曾经自述其志说:"饭疏食、饮书,曲肱而枕之,乐亦在其中矣!不义而富且贵,于我如浮云。"(述而)

孟子乃是阐述孔子学说最有力的人物,从孟子的著作中,我们可以窥见儒家悦乐精神的根源。孟子对于悦乐哲学最大的贡献,就在于他的人性本善的学说。因为人性是天生就善的,所以人之可贵在于内不在于外。人性是天所赋予的,里头就有仁义礼智的根苗。我们只要把这个根苗好好地培植,使它发达到极点,我们的人格也就完成了;这样,我们就有了至可宝贵的天爵……

儒家人文主义最美的地方,在于它既热情而又豁达,凡是人们所关心的事物,它没有不关心的:而凡是人类所有正常的感觉与情欲,它也一概不予摒弃。儒家寻求人伦的和

[1] 选自吴经熊:《中国哲学之悦乐精神》,出自高明等:《儒家思想与中华文化研究论集》,黎明文化事业股份有限公司1983年版。选入时有删节。

谐，当其形诸诗歌，同情心的温馨四溢，使人感到莫大的兴奋……

整个来说，儒家所关心的是倾向于伦理和实际的生活，而其悦乐的根源，在于做人的踏实尽职……

儒家最高的境界为对人一视同仁，即是具有“以天下为一家，中国为一人”的胸襟，自然而然达到己立立人、己达达人的理想，这才是人生的至乐。因为这个时候，人我已无藩篱之隔，胸怀坦荡，完全达到了“人之有技，若己有之；人之彦圣，其心好之”的境界了……

在这里，可能有一个问题，“人乐亦乐”，固然可以说是一大乐事。至于“人泣亦泣”，难道也可以说是乐事吗？对于这个问题的答案，王阳明先生说得最为透彻。有一次有个学生问阳明先生说：“乐是心之本体，不知遇大故于哀哭时，此乐还在否？”他的回答是最有意义的了。他说：“须是大哭一番方乐；不哭，便不乐矣。虽哭，此心安处，都是乐也，本体未尝有动。”（《传习录》卷下）从这一点看来，显然儒家的悦乐精神，来自认真做该做的事以及分担别人的忧苦。

二、道家的悦乐

道家的视野，甚至比儒家来得更辽阔。如果说儒家将人类看做一家，那么道家就是把整个宇宙视为一体。如果说儒家从人际关系的和谐中找到快乐，那么道家就是从人与大自然的和谐中找到快乐。道家多是神秘主义者，因此很难介绍其微妙的见地以及追寻其可望而不可及、正言若反的论调。也许庄子这位老子以后最伟大的道家下面的一句话，最足表达道家境界的精蕴：“天地与我并生，万物与我为一。”这个基本的卓见，乃是打开一切冥想宝库的钥匙。这些冥想都是耐人寻味的，也可以说是道家乐趣的源头。

我已经告诉过诸位，孔子说过“不义而富且贵，于我如浮云”的话。道家似乎更进一步，一切富贵，不管以其道或不以其道得之，一概视如敝屣。就如庄子说，有道之人，“藏金于山，藏珠于渊；不利财货，不近富贵；不乐寿，不哀夭；不荣通，不丑穷；不拘一世之利以为己私分，不以王天下为己处显；显则明万物一府，死生同状。”（《天地》）

…………

老子同莎翁一样，都体会出人生正反两面相通之处。因此他又说：“祸兮福之所倚，福兮祸之所伏。”（《老子》第八十五章）这和莎翁所见，真是如出一辙：“人生是杂色毛线织成的布，善与恶编织在一起。”（《皆大欢喜》，第四幕，第三景）由于一切事务倾向“反面进行”，因此运气来时不必高兴，倒运时也不必忧虑。这就是道家顺乎自然、无入经不自得的乐趣。庄子说：“古之得道者，穷亦乐，通亦乐，所乐非穷通也。”（《让王》）

…………

道家的乐趣，就是超然、天马行空之乐。如果说儒家的乐是充实之乐，那么道家之乐便是空灵之乐。前者之乐，来自努力与行动；后者之乐，则来自无为与恬淡。前者属于人群的，后者则属于宇宙的。前者像冬天里温暖的阳光，后者则像炎夏里凉爽的阵雨。

…………

道家另一动人的地方，是了解处愚的重要性。老子曾经把他自己形容得很有趣：

众人皆有余，而我独若遗。

我愚人之心也哉！沌沌兮！
俗人昭昭，我独昏昏。
俗人察察，我独闷闷。
澹兮其若海，飂兮若无止。
众人皆有以，而我独顽似鄙。
我独异于人，而贵食母。（《老子》第二十章）

…………

庄子以为，只有在大醒时我们才懂得真实的人生。由于他全副精神贯注于大醒的境界中，因此临易箦时对于遗体埋葬的问题毫不在乎。听到学生们要为他举行盛大的葬礼，就对他们说："吾以天地为棺椁，以日月为连璧，星辰为珠玑，万物为赍送。吾葬具岂不备耶！何以如此？"弟子说："吾恐乌鸢之食夫子也。"庄子说："在上为乌鸢食，在下为蝼蚁食，夺彼与此，何其偏也？"（《列御寇》）

…………

总而言之，每个人心中都具有儒家和道家的气质，只是成份上深浅不同而已。不过要成为一个完全的人格，必须把两者调和得恰到好处，才能到达圆融的境界……

三、禅宗的悦乐

佛教过去被西方认为是悲观的和虚无论者的人生哲学，对于小乘而言，也许不错；可是大乘绝非如此，因为它有涅槃的积极观念、救世的热情以及普度众生的慈悲。

…………

当然，禅宗是在大乘的冲击下形成的，并且因而承袭了它宽宏大度的气象。不过，就其教训的内容与思维的模式而言，则纯粹是中国的，因为它融洽了道家的空灵与儒家的人道于一炉。心理学家荣格博士（Dr. C. G. Jung）说得好："禅是中国人的精神花朵，它在广大的佛教思想界中孕育而成。"

…………

因此，禅宗的乐趣，在于自己开悟和觉悟他人。可是，这种开悟却如电光火石般，悄然而至。

…………

开悟也是觉醒。对什么觉醒呢？就是对"自我"的觉醒。这种觉醒，我们可以从马祖接引大珠慧海的话中看出来。大珠第一次见马祖，马祖问他从那里来，大珠答以从越州大云寺来。马祖又问："你来这里做什么？"大珠回答："我是来求佛法的。"马祖说："我这里什么都没有，那有什么佛法可求呢！你自有宝藏而不顾，离家这么远做什么？"大珠惘然问道："我有什么宝藏呢？"马祖回答："现在问我的人就是你的宝藏。它万事具足，毫无欠缺，你可随心所欲去运用它，而不会觉得它会枯竭。你何必向外寻求呢？"听了这番话，大珠慧海立即洞见自性。

要之，如果你不知自己有宝藏而向外寻求，将永无快乐可言……

我们整个生命的历程，就像从小我到真我的朝圣进香一样，任何风流韵事都没有它那么有意义与动人。因为朝圣的目的地与历程都充满惊喜与刺激，缺少了惊喜与刺激，就没有生命之可言了。这也就是禅师们何以要常引用“不风流处也风流”这句有意义的名诗的原因。

…………

禅师们常说：“平常心是道”，最平凡的人生就是最奇妙的人生。

…………

有位刚受剃度的和尚问赵州禅师说：“弟子初到禅林，请求师父指点。”赵州问道：“你吃过粥没有？”“吃过了。”禅师说：“去洗钵盂吧！”听了这番话，这位新剃度的和尚便顿悟了。如此说来，禅似乎比道家要进一步，因为道家多少还在寻求不凡，而禅宗却在最平凡的事物上寻求最不平凡。事实就是“禅”已经将道家的神秘洞察力和儒家的道德直观融成一种生动的综合物。

禅是融洽“超越”与“内在”于一炉的。它虽然停留在此岸，却希望到达彼岸。它学到了道家的超脱，却百尺竿头更进一步……禅比道家超脱的地方，就在于它能超脱于超脱而回到人间来生活。

…………

整个禅的意义，无非是想唤起生生不息与时空交融的觉悟。

导读

吴经熊最为世人所熟知的身份是“法学家”，在写作《中国哲学之悦乐精神》一书之前，他写了为数众多的法学论著，如《法律的基本概念》《法律的三度论》《超越东西方》。其哲学思想主要包括中国古代法律的哲学基础与自然法思想。纵观吴经熊的治学道路可以看到明显的分野：对中国古代法律的研究是吴经熊早期研究的重点，其学术生涯的中期则由对自然法背后的本体探求走向上帝信仰，再到后来从基督教灵修的角度回视中国哲学。

这本《中国哲学之悦乐精神》正是在吴经熊中西方比较哲学的视域下写就的。吴经熊认为传统哲学应该走出古今之争，应当促进中国传统哲学与现代相结合，其思想始终贯穿着强烈的结合中西文化的倾向与对悦乐的追求。吴经熊对中国传统文化浸淫极深，早在论述中国古代法律时就提出了中西法律背后哲学思想的不同，并指出中国法制的哲学背景是“天人交感的宇宙观”“道德化的法律思想”“息事宁人的人生观”。① 他认为中国古代的法律制度包含着道德化的法律思想，“道德是法律的目的，法律是道德的工具。换言之，法律的唯一使命就是保障道德”②。为规避中国传统法制及其哲学思想的局限性，吴经熊转而向西方哲学寻求答案。

基督教的自然法观念对吴经熊的哲学思想影响极大，在论述相关问题时他往往引用《圣经》与中国传统哲学著作如《论语》《庄子》等作为比较材料。作为一个基督教徒，吴经

① 吴经熊：《中国旧法制的哲学的基础》《中国新旧法制在哲学上之基础》，载于《法律哲学研究》，清华大学出版社 2005 年版。 ② 吴经熊：《法律哲学研究》，清华大学出版社 2005 年版。

熊常以基督教教义阐释中国哲学与文化。从基督教的灵修角度回视中国哲学，他首先发现的是中国哲学的悦乐精神。

在《中国哲学之悦乐精神》一书中，吴经熊认为“中国哲学有三大主流，就是儒家、道家和释家，而释家尤以禅宗为最重要”，并认为这三大主流哲学思想全都充满悦乐的色彩，这种悦乐中彰显着和谐。

在这本书中，吴经熊开篇即谈儒家的悦乐精神，认为儒家的悦乐导源于好学、行仁和人群的和谐。书中列举了儒家的几位代表人物，在分析这些人物的悦乐精神时又各有侧重。在论述孔颜之乐时，通过对《论语》一书的分析，吴氏认为孔子和颜回的悦乐主要在于三点：好学、乐朋和人格修养之乐。吴经熊论述道，孔颜之乐所指的乃“是内得于心而非外取于物的悦乐境界”。王阳明是心学的集大成者，他继承并发扬了孟子心学的主要观点，建立了内容庞大的心学体系。基于此，吴经熊把王阳明和孟子的悦乐精神放在一起加以论述。吴经熊认为孟子对悦乐精神最大的贡献在于他的人性本善之说，孟子哲学中“人性本善”的观点和西方宗教的“原罪”说或曰“人性本恶”说形成了对比。西方因为其哲学中人性本恶的观点所以崇尚法治，以法治人，相对地，中国哲学中人性本善的观点则使中国人内养心性，以道德去约束人的人治。对此费孝通先生在《礼治秩序》一文中有精彩阐述，笔者在此不再赘述。

基于性善论，孟子认为修身养性是悦乐的源泉。孟子常说养“浩然之气”，这种气来自天地合一，它能使人产生“以天下为一家，中国为一人”的胸襟，自然而然达到己立立人、己达达人的理想，这才是人生的至乐。对于悦乐精神，吴经熊认为王阳明似乎比孟子还要更进一步，王阳明认为即使悲苦也是乐的一种，因为“此心安处，都是乐也，本体未尝有动”。

分析完儒家的悦乐精神之后，吴经熊继而分析道家，认为“道家的视野，甚至比儒家来得辽阔。如果说儒家将人类看作一家，那么道家就是把整个宇宙视为一体。如果说儒家从人际关系的和谐中找到快乐，那么道家就是从人与大自然的和谐中找到快乐了”。吴经熊首先分析了道家悦乐精神的源泉，并分析中西方哲学的相同之处，然后从超越得失和超越生死两个方面来论述道家的悦乐。值得注意的是，吴氏在论述道家思想时不仅把道家哲学与西方哲学进行比较，同时把儒家、道家哲学放在一起进行比较。他认为虽然道家重在“超越”的一面，但庄子哲学中梦与现实的关系，讲的正是超脱与现实必须兼而有之，“也就是道家与儒家的结合”。

吴经熊认为道家的悦乐在于逍遥自在、无拘无碍、心灵与大自然的和谐，乃至于由忘我而找到真我。要超越得失和死生才能达到悦乐的境界。对此，汤一介也有相关的论述，“人如果要效法‘道’就必须排除其对某种事物的爱好；因为有爱好就有执着，不能自由自在，不能无莫无适。只有无所偏爱才能合于‘道’，与‘道’同体”①。

在论述道家哲学时，汤一介认为道家哲学中最重要的两个概念分别是“道”和“德”。《道德经》开篇即言“道可道，非常道”，也就是说“‘道’是不可言说、超于经验的，它是‘众妙

① 汤一介：《儒道释与内在超越问题》，江西人民出版社 1991 年版。

之门'"①。对于"德",汤一介认为可以解释为"道"的"德性"(性质)。"道"是天地万物存在的原则,因此它是超越于天地万物的;"德"是天地万物存在的根基,因此它是天地万物的内在本质。道家在自然中找到乐趣,所谓"天地与我并生,万物与我为一",这正是道家思想中悦乐的源头。在论述道家超越死生这点时,吴经熊认为这"颇接近基督徒所说的永生"②。

受近代以来观念的影响,提及佛教,不免总与"封建迷信"联系在一起。与对儒家思想的研究相比,对佛教思想的研究一直不受重视。但这并不能否定其对于中国古代哲学的意义。汤一介在谈及"超越"问题时,认为"佛教的禅宗是以通过自心顿悟以达到瞬息永恒(借用李泽厚语)的超越境界"③。吴经熊则谈得更为平实,他认为佛教虽由印度传到中国,但发展到后来,禅宗的思维模式则完全是中国的,"因为它融洽了道家的空灵与儒家的人道于一炉"。禅在对佛教进行革命的同时也确立了自己的特色。吴经熊认为禅宗的乐趣"在于自己开悟和觉悟他人"的悟道之乐,以及顺其自然的平常心。把悦乐寄托于明心见性、求得本来面目而达到入世、出世的和谐。

禅宗所谓的"悟"是对"自我的觉醒",禅宗的快乐是发现真我时的意外收获。开悟他人和自我觉悟都是禅宗获得快乐的方式。吴经熊认为"我们整个生命的历程,就像从小我到真我的朝圣进香一样",满是惊喜和刺激,"缺少了惊喜与刺激,就没有生命之可言了"。吴经熊还认为真正的悟禅在于平常心,它"超脱于超脱而回到人间来生活",吃饭、睡觉、打扫莫不是在悟禅。

对于中西哲学优劣的争论从来不少,既有方东美这类的哲学家,认为中国哲学的基本精神在于圆融和谐的精神,即所谓"广大和谐之道",以此将中国哲学视为"对西方'二元对立'思想的超越之道"④。也有过"中国无哲学"的论调。笔者认为这两种观点都失之偏颇,对于当代中国,当务之急是要融汇中西方哲学,建立一个既包含中国哲学人格、人伦式"内在超越",也熔冶西方以"外在超越"为特征的哲学,使东西方哲学得到有机的结合。汤一介早在20世纪80年代末就对中国哲学进行了反思,他在《论中国传统哲学中的真、善、美问题》以及《再论中国传统哲学中的真善美问题》两篇论文中认为"天人合一""知行合一""情景合一"是包括儒、道、佛三家在内的中国文化的基本特征。这些都指向内在解决人的存在以及人与群体的关系。同时汤一介也看到了中国哲学的四个特点:呈空想状的理想主义,重实践的人本主义,体用一源的思维模式和偏重直观的理性主义。⑤

吴经熊在《中国哲学之悦乐精神》中,虽然采取的是中西方哲学比较的视野,不少观点也有夸大宗教作用之嫌,但他不仅有西方哲学的视角,也注重儒、道、释三家哲学的内部影响和相互贯通,表现出一种宏大的视野和圆融的精神。

从文化发展的角度来看,21世纪是文化相互影响下多元思想共存的世纪。中国哲学作为世界文化的一部分,也要吸收借鉴西方哲学,构建适合当下中国的哲学体系。在国家

① 汤一介:《儒道释与内在超越问题》,江西人民出版社1991年版。 ② 吴经熊:《哲学与文化》,朱秉义译,三民书局1999年版。 ③ 汤一介:《儒道释与内在超越问题》,江西人民出版社1991年版。 ④ 李安泽:《"内在"与"超越"——方东美论中国哲学之精神及其发展》,《中国哲学史》2007年第4期。 ⑤ 汤一介:《中国传统文化中的儒道释》,中国和平出版社1988年版。

越来越重视建设文化强国的今天，谈中国传统哲学尤为重要。中国传统哲学中的圆融和谐、悦乐精神都能给当代中国的文化建设提供资源。同时，正如汤一介所强调的那样，当代中国的文化建设一定要走出“中西古今”之争，会通“中西古今”之学，既要继续奉行“拿来主义”也要着力发展“送去主义”，把优秀的中华文化推展到世界各地去。①

思考与讨论

1. 在本文中，儒、道、释哲学的悦乐精神分别是什么？表现在什么地方？

2. 这种悦乐精神的和谐与当今倡导的建立和谐社会的“和谐”有无相近之处？你是否认同作者在文中所阐述的儒、道、释三家哲学悦乐精神的内涵？为什么？

3. 黑格尔对中国哲学的评价很低，甚至对中国具有哲学持否定观点，谈谈你对此的认识。

拓展阅读

1. 杨伯峻：《论语译注》，中华书局 2012 年版。

2. 陈鼓应：《庄子今注今译》，中华书局 2009 年版。

3. 汤一介：《儒释道与内在超越问题》，江西人民出版社 1991 年版。

4. 刘小枫：《拯救与逍遥》，华东师范大学出版社 2007 年版。

5. 赵敦化：《向黑格尔学习如何做中国哲学——“古代中国无哲学”魔咒之解魅》，《北京大学学报（哲学社会科学版）》2010 年第 5 期。

① 景海峰：《汤一介与新时期的中国哲学建设》，《深圳大学学报（人文社会科学版）》2007 年第 1 期。

文化偏至论(节选)[1]

鲁　迅

《鲁迅全集》书影

中国既以自尊大昭闻天下,善诋谌者,或谓之顽固;且将抱守残阙,以底于灭亡。近世人士,稍稍耳新学之语,则亦引以为愧,翻然思变,言非同西方之理弗道,事非合西方之术弗行,掊击旧物,惟恐不力,曰将以革前缪而图富强也。间尝论之:昔者帝轩辕氏之戡蚩尤而定居于华土也[2],典章文物,于以权舆,有苗裔之繁衍于兹,则更改张皇,益臻美大。其蠢蠢于四方者,胥蕞尔小蛮夷耳,厥种之所创成,无一足为中国法,是故化成发达,咸出于己而无取乎人。降及周秦,西方有希腊罗马起,艺文思理,灿然可观,顾以道路之艰,波涛之恶,交通梗塞,未能择其善者以为师资。洎元明时,虽有一二景教父师[3],以教理暨历算质学干中国,而其道非盛。故迄于海禁既开[4],皙人踵至之顷,中国之在天下,见夫四夷之则效上国,革面来宾者有之;或野心怒发,狡焉思逞者有之;若其文化昭明,诚足以相上下者,盖未之有也。屹然出中央而无校雠[5],则其益自尊大,宝自有而傲睨万物,固人情所宜然,亦非甚背于理极者矣。虽然,惟无校雠故,则宴安日久,苓落以胎,迫拶不来,上征亦辍,使人茶,使人屯,其极为见善而不思式。有新国林起于西,以其殊异之方术来向,一施吹拂,块然踣傹[6],人心始自危,而轻才小慧之徒,于是竞言武事。后有学于殊域者,近不知中国之情,远复不察欧美之实,以所拾尘芥,罗列人前,谓钩爪锯牙,为国家首事,又引文明之语,用以自文,征印度波兰[7],作之前鉴。夫以力角盈绌者,于文野亦何关?远之则罗马之于东西戈尔[8],迩之则中

---

① 选自鲁迅:《文化偏至论》,《鲁迅全集》第1卷,人民文学出版社2005年版。《文化偏至论》最初发表于1908年8月《河南》月刊第七号,署名迅行。 ② 轩辕氏之戡蚩尤:轩辕氏即黄帝,我国传说中汉族的始祖、上古帝王。相传他与九黎族的首领蚩尤作战,擒杀蚩尤于涿鹿。 ③ 景教父师:指在中国传教的天主教士。1290年,意大利教士若孟高未诺经印度来北京;1581年,利玛窦和罗明坚至澳门,经肇庆到北京。西方天文、数学、地理等近代科学,即经由他们传入中国。其后来者渐多,明清间主持改革历法的教士汤若望,即是其中最著名的一人。 ④ 海禁:鸦片战争以前,清朝政府实行传统的闭关政策,禁止民间商船出口从事海外贸易,规定外国商船在指定的海口通商,这些措施叫作"海禁"。从1840年鸦片战争开始,资本主义列强用枪炮打开了中国的大门,强迫中国接受一系列不平等条约,于是海禁大开,中国逐渐沦为半殖民地半封建社会,西方资产阶级的科学文化也随之传入中国。 ⑤ 校雠:原意是校对文字正误,这里是比较的意思。 ⑥ 踣傹:僵倒。傹,同"僵"。 ⑦ 印度波兰:印度于1849年被英国侵占;波兰于十八世纪末被俄国、普鲁士、奥地利三国瓜分。 ⑧ 戈尔(Gaul):通译高卢。三世纪末高卢等族联合西罗马奴隶进攻西罗马帝国,经过长期的战争,使它于476年覆亡。

国之于蒙古女真，此程度之离距为何如，决之不待智者。然其胜负之数，果奈何矣？苟曰是惟往古为然，今则机械其先，非以力取，故胜负所判，即文野之由分也。则曷弗启人智而开发其性灵，使知罟获戈矛，不过以御豺虎，而喋喋誉白人肉攫之心，以为极世界之文明者又何耶？且使如其言矣，而举国犹孱，授之巨兵，奚能胜任，仍有僵死而已矣。嗟夫，夫子盖以习兵事为生，故不根本之图，而仅提所学以干天下；虽兜牟深隐其面①，威武若不可陵，而干禄之色，固灼然现于外矣！计其次者，乃复有制造商估立宪国会之说②。前二者素见重于中国青年间，纵不主张，治之者亦将不可缕数。盖国若一日存，固足以假力图富强之名，博志士之誉；即有不幸，宗社为墟，而广有金资，大能温饱，即使怙恃既失，或被虐杀如犹太遗黎③，然善自退藏，或不至于身受；纵大祸垂及矣，而幸免者非无人，其人又适为己，则能得温饱又如故也。若夫后二，可无论已。中较善者，或诚痛乎外侮迭来，不可终日，自既荒陋，则不得已，姑拾他人之绪余，思鸠大群以抗御，而又飞扬其性，善能攘扰，见异己者兴，必借众以陵寡，托言众治，压制乃尤烈于暴君。此非独于理至悖也，即缘救国是图，不惜以个人为供献，而考索未用，思虑粗疏，茫未识其所以然，辄皈依于众志，盖无殊痼疾之人，去药石摄卫之道弗讲，而乞灵于不知之力，拜祷稽首于祝由之门者哉④。至尤下而居多数者，乃无过假是空名，遂其私欲，不顾见诸实事，将事权言议，悉归奔走干进之徒，或至愚屯之富人，否亦善垄断之市侩，特以自长营搰⑤，当列其班，况复掩自利之恶名，以福群之令誉，捷径在目，斯不惮竭蹶以求之耳。呜呼，古之临民者，一独夫也；由今之道，且顿变而为千万无赖之尤，民不堪命矣，于兴国究何与焉。顾若而人者，当其号召张皇，盖蔑弗托近世文明为后盾，有佛戾其说者起⑥，辄谥之曰野人，谓为辱国害群，罪当甚于流放。第不知彼所谓文明者，将已立准则，慎施去取，指善美而可行诸中国之文明乎，抑成事旧章，咸弃捐不顾，独指西方文化而为言乎？物质也，众数也，十九世纪末叶文明之一面或在兹，而论者不以为有当。盖今所成就，无一不绳前时之遗迹，则文明必日有其迁流，又或抗往代之大潮，则文明亦不能无偏至。诚若为今立计，所当稽求既往，相度方来，掊物质而张灵明，任个人而排众数。人既发扬踔厉矣，则邦国亦以兴起。奚事抱枝拾叶，徒金铁国会立宪之云乎⑦？夫势利之念昌狂于中，则是非之辨为之昧，措置张主，辄失其宜，况乎志行污下，将借新文明之名，以大遂其私欲者乎？是故今所谓识时之彦，为按其实，则多数常为盲子，宝赤菽以为玄珠，少数乃为巨奸，垂微饵以冀鲸鲵。即不若是，中心皆中正无瑕玷矣，于是拮据辛苦，展其雄才，渐乃志遂事成，终致彼所谓新文明者，举而纳之中国，而此迁

---

① 兜牟：军盔。 ② 制造商估：即发展工业和商业。当时一部分知识分子在民族危机和洋务运动的刺激下，提出中国应该学习西方资本主义国家的自然科学和生产技术，制造新式武器、交通工具和生产工具，建立近代工业，振兴商业，和外国进行“商战”。立宪国会：是戊戌政变后至辛亥革命之间改良主义者所主张和提倡的政治运动。这时期的改良主义者，包括康有为、梁启超等在内，已经走上了反动的道路；他们主张君主立宪和成立欧洲资产阶级式的国会，反对孙中山等主张推翻清政府的民主革命运动。③ 犹太遗黎：犹太国建于公元前十一世纪至前十世纪之间，在公元一世纪亡于罗马，以后犹太人即散居世界各地。 ④ 祝由：旧时用符咒等迷信方法治病的人。 ⑤ 营搰：钻营掠夺。 ⑥ 佛戾：违逆。佛，通“拂”。 ⑦ 金铁：指当时杨度提出的所谓“金铁主义”。1907 年 1 月，杨度在东京出版《中国新报》，分期连载《金铁主义说》。金指“金钱”，即经济；铁指“铁炮”，即军事。这实际上是重复洋务派“富国强兵”的论调，与当时梁启超的君主立宪说相呼应。

流偏至之物，已陈旧于殊方者，馨香顶礼，吾又何为若是其芒芒哉！是何也？曰物质也，众数也，其道偏至。根史实而见于西方者不得已，横取而施之中国则非也。借曰非乎？请循其本——

夫世纪之元，肇于耶稣出世①，历年既百，是为一期，大故若兴，斯即此世纪所有事，盖从历来之旧贯，而假是为区分，无奥义也。诚以人事连绵，深有本柢，如流水之必自原泉，卉木之茁于根茇②，倏忽隐见，理之必无。故苟为寻绎其条贯本末，大都蝉联而不可离，若所谓某世纪文明之特色何在者，特举荦荦大者而为言耳。按之史实，乃如罗马统一欧洲以来，始生大洲通有之历史；已而教皇以其权力，制御全欧，使列国靡然受圈，如同社会，疆域之判，等于一区；益以梏亡人心，思想之自由几绝，聪明英特之士，虽摘发新理，怀抱新见，而束于教令，胥缄口结舌而不敢言。虽然，民如大波，受沮益浩，则于是始思脱宗教之系缚，英德二国，不平者多，法皇宫庭③，实为怨府，又以居于意也，乃并意太利人而疾之。林林之民，咸致同情于不平者，凡有能阻泥教旨，抗拒法皇，无闻是非，辄与赞和。时则有路德(M. Luther)者起于德，谓宗教根元，在乎信仰，制度戒法，悉其荣华，力击旧教而仆之。自所创建，在废弃阶级，黜法皇僧正诸号④，而代以牧师，职宣神命，置身社会，弗殊常人；仪式祷祈，亦简其法。至精神所注，则在牧师地位，无所胜于平人也。转轮既始⑤，烈栗遍于欧洲，受其改革者，盖非独宗教而已，且波及于其他人事，如邦国离合，争战原因，后兹大变，多基于是。加以束缚弛落，思索自由，社会蔑不有新色，则有尔后超形气学上之发见⑥，与形气学上之发明。以是胚胎，又作新事：发隐地也⑦，善机械也，展学艺而拓贸迁也，非去羁勒而纵人心，不有此也。顾世事之常，有动无定，宗教之改革已，自必益进而求政治之更张。溯厥由来，则以往者颠覆法皇，一假君主之权力，变革既毕，其力乃张，以一意孤临万民，在下者不能加之抑制，日夕孳孳，惟开拓封域是务，驱民纳诸水火，绝无所动于心：生计绌，人力耗矣。而物反于穷，民意遂动，革命于是见于英，继起于美，复次则大起于法朗西⑧，扫荡门第，平一尊卑，政治之权，主以百姓，平等自由之念，社会民主之思，弥漫于人心。流风至今，则凡社会政治经济上一切权利，义必悉公诸众人，而风俗习惯道德宗教趣味好尚言语暨其他为作，俱欲去上下贤不肖之闲，以大归乎无差别。同是者是，独是者非，以多数临天下而暴独特者，实十九世纪大潮之一派，且曼衍入今而未有既者也。更举其他，则物质文明之进步是已。当旧教盛时，威力绝世，学者有见，大率默然，其有毅然表白于众者，每每获囚戮之祸。递教力堕地，思想自由，凡百学术之事，勃焉兴起，学理为用，实益遂生，故至十九世纪，而物质文明之盛，直傲睨前此二千余年之业绩。数其著者，乃有棉铁石炭之属，产生倍旧，应用多方，施之战斗制造交通，无不功越于往日；为汽为

① 耶稣(约前4—30)：基督教创始人，犹太族人。现在通用的公历，以他的生年为纪元元年(据考证，他实际生年约在公元前四年)。据《新约全书》说，他在犹太各地传教，为犹太当权者所仇视，后被捕送交罗马帝国驻犹太总督彼拉多，被钉死在十字架上。 ② 茇：即草根。 ③ 法皇：即教皇，其宫廷在意大利罗马的梵蒂冈。 ④ 僧正：即主教。 ⑤ 转轮：意即变革。 ⑥ 超形气学：指研究客观事物一般的发展规律的科学，即哲学；与下文的形气学，即具体的自然科学相对而言。 ⑦ 发隐地：指十五世纪末叶发现美洲大陆。 ⑧ 英、美、法三国的革命：指1649年和1688年英国两次资产阶级革命，1775年美国反对英国殖民统治的独立战争，1789年法国大革命。

电，咸听指挥，世界之情状顿更，人民之事业益利。久食其赐，信乃弥坚，渐而奉为圭臬，视若一切存在之本根，且将以之范围精神界所有事，现实生活，胶不可移，惟此是尊，惟此是尚，此又十九世纪大潮之一派，且曼衍入今而未有既者也。虽然，教权庞大，则覆之假手于帝王，比大权尽集一人，则又颠之以众庶。理若极于众庶矣，而众庶果足以极是非之端也耶？宴安逾法，则矫之以教宗，递教宗淫用其权威，则又掊之以质力。事若尽于物质矣，而物质果品尽人生之本也耶？平意思之，必不然矣。然而大势如是者，盖如前言，文明无不根旧迹而演来，亦以矫往事而生偏至，缘督校量①，其颇灼然，犹孑与躄焉耳②。特其见于欧洲也，为不得已，且亦不可去，去孑与躄，斯失孑与躄之德，而留者为空无。不安受宝重之者奈何？顾横被之不相系之中国而膜拜之，又宁见其有当也？明者微睇，察逾众凡，大士哲人，乃蚤识其弊而生愤叹，此十九世纪末叶思潮之所以变矣。德人尼佉（Fr. Nietzsche）氏③，则假察罗图斯德罗（Zarathustra）之言曰，吾行太远，孑然失其侣，返而观夫今之世，文明之邦国矣，斑斓之社会矣。特其为社会也，无确固之崇信；众庶之于知识也，无作始之性质。邦国如是，奚能淹留？吾见放于父母之邦矣！聊可望者，独苗裔耳。④此其深思遐瞩，见近世文明之伪与偏，又无望于今之人，不得已而念来叶者也。

导读

中国五千年文化的历史进程无可辩驳地为我们印证了其自身独特的哲学底蕴与精神内涵。随着时间不断地推移，文化也逐渐有了新旧、古今之分，比如“前现代”“现代”与“后现代”这组术语的出现，就反映了文化的不断更迭。

如果说在西方历史文明中“现代”的特征表现为政治权力以国家的形式集中、工业技术的革新带来的生产力大发展、民族语言和文化地位的确立和一系列黑格尔所说的“现代国家的管理技术”的成熟等，那么可以将 16 世纪以来至这些现代特征式微的阶段（后现代）视为“现代”，而未出现明显表征的时期就称作“前现代”。其间所表现出来的一系列特性，如独立、自由、民主、平等、正义、个人本位、主体意识、崇尚理性、追求真理等，就称为“现代性”。

中国社会的“现代”概念则相对要复杂得多。至今学界在中国现代社会的起源及其特

① 缘督：遵循正确的标准。《庄子·养生主》：“缘督以为经”。督，中道，正道。 ② 孑躄：独臂。躄，跛足。 ③ 尼耙(1844—1900)：通译尼采，德国哲学家，唯意志论和超人哲学的鼓吹者。他认为个人的权力意志是创造一切、决定一切的动力，鼓吹高踞于群众之上的所谓“超人”是人的生物进化的顶点，一切历史和文化都是由他们创造的，而人民群众则是低劣的“庸众”。他极端仇视无产阶级的社会主义革命运动，甚至连资产阶级的民主也坚决反对。他的理论反映了十九世纪后半期垄断资产阶级的愿望和要求，后来成为德国法西斯主义的理论根据。作者把他当作代表新生力量的进步思想家，显然是当时的一种误解。以后作者对尼采的看法有了改变，在 1935 年写的《〈中国新文学大系〉小说二集序》中，称他为“世纪末”的思想家。（见《且介亭杂文二集》） ④ 察罗图斯德罗：通译札拉图斯特拉。这里引述的话见于尼采的主要哲学著作《札拉图斯特拉如是说》第一部第三十六章《文明之地》（与原文略有出入）。札拉图斯特拉，即公元前六七世纪波斯教的创立者札拉西斯特（Zoroaster）；尼采在这本书中仅是借他来宣扬自己的主张，与波斯教教义无关。

性的问题上纷争不断，其中多以西方“现代”社会的表征为参照划分中国的历史。这实际上是用“他者”作为标准界定自我，这种做法显然是不可取的。要纠正这种对于西方思想的认识偏差，不如先从两个问题着手：中国是如何走向现代化的道路的？其现代性又呈现出何种独特形态？

一

鲁迅在1907年写下的《文化偏至论》着眼于揭示中国的历史文化痼疾，通过论证中国现代文化的存在方式及其历史合理性，指引现代思想的先行者从传统文化的桎梏中突出重围，书写现代中国文明的启示录。从其博大开放的视野和质地劲锐的文化观中，我们或许能就以上两个问题获得颇具历史内涵的解答。

文章开篇论证了近代中国落后的原因。华夏中土自古就享有“屹然出中央而无校雠”“宝自有而傲睨万物”[①]的优势傲然于四夷，但由于交通闭塞沟通受阻，又没有对手施加外在的压力，以致长时间处于安逸状态，开始失去上升的势头，逐渐走向衰落。突出的表现是这种社会风气使人颓靡迟钝，见到优秀的外来文明不思效法学习。直到海禁被强行打开，外人带着野心和文明接踵而至时，国人才终于开始有所醒悟。此时面对两大问题亟待处理：其一是西学东渐，其二是革新旧学。二者相互影响，关系着中国文明的走向。鲁迅是中国传统文化的继承者，同时又是接受西方先进文化的革命者，其文化观有着深厚的复调性：一方面洞察在革新传统政治文明中“托言众治，压制乃尤烈于暴君”的民主虚假性，但是仍然坚守中国民族文化观的基本立足点，要求“弗失血脉”；另一方面，看到在国外学习的国人，既不清楚中国的实际情况，更远不了解欧美国家的思想，就用所捡拾到的微尘草芥，罗列人前，又引用西方文化中的一些词句，作为文饰以掩盖其谬误，而不知脱离中国国情土壤的思想终究是要夭折的。或者即便是费尽心力得到了所谓的“新文明”，却不去考虑这种在西方文明史中经过演变后的偏至文明可能在它遥远的发源地早已陈旧过时，就不假思索将之全盘收入，顶礼逢迎。鲁迅指出这种游谈无根的态度应引起青年知识分子对病态的社会意识形态疗救方式的足够重视。国人将西方现代思想文化引进国门的同时务必具备阐释、厘清和批判的能力，也就是“权衡校量，去其偏颇，得其神明后”再为我所用。而对于中国本土的传统文化，应当具备现代意义上的自主创新意识和能力，“取古复今”，抛弃狭隘的“国粹派”民族立场，打破“中华中心主义”的片面认识，以环纳世界的视野和剖析自身的理性，将二者“施之国中，翕合无间”。

二

鲁迅在《文化偏至论》中从欧洲思想文化与政治兴亡的历史演变中深究其根底，对“启蒙”思想运动的发展做出了广泛而深刻的阐释。通过论述民族危机（国家）和个体利益（个人）之间的对立统一，鲁迅反思并发掘了20世纪初中国特殊历史语境中“现代性”的丰富

① 鲁迅：《文化偏至论》，《鲁迅全集》第1卷，人民文学出版社2005年版。以下所引《文化偏至论》中片段均出于此，故不再赘述。

内涵。

欧洲现代文明历经宗教势力的兴盛与衰落、人的主体地位的重新回归后，思想获得自由，科学技术和人文学科勃发兴起，学术研究也更注重实效性。进入 19 世纪以后，欧洲的物质文明发展盛况空前，取得的成就能够直接傲视此前两千余年的创造成果。欧洲的技术应用领域涵盖了多个方面，比如用于制造业和交通，孕育了工业革命的强大动力，进而促进生产力的飞速发展。人们生产劳动的机械化使得其物质生活得到满足，而长期享受物质生活的便利便会将之视为信仰、奉为圭臬，导致“久食其赐，信乃弥坚，渐而奉为圭臬，视若一切存在之本根，且将以之范围精神界所有事，现实生活，胶不可移，惟此是尊，惟此是尚”。对此，鲁迅开始反思：物质崇拜的世俗心理果真是解决问题的终极途径吗？这是衡量、品味人生根本意义的评价标准吗？

近代中国历史上的洋务运动和维新变法，一者提倡“西学”，张扬西方物质文明在救国图存时的关键作用；一者提倡“立宪国会”，将民主夸饰为服从多数人的盲目意志。鲁迅将二者的考量纳入历史唯物主义的理论框架中，揭示出这些现代文明的方式均过于粗劣、简单，倡导者并未确立好接纳新思想的准则。当今世上所有的文明，都是在继承前一代和与其他文明的冲突融合中演变发展的，所以文明的偏至不可避免。若是真要为当下中华文明的现代发展计较长远，则需“相度方来，掊物质而张灵明，任个人而排众数”。

“美国社会学家 M. 列维将现代化分为两大类型，即‘早发内生型现代化’与‘后发外生型现代化’。前者以英、法、美等国为代表，这些国家的现代化早在 17 世纪就已起步，动因源于本社会的内部；后者包括日、俄及当今广大发展中国家，它们的现代化大都从 19 世纪才开始，最初的动因来自外部，即生存挑战和现代化的示范效应。”①中国的现代化萌芽类型显然是属于后者，然而在被迫面向世界重新界定自身的历史地位和价值时，面对西方文明的示范和政治时局的紧张胁迫，以及中国历史文化内部要素的调整的需求，其启蒙现代性必然与西方文化语境中的理性法则与民主制度不同，且具有相当的复杂性。

一直以来，困扰知识分子的中国问题集中表现在三个方面：“在历史事功层面，中国作为一个民族国家单位如何富强，在国际不平等竞争中如何取得强势地位；在生活秩序的价值理念层面，中国传统价值理念与西方理念如何协调，民族性的价值理念和相应的知识形态如何辩护；在个体安身立命的意义层面，个体承担和意义的有效性如何落实、维护。这种‘中国问题’的思维，积聚着种种民族性的情绪，一再延宕着‘中国问题’向现代性问题的转化，在民族性原则与科学原则之间造成难以消除的紧张。所以，中国的现代性问题就变成‘救亡’与‘启蒙’的双重变奏。”②鲁迅毕生都在对以上问题进行不懈探索，他从那些广泛而丰富的实践中提炼出他实践改革的总纲领，即“立人”学说。1907 年，他在谈及民族的生存和国力竞争的要务时认为“其首在立人，人立而后凡事举：若其道术，乃必尊个性而张精神”。在他的眼里，西方工业革命带来的技术理性只是给人提供了解客观事物的方法和手段，而真正对人的世界观、人生观和价值观起决定作用的是本体论的问题。所谓

① 孙立平：《后发外生型现代化的模式剖析》，《中国社会科学》1991 年第 2 期，第 213—224 页。
② 李泽厚：《中国现代思想史论》，生活·读书·新知三联书店 2008 年版，第 359 页。

“立人”，正是从本体论上考察“个人”的真正含义。西方启蒙运动将人的自由平等视为一切事情的首要条件，长期沐浴在这种文化氛围中的民众会逐渐具备对个人价值自觉的精神，在其海洋文明崇尚冒险精神的孕育下，个人英雄主义、个体利益至上等思想迅速萌发，尽管近代有志之士重视此类思想在中国的宣传，可受国情影响(中国历来要求个体利益服从于集体利益)，其终究难容于中国社会。而鲁迅在对尼采、施蒂娜、叔本华、克尔凯郭尔和易卜生等“具有远见卓识的杰出人才”的著作诠释中，旗帜鲜明地提出要致力于建设和张扬少数先驱者强大而独立的个体精神，伴随着对民众的启蒙达到每一个个体自由自觉意识的觉醒，进而唤醒整个民族的自由和自觉，从而建立起真正的“人国”。但是，通过对率先出现个性主义的法国、德国国情的思考，鲁迅发现其也存在偏至，即极易朝利己主义和少数人专制的方向发展，由此呼吁年轻的知识分子警惕不符合中国国情的极端的个性主义，注重中国式启蒙特殊的精神变迁，抓住时代脉搏，实现个体主义精神向其独立自由方向的有利转变。

中国现代文明的历程经过了一个多世纪的融会、碰撞、摸索、突围，在一代又一代启蒙者的呐喊和抉择中逐渐建立起本民族文明整体性的价值系统，彰显了国家的现代化转向过程中对现代性价值批判继承带来的超越性张力。应当予以重视的是，其中“文化偏至”是现代性社会发展阶段的必然产物，需要我们全面、辩证地分析对待。

思考与讨论

1. 理解《文化偏至论》的论文大意，概括中国传统社会开始接纳西方理论成果的时代背景。

2. 选篇的中心论点是什么？鲁迅是如何围绕这一论点进行论证说明的？

3. 你如何理解鲁迅所说的“任个人”和“排众数”？

拓展阅读

1. 安东尼·吉登斯：《现代性的后果》，田禾译，译林出版社2000年版。

2. 陈嘉明：《现代性与后现代性十五讲》，北京大学出版社2006年版。

3. 邓国伟：《〈文化偏至论〉之我见——纪念〈文化偏至论〉发表100周年》，《鲁迅研究月刊》2009年第3期。

4. 古斯塔夫·勒庞：《乌合之众》，戴光年译，新世界出版社2010年版。

昼信基督夜信佛(节选)[1]

史铁生

史铁生

人的迷茫,根本在两件事上:一曰生,或生的意义;二曰死,或死的后果。倘其不错,那么依我看,基督教诲的初衷是如何面对生,而佛家智慧的侧重是怎样看待死。

这样说可有什么证据吗?为什么不是相反——佛法更重生前,基督才是寄望于死后?证据是:大凡向生的信念,绝不会告诉你苦难是可以灭尽的。为什么?很简单,现实生活的真面目谁都看得清楚。清楚什么?比如说:乐观若是一种鼓励,困苦必属常态;坚强若是一种赞誉,好运必定稀缺;如果清官总是被表彰呢,则贪腐势力必一向强大。

在我看,基督与佛法的根本不同,集中在一个"苦"字上,即对于苦难所持态度的大相径庭。前者相信苦难是生命的永恒处境,其应对所以是"救世"与"爱愿";后者则千方百计要远离它,故而祈求着"往生"或"脱离六道轮回"。而这恰对应了白天与黑夜所向人们要求的不同心情。

…………

爱,必是要及他的,独自不能施行。

白天的事,也都是要及他的,独自不能施行。

而一切及他之事,根本上有两种态度可供选择:爱与恨。

恨,必致人与人的相互疏远,相互隔离,白天的事还是难于施行。

唯有爱是相互的期盼,相互的寻找与沟通,白天的事不仅施行,你还会发现,那才是白天里最值得施行的事。白天的信仰,意在积极应对这世上的苦难。

佛门弟子必已是忍无可忍了:听你的意思,我们都是消极的喽?

非也,非也!倘其如此,又何必去苦苦修行?

夜晚,是独自理伤的时候,正如歌中所唱:"这故乡的风,这故乡的云,帮我抚平伤痕。我曾经豪情万丈,归来却空空的行囊……"

① 节选自史铁生:《昼信基督夜信佛》,北京十月文艺出版社2012年版。

你曾经到哪儿去了？伤在何处？

我曾赴白天，伤在集市。在那儿，价值埋没于价格，连人也是一样。

所以就，“归来吧！归来哟！别再四处漂泊……”

夜晚是心的故乡，存放着童年的梦。夜晚是人独对苍天的时候：我为什么要来？我能不能不来，以及能不能再来？“死去原知万事空”，莫非人们累死累活就是为了最终的一场空？空为何物？死是怎么回事？死后我们会到哪儿去？“我”是什么？灵魂到底有没有？……黑夜无边无际，处处玄机，要你去听、去想，但没人替你证明。

…………

何为神说，何为人传，基督信仰千百年来都有探讨。哪是佛说，哪是人言呢？佛门也曾有过几次集结，高僧们相约一处，论辩佛法真谛，可惜这一路香火已断多时。失去大师们的不断言说与探讨，习佛已流于照本宣科，徒具其表。失去高僧的指点与引领，人性就像流水，总是要往低处去的。如今是人们由着性儿地说佛与“佛说”，人性的贪婪便占上风；众生要“多快好省”地上天堂，庙堂前便“鼓足干劲”地卖起票来。这类“信”徒，最看佛门是一处大大的“后门儿”，近乎朝中有人好办事。办什么事呢？办一切利己利身之事。如何能办到呢？耐心听“芸芸众生”们说吧，其津津乐道者，终不免还是指向某些神功奇迹——免灾祛病呀，延年益寿呀，准确或近乎准确地推算前世和预测未来呀……这些我都信，只不信这叫信仰。佛家（道家）的某些神奇功法我也见过，甚至亲身体验过，但我仍认为“看不见而信”才是信仰的根本。如果信仰竟在于某些神奇功法，高科技为什么不算？科学所创造的奇迹还少吗？可就算你上天入地、隔墙取物、福如东海、寿比南山，莫非这世上就不会有苦难了？没有了当然好，可那就连信仰也没有了。信仰，恰是人面对无从更改的生命困境而持有的一种不屈不挠、互爱互助的精神！

听说有人坐飞机赶往某地，只为与同仁们聚会一处，青灯古刹、焚香诵经地过一周粗茶淡饭草履布衣的低碳生活。想来讽刺，那飞机一路的高排放岂是这一周的低消费所能补偿！真是算不过这笔账来？想必是另有期求。

又据说，有位国人对西人道：“还是我佛的能耐大。瞧瞧你们那个上帝吧，连自己儿子的死活都管不了！”

先不论基督与佛均乃全人类所共有，岂分国族！却只问这类求佛办事的心态，原因何在？说到基督与佛，何以前者让人想到的多是忏悔，后者却总让人想起许愿？忏悔，是请神来清理我的心灵；许愿，却是要佛来增补我的福利。忏悔之后，是顺理成章地继续检讨自己；许愿之后呢，则要看看佛的态度，满足我愿的我为你再造金身，否则备选的神明还很多。

死是什么？死就是什么都没有了。可什么、什么都没有了，怎么会还有个死呢？什么、什么都没有了，应该是连“没有”也没有了才对。所以，如果死意味着什么、什么都没有了，死也就是没有的。死如果是有的，死就不会是什么、什么都没有了。故而“有”是绝对的。

“有”又是什么呢？有，是观察的确认——现代物理学也明确支持这一观点。“无”呢？“无”也一样是观察——准确说是观察所不及——的确认，因而仍不过是“有”的一种形态。推而演之，死也就是生的一种形态。

那么，观察意味着什么呢？观察意味着观察者的确在。而这个观察者，既然能够认知他者，也就一定能够自认。这自认，便创生了“我”。

“我死了”，此言若非畅想，就一定是气话，现实中绝没有这回事。“你死了”呢，或用于诅咒，或用于告慰。前者是说，你没死但你该死。后者是说你并没有死，不过是到了另一世界，或处于另一种存在状态罢了。只有“他死了”这句话没毛病，必有相应的现实为之作证。比如说“史铁生死了”，这消息日夜兼程，迟早会被证实。（由此也可见，我是我，史铁生是史铁生。）

总结一下吧：死，绝不意味着什么、什么都没有了。而一切“有”都是被观察的，一切“无”都是观察所不及的。所以“有”也好，“无”也好，都离不开观察者。那么，谁是最终的观察者呢？“我”！而“你”和“他”，“我们”“你们”和“他们”，都不免是被观察者。

最后一个问题：设若真有来世，我怎么能认出此一世的我即是彼一世的我呢？首先，无论哪一世的你，不自称“我”又自称什么？其次，柏拉图说“学习即回忆”，被回忆者是谁？第三，一生止于吃屙撒睡的人太多太多，想必来世也就难于分辨，而一个独特的心魂自然就便于被回忆。

在我想，求“往生”是不是有点儿多余？今生、来世其实是一样的，吃喝屙撒睡的固然一样，特立独行的也是一样，不知不觉的固然一样，大彻大悟的就更应该能看出些一样来。什么呢？生是苦，苦即是生。如此又求的什么来世！今天就是昨天的明天，明天就是前天的后天……生还是苦，苦还是生，又何必在意此一生还是彼一生呢？我只相信，明天的意义，唯在进一步完美行动的可能。不过这已经有了保证：佛的目光在无始无终之间——史铁生要死就让他死吧，“我”才是那目光的无限仰望者与承受者。

那么“脱离六道轮回”呢？说真的，我半信半疑。所信者，你下辈子可以不是人、畜牲、饿鬼等等；所疑的是，莫非你可以是“无”吗？你只要是“有”那就麻烦。“有”就是“有限”，正如“无限”其实就是“无”。你看吧，哪一种“有”不是有限的？你想吧，唯观察所不及者谓之“无”，而那正是因为它的无限。这样我们就有救了，就算我们有一天不再是人，也不是畜牲、饿鬼和什么什么，我们总还得是“有”（因为“无”是无的呀），进而就还得是“我”。“我”位于有限而行一条无限的路，那才是佛或上帝的恩宠！

然而，爱也是有危险的。比如以死相威胁的“爱情”，比如期求报答的“友爱”，比如只为谋权的“爱国爱民”，比如盛气凌人甚或结党营私式的种种“信徒”……问题是鱼目混珠，真假何辨？其实呢，以平常心观之，真假自明——正所谓“人人皆有佛性”，也正是神在的最好证明。

我有个朋友，初到某地，两眼一摸黑，有个老太太帮他渡过了道道难关，他说我可怎么报答您呢？老太太说：你去帮助别人就是。我听说有个过马路的老头儿，四望无车无人，却还是静静地等候红灯。人说您这不是犯傻吗？他说：我不知道在哪个楼窗里，会不会有个孩子正看着我。我还知道有位女士，不知听哪个昏僧说，促成一桩婚姻便为来世积下一份善缘，于是不遗余力地乱点鸳鸯谱——管他们有情与无情！

爱的危险还有一条：仅仅的爱人。您信吗？仅仅的爱人，会养成铺张浪费，甚至穷奢极欲的坏毛病——情形就像被溺爱的孩子。所谓“爱上帝”说的是什么？是说要爱世间一切造物。所谓“爱命运”说的是什么？是说对一切顺心与不顺心的事，都要持爱的态度。

导读

史铁生是中国当代文坛最具人本哲思的情感型作家之一。他虽然身处人生的困境，但却以超乎凡人的执着追问生命的意义。正是对终极的追问构成了他与世界的根本关系，也影响了他的写作方向。2012 年底出版的史铁生未竟集《昼信基督夜信佛》更是以相当的宗教承当、无限的希望与广博的爱愿而震撼人心，引领并照亮着许多人的精神求索。这本集子包括《昼信基督夜信佛》《回忆与随想：我在史铁生》等重要文章。直到生命的最后一刻，史铁生都在苦苦思索与追问自身以及他人的生命存在问题。纵观史铁生的一生，创作不多，阐述问题也似有重复，但是其作品为尘世增添了一抹神性之光，质量是一流的。

史铁生对残缺人生的解读、对生存困境和生命态度的诠释以及对文学意义的追求等，使他的精神世界深邃而充满内涵，成为文坛公认的最具思想魅力的、最具“宗教精神的精神圣者”。史铁生自始至终都在诉说自己的切身体验及基于自身经验的宗教性诉求，他所借助的语境大多取材于佛教和基督教，却又不囿于此。没有证据表明史铁生到底皈依了何种宗教。有好事者把史铁生的宗教信仰列为“基督”“佛”，其实是一种误解。“大概是我以往文章中流露的混乱，使得常有人问我：你到底是信基督呢，还是信佛法？我说我白天信基督，夜晚信佛法。”①他说如此回答是“怕得罪人”，实际上这是一种调侃。早在写“病隙碎笔”时，史铁生已经有过类似的表达：“对于生，我从基督精神中受益；对于死，我也相信佛法。”“昼信基督夜信佛”这一悖论式存在也可以看成一个苦难主体的自我救赎途径在两种不同的心理时空延伸时的不同话语表征：即“昼”象征生的意义，“白天把万事万物区分得清晰”，并使人“面对无从更改的生命困境”时持有一种“爱的哲学”和“爱的精神”；“夜”象征死后的结果，“使一颗孤弱的心连接起浩瀚的寂静与神秘，连接起存在的无限与永恒”，使人萌生一种宁静、安详、幸福的皈依感。史铁生并不是执迷于佛教或基督教意义上的任何传统观念，而是采取一种裹挟着“形而上学”的智性内核的表达做着自己宗教式的精神选择。在现代文明以来宗教的集体性衰落的大背景下，史铁生以一种体验式、修身式的独特方式表述着具有现代经验和现代理性的私人宗教态度。正如张小平的阐述：“他肯定所有宗教共有的形而上意义上的关注，即对精神层面的重视，但这并未涉及不同宗教具体的教义。精神信仰是存在诸多差异的，这种差异既相对具有不同教义的宗教，又针对

① 史铁生：《昼信基督夜信佛》，北京十月文艺出版社 2012 年版。

采取不同思考方式的个体……史铁生的信仰无疑是在个体层面上产生的远未涉及具体教义的以个体思考为主体的宗教精神，它和真正的有神论宗教精神有着本质的区别。”①佛教以生命的困境为起点，揭示出人生的“有执”和“无明”，指示出人生的终极关怀在于“空”；基督教则以生命的原罪为前提，用无限的神恩启示教徒“爱”“承担”“救赎”的可能与重要。佛教与基督教的两种在以往看来很难融合的元素，竟然和谐地融合在了史铁生的话语场里。早在《我的丁一之旅》中，作者就作了这样的综合式宗教建构。

基督教认为，人的向往是指向福音的，但人的根本处境是苦难，也正是痛苦反证了神性的存在。史铁生在最美好的二十岁遭遇残疾，突如其来的不幸使他陷入深深的绝望和痛苦之中，他强烈地渴望死亡，期待以死来摆脱一切痛苦。命运的困惑，生理上的残疾及由此而产生的被弃感促使史铁生深切地体会到人类面临一系列苦难、悖论和孤立无援的处境。在深深的反思中，史铁生发现生命的偶然和苦难的无常，以及生命的荒诞性对苦难的拯救。史铁生的创作更侧重于对人的存在论意义上的苦难以及对人生存本源性意义的追问，他把视线从经验领域投向超验领域，并从终极性角度思考如何面对苦难，谋求精神上对苦难的超越。死是必然的，但是如何死却是偶然的。导致苦难的事情是偶然的，生存的苦难却是必然的。这样看来，偶然便不影响生命的意义，我们根本无法根除灾难和痛苦，苦难的存在具有空间上的普遍性和时间上的永恒性。于是他以乐观的写作向人们展示苦难境地的可能出路，苦难不再是对生命的消耗，而是向生命要求意义，苦难成为生命得以升华不可或缺的动力——接受苦难的存在，而后选择一个更有价值的生存方式。“从苦难提取幸福，从虚无创造意义”。那个曾经寄居于丁一、现居于史铁生的那个有着“未解的悬疑”和永恒梦愿的“我”曾一再这样自况：“我”曾经不在这里，“我”也并不止于这里，而只是途经这里。途经这里，那么“我”究竟要到哪儿去，最终会到哪儿去呢？恐怕连他自己也难以知晓。他唯一清醒地知道的，就是他始终怀着回归的愿望并走在回归的路上。而这“无极的路是看不见尽头的。看不见，才谈得上信。到达了，是实得，不是信”。正所谓“在神的字典里，行与路共享一种解释”，即神性来自人们追求神圣性的过程，而不在于终点，超越在于不必也不可能达到的过程之中。“我”归根究底就是那个灵，那个源于神之灵的灵。“我”最早在亚当——人类始祖犯罪受罚之后开始了漫长或无尽的流落，“故而轮轮回回，以自称为‘我’的心流生生相继，走在这漫长或无尽的旅途中”②。

史铁生的“过程宗教”并不是为了在路上，他信仰的还是终点，并且是一个具有神性内涵的终点。作者在《病隙碎笔》中将其称为“原在”，透过哲学的视角，我们把它理解为一个超人格的形而上学的终极实在。他认为“死是不可能的”：“死是什么？死就是什么都没有了。可什么、什么都没有了，怎么会还有个死呢？什么、什么都没有了，应该是连‘没有’也没有了才对。所以，如果死意味着什么、什么都没有了，死也就是没有的。死如果是有的，死就不会是什么、什么都没有了。故而‘有’是绝对的。”③虽然“死是不可能的”，但死后的

① 张小平：《哲思的心——辨析史铁生的“宗教”观》，《名作欣赏》2010 年第 3 期。 ② 史铁生：《我的丁一之旅》，人民文学出版社 2011 年版。 ③ 史铁生：《昼信基督夜信佛》，北京十月文艺出版社 2012 年版。

结果仍是一种“此岸”，并不意味着某种永恒的“彼岸”形式，也就是说，不管在哪个来世，“我”这个行魂依然是“有限”的一种体现形式，都不可能意味着它成了无限。就存在者而言，“谁也不可能弃绝有限而永为无限，谁也只能是以有限的位置做无限的行走与眺望”。

人生就是一场体验，人又都是有局限的，有些甚至是不能超越的。无限存在于局限与极限这个漫长的过程之中。过程是不能剥夺的，死亡不可以，自己也不可以。看到局限就要宽谅自己、责难自己，对他人、自己都要有仁道主义。这便引申到史铁生所表达的信仰诉求之唯一的根基——爱。“所谓美好理想，可由一个‘爱’字概括，即无论什么信仰终归都要落在对他者(别人)的态度上。”人的根本处境是隔离与孤独，人至死不渝的愿望是敞开与沟通。看到了残缺的永恒与不可撼动，爱愿的欲求就更加强烈更加坚不可摧，也正是人之残缺的背景，包括个体化的残缺、人际隔膜、社会化的残缺、人性的残缺等，使得爱成为可能和必要。史铁生同《务虚笔记》中的C一样面临着爱的伦理两难：即残疾所带来的爱的权利与爱的能力的错位。因此对他来说，爱既是一个现实，又是一个隐喻。“我”在丁一时，就在一直眺望夏娃之魂，祈愿着在一种没有概念化的没有任何限定的“爱”中实现永恒回归。“我”居于史铁生之中时，同样是把对那“爱”的寻找与找到认定为生命的终极梦想。史铁生将生命的故事浓缩在爱情的维度，在他的文本世界中，爱情是超越现实的秘语，是沟通心魂的媒介，是向往无限的可能。因此，这份爱情不止于繁衍生息、不止于卿卿我我，而是无限本身赋予生命的深沉责任与永恒求索。这样史铁生所说的“爱”便在世俗意义之上蕴含着一种“形而上质”的丰富生命感觉。“爱注定要指向普遍”，“爱就是对具体活的本质的一种虔敬的宗教感知，就是视它为一种神的本源。任何真正的爱——不管钟爱者本人是否这样认为——究其本质而言都是宗教情感”①。当真正的爱进入主体的内心世界，敞开、付出、自由、平等等因素在不同程度上一一现身，宗教情怀潜入内心的旅程即得到证实。经历了一生虔心的思考，史铁生对于生死已经变得十分达观。“人的生命此在，不管在这个世界留下过什么，终归会化为虚无的一部分。从永恒的虚无中来，再回到永恒的虚无中，这就是人的必然命运，不管你乐不乐意接受。所以，与其执迷，毋如适当的时候放下一切，从哪里来，还回到哪里，重新归于‘无形’。”

再世俗的人也需要一方精神原地放射出温柔的光芒，否则容易走上极端。当下社会，人类社会出现前所未有的繁荣与虚华，一派欣欣向荣却也危机重重。很多作家为了取悦读者、迎合市场经济的发展而改变了写作方向，要么“媚俗”，要么“自娱”。在精神虚无、价值失落、信仰缺失的现实境遇里，如何发出属于自己的声音，这是渴望担当的生命体始终必须思考探问的命题。史铁生不属于任何教派，但他却是真正的信仰者。他相信喧嚣的尘世需要这宁静而又深沉的仰望，相信苦难永存的生命需要这无限爱愿的指引，相信科学与逻辑的迷茫之处需要这心魂的体悟。他相信无限本身，相信爱，相信求索与担当。隐没于世失去自我者比比皆是，独立自主坚守心魂者无比艰难。不随波逐流，与其说是一种生命的姿态，不如说是一场命运的战役。在无限本身的指引下，我们应该在信仰中始终坚守

---

① 刘小枫：《20世纪西方哲学宗教哲学文选》，杨德友、董友等译，生活·读书·新知三联书店1991年版，第484页。

与期盼，以现实人生仰望彼岸世界，以彼岸世界照耀现实人生，不断行走、执着担当。

思考与讨论

1. 谈谈“基督教”和“佛教”在史铁生《昼信基督夜信佛》中的统一。
2. 史铁生的宗教观的自身悖论何在？他为什么选择写作作为突围的方式？
3. 结合实例阐述在当下史铁生信仰之求索的批判性意义何在。

拓展阅读

1. 陈希米：《让“死”活下去》，湖南文艺出版社 2013 年版。
2. 郭湛：《主体性哲学——人的存在及其意义》，云南人民出版社 2002 年版。
3. 萨特：《存在与虚无》，陈宣良等译，三联书店 2007 年版。
4. 赵毅衡：《神性的证明：面对史铁生》，《当代作家评论》2001 年第 2 期。
5. 加缪：《西西弗斯的神话》，闫正坤、赖丽薇译，江苏文艺出版社 2012 年版。

完整生命的三个层面(节选)①

马丁·路德·金

在很多很多个世纪之前,在一个孤独、荒芜,名为拔摩的海岛上,一个叫作约翰的人看见从天上神那里降临的新耶路撒冷的远象。约翰看见神这座新城,其中一样最大的荣耀是它的完整性。这城是完整的,不是只有长阔高其中的一边,而是三边都齐全。约翰在《启示录》第21章描写这座城时这样说:"那城……长宽高都是一样。"换句话说,神的这座新城,这个理想人性的城市,并不是一个不平衡的个体,而是每一边都完整的。

…………

正如这段经文所提示,任何完整的生命都包括这三个层面:长、阔和高。我们在这里应该想到,生命的长度并不是指它的延续与寿数,而是生命要达至它的个人目标与理想的向前动力。那是人对本身福祉的内向关怀。生命的阔度是对他人福利的外向关怀。生命的高度则是对神的向上攀越。

这就是生命的三个层面,而倘若这三者不是紧密相连、协调和谐地动作,生命就不完整。生命就好像一个大的三角形,一个角站着我们自己,另一个角站着其他的人,而站在上面的是至高无限的神。这三者必须存在于个别的生活中,生命才会变得完整。

首先让我们来看看生命的长度。我刚才说过,生命的长度是代表一个人对发展自我内在能力的关注。个别的人就是在这个层面中去追求自己的目标和理想。这或许是生命中比较自我的层面,不过这道德及理性的自我关注是可以理解的。因为倘若一个人连自己都不关心,他就不能投入地关心其他的人。

已故的列立曼(Joshua Liebman)是一位有学问的拉比,好些年前他写了一本书,名为《心灵的平安》(*Peace of Mind*),其中一章叫作"合宜地爱自己"。在这一章里面,他主要是指出,除非你充分爱你自己,否则你根本不可能切实地去爱其他人。很多人因为没有适当地去爱自己,而落入情绪化宿命主义的深渊中。故此,每一个人都有责任去切实地关心自己,找出自己被造的意义和目的。一旦发现自己的使命,便应当竭尽所能悉力以赴,就好像全能上帝在历史的这个特定时刻呼召他去做一样。他应当以前无古人、后无来者的心态去完成他的工作。无论一个人觉得自己生命的工作,相对于世界的标准及那些所谓伟大的功业来说是如何微小,他必须醒悟到,倘若他是在服务人类和实践神的旨意,那便已是一切意义的所在。

将这态度推到一个极端:倘若你的使命是扫街,那么就像拉斐尔(Raphael)画画般去

① 选自马丁·路德·金、霍玉莲:《我有一个梦想:马丁路德金告诉我们》,王婷等译,中央编译出版社2001年版。有删节。

扫；像米开朗基罗雕刻大理石那样去扫；像贝多芬作曲那样去扫；像莎士比亚作诗那样去扫。你要将街扫得好到一个地步，以致天上地下众使者都要停下来说："看这将街道扫得多么好的清道夫！"用马洛克（Douglas Mallock）的话来说：

倘若你不能成为大道，
就做一条小径；
倘若你不能成为太阳，
就做一颗星星；
因为你或胜或负，
不是取决于你的体积——
无论你是谁，
只要做到最好。

当你能够这样做的时候，你便已经掌握了生命的第一个层面——生命的长度。

但不要就停在这里，停在这里是很危险的。事实上，有些人从来就没有跨越过这个层面。他们都是一些出色的人材；他们往往非常成功地发挥自己内里的能力潜质；但他们的生活却叫人觉得，这个世界除了他们以外，仿佛就再没有其他人。没有什么比看见一个人停滞于生命的长度，而忽略了生命的广度更悲哀。

马丁·路德·金

生命的广度，就是我们在其中关怀其他人的层面。除非一个人能够超越狭隘的个人关注，更广阔地关怀人类整体，否则他还是未曾真正开始生活。

你还记得某一天有一个人来见耶稣，并提了好些重要的问题。最后他终于触及问题的根本："谁是我的邻舍呢？"这很容易会变成一个虚无飘缈的抽象问题。但耶稣立刻将那问题从抽象的思维，拉到耶路撒冷与耶利哥之间的一个险地。他说到有一个人在路上被歹徒洗劫和打伤。之后有三个人经过；其中两个是从路的另一边走过。最后，终于有一个人愿意停下来帮助那倒地的伤者。这就是我们所熟悉的好撒玛利亚人。耶稣主要是指出，这是一个伟大的人。他的伟大是在于他能够将"我"伸延到另一个"你"身上。

我们很多时候说，那祭司和利未人或许是赶着去参加一些教会的什么聚会，以致没有时间停下来。他们有另一样事情需要关注。我则有另外一个想法。我可以想象他们其实非常惧怕。你看，耶利哥实在是一条危险的道路，发生在那个被洗劫和毒打的人身上的事，随时可以发生在他们身上。故此，我想像那祭司和利未人首先想到的问题可能是："如果我停下来帮这个人，那我会有什么遭遇？"然后，那好撒玛利亚人经过，而因为他所关注的取向和本质，他将那问题反过来问："如果我不停下来帮这个人，他会怎样？"故此，这个人的伟大乃在于，他有敢于牺牲的博爱主义精神。他伟大是因为他能够用生命的广度，去环绕他生命的长度。他的伟大不仅在于他达到经济丰裕的特定高点,更是在于他能够降卑到人性需要的深处。

对于我们今天这个世界的处境,这一切有很大的意义。很多种族团体所关心的往往是生命的长度、经济上的优惠和社会上的地位。很多时候世界上的国家所关心的也是生命的长度,只维护自己民族的好处和经济上的利益。今天,无论是个别的人,或是个别的国家,都过分地关注生命的长度,以致忽略了生命的广度,这会不会是当下世界所面对的问题的成因? 不过,现实里却总有点什么提醒我们,我们始终是唇齿相依的;我们都牵涉在一个共同的进程中,不知怎地落在一个不能自拔的相互网络之中。故此,一切直接地影响一个人的事物,都必然间接地影响所有人。

…………

最后,生命还有第三个层面。一些人从来未曾超越过生命的头两个层面。他们充分掌握头两个层面。他们发展自己里面的力量;他们爱护人类;但他们就停在那里。他们觉得人是万事万物的目的,而人类本身就是神。无论从哲学上或神学上来说,他们不少人会称自己为人文主义者。他们尝试生活在一个没有天空的世界里。他们将自己囿限于生命的横向面,而无法与垂直面融合。但如果我们要活出完整的生命,就必须向上攀登寻找神。韦尔斯(H. G. Wells)说得对:“一个没有宗教的人,往往始于无有而终于虚幻。”宗教就有如一股吹倒一切门墙的强风,使那似乎是困难和不可能的,变得可行甚至容易。

我们很容易在这个现代化的社会里忘记这一点。我们往往会不自觉地忽略这生命的第三层面。并不是我们主动去对他说:“再见,上帝,我们要离开你了。”而是我们太过投入这个世界的事务,到了一个地步,不自觉地被物质主义的洪流冲去,在世俗主义的漩涡中打转。我们发现自己生活在哈佛大学的索罗金(Sorokin)教授所说的感官文明中,只相信那些我们可以看见、可以触摸和可以用我们的五官感觉到的事物。

我们该再一次醒过来,这宇宙中那些伟大的事物都是我们所不能看见的。当你夜间散步,仰视星星满布的天空,它们仿佛系于天际的永恒烛光,于是你以为一切都在你的目力之内。不是的,你永远无法看见那把它们托住的万有引力。当你漫步于这敞大的校园,欣赏那些漂亮的建筑,你大概会像我那样被那伟大的美感所震慑,而你以为你所感受到的就是你所看到的一切。不是的,你永远无法看见那绘画蓝图的建筑师的心思。你也永远无法看见那些建造者在动工时所怀的爱心、信念与盼望。你看着我,你以为你看见马丁·路德·金。你不是看见马丁·路德·金,你的确看见了我的身体,但你必须明白,我的身体不会思考;我的身体不会辩驳。你不能看见那使我成为我的我。你永远无法看见我的人格。

在一个真实的意义上,我们所见的一切,都是我们所不能见的事物的影子。柏拉图说得对:“那能见的是那不能见的所投下的影子。”故此,神仍然在我们的周围。我们一切的知识、一切最新的发展,都不能动摇他存在的事实。这些新的进步,不能将神从原子的微观世界,或星际太空的宏观宇宙中摒除出来。我们对这宇宙了解得愈多,它就愈变得神秘和可畏。神仍然在这里。

所以我告诉你,寻求神并让他成为你生命中的力量。没有他,我们一切的努力至终变为灰烬,我们的朝阳会变成最深沉的黑夜;没有他,生命变成了一出没有主旨的荒谬剧。然而,有了他,我们能够从绝望的深渊中找到奋进的盼望;有了他,我们可以从无望的漫漫黑夜中寻到夜尽天明的喜悦。圣奥古斯丁说得对——我们为神而被造,以致除了他以外,我们再无法在别处找到安息。

爱你自己吧,如果那是意味着理性、健康和道德上的自重,那原是你的本分。那是生命的长度。爱你的邻舍犹如爱自己,那原是你的本分,那是生命的广度。但切不要忘记还有那首要的诫命:"要尽心尽性尽意爱主你的上帝。"这是生命的高度。而当你这样做的时候,你就活出那完整的生命。

感谢神让约翰在多个世纪前看见新耶路撒冷的远象。愿神让我们这些仍在世途仆仆风尘的人能够看见这远象,并决意向那长阔高都同等的完整生命之城进发。

(许立中　译)

导读

生命的意义是什么呢?人存在的意义又是什么?马丁·路德·金的这篇《完整生命的三个层面》站在基督教布道者的立场对生命的存在进行了解读。《完整生命的三个层面》虽然是一篇布道词,其中却不乏真知灼见。马丁·路德·金指出,人类生命的完整存在应该从三个维度去把握:长度、广度和高度。生命的长度在于充分地发展个人的潜能,实现自己的理想和目标;生命的广度在于我们去关怀他人;生命的高度在于找到自己的信仰。

在地球这个美丽的星球上生活着七十多亿人,这七十多亿人中的绝大多数都只能平凡地生活着。我们经常听到这样的话语:"有什么了不起,这个世界又不会因为少你一个而不能正常运转。"这虽然是句玩笑话,却又让人深思。作为个体来说,人是渺小的。人是否可能超越这种渺小呢?马丁·路德·金的这篇布道词给人许多思考与启发。

一、生命的长度

生命的长度是指人类个体对自我能力的发展,关注的是自身的理想和幸福。从表面看,关注自我似乎有些自私。实际上,关注自我,发展自我,寻求自我的幸福是非常重要的。一个人如果连自己都不能充分关爱,不能很好地发挥自己的潜能,又怎么有能力去关爱别人呢?关注自我,发展生命的长度也可以概括为爱自己。具体来说,爱自己又是多方面的。

首先,爱自己,就要爱惜自己的生命。爱惜生命也是多方面的,它不仅要求我们保持身体健康,爱惜自己跳动着的心脏,更要求我们面对任何困难都不屈服。因为心脏的跳动预示着你活着,活着是一切意义的基础。不论社会多残酷,生活多艰难,内心多痛苦,我们可以利用一切方式去发泄,但是唯一不能利用的方式便是让你的脉搏停止跳动。有些人稍微遇到点困难或挫折就选择自杀,这是对生命的极不尊重。但丁在《神曲》中把自杀者判入第七层地狱第二环，那里的一切都是没有色彩、没有收获、没有干净、没有欢乐，有的只是灰色、毒刺和哀鸣。心灵导师维吉尔告诉他：他们都是自愿把肉体和灵魂分割开的暴力者，是罪恶者，应当受到地狱般的惩罚。康德也说过，人的存在本身就是目标，选择自杀的人是把生命当作了实现欲望和目标的工具或手段。

其次，爱自己，就要尊重人生每一阶段的每一份责任。也许我们是凡人，但我们仍然应该思考我们被造的意义，而责任便是体现我们意义的重要方面。假如你是学生，那就用那颗求知的心遨游知识的海洋；假如你是父母，那就用你全部的呵护保护你的家庭和儿女；假如你是孩子，那就用你的心去感受并感恩父母给予的爱；假如你是一个职员，那就用你全部的心去完成你的工作。不论何种职业，都尽心尽力去做，就像马丁·路德·金在《完整生命的三个层面》中所说："倘若你的使命是扫街，那么就像拉斐尔画画般去扫；像米开朗基罗雕刻大理石那样去扫；像贝多芬作曲那样去扫；像莎士比亚作诗那样去扫。你要将街扫得好到一个地步，以致天上地下众使者都要停下来说：'看这将街道扫得多么好的清道夫！'"再用马洛克的话来说："倘若你不能成为大道，就做一条小径；倘若你不能成为太阳，就做一颗星星；因为你或胜或负，不是取决于你的体积——无论你是谁，只要做到最好。"

再次，爱自己，我们还应该尊重生命中的每一个阶段：童年、少年、青年、中年、暮年。尊重是保持每个人生阶段应有的本质。童年、少年应该是彩色的、嬉闹的、欢快的、纯真的、干净的，即使暗淡，我们也要活出欢快；青年，应该是青春的、活力无限的、有责任感的，不论命运给予我们怎样的青春人生，我们都应保持那份青年阶段应有的笑容；中年，应该是沉稳的、负责任的，更是要深层次体会幸福的，不论是否如愿，我们心中都应保有去体会并拥抱幸福的信念；暮年，岁月用他的无情摧残着我们身体的每个部位，但它仍然应该是安宁的、享受的，即使身体被摧残得遍体鳞伤，我们仍应用颐养天年的姿态去面对。

二、生命的广度

如果一个人只关心自己的悲欢离合，对别人的存在漠不关心，即使他的内在潜质得到了最大程度的发展，他的生命也仍然是不完整的。马丁·路德·金在《完整生命的三个层面》中指出，完整的生命还应该有广度。所谓生命的广度是指超越狭隘的个人关注层面，心怀他人，关怀人类整体。马丁·路德·金引用邓恩的话来说明人与他人之间的关系："没有人是一个完全自足的孤岛。每个人都是大陆的一小片、整体的一部分。任何人的死亡都是我的衰减，因为我是牵涉于整个人类群体之中，故此不要问丧钟是为谁而鸣；它是为你而鸣。"每一个人、每一个国家都不是孤立的存在，无论是个人还是国家都不应该只关心自己的发展。然而，当今世界上，总有个别的人、个别的国家过分关注生命的长度，拘囿于发展自身，对他人的安危、他国的兴衰漠不关心。甚至有的国家为了自身的发展不惜牺牲其他国家的利益，这都是非常狭隘的。

关怀他人，关注人类整体，就要学会奉献，甘当奉献者。那么，什么是奉献？历史上曾经为当今人们幸福生活战斗的战士们、革命家们是奉献者，因为他们用生命换来今天的安宁;优秀作家们是奉献者,因为他们用自己优美的笔墨描绘出一个个美景、一段段故事,让读者享受其中;优秀导演们也是奉献者,因为他们用他们的镜头记录世界的角角落落、生活的点点滴滴,让观众们得到极大的视觉享受;平凡生活于世界的人们也是奉献者,因为每个平凡的生命都在社会上扮演着不同的角色,而这些角色都有其存在的意义,这份意义便是奉献。

关怀他人,还要学会用心感恩。感恩你身边的人,因为他们陪伴了你的人生;感恩父母,因为他们赋予你生命,并给予你无私的爱;感恩亲人、朋友,因为他们让你的生活丰富多彩;感恩为你生活带来便利的所有人;甚至去感恩给你生活带来不便的人,因为他们让你知道生活的冷暖和不易。

三、生命的高度

"最佳的生命就好像一个大的三角形,一个角站着我们自己,另一个角站着其他的人,而站在上面的是至高无限的神。倘若三者不能连在一起,和谐运作,生命就不完整。"在马丁·路德·金看来,仅仅实现了前面两个维度的生命仍然是不完整的,仍然只是在横向上实现人生。完整的生命除了在横向上实现这两个维度——爱自己、爱人类以外,还要在纵向上向上攀登寻找神。作为一名牧师,一名神学博士,马丁·路德·金倡导人们要"寻求神并让他成为你生命中的力量"。寻找神,或者说寻找信仰,这就是生命的高度。在他看来,人类并不是万事万物的主宰,人类也不是宇宙世界的中心,人类不是全知全能的,人类甚至只能看见事物的影子。正因如此,人类必须心存畏惧,敬仰上帝——最高的存在。我们当然不是要求每个人都去信仰上帝,毕竟上帝是不存在的,但是,超越世俗利益,心存畏惧,追求一种更高的精神境界仍然是值得提倡的。在一定程度上,正如康德所言,人类并不能认识物自体。无论科学多么发达,无论技术多么进步,我们始终不能穷尽对世界的认识。在自然面前,人类的能力始终是有限的。心存畏惧之心,我们可以更好地处理人与人、人与自然、人与世界之间的关系。

《论语·颜渊》:"子贡问政。子曰:足食,足兵,民信之矣。子贡曰:必不得已而去,于斯三者何先?曰:去兵。子贡曰:必不得已而去,于斯二者何先?曰:去食。自古皆有死,民无信不立。"有人把"信"理解为信任、诚信,但也有人理解为信仰。实际上,这两种理解并不矛盾,讲信任、守诚信的人必定是因为他心中有信仰,有他固守的某种信念。而他之所以能够固守某种信念,也是因为他心中对世界存有敬畏之心。

追求生命的高度并不意味着我们要像马丁·路德·金提倡的那样去寻找神,去信仰上帝。但是,我们必须认识到,人类不能为所欲为。在自然面前,人类仍然是有限的存在,人与自然是一个和谐的整体。追求广义的信仰,寻求科学的文化精神,提升生命的高度,这是我们可以做到的。

思考与讨论

1. 谈谈马丁·路德·金思想的主要特征。

2. 试论述马丁·路德·金的思想与西方文化的联系。

3. 你认为在当下，一个完整的生命应该具有怎样的形态？

拓展阅读

1. 马歇尔·弗拉迪：《马丁·路德·金》，李阳译，生活·读书·新知三联书店 2017 年版。

2. 马丁·布伯：《我与你》，陈维纲译，生活·读书·新知三联书店 2002 年版。

3. 哈珀·李：《杀死一只知更鸟》，高红梅译，译林出版社 2012 年版。

刺猬揪住狐狸①

刘小枫

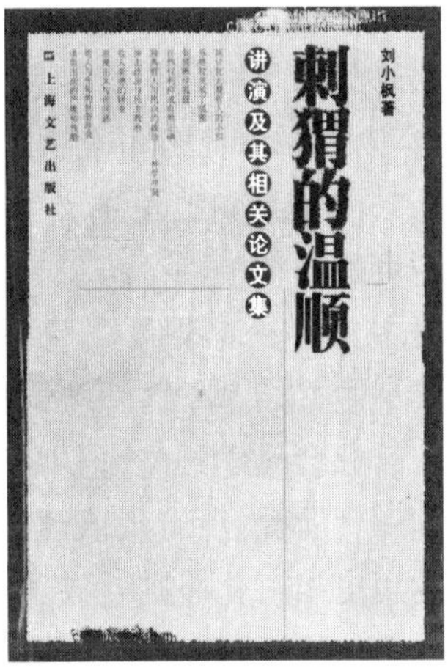
《刺猬的温顺：讲演及其相关论文集》书影

《什么是政治哲学?》一开始就提出，所有政治行为都带有寻求正确知识的目的，政治哲学是人类为了获知何为“美好的生活”而产生的。但施特劳斯马上接着说，“哲学实际上并不占有、而是寻求真理”。即便哲学思考得不到最终答案、思考的问题得不到解答，并不等于哲学成了一无用处的幻想。哲学意味着对人类的基本问题的关切，即便所关切的问题已经被论争了好几千年也没有取得进展(伯林将此看做价值多元论的前提)。伯林喋喋不休的，施特劳斯几句话就打发了。换句话说，对于一个思考政治哲学问题的人来讲，这些是常识。

施特劳斯随即对以现代历史—社会科学为基础的政治学发起攻击：“今天，政治哲学已处于衰落、甚至也许腐朽的状态”。情形的严峻性并非首先在于，传统政治哲学被如今的经济学、社会学、心理学肢解，被历史哲学家和“自称用信念来取乐的人蹂躏”，而在于，科学实证主义和历史相对主义切除了传统政治哲学的神经——对何为“美好的生活”的价值关切。“实证主义的目标已不像神学和形而上学那样针对‘为什么’的绝对知识，而是只针对‘怎样’的相对知识”(《什么是政治哲学?》，页63)。社会科学实证主义主张在价值冲突中保持“价值中立”，要求不要在“崇高的目的和卑鄙的目的之间划定一条界限”，如果要划定这样一条界限，社会科学也“会宣称这里有各种各样崇高的目的或理想，而与其他理想相一致的理想是不存在的”(《什么是政治哲学?》，页64—65)。这种“价值中立”的主张本身就是一种价值原则、甚至政治原则，所以，施特劳斯断言，“道德上的迟钝是科学分析的必要条件”。这不是在说，伯林用来抨击社会科学的价值多元论，与社会科学实证主义恰恰是一丘之貉?

伯林与施特劳斯攻击社会科学实证主义的理由截然相反：对于伯林来说，它是传统形而上学自然法原则和神学的上帝原则的翻版，仍然是价值一元论；在施特劳斯看来，社会科学实证主义原则是现代哲学与传统形而上学决裂的后果，不是什么价值一元论，而是根本放弃了对价值问题的关切。

俩人都是思想史大师，哪一个说得对?抑或各有各的道理?

① 选自刘小枫：《刺猬的温顺——讲演及其相关论文集》，上海文艺出版社2002年版。

如果按伯林提供的解决经验问题纷争的方法，复核思想史的事实材料，可以说，伯林错了。韦伯学问论已经宣称价值的“诸神之争”无法解决，这是一个文本事实。伯林至多可以辩解，他所攻击的实证主义是十七、十八世纪甚至十九世纪的，而非二十世纪或韦伯以后的。十九世纪以前，科学主义的确主张形而上学式的客观普遍性、历史的总体进步性及其合理性。然而，浪漫主义的历史理性以后的社会科学大师如韦伯者，不是已经摧毁了这种论断，重新提出“价值中立”的历史社会学原则？伯林只有在拒绝截然将价值与事实分开这一点上，显得与韦伯不同，然而，即便韦伯本人也没有截然把价值问题排除在社会科学之外。伯林在《政治理论还存在吗？》中攻击韦伯，要么是他自己把韦伯搞错了，要么辩称仅仅是在攻击十九世纪以前的科学实证主义，就是对思想史还不熟悉。无论哪种情形，对伯林都十分不利。

没有看到浪漫主义以后的科学实证主义已经变成了历史相对主义，至少是据说目光锐利的伯林的一个疏忽。为什么疏忽？因为伯林自己接受了浪漫主义、自己就是历史相对主义者——眼睛看不到眼睛。历史的理解方法、而非近代形而上学，是韦伯以后的科学实证主义的基础。一旦人类摆脱“永恒的价值”一类观念、接受“上帝死了”的宣称，就只有依靠社会科学的“价值中立”来为“什么是美好的生活”提供指导。既然社会科学以历史的理解为前提，所有价值观念都是历史的产物——伯林所谓浪漫主义思想的伟大贡献，价值的历史相对化原则就成了获知何为“美好的生活”的指导原则。

伯林说，社会科学因其经验理性而触及不到真正的政治问题——善与恶的选择；施特劳斯在攻击社会科学时同样宣称：只有政治哲学才能触及人类生活中不可解决的问题，但社会科学不是触及不到价值问题，而是用历史相对的价值原则勾销了善与恶的道德选择，关于政治的学问（政治学或冒充的政治哲学）才变得“腐朽”。历史相对主义和科学实证主义都极端蔑视永恒人性、永恒价值一类观念，正因为如此，才会有何为“美好的生活”的答案不可能的信念。伯林了不起的是，把这种蔑视说成哲人的美德 所谓清醒的“现实感”，绝不再上绝对价值观念的当。

施特劳斯同样以为，人类的价值冲突无法解决：比如启示真理与理性真理的冲突、哲人理性与民众信仰的冲突、哲人理性与诗人神话的冲突等等。不仅如此，施特劳斯相当具体、深入地进入到人类价值冲突的实际情形之中，在阐述政治哲学的意义时，须臾没有离开人类历史具体的价值冲突。伯林突然宣称“道德哲学家”的任务乃是展现“经常无共同尺度的价值之间不可避免的矛盾和冲突”，实际上这位狐狸哲人从来不涉足价值冲突的河流，仅仅指出冲突无法解决这回事情就算了。施特劳斯所谓哲学在本质上是政治的，其含义与狐狸哲人的理解怎么会一样呢。

《什么是政治哲学？》发表在伯林的《政治理论还存在吗？》之前。要么伯林对施特劳斯的针砭装聋作哑，要么真的没有读到施特劳斯的文章。无论哪种情形，在施特劳斯作古多年后的访谈中，伯林调侃说：施特劳斯“已经进了坟墓”，所以“无法反驳他”，都是典型的狐狸说辞。施特劳斯指名道姓批评伯林的文章《相对主义》1961 年发表，离施特劳斯去世至少还有十二年，伯林没有时间反驳？狐狸哲人不过对施特劳斯哲学嗤之以鼻：“先验论的幻想”“形而上学的观点”“柏拉图式的推论方式”。

其实，施特劳斯也没有太把伯林放在眼里。伯林固然是英国经验理性主义和德国浪漫主义哲学的传人，但就这两种“主义”而言，伯林都算不上思想深刻的代表。施特劳斯从来不因哲学和政治歧见而看不起什么人，只要思想有深度、学问功夫到家，无论哲学和政治歧见多大，施特劳斯都十分敬重且极为认真对待其思想。按意识形态的政治立场划分哲人——左派、右派或进步、反动，无异于拒绝真正的思想冲突。在施特劳斯看来，韦伯和海德格尔才分别是实证主义社会科学和历史主义哲学思想深刻的代表，对此施特劳斯都有专文讨论。对于伯林，施特劳斯不过顺便纠弹而已。

哲学和政治见解虽然不同，但深得施特劳斯敬重的思想家，除了实证主义社会科学和历史主义哲学的思想代表，还有黑格尔右派的传人施米特(Carl Schmitt)和黑格尔左派-马克思主义的传人科耶夫(Alexandre Kojeve)。青年施特劳斯在柏林犹太学院任教时，与曾因在黑市倒卖肥皂被捕、从莫斯科逃出来的科耶夫结为知交，其时科耶夫正从雅斯贝尔斯写博士论文。这两位哲人一开始所想的就不是一个路子，政治见解也南辕北辙：虽被肃反委员会拘押过，科耶夫却自称斯大林分子，施特劳斯对共产主义运动从来没有好感，那时还是犹太正统思想的信徒。以后两人各自越走越远，施特劳斯是古典的——坚守哲学学园的自由地盘，科耶夫是现代的——不屑于在学园讲授哲学，相信马克思所谓哲学在于改变世界的信条。然而，这两位哲人终身在对话。施特劳斯完成一篇重要著述，通常要寄给科耶夫，似乎是专为反驳科耶夫写的。

《什么是政治哲学?》讲稿(打字稿)照例寄给了科耶夫，科耶夫读后在稿子上写下：“施特劳斯＝神学。”科耶夫并非不晓得，施特劳斯根本不是传统意义上的神学家，甚至连犹太教思想家也算不上。施特劳斯早年是正统犹太教徒，据说后来放弃了自己祖传的信仰，转而信服希腊的古典哲学。至于基督教，施特劳斯似乎只有一种尼采式的反感。既然如此，为什么科耶夫将施特劳斯看做神学家？二十世纪凡与科耶夫有过接触的哲人，无不赞叹其哲学智慧过人——精明有如伯林者就是其中之一。如此看来，科耶夫说施特劳斯的“政治哲学”实质上是一种“神学”，不能视为随随便便的看法。

导读

除去希腊人，没有哪个民族在古代建立起真正的哲学体系。古希腊思想家对真知的求索及其独立精神为整个西方思想的大厦奠定了雄厚的基石，并引领两千年来西方文明的发展走向。他们曾或朴素或繁复地为人类把握知识的可能性作出肯定，而知识本身的真伪和有效范畴又迫使哲学家由形而上的思辨转而投身于生活实践的检验。

关于道德和政治问题的研究也是如此。经过个人思想选择的道德行为能够避免其盲目地顺从于习俗，但是过度沉浸于主体的独立思想也很容易流于纯粹的主观意愿，因逃脱人的认识行为应当遵守的原则而陷入思想上的虚无主义和道德上的无政府状态。智者存在的意义在于从哲学、宗教、习俗、道德和政治等方面激发人们获取知识的愿望和能力，并迫使这些形而上的思想建立在较为坚实的基础上来辨明自己存在的合理性，从而促进相关哲学理论的发展。所以他们放弃思考什么是更纯粹的神学观念，转向批判流行的伦理和政治上的谬误，抨击国家的法律、法规，直到公共生活呈现出令人赏心悦目的景象，而所有人都为热衷于这样的行为而感觉到存在的意义和价值。

据说苏格拉底曾向普罗泰戈拉询问如何能让青年向善，得到的回答是："如果他来到我这里学习，他将学会他想要学的东西。这就是谨慎小心地对待公私事务。他将会很好地处理家务，能使其言论行动符合国家事务的最大利益。"①年轻的一代为了让自己适应这个时代，必须抱有实用的目的去重视社会中的道德和政治问题，而随着时代的发展，道德出现缺陷，停滞不前甚至是衰退，有的人被急于求成的冒险欲望遮蔽了批判的眼光，出现趋于极端的荒唐言行。

形而上的知识、真理与现实社会中的常识、道德价值观很难简单地被对方说服而存在纯粹的指引和绝对的依从。所以哲学介入政治会有两种完全不同的方式。一种是哲学以职业教师的姿态怀疑一切，纠正政治行为中存在的种种拙劣现象，并把一整套形而上学的庞大教条作为批判的纲领试图掌控局面，拖动日常政治向它思想预设的轨道发展；另一种是二者各自坚持一方的合理性，认为没有进行对话的必要，导致在实践中存在巨大的落差从而使真理与现实之间逐渐被架空，显然这也不能真正达到解题的目的。

有一句古希腊的谚语："狐狸知道许多事，刺猬只知道一件大事。"这句话被后人用在公元前 339 年的雅典城邦审判庭前的哲学家苏格拉底身上，对他被判死刑的原因进行解释。在此，我们可以将"狐狸"的喻义理解为这样一类人：他们对所要追寻的事物心中没有确定的答案，提不出确切的观点，但是孜孜不倦地走在追寻答案的路上，并希望通过批判、驳论使他人觉得和自己一样无知，进而共同探索。这一方面能够促进人们在思索中进步，而另一方面又极有可能将谈话引入极端怀疑主义产生的无解中。"刺猬"指的是每一个心里确立着不容动摇的"真理"的人，他们对这一"真理"满怀信心，并推广至自己每一天的生活中。一旦所坚持的"真理"被别人怀疑、否定，这些人就会像刺猬一样竖起每一根刺为心里纯粹的信念进行防卫或作出反抗来表达自己的立场。根据柏拉图的回忆记录的《申辩》，苏格拉底似乎有意让自己去做那只"刺猬"。因为在当时的雅典，并不一定要以死亡作为判处死刑的结果，犯人至少还有三条生路：缴纳罚金赎罪，请求陪审团宽恕以及自请流放。但苏格拉底并没有选择任何一种求生方法，非但几次放弃争取存活的机会，而且在为自己辩护时尽力树敌于陪审团。② "我们离开这里的时候到了，我去死，你们去活，但是无人知道谁的前程更幸福，只有神知道。"③若不是对自己的信念绝对的确信，甚至认为这种信念具备超脱于人类客观现实世界的力量，我们实在找不到这只强索毒鸩的"刺猬"其他从容赴死的理由。

而在自由主义知识分子以赛亚·伯林的眼中，苏格拉底更像是一只"狐狸"。在其论著《政治理论还存在吗?》中开篇就发问：现代的社会科学可以代替古老的哲学吗？回答显然是否定的。原因在于，社会科学（包括政治学）作为自然科学知识的延伸，其获取知识

---

① 柏拉图：《柏拉图全集》第 1 卷，王晓朝译，人民出版社 2002 年版，第 487 页。 ② 斯东：《苏格拉底的审判》，董乐山译，生活·读书·新知三联书店 2003 年版，第 53 页。 ③ 柏拉图：《柏拉图全集》第 1 卷，王晓朝译，人民出版社 2002 年版，第 487 页。

的能力和有效性是在以经验理性为基础的认知能力范围内的，而没有能力解决令人类困惑的、"棘手"的价值问题。因为人们在通过归纳和演绎等方法获取自然科学知识的时候，"即便不知道既定问题的答案，也能知道哪一种方法适用于探索其答案"。而价值问题关乎事物存在的意义，是人们对于"何为'美好的生活'"类似问题的见解，而在此方面，人们往往歧见颇深。

并不是说哲学具有自然科学所不具备的超验能力，而是需要解决的问题关乎"价值"，也就是需要对事情的善恶、正义与否、能不能作出判断。在伯林看来，哲学在本质上是政治的，对这三大问题的价值判断有所作为是它的义务，也是它存在的根本。而"价值"的问题，本身是无解的，究其原因，刘小枫的理解颇具深意，"人类的价值多种多样，而且有不同层次。实现某一价值的手段，与需要实现的这种价值本身相比，就是次要价值。然而，两种价值究竟何者为目的、何者为手段，人类常常无法找到公认更高的价值标准来裁决。比如，个体与群体何者是目的、何者是手段？所谓的终极价值，其实最终都不是绝对的、神圣的。再有，人类社会视为最高的价值的东西，常常并非一种，而是多种。比如，真、善、美或者爱情与生命相互冲突时，你该取舍哪个？而且，不同的人或群体，对于终极价值的理解是不同的。"①

价值多元论的立场针对的是否认个体差异的普世价值和天赋神授的绝对价值，这种创生性的认识论在政治立场上站在"专家治国论"和"权威主义一元论"的对立面。当然，价值多元论并非片面夸大绝对事物的运动变化而抹杀事物之间的界限差别，那终究会走向否定事物客观存在的唯心主义，陷入狭隘的相对主义的泥淖。价值多元论不相信有一种绝对的价值，这是持论者的价值信念，他仍然"相信某种形式的原罪，或认为人类不可能尽善尽美。因此，他们趋向于怀疑经验能否最终解决基本的人类问题"。

苏格拉底毕生都在寻求"美好的生活"。众所周知，苏格拉底喜欢在与他人的谈话和辩论中见招拆招，质疑他人的主张却永远不提出自己的论点。在色诺芬的《回忆录》中，有一段与苏格拉底关于"人在哪里可以变得美好"的对话，苏格拉底并没有直截了当地告诉色诺芬"人应该如何生活"，也没有为达成"美好的生活"定下诸多先决条件，而是同他一起探讨美好生活的可能性。若是想象自己就是色诺芬，被苏格拉底拉住问"哪里有你理想的生活"，我们该作何回答？

苏格拉底是"刺猬"与"狐狸"精神的矛盾体，我们可以看到在二者紧张的拉锯之中凸显出苏格拉底式执着的智慧。回到现实中，当"刺猬"执着的一元绝对揪住"狐狸"的诡辩不定，我们应当思考如何定位自身的价值取向，以及怎样在传统民族文化和现代世界文化中找到平衡点去建设中国的现代文明秩序。正如哈贝马斯所呼吁，我们需要建立一个真正的交往型社会，来展现某些价值之间不可避免的矛盾冲突，用平和沟通来消除紧张对峙，让形而上的价值论交锋回归到现实的实践中接受裁决。

哲人思考的问题往往没有唯一的答案，但不能仅仅把哲人之间的争论与对话看作"诸神之争"而视而不见。《刺猬揪住狐狸》表明，哲人无法摒弃对"何为'美好的生活'"这一问

① 刘小枫：《刺猬的温顺——讲演及其相关论文集》，上海文艺出版社2002年版，第178页。

题的关切，重要的不是能否找到满意的答案，而是对这一问题的回答的关切。人类的价值冲突永远无法解决，但不能解决并不意味着我们应该放弃对问题的思考。“应该如何生活”，“何为‘美好的生活’”，这些问题永远值得我们深思。

思考与讨论

1. 关于文中“刺猬”精神和“狐狸”精神的思想要义，你认为其差异何在？
2. 试论述“相对主义”在现实发展进程中的利与弊。
3. 如何在现代文明语境中追问美好生活的方式和永恒的价值？

拓展阅读

1. 尼柯尔斯：《苏格拉底与政治共同体——〈王制〉义疏：一场古老的论争》，王双洪译，华夏出版社 2007 年版。
2. 刘小枫：《拣尽寒枝》，华夏出版社 2007 年版。
3. 刘小枫：《我们这一代人的怕和爱》，华夏出版社 2012 年版。

关于“文化自觉”的一些自白(节选)[①]

费孝通

费孝通

我在70岁时重新开始了社会学人类学的研究,进入了第二次学术生命,当时预计还有10年的工作时间,希望自己在有生之年,还能为中国的人文社会科学发展多做些工作。学习社会学人类学的基本态度就是“从实求知”,首先对于自己的乡土文化要有所认识,认识不是为了保守它,重要的是为了改造它,正所谓推陈出新。我在提出“文化自觉”时,并非从东西文化的比较中,看到了中国文化有什么危机,而是对少数民族的实地研究中首先接触到了这个问题。20世纪80年代末我去内蒙古鄂伦春聚居地区考察,这个民族是个长期在森林中生存的民族,世世代代传下了一套适合于林区环境的文化,以从事狩猎和饲鹿为生。近百年来由于森林的日益衰败,威胁到了这个现在只有几千人的小民族的生存。90年代末我在黑龙江又考察了另一个只有几千人、以渔猎为生的赫哲族,他们也存在同样的问题。中国10万人口以下的“人口较少民族”就有22个,在社会的大变动中他们如何长期生存下去?特别是跨入信息社会后,文化变得那么快,他们就发生了自身文化如何保存下去的问题。我认为他们只有从文化转型上求生路,要善于发挥原有文化的特长,求得民族的生存与发展。可以说文化转型是当前人类共同的问题。所以我说“文化自觉”这个概念可以从小见大,从人口较少的民族看到中华民族以至全人类的共同问题。其意义在于生活在一定文化中的人对其文化有“自知之明”,明白它的来历、形成的过程,所具有的特色和它的发展的趋向,自知之明是为了加强对文化转型的自主能力,取得决定适应新环境、新时代文化选择的自主地位。

实际上在经济全球一体化后,中华文化该怎么办是社会发展提出的现实问题,也是谈论文化自觉首先要面临的问题。我回想起在上世纪末与台湾人类学家李亦园教授关于中国文化与新世纪的社会人类学的对话。

我提出了一些自己在思考的问题,并且认为研究文化的人应该注意和答复这些问题,比如我们常常讲有中国特色的社会主义,那是指马克思主义与中国实践相结合的结果,所以在马克思主义进入中国后变成了毛泽东思想,后来又发展成了邓小平理论,这背后一定有中国文化的特点在起作用,可是这些文化特点是什么,怎么在起作用,我们都说不清楚。

---

① 本文节选自费孝通:《关于“文化自觉”的一些自白》,引自《文化与文化自觉》,群言出版社2010年版。

我们交谈时涉及几个实例，一是谈到重视家庭的思想，注重家庭的重要作用。在改革开放后实行家庭联产承包责任制，农村的生产力一下子解放出来了。以后在农村工业化中，又看到了真正有活力的是家庭工业。同时让我进一步想到中国社会的生长能力在什么地方，中国文化的特点之一我想是在世代之间联系的认识上。一个人不觉得自己多么重要，要紧的是光宗耀祖，是传宗接代，养育出色的孩子。二是“一国两制”的实践不光具有政治上的意义，而且还表现在不同的东西能不能相容共处的问题上，所以它还有文化的意义。这就是说中国文化骨子里还有这个东西可以把不同的东西凝合在一起，可以出现对立面的统一。三是“多元一体”的思想也是中国式文化的表现，包含了各美其美和美人之美，要能够从别人和自己不同的东西中发现出美的地方，才能真正的美人之美，形成一个发自内心的、感情深处的认识和欣赏，而不是为了一个短期的目的或一个什么利益。只有这样才能相互容纳，产生凝聚力，做到民族间和国家间的“和而不同”的和平共处，共存共荣的结合。四是能想到人家，不光想到自己，这是中国人际关系当中一条很重要的东西，老吾老以及人之老，幼吾幼以及人之幼，设身处地，推己及人，我说的差序格局就出来了。这不是虚拟的东西，是切切实实发生在中国老百姓日常生活里的真情实事，是从中国悠久的文化里边培养出来的精髓，“文化大革命”对这一套破坏得太厉害，把这些东西都否定了，我看这是不能否定的，实际上也否定不了。

我们现在对中国文化的本质还不能说已经从理论上认识得很清楚，但是大体上说它确实是从中国人历来讲究的“正心、诚意、修身、齐家、治国、平天下”的儒家所指出的方向发展出来的。这里边一层一层都是几千年积聚下来经验性的东西，如果能用到现实的事情当中去，看来还是会发生积极作用的。我们中国文化里边有许多我们特有的东西，可以解决很多现实问题，疑难问题。现在是我们怎样把这些特点用现代语言更明确地表达出来，让大家懂得，变成一个普遍的信息和共识。

长期以来在西方文化浪潮的冲击下，特别在“文革”时期，“传统”被冲刷得太厉害了，由此所造成的危害及其严重性还没有被人们所真正认识，同时能够把有深厚中国文化根底的老一代学者的学术遗产继承下来的队伍还没有形成，因此我深深感到知识界的责任重大。我前面谈到由于自知国学根底不深，需要补课，近年来读了陈寅恪、梁漱溟、钱穆等先生的著作，很有收获。启发我对中国文化精神更深入的理解，对中西文化比较作更深刻的研究。

同时自己感到对世界大潮流有些“隔膜”，虽然改革开放后我们已经重新“放眼看世界”，我也多次出国进行学术交流，但开始看到的主要是西方在新技术方面的迅速发展，有如我在《访美掠影》一书中描述的计算机信息技术等。但是到 20 世纪 90 年代苏联解体，冷战结束，世界格局发生了重大变化，西方舆论“自鸣得意”，我对亨廷顿的“文明冲突论”虽有批判，但对于中西文化中深层次的问题并不敏感。正如我前面所讲自己“行行重行行”，力争紧跟国内社会经济发展，提出“文化自觉”的看法，也是从少数民族地区的发展问题中看到的。

去年美国的“9·11 事件”对我有很大的震动。在我看来这是对西方文化的又一个严重警告，而且事件后事态的发展使我很失望，这种“恐怖对恐怖”的做法，让我看到西方文化的价值观里太轻视了文化精神的领域，不以科学的态度，实事求是的精神去处理文化关系，这是很值得深刻反思的。因此也促使我想从理论上进一步搞清一些问题，如个人与文化的关系，文化的社会性和历史性问题等，以利推动中西文化比较研究的深入。

今年5月我在南京大学建立100周年的纪念会上，发表了《文化论中人与自然关系的再认识》的讲话，进行了这方面的探讨。我们这些人，从生物基础上看是和其他动物一样的，它的生命实际上同样有一定的限期，即所谓有生必有死，生和死两端之间是他的生命期。但由于人们聚群而居，在群体中又凭其共同认识，相互模仿别人的生活手段以维持他的生命，这时他已从生物人变成了社会人。每个生物人都在幼年逐步变成社会人而继续生活下去的，只有作为一个社会人，生物人的生命才得以绵延直至死亡。我们一般说人的生命是指生物人而言的，一般所说人的生活是指社会人的一生而言的。生活维持生命的继续，从生到死是一个生物必经的过程。但是生活却是从生物机体遗传下来的机能通过有向别人学习的能力而得到的生活方式。一个人从哺乳期到死亡的一切思想和行动，都是从同一群体的别人那里学习得来的。所学会的那一套生活方式和所利用的器具都是在他学习之前就已经固定和存在的，这一切是由同群人所提供的。这一切统统包括在我所说的人文世界之内，它们是具体的文化内容。当一个生物人离开母体后，就开始在社会中依靠着前人创造的人文世界获得生活。现存的人文世界是人从生物人变成社会人的场合。这个人文世界应当说和人之初并存的，而且是历代社会人共同的集体创作，社会人一点一滴地在生活中积累经验，而从互相学习中成为群体公有的生活依靠、公共的资产。孔子说"学而时习之"就是指模仿别人而不断实践。这是人从作为生物个体变成社会成员的过程。

人文世界拆开来看，每一个成分都是社会中的个人凭其天生的资质创造出来的，日积月累，一代代人在与自然打交道中形成的。这些创新一旦为群体所接受，就进入人文世界的内涵，不再属于任何的个体了。这就是我们应当深入理解的文化社会性。

文化是人为的，但这里只指文化原件的初创阶段，它是依靠被吸收在群体中的人们所共同接受才能在群体中维持下去。一群社会人相互学习利用那些人文世界的设施包括物质的和精神的，或说包括它的硬件和软件进行生活。生物人逃不掉生死大关，但属于社会人的生活用具和行为方式即文化的零部件却可以不跟着个别生物人的生死而存亡。文化的社会性利用社会继替的差序格局，即生物人生命的参差不齐，使它可以超脱生物体生死的定律，而有其自己存亡兴废的历史规律。这是人文世界即文化的历史性。

强调重新更深入地认识文化的社会性和历史性，可以帮助我们加深对文化的认识。我已注意到文化价值观方面存在着东西文化的差别，中华文化的传统在出发点上和西方文化就有分歧。前一辈的学者，所谓新儒家，已经碰到了这个问题，他们用历史学的方法，做了具体而细致的研究工作，钻研得很深，提出了他们自己独到的见解。我们真要懂得中国文化的特点，并能与西方文化作比较，必须回到历史研究里边去，下大工夫，把上一代学者已有的成就继承下来，切实做到把中国文化里边好的东西提炼出来，应用到现实中去。在和西方世界保持接触，进行交流的过程中，把我们文化中好的东西讲清楚使其变成世界性的东西，首先是本土化，然后是全球化。这个任务是十分艰巨的，现在能够做这件事的学者队伍还需要培养，从现在起在几十年里培养这样一批人是一件当前很重要的事情。

当务之急是要在我们的知识界造成一种良好的风气。补上“放眼世界”这一课，关注世界大潮流的发展变化。我自己年纪大了，实际上不能进一步去观察，也没有条件深入研究了。但我认为经济全球化后文化接触中的大波动必然会到来，迟早要发生的，我们要有准备地迎接这场世界性文化大论争。因此我们一方面要承认我们中国文化里边有好东西，进一步用现代科学的方法研究我们的历史，以完成我们“文化自觉”的使命，努力创造现代的中华文化；另一方面要了解和认识这世界上其他人的文化，学会解决处理文化接触的问题，为全人类的明天做出贡献。

2002 年 8 月 6 日

导读

一、“文化自觉”：历史合理性与内涵丰富性

“文化自觉”的概念是由我国著名的社会学、人类学、民族学家费孝通先生提出的。费老在《关于“文化自觉”的一些自白》中提到，他具体地采用“文化自觉”这个词是在 1997 年北京大学举办的第二届社会学人类学高级研讨班上。此外，据相关学者的文献考证，费老提出“文化自觉”的概念，其源头还可以追溯到 1997 年 1 月 4 日在北京大学重点学科汇报会上的讲话《开创学术新风气》。作为出生于 1910 年，一位亲历并见证了 20 世纪许多重大事件的世纪学人来说，“文化自觉”问题是费老直至晚年在学术上一直密切关注并且再三呼吁的。他认为可以用“文化自觉”这四个字来代表他对人文价值的再思考。① 近二十年来，以“文化自觉”为主题的学术研讨会、学术刊物、论文论著等不断涌现，可以说，“文化自觉”已经成为学术界普遍探讨的热题。

“当今世界正处在大发展大变革大调整时期，世界多极化、经济全球化深入发展，科学技术日新月异，各种思想文化交流交融交锋更加频繁，文化在综合国力竞争中的地位和作用更加凸显，维护国家文化安全任务更加艰巨，增强国家文化软实力、中华文化国际影响力要求更加紧迫。”②而费老的“文化自觉”这四个字正“表达了当前思想界对经济全球化的反应，是世界各地多种文化接触中引起人类心态的迫切要求”③。目前，就“文化自觉”提出的背景，相关学者也作出了较详细的阐述，总体来说，都一定程度上在时代的高度、人类学的意义等方面肯定了我们人类当今世界共同的建构性发展所需要的“文化自觉”。④

那么，何为“文化自觉”？学界从费老对文化自觉问题的许多具体分析和论述中已达成了一些共识性的观点，如：什么是文化自觉，文化自觉涉及的范围和内容，进行文化自觉的目的和意义，实现文化自觉的途径步骤，不同文化之间对自己和他人的文化应有的态

① 费孝通：《费孝通文集》第 14 卷，群言出版社 1999 年版，第 371 页。 ②《中共中央关于深化文化体制改革推动社会主义文化大发展大繁荣若干重大问题的决定》，《人民日报》，2011 年 10 月 26 日。 ③ 费孝通：《费孝通文集》第 14 卷，群言出版社 1999 年版，第 380 页。 ④ 朱益峰：《费孝通“文化自觉”思想解读》，山西大学硕士学位论文，2010 年。

度，以及文化自觉所追求的人类社会理想的目标等。归纳当前学术界的探讨，“文化自觉”的内涵主要有三点：一是处在一定文化环境中的“人”要有对所处文化的自我意识，要有对自己所拥有、所生存的文化状态持有清醒认识；二是在各种异质文化面前，对自己的文化要有“自知之明”，确立主体意识，并能对自身文化进行创造与建设；三是在处理不同文化关系时，要树立“和而不同”的文化观，相互欣赏、学习，将自己的民族文化融入世界文化体系中，在世界文化体系中找到自己文化的位置与坐标。① 1990 年 11 月 2 日，费孝通先生在他八十周岁生日那天，脱口而出地概括其对人类学的前途关照的一句话便是“各美其美，美人之美，美美与共，天下大同”②。这十六个字其实正如费老自己所言，“这一句话我想也就是我提出的文化自觉历程的概括”③。

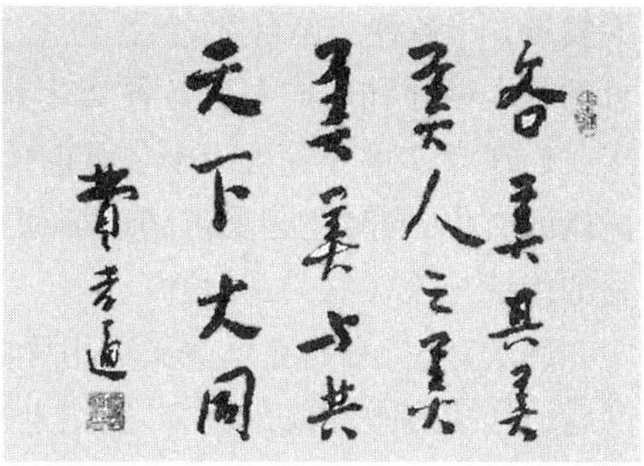

费孝通先生的题词

二、“文化自觉”：哲学维度与文化视域

费老在“自白”中说“文化自觉”这个概念可以从小见大，从人口较少的民族看到中华民族以至全人类的共同问题。其意义在于生活在一定文化中的人对其文化有“自知之明”，明白它的来历、形成的过程，所具有的特色和它的发展趋向，自知之明是为了加强进行文化转型的自主能力，取得决定适应新环境、新时代文化选择的自主地位。对于这样的一个“文化自觉”，我们应该坚持马克思主义的历史的辩证的思想方法作为其哲学维度的理论基础。

首先，用辩证的眼光来定位“文化自觉”问题。最初费老在提出“文化自觉”时，并非从东西文化的比较中看到了中国文化有什么危机，而是在对少数民族的实地研究中首先接触到了这个问题。④ 可见，“文化自觉”既是群体之中各个人的，又是世界之中各个民族的。“文化自觉”从小处着眼，应该是我们每一个个体共建美好的群体而需要作出的自觉；推而论之，我们的中华民族作为世界舞台上的一员也同时需要一种自觉来推动和谐人类家园的共建。此外，文化自觉的历程是一个前进中肩负美好未来的艰巨过程：每个人、每个民族一开始都觉得自己好看，“各美其美”。这还不够，还要能理解别人的美、欣赏别人的美，“美人之美”。只有这样，人与人之间、民族与民族之间的界限才能打破，实现“美美与共”。最终以一种“自觉”的态度，认识、审视、分析中国民族文化，并在此基础上加强与世界其他文化的交流与融合，促进中国民族文化的繁荣发展，进而促进中国经济社会的全

① 费孝通：《费孝通文集》第 14 卷，群言出版社 1999 年版。陈军科：《理性思维：文化自觉的本质特征》，《北京师范大学学报(人文社会科学版)》2003 年第 5 期。乐黛云：《和谐社会与文化自觉》，《广东社会科学》2006 年第 6 期。刘淑那、胡海波：《文化自觉：当代中国人与社会发展的价值资源》，《理论前沿》2007 年第 2 期。 ② 张冠生：《应是鸿蒙借君手——通观费孝通先生的“文化自觉”》，《天涯》2010 年第 3 期。 ③ 费孝通：《费孝通文集》第 14 卷，群言出版社 1999 年版，第 145 页。 ④ 费孝通：《关于“文化自觉”的一些自白》，《学术研究》2003 年第 7 期。

面发展。[①] 各种文化自觉之后，这个文化多元的世界才能在互相融合中出现一个共同认可的基本秩序和形成一套各种文化和平共处、各抒所长、联手发展的共同守则。[②] 这将要求我们在人文世界进入一个史无前例的大接触、大交融的全球化时代，既要清楚认识自己民族的文化，同时还必须正确理解和对待其他民族的文化，辩证地看待在本土化过程中面临的传统与现代的关系问题。

其次，坚持用马克思主义的历史的观点来审视"文化自觉"问题。可以说，"文化自觉"问题的形成和推动既是从 20 世纪走过来的费老个人的学术思想的结晶，是现实可能性与历史必然性的契合。正如我们身处当今时代的每个个体所感受到的，世界已经变成了一个"地球村"，我们正处于一个联系日益密切的生态系统当中，"和平与发展"已经成为当今时代的主题，而我们的人文领域，需要探求合理而有效的文化路径去实现人类文明的发展与进步。各种文化的自觉正是实现人类和谐相处，实现世界整体经济文化繁荣的一种有效方式，同时，"文化自觉"也必须放到整个人类物质与精神文明建设的实践长河中不断地开掘和创造。

在我国坚定不移沿着中国特色社会主义道路前进中，文化是民族的血脉，是人民的精神家园。全面建成小康社会，实现中华民族伟大复兴，必须推动社会主义文化大发展大繁荣，兴起社会主义文化建设新高潮，提高国家文化软实力，发挥文化引领风尚、教育人民、服务社会、推动发展的作用，努力朝着扎实推进社会主义文化强国建设的目标推进。[③] 显然，作为直接涉及中国社会文化未来发展问题的"文化自觉"必将成为未来我国社会主义文化强国建设中一股重要的推动力量。

三、"文化自觉"：当代青年文化自觉意识的建构

随着我国改革开放的不断深入，我国社会进入了一个急剧发展与变化的时期，与此同时人们的生活方式与价值观念正在发生改变，甚至在一些方面还是根本性的转变。而作为社会主义建设的中坚力量、文化建设生力军的青年，我们需要在价值确认问题上进行必要的关照。在此不便过多地论及当下的青年文化现象，不过值得一提的是，一如某些学者也曾论述到的，当代中国青年的人生价值观演变与世界范围内的人生价值观演变在方向上是吻合的，20 世纪 80 年代以来，青年中的自我价值导向已经出现并且不断强化。[④] 自我价值意识的确立本身是人对自身主体性确认的一种表现，但需要提醒的是，自我价值意识无限的绝对化之后形成的相对主义现象，却是应该避免的。就此，史铁生曾言及，"各行其是的人们呢，终于还会像最初那样谋求协作，但协作必要有规则，而规则的建立能不赖于价值的共识？"[⑤]其实这与费老的"文化自觉"历程的概括"各美其美，美人之美，美美与共，天下大同"是有着内在共通性的。"文化自觉"应该成为青年，特别是广大青年知识分

① 朱益峰：《费孝通"文化自觉"思想解读》，山西大学硕士学位论文，2010 年。 ② 王俊义：《一位世纪学人的文化情怀——费孝通先生"文化自觉"论解读》，《学术研究》2003 年第 7 期。 ③《胡锦涛在中国共产党第十八次全国代表大会上的报告》，《人民日报》，2012 年 11 月 17 日。 ④ 刘艳军：《全球化对我国当代青年价值观的影响》，首都师范大学硕士学位论文，2002 年。 ⑤ 史铁生：《私人大事排行榜》，见《史铁生散文》，人民文学出版社 2014 年版，第 113—114 页。

子自身文化发展中的一种思维品质和实践精神，并勇敢地承担起引领社会与文化走向“文化自觉”的历史责任。

文化的发展是有其社会性和历史性的，“文化自觉”是我们国家作为整体建设之一的文化建设的迫切需要，每一个文化主体都应该对文化进行传承与创新，以本民族的发展为立足点，心怀世界，与其他民族共同谱写人类历史的新篇章，构建真正意义的“文化自觉”——“人的自觉”。

思考与讨论

1. 何谓文化自觉？
2. 联系文化人类学的相关争论，谈谈你对文中所提到的文化的社会性的理解。
3. 费孝通先生的观点对你面对日常生活中随处可见的“西化”有什么启示？

拓展阅读

1. 费孝通：《文化与文化自觉》，群言出版社 2010 年版。
2. 卢克·拉斯特：《人类学的邀请》，王媛、徐默译，北京大学出版社 2008 年版。
3. 费孝通：《乡土中国》，上海人民出版社 2006 年版。
4. 克洛德·列维-斯特劳斯：《忧郁的热带》，王志明译，中国人民大学出版社 2009 年版。
5. 德斯蒙德·莫利斯：《人类动物园》，何道宽译，复旦大学出版社 2010 年版。

第二编　语言与文学

导　言

语言：工具论和本体论

一

文学与语言存在着天然的关系。文学通过语言来表达情感、传递思想，形成整个文学文本。语言作为人们交际和思维的工具，为文学提供了表达的基本载体和工具。这种认识是随着西方认识论哲学发展而形成的，西方认识论哲学把语言看作一种思想的媒介和形式，认为其功能在于表达生活和情感的内容，因而，形成了自古希腊直到近代哲学中的一种特定的语言思维模式。

古希腊哲学家在进行哲学思维的过程中也明确表达了语言的观念，苏格拉底明确指出，“名词是晓喻和区分事物本质的工具，正如梭子是分理网线的工具那样”。亚里士多德认为“口头语言是思想活动的符号，书面语言则又是口头语言的符号”。这一观念一直延续至今，从奥古斯丁的《论基督教义》，到培根的《新工具》；从笛卡儿的《方法论》，到霍布斯的《利维坦》；从洛克的《人类理解论》，到达尔文的《人类的由来》；从列宁在《论民族自决权》中提出的“语言是人类最重要的交际工具”到斯大林在《论马克思主义在语言学中的问题》中描述的“语言是工具、武器，人们利用它来互相交际，交流思想，达到相互了解”；等等。直至20世纪中后期一些新的哲学流派，在批判工具论的同时也难以跳出它的范围。我国传统的语言观也属这一范畴，如先秦的“名实”理论、“得意忘言”理论、“言为心声”理论就是把语言作为交际和思维的工具来认识的。

建立在“工具”认知层面的文学语言研究主要包括两个方面：文学文本中的语言“所指”研究和文学语言在文学创作中的“语用”研究。

文学文本中语言“所指”研究的出发点不在于揭示语言符号与概念之间的关联性，也不在于说明符号与符号之间如何关联，其根本目的在于阐释文学文本的内容。我国传统“小学”，从音韵、训诂、文字等角度出发，考量出语言的意义，也是文学的意义，其目的就在于解析文学文本，在于“通经致用”，为读懂古书和学做文章服务。

文学语言在文学创作中的“语用”研究的出发点也不在于揭示“语用”的种种规则，而在于说明文学语言如何更好地服务于文学文本。古代文论家对文体、语体以及“言”“意”关系的种种说明均证明了这一点。如曹丕对语体、体裁匹配规律的揭示；陆机、刘勰对“言”“意”关系的说明。刘勰之后的文论家对“言”“意”关系也多有论述，如钟嵘主张“文约意广”，刘知几标举“文约而事丰”；沈德潜贵“语近情遥”等。

近现代的文论家对文体、语体以及“言”“意”关系也作出了众多的规定，除此之外，还包括当代文论家对文学语言的艺术分析、作家语言风格研究等，多数也未能跳出“语言即文学的工具”这一传统的认知范畴。

二

语言不仅仅是作为“工具”而存在，它本身也是内容。这一认识是随着20世纪索绪尔语言系统观的建立而形成的。索绪尔把语言视为一套自足自律的符号系统，并以二元对立的描述方法建构语言学的体系，诸如语言和言语、共时和历时、能指与所指、组合与聚合等。这种语言观强调语言的有序性、确定性和结构的系统性。

索绪尔的语言观与20世纪初盛行的科学主义思潮不谋而合，从而引起了一场轰轰烈烈的“语言”革命，这场革命从哲学领域开始，最后波及了整个人文学科领域。文学研究在观念和方法上也不自觉地向“语言”靠拢。

语言成了文学研究的本体，这是文学研究观念上的一次重要转向。结构主义语言学的“文学作品存在方式论”将文学作品的本体视为一种“符号与意义的多层结构”，因此文学研究的一般性的规律也就可以通过对语言的研究来实现，并且认为有可能运用语言学的研究方法，重建文学理论学科的体系。建立在文学语言基础上的文学研究虽然不是文学本体研究的全部，但却对语言符号在文学文本研究中的价值和意义给予了充分的肯定，这也必将大大拓展文学研究的空间。

20世纪最伟大的文艺学家多是语言学研究出身，雅各布森认为文学科学的对象不是文学，而是“文学性”(按也就是使一部作品成为文学作品的东西)，而文学性存在于文学作品的语言形式之中。他认为，诗是具有独立价值的词的形式显现。也就是说，诗的本质不在于指称、叙述外在世界的事物，而在于具有表达目的的诗歌语言(词)的形式显现。换言之，“诗的功能在于指出符号和指称不能合一”，即诗歌(文学)语言往往打破符号与指称的稳固的逻辑关系，而为能指与所指的其他新的关系和功能(如审美)的实现提供可能。

与此同时，雅各布森还提出“相关变异性”概念，来指称文学语言中各种二元对立因素及其相互转化的规律。进而，他把两种普通修辞方式隐喻和转喻看成语言二元对立的典型模式，并由此来区分19世纪的现实主义和浪漫主义：现实主义指向环境，通过转喻来表现人和环境的关系；浪漫主义通过隐喻，主要指向内心，意义隐含在字里行间。

在具体分析诗性功能时，他把语句的构成放在选择和组合这两根纵横交错的轴上来加以分析。选择轴近似于索绪尔语言学的纵组合，即语句中排列的词是从众多能够替换的对等词语中选择出来的。组合轴基本等于索绪尔语言学的横组合，即上下文之间的联系。诗性功能就是要把对等原则由选择轴引到组合轴，形成诗句的对偶。

雅各布森试图在文学研究的领域建立一种科学的研究方法。文学研究只有从形式分析入手，才能达到科学的高度。因为对作品的结构原则、构造方式、韵律、节奏和语言材料进行语言学的归类和分析，就如同自然科学一样，较为可靠和稳定，很少受社会政治环境等因素的影响。艺术内容是不定的、可变的，随着不同的解释而赋予不同的意义，艺术形式则是固定的、不变的，可以而且容易成为科学研究的对象。

文学批评的领域也同样接受了语言学的改造，如罗兰·巴特的叙事语法分析、布鲁克斯、瑞恰兹、燕卜逊等的叙事语义分析、雅各布森的叙事修辞分析等。总之，20世纪初以来语言学以不同的方式切入文学批评领域，文学批评领域也广泛吸收了形式语言学派、生成语法学派、功能语言学派的种种做法，大大拓展了研究的空间，最终形成了一种相对独立的文学研究范式——文学语言学。

三

文学语言学在研究过程中的操作方法主要有语言描写法、比较法和统计法三种。

语言描写法是把组成作品材料的各级单位及要素（如语音、词汇、语法、逻辑、修辞等）进行描写和分析，看看文学作品组成的材料是如何一级一级建构起来的，篇章中音韵搭配的规律如何，用词有何偏向，造句习惯如何，语法走样变形的程度如何，和自然语言的差异到底有多大。这个方法就像语言学者对一个陌生的语言进行调查描写一样，只不过对象是由自然语言换成文学语言罢了。

比较法是通过两篇作品的比较，或两位作家的比较，而凸显其间的语言风格特征。比较的作品可以是传统文学家认为风格不同的，也可以是风格相同的。因此，李白的诗可以和杜甫的诗比较，李商隐可以和李贺比较，《诗经》可以和《楚辞》比较，《九歌》可以和《离骚》比较，《风》可以和《颂》比较。比较的作品可以是同时代的，也可以是不同时代的。因此南朝和北朝的乐府民谣可以比较，韩愈、柳宗元的散文可以比较。关汉卿和马致远也可以比较，明代的《金瓶梅》和清代的《红楼梦》可以比较，唐诗可以和宋词比较，北宋的东坡词还可以和南宋的稼轩词比较。同一文体，描写同一内容的作品也可以作语言风格的比较，还包括相关性主题的不同国别的文学语言比较，等等。

统计法分析法提出精准的数据来说明文学语言和文学结构问题，这种方法受到数理语言学兴起的影响很大。早在十九世纪中叶，俄国数学家布里亚科夫斯基就提出，可以用概率论来对语法、语源及语言史进行比较研究。数理语言学后来发展成统计语言学、语料库语言学等不同的部门。近年来，文学研究与语料库语言学的关系引起学界普遍关注，因为语料库语言学可以为文学研究提供一套行之有效的方法及工具，使人们对文学作品可以进行更翔实、更深入、更具体的描述。基于语料库的文学研究不仅可以从个别的现象中归纳出答案，还更重视从众多的现象和现象之间的联系中归纳答案。此外，理论的真实性和概括性可以通过实证研究得以验证。

基于语料库的文学研究是利用文学作品语料库和语料库分析工具，以文学语言和文学结构作为研究对象，通过用词分布分析、文体特征分析、情节分析等计算机统计分析技术，拓展传统的文学研究，提炼文学修辞、文学叙事的规则，考察作者的写作风格，甚至鉴别作品的真实作者。基于语料库的文学研究可以进行词频分析、词汇分布分析、句法分析、关键词分析和以关键词分析为基础的情节分析（plot analysis）。文学作品的关键词分析可以使人们知道作品究竟要表达哪些主题。

四

以上对建立在两种不同“语言观”基础上的文学语言研究进行了讨论，工具观认为语言是文学表达的工具和手段,“本体观”强调语言的系统和结构,它们都揭示了语言的某一侧面的本质属性,因此,这种差异不是对立的,而是互补的。

过度强调某一方面,都不能够客观、全面地认识问题,当然也不可能科学地使用它。所以对文学语言的研究,应该采用多维透视的方法。因为,语言本身具有多维的属性。语言既是交际的媒介和思维的工具,是一套符号系统,这套系统有它自己的存在方式;同时语言本身也是一种文化的现象和文化产品。只有建立这样的认识,才能对文学语言进行科学的定义,也才能对它进行科学的研究。

文学:言、情、意的融合

文学,是人们用来表述有关诗、小说、散文、剧本等的共同特点的一个用语,是文学理论学科的重要概念之一,也是文学理论的主要研究对象。可以从两个层面对文学概念作出操作性界说:第一个层面为文学一词的字面含义,简要回答文学一词包含的具体意义,即文学指的是什么,或者哪些特征可以满足“文学”一词的基本要求;第二个层面为文学包含的属性,回答文学具有哪个必须具备的主要构成特性或性质。当然,这两个层面并不是真正地相互隔离的,它们实际上相互渗透、交汇,难以分离。这里加以区分主要还是为了论述方便。

一、文学的含义及其历史演变

说到“文学”,人们可能会不假思索地想到平常所熟悉的那些诗、小说、散文、剧本等作品,它们似乎很自然地被归纳为文学。李白的诗、欧阳修的《醉翁亭记》、王实甫的《西厢记》、曹雪芹的《红楼梦》等不都是文学吗?甚至连儿童喜欢唱的“颠倒歌”也可以称为文学,如“反唱歌,倒起头,爷十七,娘十六,哥哥十八我十九,记得外公娶外婆,我在轿前打大锣”,还有“稀奇稀奇真稀奇,麻雀踩死老母鸡,蚂蚁身长三尺六,八十岁的老头儿坐在摇篮里”。这两首颠倒歌分别对家族关系和生命活动状况故意作了违反逻辑与常识的颠倒式描写,把现实生活中不会有的反常事情讲得绘声绘色、跟真的一样,从而造成喜剧性效果,也表达了儿童特有的“童趣”。这种既富有文采又表达童趣的儿歌,当然可以被视为文学,称为“儿童文学”。

从词源学角度看,文学一词在中国历史上曾经体现出大致三种含义:第一,文学即文章和博学;第二,文学即有文采的缘情性作品;第三,文学即一切语言性符号。而在现代学术分类情形下,这三种含义的文学又出现一种新的交汇,从而形成文学的第四种也即本书采纳的含义。

(一)文学的原初含义——文章和博学

文学一词的原初含义是文章和博学。“文学”的“文”,最早是指视觉可见的自然界斑纹或人工图式。如《说文》称“文,错画也,象交文”。《释名·释言》说“文者,会集众彩以成锦绣,会集众义以成辞义,如文绣然也”。后来的“文章”一词,最初就是指错杂的色彩或花纹。从现有文献记载看,“文学”一词最早出现在《论语》中,指文章博学,被列为孔门四科

(德行、言语、政事和文学)之一,如“文学子游、子夏”。这里的文学有两种用法：一是指有文采的语言作品,即今天意义上的文学;二是指人的博学,即今天意义上的学识或学术,如哲学、历史、语言等。按照这种观点,凡是富于文采的作品或显示渊博学识的作品,都可以被称为文学。

就第一种情况来说,不仅今天意义上的诗歌、小说和抒情散文等是文学,而且今天一般不被看作文学,但又具有文采的一些语言作品,也可称为文学。例如,《左传》和《史记》通常被划归为历史学著作,《庄子》和《荀子》属哲学,但它们中的一些段落写得富有文采,所以也常常被视为文学作品。《荀子》中的《劝学》篇历来脍炙人口:“积土成山,风雨兴焉。积水成渊,蛟龙生焉。积善成德,而神明自得,圣心备焉。故不积跬步,无以至千里;不积小流,无以成江海。骐骥一跃,不能十步;驽马十驾,功在不舍。锲而舍之,朽木不折;锲而不舍,金石可镂。蚓无爪牙之利,筋骨之强,上食埃土,下饮黄泉,用心一也。蟹八跪而二螯,非蛇鳝之穴,无可寄托者,用心躁也。是故无冥冥之志者,无昭昭之明;无惛惛之事者,无赫赫之功。行衢道者不至,事两君者不容。目不能两视而明,耳不能两听而聪。螣蛇无足而飞,鼫鼠五技而穷。诗曰:‘尸鸠在桑,其子七兮。淑人君子,其仪一兮。其仪一兮,心如结兮。’故君子结于一也。”这里运用丰富的譬喻、排比等手段,论证了“锲而不舍,金石可镂”的道理,可以说成功地达到了预期的“劝学”目标,这段文字显然富于“文采”,有理由被视为文学。

再来看人们十分熟悉的《史记·项羽本纪》:“项王军壁垓下,兵少食尽,汉军及诸侯兵围之数重。夜闻汉军四面皆楚歌,项王乃大惊曰:‘汉皆已得楚乎?是何楚人之多也!’项王则夜起,饮帐中。有美人名虞,常幸从;骏马名骓,常骑之。于是项王乃悲歌忼慨,自为诗曰:力拔山兮气盖世,时不利兮骓不逝。骓不逝兮可奈何,虞兮虞兮奈若何!歌数阕,美人和之。项王泣数行下,左右皆泣,莫能仰视。”这里,司马迁并未像荀子那样善于用词作比,而仅仅以恰当而简洁的语句准确地勾勒出项羽的英雄形象,栩栩如生,令人不禁生出景仰之情而扼腕长叹。在赞叹项羽形象生动的同时,我们也会感到这些描写的文采——以简练的笔墨达到“传神”的目的。这样有文采的“史书”被称为“文学”,也是理所当然的。

就第二种情况来看,文学的指称范围就更宽泛了:只要是体现学识渊博的语言行为及其作品,都可以说是文学。例如,旨在表达思想、陈述道理并与对手论辩的《孟子》和《荀子》及现代鲁迅的杂文等,都体现了渊博的学识,也可纳入文学范畴。例如,荀子《劝学》写道:“故不登高山,不知天之高也;不临深溪,不知地之厚也;不闻先王之遗言,不知学问之大也。干、越、夷、貉之子,生而同声,长而异俗,教使之然也。《诗》曰:‘嗟尔君子,无恒安息。靖共尔位,好是正直。神之听之,介尔景福。’神莫大于化道,福莫长于无祸。”为了论证后天学习的重要性,荀子充分地调动自己的渊博学识,从天高地厚讲到先王遗言,证明“学问之大”的道理,还引证《诗经·小雅·小明》加以支持,达到了知识渊博、说理透辟而又生动的效果。

所以,文学在古代的原初含义是文章和博学,即文学是富于文采的语言作品和人的学识渊博。

（二）文学的狭义——有文采的缘情性作品

大约从魏晋时代起，文学逐渐地将“博学”这一含义排除了出去，而专注于以富有文采的语言去表达情感。这就形成了一种新的较为狭窄的含义：文学是有文采的缘情性作品。晋代陆机的《文赋》指出：“诗缘情而绮靡。”“缘”应理解为因、依。“缘情”是说因情的缘故。“诗缘情”是说诗因情而动、由情出发，因而是情感的表现性产物。也就是说，诗是情感的表达。这种表情性文学观在魏晋时代成为一种流行的或普遍的趣味。魏文帝曹丕就在《典论·论文》中提出“诗赋欲丽”和“文以气为主”，强调诗赋应有华丽的文采，同时又主张作家的独特个性（气）在文学中具有基础地位。值得注意的是，在魏晋时期，具体说是在5世纪时，南朝宋文帝建立“四学”，即“儒学”“玄学”“史学”和“文学”。这是一个重要的标志性事件：“文学”开始从广义文学大家庭中分离出来，甩开非文学形态而独立发展，确立了自身的特殊性。这种特殊性大致相当于今日的“语言性艺术”的内涵了，尽管当时并未使用“艺术”字样。这就是说，文学实际上被认为具有了语言性艺术的性质。

按照这种文学观，文学作品应当既表现人的情感，又在语言上富有文采。李商隐的《夜雨奇北》就体现了这双重特点：“君问归期未有期，巴山夜雨涨秋池。何当共剪西窗烛，却话巴山夜雨时。”这首诗是李商隐在梓州（今四川三台）任幕僚期间寄给长安友人的。你问我何时回家，我回家的日期定不下来啊！我此时唯一能告诉你的，就是这里只有正在盛满秋池的绵绵不尽的巴山夜雨了。如果有那么一天，我们一齐坐在家里的西窗下，共剪烛花，相互倾诉今宵巴山夜雨中的思念之情，那该多好！这首诗表达了对友人的真挚而又深切的思念之情，体现了文学作品的“缘情”特点。不过，或许更值得注意的是诗歌在语言上呈现出独特的文采。这种文采是由语句的恰当重复构成的。这种语句重复表现在：第一句内“期”字重复运用，第二句、第四句重复出现“巴山夜雨”。这样的重复在诗中起到了什么样的作用？首先，“期”字的两次重复，渲染出“归期”对于对话双方的重要性以及难以预期。愈是重要却又愈是难期，那带给人的遗憾、惆怅与期冀就愈加深重了。不妨对照今人齐秦那首脍炙人口的流行歌曲《大约在冬季》：“你问我何时归故里，我也轻声地问自己。不是在此时，不知在何时，我想大约会是在冬季……”重复地运用“何时”“此时”和“何时”，同样渲染出归期的重要性以及难以预期。可见语词重复在这里格外突出了彼此思念之情的深厚，但又避免了直露，而是显出了含蓄蕴藉。其次，“巴山夜雨”两次出现在整个结构中起到了循环不绝的效果。第一次出现是起到情景交融和“王顾左右而言他”的作用，既刻画了诗人此时与绵绵秋雨相伴而思乡的情境，更含蓄地传达出诗人此时对于友人的深厚思念。绵绵不绝的巴山秋夜之雨，含蓄地隐喻对友人的绵绵不绝的思念之情，令人叫绝。第二次出现则是以含蓄的方式再度指代上次的巴山夜雨中的思念，既在表意上起到委婉而含蓄的作用，又在声音上产生回环、复沓的效果，更喻示了思念的深长不绝。可见，这首诗的语言形式本身就是一个富于文采的奇妙构造，正是这种奇妙构造才造成了“缘情”上的奇妙。由此可见，文学作品的“缘情”和“文采”都是不可或缺的。没有它们，文学的意义和价值就无从谈起了。

这样，可以理解文学的另一种含义：文学是那些以表达情感为主并具有文采的语言作品。

（三）文学的广义——一切语言性符号

在中国古代，文学一词的含义并不是固定不变的，往往与学识甚至所有语言性作品形成复杂的联系。唐宋时期，“文以载道”或“文以明道”的思想逐渐通行开来，标志着广义文学观获得进一步的具体化。韩愈《送陈秀才彤序》倡导文学传达“道”，“读书以为学，缵言以为文，非以夸多而斗靡也，盖学所以为道，文所以为理耳”。如果说“学”（学术）的目的是表述儒家之道，那么，同样地，“文”（文学）的目的也就是传达“理”——儒家之道的具体化形态。柳宗元的《答韦中立论师道书》更直接地主张“文以明道”：“始吾幼且少，为文章，以辞为工。及长，乃知文者以明道，是固不苟为炳炳烺烺，务采色，夸声音而以为能也。凡吾所陈，皆自谓近道，而不知道之果近乎？远乎？吾子好道而可吾文，或者其于道不远矣。”他反思自己年轻时只重视言辞及文采的偏颇，认识到“文以明道”才是文学写作最重要的事。这样，从唐代起，文学中“言辞”及“文采”受到压抑，而“明道”被当成最高目标，这就为消除文学与非文学之间的分野铺平了“道”。正由于“道”的主宰作用，“文”与“学”在“道”的基点上重新消除了差异，“文章”与“博学”两义再度形成统合，从而使“文学”又在新的语境中重新复活了先秦时代的原初含义。从此时起到清代，这种学术意义上的文学概念一直被沿用。

清末民初学者章炳麟的观点可以说代表了这种广义的文学观的一种极致，他在《国故论衡·文学论略》中坚持认为：“文学者，以有文字着于竹帛，故谓之文；论其法式，谓之文学。”在他看来，“文学”一词应当具有如下含义：凡以文字形式显示在竹帛上的，就叫作“文”；而讨论“文”的规律和法则的，就叫作“文学”。这里不仅明确地沿用文学的文章和学术含义，而且使它无限地扩大到凡“着于竹帛”的一切文字形态。这意味着，人类创造的一切有文字记载的语言性符号都可以称为文学，从而使得文学成为包括文章和学术在内的一切文字（语言）作品的总称。凡是用语言（文字）制作成的作品都可以称为文学。这种包容一切的广义的文学含义，就与现代西方语言学和符号学的“语言性符号”（linguistic sign）一词相近了。这样，文学一词就成为人的所有语言性符号行为及其作品的代名词了。

二、文学的现代义——语言性艺术

文学被赋予今天意义上的含义，是近代即晚清以来的事。

（一）文学在现代学术机制中的含义

要明白文学的现代含义的来由，需要首先简要回顾西方现代文学观念的发展演进。古希腊时尚无一般文学概念，而只有特定的史诗、颂诗、演讲术、悲剧等分类术语。在英语世界，“文学”（lirterary）是 14 世纪时才从拉丁文引进的。在 18 世纪以前，文学也往往是在广义上使用的，即主要指宽泛的语言作品。狭义文学，也就是现代通行的文学术语，是在 16—18 世纪期间逐渐形成的。在 16 世纪，诗的艺术性质开始得到承认。而在 1747 年，巴托把诗与绘画、雕塑、音乐，艺术和修辞等纳入七种“美的艺术”（finearts）之中，显示以诗为代表的文学正式具有了“艺术”或“美的艺术”的性质。这是一次意义深远的标志性事件；文学被确认为“美的艺术”之一种，这实际上意味着文学的语言性艺术属性即狭义文学在西方开始获得了普遍的和明确的认可。从此，文学在西方现代学术分类机制里就被归入了“艺术”范畴。文学成了一种语言的艺术。

（二）文学作为现代跨文化沟通的产物

随着晚清以来西方现代学术分类机制的传入，根据中国的现代学术与教育体制的需要，在中国逐渐地形成了如下现代文学术语：文学是一种语言性艺术。这一现代含义其实属于现代西方的狭义文学观念与中国古代狭义文学观念在现代语境下相互交汇的产物。可以说，西方现代文学观念为文学提供了现代学术分类机制，而中国古代狭义文学观念则为它设置了传统依据。随着西方“美的艺术”观念的传入，中国魏晋以来的有文采的缘情性文学观念就被激活了，从而汇合成一种新的现代性文学观念。这种汇合点在于两方面：第一，西方的“美的艺术”中的形式美内涵与中国文学观中的“文采”义得以对应起来；第二，西方的“美的艺术”中的表情性内涵与中国文学观中的“缘情”内涵相沟通。也就是说，来自西方的形式美和表情性观念与中国固有的文采和缘情性传统观念实现了现代跨文化的交汇。因此，如果只看到西方影响而忽略中国古代狭义文学观传统的激活，是无法完整地把握现代文学含义的来由的。

（三）文学是有文采的表情达意的语言作品

这样，文学的现代含义形成了：文学是一种语言性艺术品，是运用富有文采的语言去表情达意的艺术样式。简言之，文学是有文采的表情达意的语言作品。这样的文学术语基本上体现了狭义用法，是现代学术分类机制的产物，是目前世界上通行的一种用法。当然，与此同时，文学的广义用法也并没有消失，还在一定程度上被采用。

不过，把文学视为语言性艺术品，毕竟已成为一种通行的习惯性用法。通过上述必要的梳理，“文学”的历史演变线索及现代含义就清楚地显示出来了。今天，当人们谈论文学的时候，通常就是使用它的现代含义。

三、文学的特征

我们已经明白，按现代学术机制，文学是一种语言性艺术品，是运用富有文采的语言去表情达意的艺术样式。这样，文学实际上就包含了三个要素，由此也形成了文学的三个特征：语言性作品、文采和表情达意。特征在这里是指文学的易于识别的表面标志。它要回答文学所赖以构成的显明条件问题。

第一，文学是一种语言性作品。文学总是运用语言写成的，这使得它与使用线条和色彩的绘画、运用声音运动的音乐、使用镜头的摄影等其他艺术形式区别开来。没有不使用语言的文学。是否运用语言来写作并最终形成语言作品，这是文学区别于其他艺术的最基本的特征。曹禺说得好：“没有对语言创造发生极浓烈的兴趣，一个作者便难成其为作者。辛辛苦苦，琢磨语言，同时又兴味无穷，感到语言创造的快乐，这就是作者一生的工作……一天，我们对于语言‘着了魔’，那才算是进了大门，以后才有可能登堂入室，从事语言的创造。由有兴趣学习语言，到能称心如意运用语言，使它成为艺术品，这又是进了一大步，要费更大的苦功夫。作者对语言应如鱼之于水，人之于空气，有种离不开的感觉才成。离开了语言，作者就仿佛失了魂，丧了魄，这样才是真正的喜爱。”曹禺把语言看作文学中最基本的东西，要求作家首先热爱语言，甚至爱到“着了魔”一般。只有这样，作家才能写出真正的文学作品来。这突出地表明作家对语言在文学中的重要性有着深刻的体会。当然，运用语言既可以写文学作品，也可以写新闻、哲学等非文学作品。那么，同样是运用语言，如何才真正称得上文学呢？这就要看文学的第二个特征：语言富有文采。

第二，文学的语言富有文采。富有文采，就是语词富于华丽的色彩，或指作者具有语言上的才华。《庄子·养生主》写道："庖丁为文惠君解牛，手之所触，肩之所倚，足之所履，膝之所踦，砉然响然，奏刀騞然，莫不中音。合于桑林之舞，乃中经首之会。"这里的词语和句式都体现了鲜明的文采：以"触""倚""履"和"踦"分别形容手、肩、足、膝的动作，并连用四个"……之所……"句式排比或者重复，还以"砉然响然"和"奏刀騞然"描写庖丁的动作具有的音乐感，甚至用往昔汤时代的音乐"桑林"舞姿和尧乐"经首"来比喻其生动的节奏。文采在这里应从两方面去理解：一是指词语的精巧、辞藻的铺陈，二是指运用词语的才华。富有文采，既可以是指善于运用语词，追求繁丽美或浓艳美；也可以说具有语言描写的才华，寻求清水出芙蓉的天然美或素朴美。

善于运用词语，往往有助于抒写人或事物的丰富与复杂状况。如屈原的《离骚》就体现了铺扬张厉的语言追求，写出了诗人的纷纭繁复的思绪：

> 朝发轫于苍梧兮，夕余至乎县圃。欲少留此灵琐兮，日忽忽其将暮。吾令羲和弭节兮，望崦嵫而勿迫。路漫漫其修远兮，吾将上下而求索。饮余马于咸池兮，总余辔乎扶桑。折若木以拂日兮；聊逍遥以相羊。前望舒使先驱兮，后飞廉使奔属。鸾皇为余先戒兮，雷师告余以未具。吾令凤鸟飞腾兮，继之以日夜。飘风屯其相离兮，帅云霓而来御。纷总总其离合兮，斑陆离其上下。吾令帝阍开关兮，倚阊阖而望予。时暧暧其将罢兮，结幽兰而延伫。世溷浊而不分兮，好蔽美而嫉妒。

这里运用丰富的辞藻去表达诗人内心的思绪，显示了繁丽之美。再如宋代范仲淹的《苏幕遮》："碧云天，黄叶地，秋色连波，波上寒烟翠。山映斜阳天接水，芳草无情，更在斜阳外。黯乡魂，追旅思，夜夜除非，好梦留人睡。明月楼高休独倚，酒入愁肠，化作相思泪。"此词虽然算不上典型的辞藻铺陈起来的繁丽美，但在语言上也相当考究：精心地选用"碧""黄""翠"等不同词语去多方面地刻画秋天的景象，使得碧云、黄叶、绿波、翠烟等构成一幅色彩斑斓的秋色图。这确实显示了突出的文采。此词抒写乡思旅愁，以铁石心肠人作黯然销魂语，秋色与秋思交融一体，既低回婉转而又境界开阔。

富于文采也可以指似乎不加修饰的简朴的语言形态。这与上述善于运用语词的情形相比，其实属于精心设置的简约或素朴，是一种不露痕迹的文采。李白的《静夜思》堪称这方面的古典范例："床前明月光，疑是地上霜。举头望明月，低头思故乡。"没有任何刻意的修饰和辞藻的堆砌，完全运用平常的语言，准确而生动地传达出思念故乡的情怀。现代诗人臧克家的诗《有的人——纪念鲁迅有感》写道：

> 有的人活着，
> 他已经死了。

有的人死了，
他还活着。

语词似乎已经简洁到不能再简洁、朴素到不能再朴素了，但却可以给读者留下无尽的思考空间。其文采正是在这种简洁与朴素中见出。

第三，文学要表情达意。表情，是表达情感；达意，是传达意义。表情达意合起来就是表达情感与意义。需要看到，这里的“意”是渗透了“情”的“意”，是在“情”中传播的“意”，因而是“情”中之“意”即“情意”。情意就是始终渗透着情感、借助情感而呈现的意义。所以，更准确地说，表情达意是情意的表达。文学运用语言、追求文采，正是要实现情意表达的目的。例如，前面列举的几首诗无一是纯粹为语言而语言、为文采而文采的，其语言及文采无一不是服务于情意的表达的。再如，诗人注意运用辞藻往往是为了表达特定的情意。叠字是字的重叠造成的语音状况，在中国古代诗歌中极为常见，如说“行行重行行，与君生别离”（《古诗十九首》），“无边落木萧萧下，不尽长江滚滚来”（杜甫《登高》），“骊宫高处入青云，仙乐风飘处处闻”（白居易《长恨歌》），“寻寻觅觅，冷冷清清，凄凄惨惨戚戚……梧桐更兼细雨，到黄昏，点点滴滴”（李清照《声声慢》）。“行行重行行”在一行诗中两次叠用，借助音节的循环往复突出了主人公在分别时痛苦、无奈的心理状态。“滚滚”既突出了长江在视觉上的开阔气象，又渲染出它在力量上的磅礴气势，可谓绝妙好辞。“处处”刻画出“仙风”盛行的状况，传达出一种讽喻效果。李清照在这里连用九对叠字（而且还兼双声和叠韵），这在叠字运用上显然达到了一种几乎无人能及的极致，也正由于如此，诗人内心的丰富复杂的情感状态才得以尽情宣泄出来。

总之，文学的现代含义具体地体现在语言性、文采和表情达意三个方面。这三方面合起来构成了文学。这是缺一不可的三方面的合一。只有当三方面条件都同时满足时，文学所赖以构成的充足条件才形成了。当然，需要指出的是，这一概括主要适合于文学通常的和大体的情形。应清醒地看到，有些介乎文学与非文学之间的边缘文学形态可能会超出这一界说，表现为界定的不清晰或边界的模糊。例如，某些口头表述、政论文、新闻报道、广告等，既可能被视为非文学也可能被视为文学。这时，起作用的就可能是一种在一定人群中共同承认的或在特定语境下被认为合适的文学惯例了。人们此时不得不选择按惯例去“感觉”或指认特定作品究竟是文学还是非文学。

《论语》选录[1]

孔子

子曰："富与贵，是人之所欲也；不以其道得之[2]，不处也[3]。贫与贱，是人之所恶也[4]；不以其道得之，不去也[5]。君子去仁[6]，恶乎成名[7]？君子无终食之间违仁[8]，造次必于是[9]，颠沛必于是[10]。"（论语·里仁）

子曰："饭疏食饮水[11]，曲肱而枕之[12]，乐亦在其中矣。不义而富且贵，于我如浮云。"（论语·述而）

子曰：志士仁人，无求生以害仁[13]，有杀身以成仁[14]。（论语·卫灵公）

仲弓问仁[15]。子曰："出门如见大宾[16]，使民如承大祭[17]。己所不欲，勿施于人[18]。在邦无怨，在家无怨[19]。"（论语·颜渊）

子贡曰："如有博施于民而能济众[20]，何如？可谓仁乎？"子曰："何事于仁[21]！必也圣乎！尧舜其犹病诸[22]！夫仁者，己欲立而立人，己欲达而达人[23]。能近取譬，可谓仁之方也已[24]。"（论语·雍也）

导读

"仁"是孔子思想的核心。据统计，现存《论语》共 20 篇 492 章，其中提及"仁"的地方有 58 章 109 处。[25] 孔子的教育具有因材施教的特点，所以在众人问"仁"时，往往会根据不同的时间、不同的人以及不同的情况，作出不同的回答。比如对颜渊说："克己复礼为

---

① 选自杨伯峻：《论语译注》，中华书局 1980 年版。《论语》是儒家经典著作之一，由孔子的弟子及再传弟子编撰而成。"论"，论纂的意思，"论语"就是把"接闻于孔夫子之语"编纂起来的意思。它以语录体和对话文体为主，记录了孔子及其弟子言行，集中体现了孔子的政治主张、道德观念及教育原则等。孔子（前 551—前 479），名丘，字仲尼，鲁国人，春秋时期著名的思想家、教育家，儒家学派的创始人。 ② 道：正当的途径。 ③ 处：接受。 ④ 恶（wù）：厌恶，不喜欢。 ⑤ 去：抛弃，摆脱。 ⑥ 仁：爱。 ⑦ 恶（wū）乎：何处，意译为怎样。 ⑧ 终食：在吃一顿饭那么短的时间里。 ⑨ 造次：慌忙，仓促。 ⑩ 颠沛：受磨难、挫折，贫困。 ⑪ 饭：动词，吃饭。疏食：粗粝的饭食。水：冷水。古代常以"汤"和"水"对言，"汤"的意义是热水，"水"的意义是冷水。 ⑫ 肱（gōng）：胳膊由肘到肩的部分。 ⑬ 害仁：损害仁义。 ⑭ 成仁：成全仁义。 ⑮ 仲弓：孔子的学生，冉氏，名雍。 ⑯ 大宾：重要、尊贵的宾客。 ⑰ 使民：役使百姓。大祭：隆重的祭典。 ⑱ 施：施加。 ⑲ 邦：诸侯统治的国家。家：卿大夫统治的封地。怨：被人埋怨。 ⑳ 博施：广泛施加恩惠。济众：帮助大众。 ㉑ 何事：何止。 ㉒ 病：不足。诸："之乎"的合音。 ㉓ 立：立身。达：通达。 ㉔ 譬：例子。方：方法。 ㉕ 杨伯峻：《论语译注》，中华书局 1980 年版，第 19 页。

仁。”对仲弓、子贡说：“己所不欲，勿施于人。”对子张说：“能行五者于天下为仁矣。”对司马牛说：“仁者其言也韧。”对鲁哀公说：“仁者人也。”孔子始终都没有给“仁”下过一个明确的定义，但总结孔子对“仁”的解答，不难发现：孔子的“仁”是与理想人格紧密联系在一起的，既是人人能够实践的德行，又是一种精神信仰。仁学思想对塑造中国文化精神形态和思维模式产生过重要影响。在当下，仁学思想对解决现代中国人信仰失衡、价值导向缺失等问题具有巨大意义和重要参考价值。

一、仁者爱人

尽管“仁”的含义只能在具体的语境中被挖掘，但它的思想体系却始终围绕着“爱人”的内涵。

“樊迟问仁。子曰：‘爱人’。”（《论语·颜渊》）孔子生活在春秋时期，这是中国奴隶制开始崩溃，封建制尚未形成的过渡时期。面对王室衰微、诸侯争霸、礼崩乐坏的社会现状，孔子痛心疾首，力图找到安定天下的济世良方。孔子认为要想拯救这个无道的社会，就应该恢复代表宗法等级的礼乐制度，重建“君君，臣臣，父父，子子”的伦理道德规范。而“仁”是礼乐之本。孔子说：“人而不仁如礼何？人而不仁如乐何？”（《论语·八佾》）指的就是人只有做到了“仁”，才能自觉遵循礼乐制度，否则就会目无尊长，犯上作乱，做出“是可忍孰不可忍”的事情。在孔子心中，礼崩乐坏并不是礼乐制度出了问题，而是人心出了问题。要想解决问题，唯一的办法就是把“爱人”作为“仁”的基本内容，使之广泛传播，深入到每个人的心中，最终实现人人互敬互爱，社会和谐融洽。

子曰：“弟子，入则孝，出则悌，谨而信，泛爱众而亲仁。”（《论语·学而》）“仁爱”应发端于家庭内部的“亲亲之爱”。这种建立在血缘关系上的对自己亲人的爱，是人类最真实的一种情感，与生俱来，无需教育。而孔子主张的“仁爱”，就是由“亲亲之爱”缘起，以爱有差别为原则，由此及彼，推己及人，从“爱亲”逐步扩大到“泛爱众”，然后再“能近取譬”，泛爱天地万物。这种有差别的“仁爱”反映了以宗法血缘关系为基础的社会结构形态，带有浓厚的封建等级秩序的色彩，与墨子的“兼爱”有着本质区别。但也正是先“爱亲”再“爱人”的由亲而疏的量的变化，使得“仁爱”思想能从根本上适应以农业家庭小生产为基础的社会结构，让君仁臣忠、父慈子孝的礼乐社会成为可能。

二、为仁由己

虽然“仁”被孔子认为是一种完美的道德观念和品质，但它并非一种任人顶礼膜拜而又高不可攀的玄虚之论。“仁远乎哉？我欲仁，斯仁至矣。”（《论语·述而》）孔子认为，求仁之法重在持之以恒地追求“仁”，只要自己有志于仁，仁就会至于其身，这也正是所谓“为仁由己，而由人乎哉？”（《论语·颜渊》）

充分发挥人的主观能动性，强调人的意志品质是求“仁”的先决条件。孔子提出“克己复礼为仁”（《论语·颜渊》），就是在借一定的道德规范来克制自身欲望，抵抗外界诱惑，达到修己求仁的目的。不过孔子一生致力于维护和恢复周礼，在他看来，礼是道德的标准，仁是道德的属性，两者相辅相成。对于个体来说，也只有在“非礼勿视，非礼勿听，非礼勿言，非礼勿动”各个方面都符合周礼的统治秩序才能算做到了“仁”。

除此之外，既然“爱人”是“仁”的主要内涵，那么想要实践“仁”就必须尊重他人，关心他人，设身处地地为他人着想。为此，孔子提出了作为“仁之方”的“忠恕之道”。

子曰：“参乎！吾道一以贯之。”曾子曰“唯。”子出，门人问曰：“何谓也？”曾子曰：“夫子之道，忠恕而已矣。”（《论语·里仁》）

何谓“忠恕”？杨伯峻解注：“‘吾道’就是孔子自己的整个思想体系，而贯穿这个思想体系的，必然是它的核心。分别讲是‘忠恕’，概括讲是‘仁’。孔子自己曾给‘恕’下了定义：‘己所不欲，勿施于人。’这是‘仁’的消极面。另一面是积极面：‘己欲立而立人，己欲达而达人。’”①

冯友兰也认为“忠”与“恕”应该并列起来理解。“忠”是指“尽己为人”，“恕”是指“推己及人”。“怎么样才算是尽己为人呢？为人做事，必须如为自己做事一样，方可算是尽己为人。人为他自己做事，没有不尽心竭力的。他若为别人做事，也如为他自己做事一样地尽心竭力，他愿意把他自己的一种事做到怎样，他为别人做一种事，也做到怎样，这便是尽己为人。所以忠有照己之所欲以待人的意思。我们可以说：己之所欲，亦施于人，是忠。己所不欲，勿施于人，是恕。”②

从道德境界上看，终身不违仁在于“恕”，而为仁在于“忠”，“忠”的层次应该高于“恕”。但也只有将两者结合起来，才能真正做到将心比心，推己及人，实现“泛爱众而亲仁”的仁爱理想。

三、天下归仁

孔子极力宣扬“仁”的思想，把“天下归仁”作为社会的最高理想，甚至主张“志士仁人，无求生以害仁，有杀身以成仁”（《论语·卫灵公》）。虽然在当时的社会环境下，无论是统治者还是被统治者，都难以理解和实践孔子的仁学思想，但孔子知其不可为而为之，始终身体力行“君子无终食之间违仁，造次必于是，颠沛必于是”（《论语·里仁》）的仁义标准。

孔子作为儒学的奠基人，其学说的魅力就在于以“仁”为核心的道德精神的塑造，它不仅对中华民族的文化传统产生了广泛而深远的影响，而且渗透到中国人的血液中，历百代而不衰，跨异域而皆仰。不过在当今社会，科技与经济的高速发展使国人在享受各种改革开放成就的同时，也不得不忍受拜金主义、利己主义、极端个人主义的泛滥。人与人之间关系的淡漠，民族与民族之间多元文化的冲突，人与自然和谐关系的被破坏都使我们陷入了困惑和无所适从的境地。在这种情况下，探讨如何弘扬仁学价值，汲取其合理的思想内核，使之古为今用，对我们今天所倡导的和谐社会的构建有着重要的现实意义。

一方面，仁学思想的提倡可以促进家庭、社会的和谐安乐。孔子认为，只要坚持不懈地求仁，时时以“仁”的要求来约束自己的思想与行为，最终，“仁”将转化为自身的内在品格。而当个人的道德修养提升的时候，人会以孝悌为出发点，不断把情感推延至邻里、朋

① 杨伯峻：《论语译注》，中华书局1980年版，第20页。 ② 冯友兰：《新世训》，见《三松堂全集》第4卷，河南人民出版社2000年版，第359—360页。

友甚至陌生人之间，从而成为构建良性社会环境的重要手段。

另一方面，仁学思想的提倡还可以促进自然、社会、人与物的和谐共处。“厩焚，子退朝，曰：‘伤人乎？’不问马。”（《论语·乡党》）在以人类为中心的大环境下，人贵畜贱，重视人的生命甚于物的价值，这是人之常情。但孔子也曾说过：“骥，不称其力，称其德也。”（《论语·宪问》）大概意思是千里马值得称赞的不是它的力气，而是它坚韧不拔的品质。“亲亲而仁民，仁民而爱物”（《孟子·尽心章句上》），在儒家看来，马不仅仅是供人驱使的工具，它也有自己的脾气秉性，同样应该受到关心和尊重。“子钓而不纲，弋不射宿”（《论语·述而》），孔子提出的爱并不局限于“爱人”，而是从生命的意义上表现出对自然万物的普遍关怀与尊重。从“爱亲”到“爱人”，再到“爱物”，虽然爱有差别，但本质却是一致的，那就是把爱作为目的，而不是工具。

思考与讨论

1. 理解孔子的仁学思想，试举史实为例，说明哪些是“杀身成仁”，哪些又是“求生害仁”的事例，分享你的感受。

2. 孔门弟子问仁，孔子为何没有固定的答案？这会让人无所适从吗？

3. 曾子为什么以“忠恕”来解释孔子的“吾道一以贯之”？你又是如何理解孔子的“忠恕之道”的？

4. 在当今社会，你如何看待孔子“知其不可而为之”的精神？你认为“仁”的现代价值体现在哪里？

拓展阅读

1. 匡亚明：《孔子评传》，齐鲁书社 1985 年版。
2. 钱穆：《孔子和论语》，联经出版事业公司 1974 年版。
3. 郭沫若：《十批判书》，人民出版社 1954 年版。
4. 杜维明：《儒家传统与文明对话》，彭国翔编译，人民出版社 2010 年版。
5. 梁家荣：《仁礼之辨——孔子之道的再释与重估》，北京大学出版社 2010 年版。

逍 遥 游[1]

庄 子

南華眞經卷第一
莊子內篇逍遙遊第一 郭象注
北冥有魚其名爲鯤鯤之大不知其幾千里也
化而爲鳥其名爲鵬鵬之背不知其幾千里也怒
而飛其翼若垂天之雲是鳥也海運則將徙於
南冥南冥者天池也

《南华真经》书影

北冥有鱼[2]，其名曰鲲[3]。鲲之大，不知其几千里也；化而为鸟，其名为鹏[4]。鹏之背，不知其几千里也；怒而飞[5]，其翼若垂天之云[6]。是鸟也，海运则将徙于南冥[7]。南冥者，天池也[8]。

齐谐者[9]，志怪者也[10]。谐之言曰："鹏之徙于南冥也，水击三千里[11]，抟扶摇而上者九万里[12]。去以六月息者也[13]。"野马也[14]，尘埃也[15]，生物之以息相吹也[16]。天之苍苍，其正色邪？其远而无所至极邪[17]？其视下也，亦若是则已矣。

且夫水之积也不厚，则其负大舟也无力。覆杯水于坳堂之上[18]，则芥为之舟[19]；置杯焉则胶，水浅而舟大也。风之积也不厚，则其负大翼也无力。故九万里，则风斯在下矣[20]。而后乃今培风[21]，背负青天而莫之夭阏者[22]，而后乃今将图南。

蜩与学鸠笑之曰[23]："我决起而飞[24]，抢榆枋[25]，时则不至而控于地而已矣[26]，奚以之九万里而南为[27]？"适莽苍者[28]，三餐而反[29]，腹犹果然[30]；适百里者，宿舂粮[31]；适千里者，三月聚粮。之二虫又何知[32]？

---

① 本文选自《庄子·内篇》。 ② 冥：亦作"溟"，海之意。"北冥"，就是北方的大海。下文的"南冥"仿此。传说北海无边无际，水深而黑。 ③ 鲲：本指鱼卵，这里借表大鱼之名。 ④ 鹏：本为古"凤"字，这里用表大鸟之名。 ⑤ 怒：奋起。 ⑥ 垂：边远；这个意义后来写作"陲"。一说遮，遮天。 ⑦ 海运：海水运动，这里指汹涌的海涛；一说指鹏鸟在海面飞行。徙：迁移。 ⑧ 天池：天然的大池。 ⑨ 齐谐：书名。一说人名。 ⑩ 志：记载。 ⑪ 击：拍打，这里指鹏鸟奋飞而起双翼拍打水面。 ⑫ 抟：环绕而上。一说"抟"当作"搏"，拍击的意思。扶摇：由地面急剧盘旋而上的暴风。 ⑬ 去：离，这里指离开北海。息：停歇。 ⑭ 野马：春天林泽中的雾气。雾气浮动状如奔马，故名"野马"。 ⑮ 尘埃：扬在空中的土叫"尘"，细碎的尘粒叫"埃"。 ⑯ 生物：概指各种有生命的东西。息：这里指有生命的东西呼吸所产生的气息。 ⑰ 极：尽。 ⑱ 覆：倾倒。坳：坑凹处，"坳堂"指厅堂地面上的坑凹处。 ⑲ 芥：小草。 ⑳ 斯：则，就。 ㉑ 而后乃今：意思是这之后方才；以下同此解。培：通作"凭"，凭借。 ㉒ 莫：这里作没有什么力量讲。夭阏：又写作"夭遏"，意思是遏阻、阻拦。"莫之夭阏"即"莫夭阏之"的倒装。 ㉓ 蜩：蝉。学鸠：一种小灰雀，这里泛指小鸟。 ㉔ 决：通作"翅"，迅疾的样子。 ㉕ 抢：突过。榆枋：两种树名。 ㉖ 控：投下，落下来。 ㉗ 奚以：何以。之：去到。为：句末疑问语气词。 ㉘ 适：往，去到。莽苍：指迷茫看不真切的郊野。 ㉙ 三餐：三顿饭，指一天时间。反：返回。 ㉚ 犹：还。果然：饱的样子。 ㉛ 宿：这里指一夜。 ㉜ 之：这。二虫：指上述的蜩与学鸠。

小知不及大知①，小年不及大年。奚以知其然也？朝菌不知晦朔②，蟪蛄不知春秋③，此小年也。楚之南有冥灵者④，以五百岁为春，五百岁为秋；上古有大椿者⑤，以八千岁为春，八千岁为秋⑥。而彭祖乃今以久特闻⑦，众人匹之⑧，不亦悲乎？

汤之问棘也是已⑨："穷发之北有冥海者⑩，天池也。有鱼焉，其广数千里，未有知其修者⑪，其名曰鲲。有鸟焉，其名为鹏，背若太山⑫，翼若垂天之云；抟扶摇羊角而上者九万里⑬，绝云气⑭，负青天，然后图南，且适南冥也。斥鴳笑之曰⑮：'彼且奚适也？我腾跃而上，不过数仞而下⑯，翱翔蓬蒿之间，此亦飞之至也⑰。而彼且奚适也？'"此小大之辩也⑱。

故夫知效一官⑲、行比一乡⑳、德合一君、而征一国者㉑，其自视也亦若此矣。而宋荣子犹然笑之㉒。且举世而誉之而不加劝㉓，举世而非之而不加沮㉔，定乎内外之分㉕，辩乎荣辱之境㉖，斯已矣。彼其于世，未数数然也㉗。虽然，犹有未树也。夫列子御风而行㉘，泠然善也㉙，旬有五日而后反㉚。彼于致福者㉛，未数数然也。此虽免乎行，犹有所待者也㉜。若夫乘天地之正㉝，而御六气之辩㉞，以游无穷者，彼且恶乎待哉㉟？故曰：至人无己㊱，神人无功㊲，圣人无名㊳。

尧让天下于许由，曰："日月出矣，而爝火不息㊴。其于光也，不亦难乎！时雨降矣，而犹浸灌，其于泽也，不亦劳乎！夫子立，而天下治㊵，而我犹尸之㊶，吾自视缺然。请致天下㊷。"

许由曰："子治天下，天下既已治也。而我犹代子，吾将为名乎？名者实之宾也。吾将为宾乎？鹪鹩巢于深林㊸，不过一枝；偃鼠饮河，不过满腹。归休乎君！予无所用天下为！庖人虽不治庖，尸祝不越樽俎而代之矣㊹。"

肩吾问于连叔曰："吾闻言于接舆㊺。大而无当，往而不反。吾惊怖其言，犹河汉而无

---

① 知：通"智"，智慧。 ② 朝：清晨。晦朔：一个月的最后一天和最初一天。一说"晦"指黑夜，"朔"指清晨。 ③ 蟪蛄：即寒蝉，春生夏死或夏生秋死。 ④ 冥灵：传说中的大龟，一说树名。 ⑤ 大椿：传说中的古树名。 ⑥ 根据前后用语结构的特点，此句之下当有"此大年也"一句，但传统本子均无此句。 ⑦ 彭祖：古代传说中年寿最长的人。乃今：而今。以：凭。特：独。闻：闻名于世。 ⑧ 匹：配，比。 ⑨ 汤：商汤。棘：汤时的贤大夫。已：矣。 ⑩ 穷发：不长草木的地方。 ⑪ 修：长。 ⑫ 太山：大山。一说即泰山。 ⑬ 羊角：旋风，回旋向上如羊角状。 ⑭ 绝：穿过。 ⑮ 斥：一种小鸟。 ⑯ 仞：古代长度单位，周制为八尺，汉制为七尺；这里应从周制。 ⑰ 至：极点。 ⑱ 辩：通作"辨"，辨别、区分的意思。 ⑲ 效：功效；这里含有胜任的意思。官：官职。 ⑳ 行：品行。比：比并。 ㉑ 而：通作"耐"，能力。徵：取信。 ㉒ 宋荣子：一名宋牼，宋国人，战国时期的思想家。犹然：讥笑的样子。 ㉓ 举：全。劝：劝勉，努力。 ㉔ 非：责难，批评。沮：沮丧。 ㉕ 内外：这里分别指自身和身外之物。在庄子看来，自主的精神是内在的，荣誉和非难都是外在的，而只有自主的精神才是重要的、可贵的。 ㉖ 境：界限。 ㉗ 数数然：急急忙忙的样子。 ㉘ 列子：郑国人，名叫列御寇，战国时代思想家。御：驾驭。 ㉙ 泠然：轻盈美好的样子。 ㉚ 旬：十天。有：又。 ㉛ 致：罗致，这里有寻求的意思。 ㉜ 待：凭借，依靠。 ㉝ 乘：遵循，凭借。天地：这里指万物，指整个自然界。正：本；这里指自然的本性。 ㉞ 御：含有因循、顺着的意思。六气：指阴、阳、风、雨、晦、明。辩：通作"变"，变化的意思。 ㉟ 恶：何，什么。 ㊱ 至人：这里指道德修养最高尚的人。无己：清除外物与自我的界限，达到忘掉自己的境界。 ㊲ 神人：这里指精神世界完全能超脱于物外的人。无功：不建树功业。 ㊳ 圣人：这里指思想修养臻于完美的人。无名：不追求名誉地位。 ㊴ 爝(jué)火：火炬，小火。 ㊵ 夫子：古代对男子的尊称，这里指许由。 ㊶ 尸：主，主持。 ㊷ 致：送。 ㊸ 鹪鹩：一种小鸟，腹灰褐色，背赤褐色，尾短。亦称"巧妇""桃虫"。 ㊹ 尸祝：主持祭祀的人。 ㊺ 接舆：一位隐士，与孔子同时，楚国人。

极也，大有径庭[1]，不近人情焉。”

连叔曰：“其言谓何哉？”

曰：“藐姑射之山，有神人居焉。肌肤若冰雪，绰约若处子；不食五谷，吸风饮露；乘云气，御飞龙，而游乎四海之外；其神凝，使物不疵疠而年谷熟[2]。吾以是狂而不信也[3]。”

连叔曰：“然！瞽者无以与乎文章之观，聋者无以与乎钟鼓之声。岂唯形骸有聋盲哉？夫知亦有之。是其言也[4]，犹时女也[5]。之人也，之德也，将磅礴万物以为一，世蕲乎乱，孰弊弊焉以天下为事！之人也，物莫之伤，大浸稽天而不溺[6]，大旱金石流、土山焦而不热。是其尘垢粃糠，将犹陶铸尧舜者也，孰肯以物为事？”

宋人资章甫而适诸越[7]，越人断发文身，无所用之。尧治天下之民，平海内之政。往见四子藐姑射之山、汾水之阳[8]，窅然丧其天下焉[9]。

惠子谓庄子曰：“魏王贻我大瓠之种，我树之成而实五石。以盛水浆，其坚不能自举也。剖之以为瓢，则瓠落无所容。非不呺然大也[10]，吾为其无用而掊之。”

庄子曰：“夫子固拙于用大矣！宋人有善为不龟手之药者，世世以洴澼绕为事[11]。客闻之，请买其方百金。聚族而谋曰：‘我世世为洴澼絖，不过数金。今一朝而鬻技百金，请与之。’客得之，以说吴王。越有难[12]，吴王使之将。冬，与越人水战，大败越人，裂地而封之。能不龟手，一也，或以封，或不免于洴澼絖，则所用之异也。今子有五石之瓠，何不虑以为大樽而浮于江湖[13]，而忧其瓠落无所容？则夫子犹有蓬之心也夫[14]！”

惠子谓庄子曰：“吾有大树，人谓之樗[15]。其大本拥肿而不中绳墨[16]，其小枝卷曲而不中规矩。立之涂[17]，匠人不顾。今子之言，大而无用，众所同去也。”

庄子曰：“子独不见狸狌乎[18]？卑身而伏，以候敖者[19]；东西跳梁[20]，不辟高下[21]；中于机辟[22]，死于罔罟。今夫斄牛[23]，其大若垂天之云。此能为大矣，而不能执鼠。今子有大树，患其无用，何不树之于无何有之乡，广莫之野[24]，彷徨乎无为其侧，逍遥乎寝卧其下。不夭斤斧，物无害者，无所可用，安所困苦哉！”

导读

对《逍遥游》中的“逍遥”，历来有不同的看法，比如，“逍遥”是任性，“逍遥”是至人无己，“逍遥”是无所凭待，“逍遥”是阿Q式的绝对自由，“逍遥”是虚无主义，如此等等。说到底，“逍遥”恐怕是庄子的人生哲学。儒家的人生哲学是外向的，讲究在人世间留下自己

① 大有径庭：意思是说两者相隔太远，毫不相关。径，门外路。庭，堂前地。 ② 疵疠：疾疫，灾害。 ③ 狂：同“诳”。 ④ 是：此。 ⑤ 时女：就是你。时，是。女，同“汝”。 ⑥ 稽：至，及。 ⑦ 章甫：殷商时人所戴的帽子。 ⑧ 汾水：黄河支流之一，发源于管涔山，至河津注入黄河。汾水之阳，指尧都，即今临汾。 ⑨ 窅：通“杳”。 ⑩ 呺(xiāo)然：形容虚而大的样子。 ⑪ 洴(píng)澼(pì)絖(kuàng)：漂洗丝絮。洴澼，漂洗。絖，同“纩”，细棉絮。 ⑫ 难：生乱之事，这里指军事行动。 ⑬ 樽：古人有“樽如酒器，缚之于身，浮于江湖，可以自渡”的说法，所以称“樽”为“腰舟”。 ⑭ 蓬之心：茅塞未开之心，被蓬草蔽塞之心。 ⑮ 樗：即臭椿树，木质粗劣。 ⑯ 拥：通“臃”。 ⑰ 涂：通“途”。 ⑱ 狸狌：狸，指野猫。狌，指黄鼠狼。 ⑲ 敖：通“遨”，遨游。 ⑳ 梁：通“踉”，跳跃。 ㉑ 辟：通“避”。 ㉒ 机辟：捕猎的工具。 ㉓ 斄(lí)牛：即牦牛，产于我国西南部。 ㉔ 莫：通“漠”。

的痕迹，而庄子的人生哲学是向内的。他认为，建功立业的人生，会像有用的树木一样，极易遭到戕害，为保全自己，人应该专注于内心的安宁，忘掉外在的荣与辱，这样方能逍遥自在，无己、无功、无名。

一

《逍遥游》里首先出场的，是体形巨大到不可思议的鲲、鹏，几乎可以藐视天地间的一切生物，纵横江海，恣肆放纵，无所阻碍，可以算得上是逍遥。只是这逍遥，仍旧是有所待的，算不上最高层次的逍遥。大鹏的所待是扶摇，也即大风，没有大风，大鹏无法飞起来，更遑论在浩渺的天空自在飞翔。庄子还安排了蜩与学鸠来和大鹏对比，蜩与学鸠飞不高、看不远，本来也有小人物的快乐，却不该嘲笑大鹏迁徙南冥的行为。先天不足的蜩与学鸠受困于心胸与眼界，相比鹏来说，不仅称不上逍遥，反而因其浅薄无知进入了一个更为低俗的层次。

鲲鹏的逍遥有如起兴手法，接下去，庄子真正的视点在人性的逍遥之境。

庄子首先提到了宋荣子和列子。宋荣子做到了对外界的毁誉置之度外，这与一般人相比，已是非常难得的境界了。但庄子认为，他的逍遥仍旧是比较低层次的，因为他虽不受物的羁绊，却仍没有超脱物我、荣辱之别，破而不立，“犹有未树也”。列子能够御风而行，但仍然是不自由的，因为他的行要依赖外在的风，他的逍遥境界，甚至不如宋荣子高。宋荣子和列子都有所待，这一点和鲲鹏无异。那么，怎样才能算是自由的逍遥呢？庄子认为，顺应天地的变化，不需任何依赖，超越自己，超越功劳，超越虚名，这才可以算是高层次的逍遥。

接着，庄子提到了许由和姑射山神人。尧意图把天下禅让给许由，却被许由拒绝了。他不愿接受“圣君”的虚名，并认为天下之治恐非个人之力所为，大家各守其所守，不失其位，天下便能无为而治。姑射山神人与万物融为一体，不把治理天下当回事却取得了天下的大治。许由能做到无名，姑射山神人能做到无功，他们都是逍遥的代表。

最后，庄子亲自出场，论述了“小用与大用”“无用与有用”的问题。惠子质疑庄子的话大而无用，庄子却以不龟手之药的故事道出善于用的人能使小用转化为大用，以狸狌最终死于网罟来说明有用不能保全自己，无用能保全自己，物正因其无用，反而有了大用。这种“小用与大用”“无用与有用”之间随意转换的能力，举重若轻，正是一种精神自由的逍遥表现。

《逍遥游》全篇旨在说明一种人生哲学，那就是，只有人开阔自己的眼界、心胸，抛弃功、名、利等思想，不去想外在的功业、别人的毁誉，也即“无己、无功、无名”，才能够做到真正的逍遥，才能够全身远害。中国历史上，正因为有了庄子的这种人生哲学，中国的文人才能够在处境不得意的情况下保持一种心灵的安宁和平静。

二

《逍遥游》一文具有鲜明的艺术特色。

其一，大量运用夸张和拟人辞格。夸张辞格如“鲲之大，不知其几千里也”，大鹏“其翼若垂天之云”“水击三千里，抟扶摇而上者九万里”，再如冥灵“以五百岁为春，五百岁为秋”，上古大椿以“八千岁为春，八千岁为秋”，姑射山神人“大浸稽天而不溺，大旱金石流、土山焦而不热”。这些夸张手法的运用体现了文章汪洋恣肆的风格，具有情感强烈的浪漫主义特色。此外，蜩与学鸠嘲笑大鹏的语言描写，属于拟人修辞，把小动物的狭窄心胸与孤陋视野表现得非常传神。

其二，大量运用上古神话。这一特点是先秦其他诸子散文所鲜有的，如文中“鲲”化而为“鹏”的叙述就来自《山海经・西山经卷二》：“又西百八十里，曰泰器之山。观水出焉，西流注于流沙。是多文鳐鱼，状如鲤鱼，鱼身而鸟翼，苍文而白首赤喙，常行西海，游于东海，以夜飞。其音如鸾鸡，其味酸甘，食之已狂，见则天下大穰。”此外，文中的尧、许由都是上古神话中的人物，帝尧曾师尹寿，许由则是尹寿介绍给尧的四贤之一，姑射山神人来自《山海经・海内北经》中所记载的“姑射国”。

其三，大量运用寓言。《逍遥游》表达了庄子的人生哲学，但这种表达不同于同期其他先秦诸子散文采用直接说理的方法，它大量运用寓言，不直接说明自己的观点、看法，而是通过寓言，以人物的行为、对话去表达，造成了非常强的阅读快感，这也是庄子散文远较其他诸子散文更富文学性的原因所在。

三

《逍遥游》讲的人生哲学，是一种向内心寻求平静、安宁的哲学，而要达到内心的平静、安宁，就要做到“无己、无功、无名”，也就是说，要不在意个人在社会生活中的荣辱、得失、功名利禄，不要有建功立业的欲望与想法，更不要在意别人对你的评价，只要内心的安宁、平静即可。

事实上，作为社会人，我们总是生活在现实的社会环境中，不可能真的能做到对外界的一切评价都无动于衷。我们也不能大规模地倡导这种人生哲学，否则，社会就没有了前进的动力，人类也没有创新的欲望，人类社会将停留于茹毛饮血的蒙昧时代。人类正是有了各种各样的欲望，才努力追求进步，才能由茹毛饮血时代发展到今天的“可上九天揽月，可下五洋捉鳖”的外空探索时代。

这样说来，仿佛庄子逍遥游的思想就是反人类的，没有丝毫意义？绝对不是。

儒家积极进取的人生哲学当然是可取的，甚至可以说，应该成为我们每一个人的人生准则，为我们所终身服膺。但是，个人的理想、希望，受限于外在的条件，并不总能实现，当理想、愿望受挫时，个人的情绪、心理会受到极大影响，甚至出现心理问题，严重者，会影响身体健康。所以，我们需要学习一点庄子逍遥游的精神，对外在的荣辱、功名，可以看淡一点，即使得不到，也不至于会对人生失去了兴趣，充满了绝望、怨怼。也就是说，我们在现实的生活中，应该忘记逍遥游的思想，努力做人，认真做事，但在个人的思想修养上，不妨多点逍遥游的精神。

思考与讨论

1. 试论墨子“三表”与庄子“三言”的立言方法。

2. 试叙述、评价庄子“逍遥游”自由无待境界与海德格尔的存在哲学观。
3. 试论《庄子》对文学想象论的贡献。

拓展阅读

1. 崔大华：《庄学研究》，人民出版社 1992 年版。
2. 曹础基：《庄子浅注》，中华书局 2000 年版。
3. 陈鼓应：《庄子今注今译》（最新修订重排版），中华书局 2009 年版。
4. 陈鼓应：《老庄新论》（修订版），中华书局 2010 年版。
5. 郭沫若：《十批判书》，人民出版社 2012 年版。

饮酒(五首)①

陶渊明

其一

衰荣无定在,彼此更共之②。邵生瓜田中,宁似东陵时③。寒暑有代谢,人道每如兹④。达人解其会,逝将不复疑⑤。忽与一觞酒,日夕欢相持⑥。

其二

积善云有报,夷叔在西山⑦。善恶苟不应,何事空立言⑧?九十行带索,饥寒况当年⑨。

---

① 选自陶渊明:《陶渊明集》,逯钦立校注,中华书局1979年版。 ② 衰荣无定在,彼此更共之:意谓衰荣不固定于一处,彼此交替而共有之。更,交替,更迭。 ③ 邵生瓜田中,宁似东陵时:以邵平为例,以明衰荣不定之意。《史记·萧相国世家》:“召平者,故秦东陵侯。秦破,为布衣,贫,种瓜于长安城东。瓜美,故世俗谓之‘东陵瓜’,从召平以为名也。”王叔岷《笺证稿》:“《文选》阮嗣宗《咏怀诗》注、《艺文类聚》八七、《御览》九七八、《记纂渊海》九二引《史记》皆作邵平,荀悦《汉纪》四、《水经》渭水下注并同。与此作‘邵’合。” ④ 寒暑有代谢,人道每如兹:意谓人道每如天道,寒暑既有代谢,人事亦有荣衰也。人道,《易·系辞》:“有天道焉,有人道焉。”寒暑代谢即所谓天道。 ⑤ 达人解其会,逝将不复疑:意谓达人明察时机,誓将不再疑惑矣。达人,知能通达之人。《左传》昭公七年:“圣人有明德者,若不当世,其后必有达人。”会,时机。“解其会”犹“知会”也。逝,通“誓”,表示决心。朱骏声《说文通训定声》:“逝,假借为誓。”《诗·魏风·硕鼠》:“逝将去汝,适彼乐土。” ⑥ 忽与一觞酒:忽得一觞酒也。与,犹得也,见张相《诗词曲语词汇释》,如白居易《送嵩客》:“君到嵩阳吟此句,与教三十六峰知。” ⑦ 积善云有报,夷叔在西山:意谓积善有报之说深可怀疑,伯夷、叔齐皆积善之人,却饿死在西山。《易·坤》:“积善之家,必有馀庆。积不善之家,必有馀殃。”《荀子·宥坐》:“为善者天报之以福,为不善者天报之以祸。”《史记·伯夷列传》:“武王已平殷乱,天下宗周,而伯夷、叔齐耻之,义不食周粟,隐于首阳山,采薇而食之。及饿且死,作歌。其辞曰:‘登彼西山兮,采其薇矣……’” ⑧ 善恶苟不应,何事空立言:意谓既然善无善报,恶无恶报,何故有天道常与善人之论耶?《史记·伯夷列传》:“或曰:‘天道无亲,常与善人。’若伯夷、叔齐,可谓善人者非邪?积仁絜行如此而饿死!且七十子之徒,仲尼独荐颜渊为好学。然回也屡空,糟糠不厌,而卒蚤夭。天之报施善人,其何如哉?……若至近世,操行不轨,专犯忌讳,而终身逸乐,富厚累世不绝。或择地而蹈之,时然后出言,行不由径,非公正不发愤,而遇祸灾者,不可胜数也。余甚惑焉,傥所谓天道,是邪非邪?”此诗首四句乃就《史记》而发挥之。事,徐仁甫曰:“犹用也。《战国策·燕策》:‘(所求者生马,)安事死马?’《新序·杂事三》云‘事’作‘用’。” ⑨ 九十行带索,饥寒况当年:举荣启期为例,复申述上四句之意。《列子·天瑞》:“孔子游于太山,见荣启期行乎郕之野,鹿裘带索,鼓琴而歌。孔子问曰:‘先生所以乐,何也?’对曰:‘吾乐甚多。天生万物,唯人为贵。而吾得为人,是一乐也。男女之别,男尊女卑,故以男为贵。吾既得为男矣,是二乐也。人生有不见日月、不免襁褓者,吾既已行年九十矣,是三乐也。贫者士之常也,死者人之终也。处常得终,当何忧哉?’孔子曰:‘善乎!能自宽者也。’”行,且。带索,以绳索为衣带。当年,壮年。

不赖固穷节,百世当谁传①!

其三

道丧向千载,人人惜其情②。有酒不肯饮,但顾世间名③。所以贵我身,岂不在一生④?一生复能几,倏如流电惊⑤。鼎鼎百年内,持此欲何成⑥!

其四

栖栖失群鸟⑦,日暮犹独飞。徘徊无定止,夜夜声转悲。厉响思清晨⑧,远去何依依⑨!因值孤生松⑩,敛翮遥来归⑪。劲风无荣木⑫,此荫独不衰。托身已得所,千载不相违⑬。

陶渊明诗意图(局部)

---

① 不赖固穷节,百世当谁传:承上就荣启期而言,意谓若不依靠固穷之气节,百世之后尚有谁传其名耶?固穷,甘居困穷,不失气节。《论语·卫灵公》:"君子固穷,小人穷斯滥矣。"百世,犹言百代。当,借为"尚",《史记·魏其武安侯列传》:"即宫车晏驾,非大王立,当谁哉?" ② 道丧向千载,人人惜其情:意谓道丧已近千载,人皆失其真率自然之本性。《庄子·缮性》:"古之人在混芒之中,与一世而得澹漠焉……当是时也,莫之为而常自然。逮德下衰,及燧人、伏羲……德又下衰,及神农、黄帝,德又下衰,及唐、虞……然后民始惑乱,无以反其性情而复其初。由是观之,世丧道矣,道丧世矣,世与道交相丧也。"此二句括《庄子》大意。向,将近。惜,吝惜。惜其情,不表露其感情,失去真率自然之本性,即《庄子》所谓"无以反其性情而复其初"。陶渊明《五柳先生传》:"性嗜酒,家贫不能常得。亲旧知其如此,或置酒而招之。造饮辄尽,期在必醉。既醉而退,曾不吝情去留。"不吝情,亦即不惜情,欲饮则饮,欲醉则醉,欲去则去,欲留则留,感情真率自然。 ③ 有酒不肯饮,但顾世间名:魏晋之际以饮酒得名者不在少数,如刘伶自称"以酒得名"(见《世说新语·任诞》)。嵇康醉后"若玉山之将崩"(《世说新语·容止》),亦传为美谈。然则,陶渊明何以将饮酒与名对立,曰世人但顾名而不肯饮酒乎?盖此所谓"世间名",乃指功名而言也。《世说新语·任诞》:"张季鹰纵任不拘,时人号为'江东步兵'。或谓之曰:'卿乃可纵适一时,独不为身后名耶?'答曰:'使我有身后名,不如即时一杯酒。'"此则又指身后名矣,与世间名稍异。 ④ 所以贵我身,岂不在一生:意谓世人所以爱护贵重己身,岂非欲长生乎?《列子·杨朱》:"孟孙阳问杨朱曰:'有人于此,贵生爱身,以蕲不死,可乎?'曰:'理无不死。''以蕲久生,可乎?'曰:'理无久生。生非贵之所能存,身非爱之所能厚……'" ⑤ 一生复能几,倏如流电惊:意谓人生飘忽不能长久。流电,闪电。《艺文类聚》卷六引三国魏李康《游山序》:"盖人生天地之间也,若流电之过户牖,轻尘之栖弱草。"古《笺》:"乐府晋《白苎舞歌》:'人生世间如电过。'"倏,迅疾貌。 ⑥ 鼎鼎百年内,持此欲何成:意谓人生不过百年,以此欲何成耶?鼎鼎,《礼记·檀弓上》:"故骚骚尔则野,鼎鼎尔则小人。"郑注:"鼎鼎尔,谓大舒。"孔疏:"吉事鼎鼎尔不自严敬,则如小人然,形体宽慢也。"蒋薰评《陶渊明诗集》曰:"鼎鼎乃薪火不传意。"闻人倓《古诗笺》云:"鼎鼎,取宽慢之意。百年自速,而人意自宽慢。"古《笺》训"鼎鼎"为"扰攘貌"。 ⑦ 栖栖:不安貌。《论语·宪问》:"微生亩谓孔子曰:'丘何为是栖栖者与?无乃为佞乎?'" ⑧ 厉响:《文选》苏武《诗四首》之二:"丝竹厉清声,慷慨有馀哀。"李善注:"王逸《楚辞注》曰:'厉,烈也。谓清烈也。'" ⑨ 依依:《文选》苏武《诗四首》之二:"胡马失其群,思心常依依。"李善注:"依依,思恋之貌也。" ⑩ 值:遇。 ⑪ 敛翮:犹敛翅停飞。陶渊明《停云》:"敛翮闲止。" ⑫ 劲风:疾风。《文选》潘岳《夏侯常侍诔》:"零露沾凝,劲风凄急。" ⑬ 托身已得所,千载不相违:意谓既已托身于松树,则永不相离矣。渊明《读山海经》其一:"众鸟欣有托,吾亦爱吾庐。"

其五

结庐在人境，而无车马喧①。问君何能尔？心远地自偏②。采菊东篱下，悠然见南山③。山气日夕佳④，飞鸟相与还⑤。此还有真意，欲辨已忘言⑥。

导读

春秋战国时期形成的儒家和道家，对我国的民族精神、民间文化、生活习俗等有着重要影响。儒家"游文于六经之中，留意于仁义之际，祖述尧舜，宪章文武"，崇尚礼乐，提倡忠恕，主张仁政，为历代统治者所尊崇，成为中国传统思想的核心。儒家积极入世、自强不息的精神与道家是大相径庭的。但老庄自然无为、致虚守静的生活方式于中国文人也有着独特的吸引力，因此也有人主张儒道融合，如以王弼、郭象为代表的玄学家。汉末儒学衰微，中国文人的目光便转向道家学说，至两晋时，更强调儒道的会通。郭象于《庄子注》中提出"独化于玄冥"的命题使儒家和道家的分歧找到一个融合的契机，魏晋士人也因而都表现了儒道双修的特征，陶渊明便是如此。

一

陶渊明的曾祖父陶侃，是东晋开国元勋，军功显著，官至大司马，都督八州军事，任荆、江二州刺史，封长沙郡公。祖父陶茂、父亲陶敏都做过太守。据考证，陶渊明祖上几代都是胸襟豁达、品德高尚之人，他身处于这样的仕宦之家，从小受"达则兼济天下，穷则独善其身""君子固穷"以及"仁义、忠恕、知命"的文化熏陶，这便奠定了他儒家思想的坚实基础。"少年罕人事，游好在六经"(《饮酒》十六)，陶渊明自 29 岁开始出仕，对于出仕动机，虽然他本人声称是"畴昔苦长饥，投耒去学仕"(《饮酒》十九)，"此行谁使然？似为饥所驱"(《饮酒》十)，但从"奉上天之成命，师圣人之遗书。发忠孝于君亲，生信义于乡闾。推诚心而获显，不矫然而祈誉"(《感士不遇赋》)可以看出，这更是他早年"大济苍生"的思想诉求

① 结庐在人境，而无车马喧：意谓虽居于人间而无世俗之交往。结庐：构室，建造房屋。王叔岷《笺证稿》："《后汉书·周燮传》：'有先人之草庐，结于冈畔。'张景阳《杂诗》七首之七：'结宇穷冈曲。'并与此结字同义。"人境：人间。车马喧：指世俗交往。《史记·陈丞相世家》："然门外多有长者车辙。"渊明与陈平异趣，虽居人间而与世俗隔绝也。 ② 问君何能尔，心远地自偏：意谓己心远离世俗，故若居于偏僻之地也。君：渊明自谓。尔：如此。心远：李善注："《琴赋》曰：'体清心远邈难极。'""心远"与"地偏"对举，结庐之地本不偏，因为已心远离世俗，故地自然偏矣。王士祯《古学千金谱》曰："心不滞物，在人境不虞其寂，逢车马不觉其喧。篱有菊则采之，采过则已，吾心无菊。" ③ 南山：丁《笺注》："指庐山而言。"悠然：悠远貌，又闲适貌，所想者远，故得闲适也。此处两义兼而有之。 ④ 山气：山间之云气。 ⑤ 相与还：结伴还山。 ⑥ 此还有真意，欲辨已忘言：《庄子·齐物论》："大辩不言。"《庄子·外物》："言者所以在意，得意而忘言。"王弼《周易略例·明象》："故言者所以明象，得象而忘言；象者所以存意，得意而忘象。"需案：上二句，象也，象中存有真意。真意者何？欲说却已忘言。既已得意亦无需言之矣。盖渊明所谓"真意"，乃在一"归"字，飞鸟归还，人亦当知还。返归于自然，方为真正之人生。此二句涉及魏晋玄学言意之辨，乃当时士大夫关注之哲学命题也。

实践的必然发展。

遗憾的是陶渊明的仕途之路并不平顺。393年至405年，短短十三年时间他五次出入官场，却只担任过江州祭酒、镇军参军、彭泽县令之类的小官。陶渊明怀揣一颗为了拯救社会“知其不可为而为之”的儒家心，在尔虞我诈、钩心斗角的官场之路上跌跌撞撞，“鼎鼎百年内，持此欲何成”“如何绝世下，六籍无一亲”（《饮酒》二十）的官场现状终于让他失去了第六次出仕的信心。

陶渊明的骨血里还融有“少无适俗韵，性本爱丘山”的道家思想。与儒家思想相比，道家思想对他的影响实则更深更久。从陶渊明的出仕时间上可以看出，他的生活大部分时间都是在田园中度过的。他将整个身心融入美景如画的自然里，用心聆听大自然的声音，让心灵归于平静，让被世俗玷污的心灵得到洗礼，他将大自然为人类谱写的一首首乐章用手中的笔记录了下来。“秋菊有佳色，裛露掇其英”“青松在东园，众草没其姿。凝霜殄异类，卓然见高枝”“幽兰生前庭，含薰待清风”……这些出自组诗《饮酒》的佳句带人们领略了自然的风情万种。陶渊明的诗强调人与自然的一体性，追求人与自然的和谐，这在《饮酒》（五）表现得最为充分。“结庐在人境，而无车马喧”中的忘世之境，“采菊东篱下，悠然见南山”中的忘我之境，“此中有真意，欲辨已忘言”中的忘言之境。高远的意境、深蕴的哲理使这首诗几乎成了中国诗史上最为人们所熟知的一篇。“问君何能尔？心远地自偏”，能做到忘世、忘我、忘言，其根源在于“心远”，难怪朱自清会说：“陶诗里主要思想实在还是道家。”

《饮酒》全组诗的宗旨之一是归复自然，寻求无为。归复自然的第一步就是否定世俗价值观，即普世追求的功名利禄。“不觉知有我，安知物为贵。”（《饮酒》十四）“一生复能几？倏如流电惊。鼎鼎百年内，持此欲何成。”（《饮酒》四）“吾生梦幻间，何事绁尘羁。”（《饮酒》八）“泛此忘忧物，远我遗世情。”（《饮酒》七）对于迷恋尘世的凡夫俗子们，陶渊明给出了“深感父老言，禀气寡所谐。纡辔诚可学，违己讵非迷。且共欢此饮，吾驾不可回”（《饮酒》九）“规规一何愚，兀傲差若颖”（《饮酒》十二）“摆落悠悠谈，请从余所之”（《饮酒》十二）的劝诫。

二

陶渊明虽是官家子弟，但到陶渊明这一代实已破落。陶渊明九岁丧父，与母妹三人一直在外祖父孟嘉家里生活。孟嘉是当代名士，“行不苟合，年无夸矜，未尝有喜愠之容。好酣酒，逾多不乱；至于忘怀得意，傍若无人”（《晋故征西大将军长史孟府君传》）。陶渊明“存心处世，颇多追仿其外祖辈者”，“忽与一樽酒，日夕欢相持”“故人赏我趣，挈壶相与至”“一觞虽独进，杯尽壶自倾”“寄言酣中客，日没烛当秉”，多有其祖之风。义熙四年（408），住地上京（今德安县吴山镇蔡河村）失火，陶渊明迁至栗里（今德安县吴山镇栗里陶村），生活十分困难。“贫居乏人工。灌木荒余宅”“弊庐交悲风，荒草没前庭”。遇灾年，“夏日抱长饥，寒夜列被眠”。在面对贫困生活带来的困顿问题时，陶渊明以“安贫乐道”的人生态度来对待。“九十行带索，饥寒况当年。不赖固穷节，百世当谁传。”以隐士荣启期家贫，行年九十依旧安贫自乐来自况，说明自己固守穷困的节操。在《饮酒》（十一）中，对“颜生称为仁，荣公言有道。屡空不获年，长饥至于老。虽留身后名，一生亦枯槁”的行径加以批评，认为“死去何所知？称心固为好”。陶渊明认为可以忍受身体的枯瘦，但心灵的困顿是万万不可的。在此，道家思想表露无遗。但从小根植在脑海里的儒家思想又时不时地冒出来提醒诗人：你是男人，应该承担起建设祖国，拯救苍生的责任，因而“恐此非名计，息驾归闲居”之余，“栖栖失群鸟，日暮犹独飞。徘徊无定止，夜夜声转悲”，“托身已得所，千载不相违”(《饮酒》其四)，诗人静待自然抚慰的回肠百转让人唏嘘不已。

在中国面临第一次社会形态大变革的时代，儒学应运而生，影响着中国传统知识分子的精神与道德取向。中国传统知识分子的最高政治理想是充当帝师王佐，从陶渊明断断续续地在桓玄、刘裕、刘敬宣部下作参军就可见一斑。但陶渊明不同于一般的传统知识分子之处，就在于他“长公曾一仕，壮节忽失时。杜门不复出，终身与世辞。仲理归大泽，高风始在兹。一往便当已，何为复狐疑”的勇气与魄力。自古至今，功名利禄是人们所追求的对象，也是社会重要的价值尺度，所以社会上多有为浮华钻营取巧、装腔作势、恬不知耻地丢去一切尊严的人，而这也更好地衬托出了陶渊明的特立独行与高洁。陶渊明面对那个足以吞没他品行、人格及道德的污浊官场，毅然弃离，以自身的实践为中国文人开创出另一条道路。

思考与讨论

1. 《宋书·陶潜传》载：“潜叹曰：‘我不能为五斗米折腰向乡里小人！’即日解印绶去职，赋《归去来》。”《归去来兮辞序》云：“彭泽去家百里，公田之利，足以为酒，故便求之。及少日，眷然有归欤之情……犹望一稔，当敛裳宵逝。寻程氏妹丧于武昌，情在骏奔，自免去职。”关于陶渊明归隐田园，两处文字有无矛盾？

2. 试从横向比较陶渊明与谢灵运的诗歌艺术？

3. 朱光潜说：“可以和他比拟的，前只有屈原，后只有杜甫。”你如何理解？

拓展阅读

1. 王瑶：《中古文学史论》，北京大学出版社1998年版。

2. 刘师培：《中国中古文学史讲义》，上海古籍出版社2000年版。

3. 袁行霈：《陶渊明集笺注》，中华书局2003年版。

4. 袁行霈：《陶渊明研究》，北京大学出版社1997年版。

5. 北京大学北京师范大学中文系、北京大学中文系文学史教研室：《陶渊明资料汇编》，中华书局2012年版。

自京赴奉先县咏怀五百字[1]

杜　甫

杜陵有布衣，老大意转拙[2]。
许身一何愚，窃比稷与契[3]。
居然成濩落，白首甘契阔[4]。
盖棺事则已，此志常觊豁[5]。
穷年忧黎元，叹息肠内热[6]。
取笑同学翁，浩歌弥激烈[7]。
非无江海志，潇洒送日月[8]。
生逢尧舜君，不忍便永诀[9]。
当今廊庙具，构厦岂云缺[10]。
葵藿倾太阳，物性固莫夺[11]。
顾惟蝼蚁辈，但自求其穴[12]。
胡为慕大鲸，辄拟偃溟渤[13]？
以兹悟生理，独耻事干谒[14]。
兀兀遂至今，忍为尘埃没[15]。
终愧巢与由，未能易其节[16]。
沉饮聊自遣，放歌颇愁绝[17]。

杜甫

① 选自萧涤非：《杜甫全集校注》第 2 卷，人民文学出版社 2014 年版。 ② 杜陵：地名，《汉书·地理志》记载“古杜伯国，汉宣帝葬此，因曰杜陵，在长安南五十里”，杜甫的住宅位于陵西，“少陵野老”的自称由此而来。布衣：平民。时杜甫初授右卫率府胄曹参军，颇不以为意，以布衣自谓。拙：笨拙。 ③ 一何：犹何其，多么。稷：后稷，相传为周代始祖，教百姓种植五谷。契：殷契，相传为殷商始祖，掌管文化教育。 ④ 濩(huò)落：即瓠落、廓落，大而无当的意思。契阔：辛勤劳苦，源自《诗经·邶风·击鼓》：死生契阔，与子成说。 ⑤ 觊：希望。豁：达到。 ⑥ 穷年：终年。黎元：人民、百姓。内热：忧心如焚。 ⑦ 弥：更加。张戒曰：少陵在布衣中，慨然有致君尧、舜之志，而世无知者，虽同学翁亦颇笑之，故“浩歌弥激烈”“沉饮聊自遣”也。 ⑧ 江海志：避世隐居之志。《庄子·外篇·刻意》：“就薮泽，处闲旷，钓鱼闲处，无为而已矣；此江海之士、避世之人、闲暇者之所好也。” ⑨ 尧舜君：尧、舜相传为古代圣王，此喻唐玄宗。 ⑩ 廊庙具：能担负国家重任的栋梁之材。廊庙，朝廷。 ⑪ 葵：菜葵。藿：豆叶。葵、藿均有随阳转向的本性。 ⑫ 顾：回想。蝼蚁辈：一说“蝼蚁，物之微者”，为杜甫自喻；一说“琐事干谒者”，指钻营利禄的人。 ⑬ 鲸：水栖哺乳动物，形似鱼，生存于海洋，长者八九丈，是今存的最大水生动物。此喻有远大理想的人。溟渤：大海。 ⑭ 悟：领悟、明白，本为“误”，为诗人贻误。干谒：有所求而请见。 ⑮ 兀兀：辛勤劳苦的样子。忍：甘愿。 ⑯ 巢与由：巢父、许由，尧时隐士。 ⑰ 颇：甚、非常，又作“破”解。这两句为杜甫自状之写，借酒痛饮，聊以慰藉，纵歌破愁。

岁暮百草零，疾风高冈裂①。
天衢阴峥嵘，客子中夜发②。
霜严衣带断，指直不得结③。
凌晨过骊山，御榻在嵽嵲④。
蚩尤塞寒空，蹴踏崖谷滑⑤。
瑶池气郁律，羽林相摩戛⑥。
君臣留欢娱，乐动殷胶葛⑦。
赐浴皆长缨，与宴非短褐⑧。
彤庭所分帛，本自寒女出⑨。
鞭挞其夫家，聚敛贡城阙⑩。
圣人筐篚恩，实欲邦国活⑪。
臣如忽至理，君岂弃此物⑫？
多士盈朝廷，仁者宜战栗⑬。
况闻内金盘，尽在卫霍室⑭。
中堂舞神仙，烟雾蒙玉质⑮。
煖客貂鼠裘，悲管逐清瑟⑯。
劝客驼蹄羹，霜橙压香橘⑰。
朱门酒肉臭，路有冻死骨⑱。
荣枯咫尺异，惆怅难再述⑲。

北辕就泾渭，官渡又改辙⑳。

---

① 杜甫自京赴奉先县在十一月初。 ② 天衢：指帝京长安。衢，四通八达的道路。峥嵘：形容山势高，这里用来形容阴云密布。客子：杜甫自谓。 ③ 李长祥曰："处霜雪中，自己体验无不如此，极寻常，道出即佳绝。" ④ 骊山：在今陕西西安临潼南，山下为华清池，温泉犹存。御榻：指明皇御幸之榻。嵽(dié)嵲(niè)：形容山势高。 ⑤ 蚩尤：传说中黄帝时的诸侯，黄帝与蚩尤大战，蚩尤擅作大雾迷惑对方。这里以蚩尤代指大雾，也喻时局阴暗。 ⑥ 瑶池：传说中西王母与周穆王宴会的地方，这里指骊山温泉。郁律：水雾氤氲的样子。羽林：宿卫之官，皇帝的禁卫军。摩戛：兵器碰撞。 ⑦ 胶葛：广大的样子。此指乐声震彻云霄。 ⑧ 长缨：高官的帽带，指权贵。短褐：粗布短衣，指平民。 ⑨ 彤庭：天子之庭，即朝廷。 ⑩ 夫家：夫主、当家的人。 ⑪ 圣人：指皇帝。筐篚：两种盛物的竹器。古代皇帝以筐、篚盛布帛赏赐群臣。 ⑫ 这两句意为：皇帝厚赐群臣，望其活国，臣子如果有所怠慢，便是弃置此理。 ⑬ 多士：朝廷臣子。战栗：惶恐不安的样子。 ⑭ 内金盘：皇帝御用的金盘。卫、霍：汉代名将卫青、霍去病。⑮ 中堂：指杨氏家族的庭堂。烟雾：形容美女穿的纱衣轻薄。玉质：肌理细腻的皮肤。 ⑯ 貂鼠裘：貂鼠的皮毛柔软，故用作裘衣。 ⑰ 霜橙压香橘：形容贵族生活奢侈。橙，《魏王花木志》曰："蜀士有给客橙，似橘而非，若柚而香。" ⑱ 此两句为全诗诗眼，意思为：富贵人家门前飘出酒肉的气味，穷人们却在街头因冻饿而死，形容贫富悬殊的社会现象。臭，一说，通"嗅"，气味；又有说，污秽之气，"臭肉"指腐坏的肉。《新书》："楚庄王攻宋，厨有臭肉，缸有败酒。将军子重谏曰：'今君厨肉臭而不可食，缸酒败而不可饮，而三军之士皆有饥色。'" ⑲ 荣、枯：繁荣、枯萎。此喻朱门的富贵人和路边的冻死骨。 ⑳ 北辕：车向北行。杜甫自长安至蒲城，沿渭水东走，再折向北行。泾渭：水名，泾水、渭水在陕西临潼境内汇合。官渡：官设的渡口。

群冰从西下，极目高崒兀①。
疑是崆峒来，恐触天柱折②。
河梁幸未坼，枝撑声窸窣③。
行旅相攀援，川广不可越④。
老妻寄异县，十口隔风雪⑤。
谁能久不顾，庶往共饥渴。
入门闻号咷，幼子饥已卒。
吾宁舍一哀，里巷亦呜咽⑥。
所愧为人父，无食致夭折。
岂知秋禾登，贫窭有仓卒⑦。
生常免租税，名不隶征伐⑧。
抚迹犹酸辛，平人固骚屑⑨。
默思失业徒，因念远戍卒⑩。
忧端齐终南，澒洞不可掇⑪。

导读

中国古代诗人中，杜甫独称“诗圣”。圣，旧时称所谓人格最高尚的、智慧最高超的人，如孔圣。杜甫能得此殊荣，一因其文学成就，一因其人格魅力。

杜甫出身于北方大士族——京兆杜氏。青少年时因家庭环境优越，生活较为安定富足。他自小好学，“七龄思即壮，开口咏凤凰”。其远祖东汉杜恕、东晋杜预皆为当时大儒，祖父杜审言被后世评为中国五言律诗的奠基人，杜甫深为“吾祖诗冠古”而自豪。深厚的家庭影响让他一直以“儒家者流”自居，“奉儒守官，未坠素业”（《进雕赋表》），一生有志于“致君尧舜上，再使风俗淳”（《奉赠韦左丞丈二十二韵》）。“传之以仁义礼智信”（《唐故万年县君京兆杜氏墓志》）、“不敢忘本，不敢违仁”（《祭远祖当阳君文》）清楚地说明他对儒家教义不仅严格遵守，并且身体力行。作为一个诗人，在诗文中宣扬儒家理念是责无旁贷的，人生阅历则让诗意诗境得到升华。《自京赴奉先县咏怀五百字》就是其中精品。

---

① 崒兀：山势高峻；形容冰凌堆叠得高，顺流而下，声势汹涌。 ② 崆峒：山名，在今甘肃岷县。天柱：古代神话说，天的四角都有柱子支撑，叫天柱，此喻国家。恐触天柱折：形容冰水汹涌，好似共工怒触不周山，使人有天崩地裂之感。表达诗人对国家命运的担心。 ③ 河梁：桥。坼：断裂。窸窣：象声词，桥震动的声音。 ④ 行旅相攀援：行路的人们相互搀扶。行旅：行人。 ⑤ 异县：指奉先县。《古乐府·饮马长城窟行》：“他乡各异县，辗转不相见。”十口隔风雪：杜甫一家十口分居两地，为风雪所阻。 ⑥ 此二句大意：即使我宁愿割舍一哀，强自宽慰，无奈邻居也为之伤心，自己实在难以克制分离之苦。 ⑦ 贫窭（jù）：贫穷。仓卒：夭折，此指意外的不幸。 ⑧ 杜甫出身“奉儒守官”世家，其祖父官膳部员外郎，享有特权。名不隶征讨：此句自言名属“士人”，可按国家规定免征赋税和兵役、劳役。杜甫时任右卫卒府曹参军，享有豁免租税、劳役之权。 ⑨ 平人：平民，唐人避唐太宗李世民讳，改“民”为“人”。骚屑：本指风吹动树木的声音，有萧瑟、肃杀，骚乱不安之意，此指烦恼。 ⑩ 失业徒：失掉田地的农民。 ⑪ 澒（hòng）洞：形容忧愁弥漫无涯。掇：终止。

《自京赴奉先县咏怀五百字》是杜甫的五言诗代表作。此诗作于天宝十四载(755),时值安禄山叛乱的前夕,玄宗携带贵妃还在骊山华清宫纵情享乐。当时杜甫四十四岁,已经历经十年“朝扣富儿门,暮随肥马尘。残杯与冷炙,到处潜悲辛”(《奉赠韦左丞丈二十二韵》)的长安求仕生活,最后仅得河西尉的微职,因其不屑在长官面前“折腰”“趋走”,后改任右卫率府胄曹参军。此年十一月,杜甫由长安赴奉先县探望寄居他乡的妻子儿女,一路的旅途见闻和到家后的不幸遭遇让他提笔写就此千古名篇。

全诗五百字,因题名“咏怀”,故仅用数十字叙述其自京师出发,过骊山、就泾渭、抵奉先,其余都是议论或感慨。

“杜陵有布衣,老大意转拙。许身一何愚,窃比稷与契。居然成濩落,白首甘契阔。”诗人开篇即用坦率的语句把自己的心事一一说出,这里有作者的自我嘲讽,也有对自己人生理想无法实现的无奈与失落。“葵藿倾太阳,物性固莫夺”“终愧巢与由,未能易其节”道出了诗人作为儒者的社会责任感,“穷年忧黎元,叹息肠内热”,是儒家的济世情怀已经融进了诗人的血脉里,杜甫身上表现出儒家那种“知其不可为而为之”的执着与弘毅,展露了儒家学者以天下为家的一种知识分子的责任感以及使命感,同时也体现出诗人身上属于那个时代所有知识分子的共同局限——人格中的依附性。在儒家文化中,个体生命的价值是以个人在社会上的贡献多少来衡量的,因而封建社会的文人不得不通过求仕,依附于统治阶级才能充分实现自己的人生理想。从深层上讲就是文人求仕心切与社会对这种价值观认可之间的矛盾。

“中堂舞神仙,烟雾蒙玉质。煖客貂鼠裘,悲管逐清瑟。劝客驼蹄羹,霜橙压香橘”将纸醉金迷的上层社会生活描写得绘声绘色,“朱门酒肉臭,路有冻死骨”一句则以扛鼎之笔撕破了盛唐的面纱:“瑶池气郁律,羽林相摩戛。君臣留欢娱,乐动殷胶葛。”咫尺之间,荣枯差别竟这样大!“惆怅难再述”带着无奈,更多的却是震撼心灵的沉痛,比直斥时弊多了一份压抑心胸的沉重感,令人自惭。“赐浴皆长缨,与宴非短褐。彤庭所分帛,本自寒女出。鞭挞其夫家,聚敛贡城阙。圣人筐篚恩,实欲邦国活。臣如忽至理,君岂弃此物”则是将统治者的骄奢淫逸与平民百姓的困苦生活进行了鲜明的对比,诗人在此以愤怒的激情谴责当朝权贵的肆意挥霍。他对人民的深切关怀,对残暴政治的批判,体现出的都是儒家思想的精华。

“老妻寄异县,十口隔风雪。谁能久不顾,庶往共饥渴”一方面呈现出诗人一家迫于生计分隔两地的无奈,一方面表现出诗人对于家人终能团聚的迫不及待,“入门闻号咷,幼子饥已卒”却生生打碎了诗人的美梦,造成悲剧的原因竟是“无食致夭折”。在“岂知秋未登,贫窭有仓卒。生常免租税,名不隶征伐”的环境下怎么会发生这样的事?原来“以兹悟生理,独耻事干谒。兀兀遂至今,忍为尘埃没”。诗人正道直行的凛然风骨跃然纸上。他襟怀坦荡,坚守做人的气节,拒绝与世俗同流合污做违背内心道德的事,他是一个精神高贵的人,乃当之无愧的君子。杜甫与不肯“摧眉折腰事权贵”“戏万乘如僚友,视俦列如草芥”(苏轼《李太白碑阴记》)的李白不同,李白的傲骨中还有睥睨一世的傲气。杜甫则没有这种狂傲之气,他的个性温厚得多,但他内心的傲骨丝毫不在李白之下,这种傲骨陪伴着杜甫度过了穷与达的一生,半步都未曾离之。

对于孩子,诗人自责“所愧为人父”,可是当人们以为他会沉浸在老年丧子的悲痛中时,他却是将自己的悲痛隐藏了起来,转而再度关心起天下安危。“抚迹犹酸辛,平人固骚屑。默思失业徒，因念远戍卒”传递出诗人对贫苦百姓的无限深情。虽然杜甫也爱自己的家人，但是在他心中，人民始终摆在家人之前，他对家人的爱总是让位于对人民的爱，对他而言，先是以天下为己任的知识分子，然后才是丈夫和父亲。这样的遭遇换了任何一个人，在悲恸之余肯定要指责政府无能，可是主张“怨而不怒”“温柔敦厚”的杜甫做到了，他没有将自己的诗歌流于叫嚣谩骂，而是以理智来节制自己的情感。这样的情怀和胸襟在千载历史中上演过几回？同样胸有济世之志，可在看透官场黑暗后的陶渊明无奈选择了“采菊东篱下，悠然见南山”的隐士生活，然而杜甫在《茅屋为秋风所破歌》中唱道：“安得广厦千万间，大庇天下寒士俱欢颜，风雨不动安如山！呜呼！何时眼前突兀见此屋，吾庐独破受冻死亦足！”这种永不逃避现实、永远以天下为己任的精神，无怪乎清人叶燮在《原诗》中几次盛赞杜甫：“千古诗人唯推杜甫为能”“杜甫，诗之神者也”。

《自京赴奉先县咏怀五百字》看似诗人微波荡漾的下笔，实则掀起的是情感的滔天巨浪，诗人沉郁顿挫、波澜迭起的风格经此一览无余。杜甫作为中国历史上唐王朝由盛而衰的见证人，以唐诗不多见的五百字篇幅围绕国家与民族的命运展开叙事，通过描述路途中的见闻和感受，忠实记录了那个社会动乱、政治黑暗、阶级对立、民不聊生的特殊时代，诗人以其敏锐的观察力向人们昭示出社会动乱已现端倪，诗人的叹息、建议都使得诗歌带有一种“山雨欲来风满楼”的气氛。面对满目疮痍心中的悲愤却因他所受到的儒家熏陶而被压制，从某种意义上不断抑制他即将喷发的感情激流，在不断的自我压制中完成理性对感性的征服，这是杜甫的诗歌独有的艺术特点。作品饱含热情，也具备相当的理性，广阔的社会内容为读者提供了“史”的叙事，具有“史”的认识价值，杜甫的诗被称为中华民族的伟大“诗史”，当之无愧。

思考与讨论

1. 杜甫这一生并不得志，官职、社会地位都不高，但他一生都以天下为己任。你觉得他的低微身份和远大胸怀是否矛盾？

2. 杜甫也惭愧于自己并不是个好父亲，没有把家庭管理好。他似乎并没有做到传统意义上的“修身齐家治国平天下”。你对此有何看法？

3. 杜甫是他那个时代的记录者。而他的人生证明，个人记录时代并不需要特殊的职位，只要有足够的责任感和杰出的才华就可以。你是否有志于成为自己时代的记录者？

拓展阅读

1. 仇兆鳌：《杜诗详注》，中华书局 1979 年版。
2. 杨伦：《杜诗镜铨》，中华书局 1962 年版。
3. 浦起龙：《读杜心解》，中华书局 2011 年版。
4. 钱谦益：《钱注杜诗》，上海古籍出版社 1979 年版。
5. 谢思炜：《杜甫集校注》，上海古籍出版社 2016 年版。

牡丹亭·惊梦①

汤显祖②

【牡丹亭记题词】

天下女子有情，宁有如杜丽娘者乎！梦其人即病，病即弥连，至手画形容传于世而后死。死三年矣，复能溟莫中求得其所梦者而生。如丽娘者，乃可谓之有情人耳。情不知所起，一往而深。生者可以死，死可以生。生而不可与死，死而不可复生者，皆非情之至也。梦中之情，何必非真？天下岂少梦中之人耶？必因荐枕而成亲，待挂冠而为密者，皆形骸之论也……嗟夫！人世之事，非人世所可尽，自非通人，恒以理相格耳！第云理之所必无，安知情之所必有邪！

第十出 惊梦

【绕池游】（旦上）梦回莺啭，乱煞年光遍③，人立小庭深院。（贴）炷尽沉烟④，抛残绣线，恁今春关情似去年？

【乌夜啼】“（旦）晓来望断梅关⑤，宿妆残⑥。（贴）你侧着宜春髻子恰凭阑⑦。（旦）剪不断，理还乱⑧，闷无端。（贴）已分付催花莺燕借春看。”（旦）春香，可曾叫人扫除花径？（贴）分付了。（旦）取镜台衣服来。（贴取镜台衣服上）：“云髻罢梳还对镜，罗衣欲换更添香⑨。”镜台衣服在此。

【步步娇】（旦）袅晴丝吹来闲庭院⑩，摇漾春如线。停半晌，整花钿，没揣菱花⑪，偷人半面，迤逗的彩云偏⑫。（行介）步香闺怎便把全身现！（贴）今日穿插的好。

---

①引自汤显祖：《牡丹亭》，人民文学出版社1963年版。 ②汤显祖（1550—1616），字义仍，号海若，别号若士，晚年自号茧翁，自署清远道人，江西临川人。他的一生历经嘉靖、隆庆、万历三个时代。他5岁就能属对联句。10岁学古文词，对《文选》颇为喜爱。14岁补为诸生，在县学里名列前茅。21岁时又以排名第八的成绩中了举人。但直到万历十一年（1583）才以第三甲第211位的排名中了进士。后于万历二十六年（1598）毅然辞官，归隐于临川玉茗堂中。 ③乱煞年光遍：缭乱的春光到处都是。 ④沉烟：沉水香，熏用的香料。 ⑤梅关：即大庾岭，宋代在这里设有梅关。在本剧故事发生地点江西南安府（大庾）的南面。 ⑥宿妆：隔夜的残妆。 ⑦宜春髻子：相传立春那天，妇女剪彩作燕子状，戴在髻上，上贴“宜春”二字，见《荆楚岁时记》。 ⑧剪不断，理还乱：南唐后主李煜词《相见欢》中的两句。 ⑨云髻罢梳还对镜，罗衣欲换更添香：薛逢诗《宫词》中的两句，见《全唐诗》卷二十。 ⑩晴丝：游丝、飞丝，也即后文所说的烟丝，虫类所吐的丝缕，常在空中飘游。在春天晴朗的日子最易看见。 ⑪没揣：不意，蓦然。菱花：镜子。古时用铜镜，背面所铸花纹一般为菱花，因此称菱花镜，或用菱花做镜子的代称。 ⑫迤逗的彩云偏：想不到镜子（拟人化）偷偷地照见了她，害得（迤逗）她羞答答地把发卷也弄歪了。这几句写出一个少女的含情脉脉的微妙心理，她是连看见镜子里的自己的影子也有些不好意思的。迤逗，引逗，挑逗，元曲中或作拖逗。彩云，美丽的发卷的代称。

【醉扶归】（旦）你道翠生生出落的裙衫儿茜①，艳晶晶花簪八宝填②。可知我常一生儿爱好是天然③，恰三春好处无人见④。不提防沉鱼落雁鸟惊喧⑤，则怕的羞花闭月花愁颤。（贴）早茶时了，请行。（行介）你看："画廊金粉半零星，池馆苍苔一片青。踏草怕泥新绣袜⑥，惜花疼煞小金铃⑦。"（旦）不到园林，怎知春色如许！

【皂罗袍】原来姹紫嫣红开遍⑧，似这般都付与断井颓垣。良辰美景奈何天，赏心乐事谁家院⑨！恁般景致，我老爷和奶奶再不提起。（合）朝飞暮卷⑩，云霞翠轩；雨丝风片，烟波画船——锦屏人忒看的这韶光贱⑪！（贴）是花都放了⑫，那牡丹还早。

【好姐姐】（旦）遍青山啼红了杜鹃⑬，荼蘼外烟丝醉软⑭，春香呵，牡丹虽好，他春归怎占的先⑮。（贴）成对儿莺燕呵。（合）闲凝眄，生生燕语明如翦，呖呖莺歌溜的圆。（旦）去罢。（贴）这园子委实观之不足也⑯。（旦）提他怎的！（行介）

【隔尾】观之不足由他缱⑰，便赏遍了十二亭台是枉然。到不如兴尽回家闲过遣……

昆曲《牡丹亭》

导读

汤显祖作为戏曲界的巨擘，因"玉茗堂四梦"而驰名于世。其中，《牡丹亭》更被誉为中国戏剧史上的高峰。汤显祖曾说："一生四梦，得意处唯在牡丹。"历来学者对《牡丹亭》也都给予高度的评价。著名的戏剧评论家沈德符曾这样评价："汤义仍《牡丹亭梦》一出，家传户诵，几令《西厢》减价。"⑱《惊梦》作为整部戏曲最精彩的部分，堪称该剧的神来之笔。

---

① 翠生生：极言彩色鲜艳。苏轼诗："一朵妖红翠欲流。"用法与之同，见《苏诗编注集成》卷十一《和述古冬日牡丹》四首。《老学庵笔记》卷八："鲜翠，犹言鲜明也。"出落的：显出，衬托出。茜：茜红色。② 艳晶晶花簪八宝填：镶嵌着多种宝石的光灿灿的簪子。 ③ 天然：天性使然。上文爱好，犹言爱美。④ 三春好处：比喻自己的青春美貌。 ⑤ 沉鱼落雁：小说戏曲中用来形容女人的美貌。意思是说，鱼见到她的美色，因自愧不如而下沉；雁则为贪看她的美色而停落下来。下文羞花闭月，意思与之同。 ⑥ 泥：玷污。这里做动词用。 ⑦ 惜花疼煞小金铃：《开元天宝遗事》云"天宝初，宁王……于后园中纫红丝为绳，密缀金铃，系于花梢之上。每有鸟雀翔集，则令园吏掣铃索以惊之，盖惜花之故也"。疼，为惜花常常掣铃，连小金铃都被拉得疼煞了。这是夸大的拟人化描写。 ⑧ 姹（chà）紫嫣红：花色鲜艳貌。 ⑨ 谁家：哪一家。一说"甚么"解，见张相《诗词曲语辞汇释》条。全句本谢灵运《拟魏太子邺中集诗序》："天下良辰美景赏心乐事，四者难并。" ⑩ 朝飞暮卷：唐王勃《滕王阁诗》："画栋朝飞南浦云，珠帘暮卷西山雨。" ⑪ 锦屏人：深闺中人，包括自己在游园前。 ⑫ 是：凡是，所有的。 ⑬ 啼红了杜鹃：开遍了红色的杜鹃花。从杜鹃（鸟）泣血联想起来的。 ⑭ 荼蘼：花名，晚春时开放。 ⑮ 牡丹虽好，他春归怎占得先：《诚斋乐府·牡丹品》第三折《喜迁莺》："花索让牡丹先。" ⑯ 观之不足：看不厌。 ⑰ 缱：留恋，牵绾。 ⑱ 毛效同：《汤显祖研究资料汇编》，上海古籍出版社 1986 年版，第 778 页。

一、青春女子的个性意识和爱情觉醒

《牡丹亭》主要讲述了南安太守杜宝之女杜丽娘，终日独处深闺，某日在美好春景的吸引下，私游后花园。在园中，睡梦中邂逅书生柳梦梅，竟因梦而亡。而后柳梦梅偶然拾得杜丽娘自画像，与杜丽娘之幽魂交好。柳梦梅掘墓开棺，杜丽娘复生，两人结为夫妻。但杜宝拒不承认女儿的婚事，并告发柳梦梅盗墓之罪。后来柳梦梅高中状元，在皇帝的帮助下，与杜丽娘终成眷属。

在这部戏中，《惊梦》一出尤为出彩，它主要写的是杜丽娘私游后花园，在梦中遇见柳梦梅的情节。这出戏由【绕池游】【步步娇】等十二支曲构成，前后共分为“游园”和“惊梦”两场戏。

“梦回莺啭，乱煞年光遍”，在这出戏的开头就写尽撩人的春光，但杜丽娘的生活却是“人立小庭深院”。她处于封建礼教的强盛时期，其父是封建统治有力的维护者，其母亲更是日日推崇女子的“三从四德”，只教杜丽娘在闺房做女工，读四书，并强调“这后花园中冷静，少去闲行”。杜丽娘受到的教育以及她的生活，给予她的只有深闺中的“剪不断，理还乱”的苦闷。然而，在丫头春香的怂恿下，在春光的诱惑下，她终于抛弃了所有的封建礼教，出了小庭深院，走进了大自然的怀抱之中。

“不到园林，怎知春色如许。”春天的大自然，唤醒了她的青春活力。在自然的无限春光中，她发觉了自己的青春美好。“你道翠生生出落的裙儿茜，艳晶晶花簪八宝填。可知我常一生儿爱好是天然，恰三春好处无人见。不提防沉鱼落雁鸟惊喧。”她被尘封的青春在春的感召中初步觉醒了。“天然”即天性使然，是杜丽娘纯然却被压抑的天性。在春的诱导中，她尽情释放自己的个性，然而多年来的深闺生活和被封建礼教压抑的愁苦在春景的映衬下更为凸显出来，她将心事吐露：“原来姹紫嫣红开遍，似这般都付与断井颓垣。良辰美景奈何天，赏心乐事谁家院！”为自己错过多少个春天而无限感伤。

都说春天是恋爱的季节，对杜丽娘而言，也不外如是。灿烂的春光撩动着少女的春情。“遍青山啼红了杜鹃，荼蘼外烟丝醉软”，这般美景却只有自己孤独欣赏。“成对儿莺燕呵”，杜丽娘的感情由喜转悲。她重拾自己的青春，唤醒自己的个性，然而，她也意识到背后强大的力量正在禁锢着自己这个蠢蠢欲动的心。

可以说，正是有了“游园”的铺垫，才会有后面更为震撼人心的“惊梦”，杜柳之情，皆在此一梦而生。

在春的召唤下，杜丽娘长久被压制的情感在炽热地燃烧着，她向往自己的“蟾宫之客”。她因春伤情，因情生梦，将浮生追求寄予梦境之中。被封建礼教囚禁的杜丽娘在梦中寻找着自己的爱人，寻觅着自己的爱情，她渴望让自己的天性本能地释放。于是，她做了一个甜美的梦。梦中，她与柳梦梅相遇于花园。柳梦梅含情脉脉，杜丽娘羞羞答答，二人在推迎之间共成“云雨之欢”，竟惹来花神保护，“要他云雨十分欢幸也”。根据弗洛伊德关于“性欲”的理解，性欲作为人的生命本能是人的本质，性欲也是人生命本能的释放。马尔库塞认为：对性欲的压抑不仅不能促进文明的进程，相反却隐藏着严重的危机，对爱欲的约束最终将摧毁人类自身。在封建礼教的囚禁中，杜丽娘的情欲被长久地压制，她只能于梦中释放自己作为人的本能，做了一回真正的自己。

二、艰难的以情抗理

汤显祖在《牡丹亭·题词》中说道："情不知所起，一往而深。生者可以死，死可以生。生而不可与死，死而不可复生者，皆非情之至也。"他还说："性无善恶，情有之。因情成梦，因梦成戏。"[①]从文化语境来看，中国自古以来就不缺少"情"的成分。从舜帝的二妃殉情，孟姜女哭长城，刘兰芝与焦仲卿的殉情，梁山伯祝英台情深化蝶，都一一展现了情的伟大，这些都为后来《牡丹亭》的至性至情奠定了文化基础。

"情"是汤显祖借以反抗"理"强有力的武器。明代是中国封建社会专制统治十分严酷的时期，对女性的压迫变本加厉。理学家们为了维护封建统治，极力地推崇"礼"的行为规范，把"礼"视为至高无上、神圣不可侵犯的"天理"，而对妇女的压制更为严酷。明代皇后曾亲自编写《女戒》来倡扬"女德"，极力树立妇女的贞洁观，明代妇女因贞洁失守而殉死的不计其数。在《牡丹亭》中，杜丽娘堪称是"以情抗理"的化身。在封建礼教禁锢中，生活所给予她的只有深闺中的苦闷，然而，她爱美，爱青春，爱"天然"，她抛弃了捆绑自己的封建礼教，尽情宣泄着自己的情感。她深知现实环境无法实现自己的爱情理想，于是她摆脱礼教束缚，在梦境之中追寻自己的爱情。在现实世界中，杜丽娘循规蹈矩，恪守传统，"发乎情，止乎礼"。然而在梦境之中，她热情大胆，与爱人柳梦梅成就了云雨之欢，张扬着自己的生命本能。汤显祖是在生命本体的意义上去表现人的情欲的，这里的情具有形而上的意义。作者从"情"的角度出发，揭露出现实与梦境的尖锐对立，向人们揭示着理学世界的虚伪和残酷，高度赞扬了个体主体的情感自由，个性解放和情感追求的必然合理性。对"情"的极度肯定便是对"理"的强烈批判。

汤显祖所肯定的情，并不是普通男女之间的爱情，而是那种"冲决一切束缚，超乎生死之外的至情"[②]。杜丽娘在意识到自己的背后有股强大的力量阻止她实现自己的爱情时，她寻之于梦境并找到了自己的爱情，然而在她回归冰冷的现实世界时，她遍寻无果，以致香消玉殒。而她死后仍旧在苦苦追求自己的爱情，最终因情死而复生。"情"的力量是不可阻止的，杜丽娘对爱情的追求就是一场超越生死的情感追求。汤显祖将情感赋予本体性意义，其所表现的情感具有理想性特征和超越性力量。"若士以为情可以理论，死不足以尽情，百千情事，一死而止，则情莫有深于阿丽者矣。"[③]在汤显祖的笔下，只有超越生死才足以尽情，情是一种神圣不可超越的力量，是伟大而崇高的象征。

"情"是文学产生的终极根源，情感是创作的本质。汤显祖在诗歌创作领域曾谈道："世总为情，情生诗歌，而行于神。天下之声音笑貌大小生死，不出乎是。"情感创作论不仅体现在他的诗歌创作之中，更体现在戏曲理论之中。《宜黄县戏神清源师庙记》提出："人生而有情。思欢怒愁，感于幽微，流乎啸歌，形诸动摇。或一往而尽，或积日而不能自休。

① 汤显祖：《汤显祖诗文集》，徐朔方笺校，上海古籍出版社 1982 年版。 ② 邹自振：《汤显祖与玉茗四梦》，江西高校出版社 2007 年版，第 197 页。 ③ 毛效同：《汤显祖研究资料汇编》，上海古籍出版社 1986 年版，第 856 页。

盖自凤凰鸟兽,以至巴渝夷鬼,无不能舞能歌,以灵机自相转活,而况吾人。奇哉清源师,演古先神圣八能千唱之节,而为此道。”汤显祖把戏曲的发生归结为:人生而有情。文学创作总是源于生命的内在冲动和对个体的深刻的同情和安慰。

汤显祖在《牡丹亭》的创作中明显地突出了“因情成梦,因梦成戏”的戏曲创作理论。尤其是在“惊梦”中,杜丽娘将现实社会中感情的强烈追求完全地融入自己的梦境之中,连接了现实世界与想象世界。作者用浪漫主义的大笔,赋予了“情”穿透现实的力量。梦是虚幻的想象,是人们生活体验的一种侧面的反映。借用梦的这种虚幻的形式,“创作主体可以自由抒发在现实中难以直接表达的真情,突破时空限制,超越主体自身的有限性而使主体自我得以确认”。当创作主体沉湎于艺术的想象世界中,他的思想和梦一样具有超越时空、跨越生死的力量。汤显祖借助“梦”这一特殊的形式,使得人物在现实社会中的真实感情无法真正道出,而在梦幻中真正实现。也可以说,《牡丹亭》通过梦幻表现“情”,而“梦”又通过“戏”表现出来。“梦中之情,何必非真?”真真假假,我们似乎不必去追问,“拘泥于生活真实反而无法穷尽生活本来的复杂性,通过梦境的描绘倒更能说尽‘人世之事’,从而反映出比现实更广阔更深刻的人生世相和人类感情”①。

思考与讨论

1.《牡丹亭》的故事虽然离奇,看似很假,但却展示了人性的真。你怎样理解文学的真实性?

2. 其实无论什么时代,人都不可能随心所欲。人性注定要受到现实的束缚。你怎么理解人性的张扬和时代的矛盾?

3. 为情而死,虽然是文学史上常见的命题,但终究为世人所诟病。你认为人应该如何处理有限的人生和无限的生命力量之间的关系?

拓展阅读

1. 汤显祖:《牡丹亭》,中华书局 2016 年版。

2. 左东岭:《阳明心学与汤显祖的言情说》,《文艺研究》2000 年第 3 期。

3. 刘彦君:《论汤显祖的自由生命意识》,《文学遗产》1997 年第 1 期。

4. 李祥林:《明清女性接受视野中的〈牡丹亭〉》,《东南大学学报(哲学社会科学版)》2007 年第 5 期。

5. 尧鑫:《〈牡丹亭〉“至情”主题的文化意义》,《戏剧文学》2012 年第 1 期。

① 邹自振:《汤显祖与玉茗四梦》,江西高校出版社 2007 年版,第 195 页。

呐喊·自序①

鲁　迅

我在年青时候也曾经做过许多梦，后来大半忘却了，但自己也并不以为可惜。所谓回忆者，虽说可以使人欢欣，有时也不免使人寂寞，使精神的丝缕还牵着已逝的寂寞的时光，又有什么意味呢，而我偏苦于不能全忘却，这不能全忘的一部分，到现在便成了《呐喊》的来由。

我有四年多，曾经常常，——几乎是每天，出入于质铺和药店里，年纪可是忘却了，总之是药店的柜台正和我一样高，质铺的是比我高一倍，我从一倍高的柜台外送上衣服或首饰去，在侮蔑里接了钱，再到一样高的柜台上给我久病的父亲去买药。回家之后，又须忙别的事了，因为开方的医生是最有名的，以此所用的药引也奇特：冬天的芦根，经霜三年的甘蔗，蟋蟀要原对的，结子的平地木，……多不是容易办到的东西。然而我的父亲终于日重一日的亡故了。

有谁从小康人家而坠入困顿的么，我以为在这途路中，大概可以看见世人的真面目；我要到N进K学堂去了②，仿佛是想走异路，逃异地，去寻求别样的人们。我的母亲没有法，办了八元的川资，说是由我的自便；然而伊哭了，这正是情理中的事，因为那时读书应试是正路，所谓学洋务，社会上便以为是一种走投无路的人，只得将灵魂卖给鬼子，要加倍的奚落而且排斥的，而况伊又看不见自己的儿子了。然而我也顾不得这些事，终于到N去进了K学堂了，在这学堂里，我才知道世上还有所谓格致，算学，地理，历史，绘图和体操。生理学并不教，但我们却看到些木版的《全体新论》和《化学卫生论》之类了。我还记得先前的医生的议论和方药，和现在所知道的比较起来，便渐渐的悟得中医不过是一种有意的或无意的骗子③，同时又很起了对于被骗的病人和他的家族的同情；而且从译出的历史上，又知道了日本维新是大半发端于西方医学的事实。

青年时期的鲁迅

因为这些幼稚的知识，后来便使我的学籍列在日本一个乡间的医学专门学校里了。我的梦很美满，预备卒业回来，救治

---

① 选自《鲁迅全集》，人民文学出版社2005年版。　② N指南京，K学堂指江南水师学堂。作者于1898年在南京江南水师学堂肄业，第二年改入江南陆师学堂附设的矿务铁路学堂，1902年毕业后即由清政府派赴日本留学，1904年进仙台的医学专门学校，1906年中止学医，回东京准备从事文艺运动。参看《朝花夕拾》中《琐记》及《藤野先生》二文。　③ 作者对中医的看法，可参看《朝花夕拾》中《父亲的病》。

像我父亲似的被误的病人的疾苦，战争时候便去当军医，一面又促进了国人对于维新的信仰。我已不知道教授微生物学的方法，现在又有了怎样的进步了，总之那时是用了电影，来显示微生物的形状的，因此有时讲义的一段落已完，而时间还没有到，教师便映些风景或时事的画片给学生看，以用去这多余的光阴。其时正当日俄战争的时候，关于战事的画片自然也就比较的多了，我在这一个讲堂中，便须常常随喜我那同学们的拍手和喝采。有一回，我竟在画片上忽然会见我久违的许多中国人了，一个绑在中间，许多站在左右，一样是强壮的体格，而显出麻木的神情。据解说，则绑着的是替俄国做了军事上的侦探，正要被日军砍下头颅来示众，而围着的便是来赏鉴这示众的盛举的人们。

这一学年没有完毕，我已经到了东京了，因为从那一回以后，我便觉得医学并非一件紧要事，凡是愚弱的国民，即使体格如何健全，如何茁壮，也只能做毫无意义的示众的材料和看客，病死多少是不必以为不幸的。所以我们的第一要著，是在改变他们的精神，而善于改变精神的是，我那时以为当然要推文艺，于是想提倡文艺运动了。在东京的留学生很有学法政理化以至警察工业的，但没有人治文学和美术；可是在冷淡的空气中，也幸而寻到几个同志了，此外又邀集了必须的几个人，商量之后，第一步当然是出杂志，名目是取“新的生命”的意思，因为我们那时大抵带些复古的倾向，所以只谓之《新生》。

《新生》的出版之期接近了，但最先就隐去了若干担当文字的人，接着又逃走了资本，结果只剩下不名一钱的三个人。创始时候既已背时，失败时候当然无可告语，而其后却连这三个人也都为各自的运命所驱策，不能在一处纵谈将来的好梦了，这就是我们的并未产生的《新生》的结局。

我感到未尝经验的无聊，是自此以后的事。我当初是不知其所以然的；后来想，凡有一人的主张，得了赞和，是促其前进的，得了反对，是促其奋斗的，独有叫喊于生人中，而生人并无反应，既非赞同，也无反对，如置身毫无边际的荒原，无可措手的了，这是怎样的悲哀呵，我于是以我所感到者为寂寞。

这寂寞又一天一天的长大起来，如大毒蛇，缠住了我的灵魂了。

然而我虽然自有无端的悲哀，却也并不愤懑，因为这经验使我反省，看见自己了：就是我决不是一个振臂一呼应者云集的英雄。

只是我自己的寂寞是不可不驱除的，因为这于我太痛苦。我于是用了种种法，来麻醉自己的灵魂，使我沉入于国民中，使我回到古代去，后来也亲历或旁观过几样更寂寞更悲哀的事，都为我所不愿追怀，甘心使他们和我的脑一同消灭在泥土里的，但我的麻醉法却也似乎已经奏了功，再没有青年时候的慷慨激昂的意思了。

S会馆里有三间屋[①]，相传是往昔曾在院子里的槐树上缢死过一个女人的，现在槐树已经高不可攀了，而这屋还没有人住；许多年，我便寓在这屋里钞古碑[②]。客中少有人来，

① S会馆指绍兴县馆，在北京宣武门外。从1912年5月到1919年11月，作者住在这会馆里。

② 鲁迅寓居绍兴县馆时，常于公余（当时他在教育部工作）荟集和研究中国古代的造像及墓志等金石拓本，后来辑成《六朝造像目录》和《六朝墓志目录》两种（后者未完成）。在寓居县馆期间，他还曾经从事中国文学古籍的纂辑和校勘工作，成书的有谢承《后汉书》《嵇康集》等。

古碑中也遇不到什么问题和主义，而我的生命却居然暗暗的消去了，这也就是我惟一的愿望。夏夜，蚊子多了，便摇着蒲扇坐在槐树下，从密叶缝里看那一点一点的青天，晚出的槐蚕又每每冰冷的落在头颈上。

那时偶或来谈的是一个老朋友金心异①，将手提的大皮夹放在破桌上，脱下长衫，对面坐下了，因为怕狗，似乎心房还在怦怦的跳动。

“你钞了这些有什么用？”有一夜，他翻着我那古碑的钞本，发了研究的质问了。

“没有什么用。”

“那么，你钞他是什么意思呢？”

“没有什么意思。”

“我想，你可以做点文章……”

我懂得他的意思了，他们正办《新青年》，然而那时仿佛不特没有人来赞同，并且也还没有人来反对，我想，他们许是感到寂寞了，但是说：

“假如一间铁屋子，是绝无窗户而万难破毁的，里面有许多熟睡的人们，不久都要闷死了，然而是从昏睡入死灭，并不感到就死的悲哀。现在你大嚷起来，惊起了较为清醒的几个人，使这不幸的少数者来受无可挽救的临终的苦楚，你倒以为对得起他们么？”

“然而几个人既然起来，你不能说决没有毁坏这铁屋的希望。”

是的，我虽然自有我的确信，然而说到希望，却是不能抹杀的，因为希望是在于将来，决不能以我之必无的证明，来折服了他之所谓可有，于是我终于答应他也做文章了，这便是最初的一篇《狂人日记》。从此以后，便一发而不可收，每写些小说模样的文章，以敷衍朋友们的嘱托，积久就有了十余篇。

在我自己，本以为现在是已经并非一个切迫而不能已于言的人了，但或者也还未能忘怀于当日自己的寂寞的悲哀罢，所以有时候仍不免呐喊几声，聊以慰藉那在寂寞里奔驰的猛士，使他不惮于前驱。至于我的喊声是勇猛或是悲哀，是可憎或是可笑，那倒是不暇顾及的；但既然是呐喊，则当然须听将令的了，所以我往往不恤用了曲笔，在《药》的瑜儿的坟上平空添上一个花环，在《明天》里也不叙单四嫂子竟没有做到看见儿子的梦，因为那时的主将是不主张消极的。至于自己，却也并不愿将自以为苦的寂寞，再来传染给也如我那年青时候似的正做着好梦的青年。

这样说来，我的小说和艺术的距离之远，也就可想而知了，然而到今日还能蒙着小说的名，甚而至于且有成集的机会，无论如何总不能不说是一件侥幸的事，但侥幸虽使我不安于心，而悬揣人间暂时还有读者，则究竟也仍然是高兴的。

所以我竟将我的短篇小说结集起来，而且付印了，又因为上面所说的缘由，便称之为《呐喊》。

一九二二年十二月三日，鲁迅记于北京。

---

① 金心异指钱玄同，当时《新青年》的编辑委员之一。《新青年》提倡“文化革命”后不久，林纾曾写过一篇笔记体小说《荆生》，痛骂“文化革命”的提倡者，其中有一个人物叫“金心异”，即影射钱玄同。

导读

鲁迅是20世纪中国最伟大的思想家和文学家，堪称现代中国的“民族魂”，他的精神深刻地影响着一代又一代的知识分子。《呐喊》是鲁迅的第一部短篇小说集，于1923年出版，共收录了鲁迅从1918年至1922年间创作的小说14篇，《呐喊·自序》是鲁迅为《呐喊》所写的序言。

一、《呐喊》的历史语境

1912年至1918年期间，中国发生了中华民国临时政府成立、二次革命、张勋复辟、袁世凯称帝等一系列重大历史事件。这一系列的事件，鲁迅都经历了，但从未卷入，他的写作似乎暂停了。当“以天下为己任”的仁人志士奔走努力之时，鲁迅却甚少涉及社会时事，把自己沉潜下去，天天上班，下班回家以后躲在屋子里抄古碑、收集拓片、校古书，单是一部《嵇康集》，不知道校过多少遍。除此之外，鲁迅还收集各种各样的古代小说和文学资料，这为他日后的文学史研究奠定了根基。这个时期，鲁迅冷眼观察社会，为呐喊积蓄力量。日本的鲁迅研究之父竹内好说：“我想象不出鲁迅的骨骼会在别的时期里形成。他此后的思想趋向，都是有迹可循的，但是成为其根干的鲁迅本身，一种生命的、原理的鲁迅，却只能认为是形成在这个时期的黑暗里。”①

1918年，鲁迅发表《狂人日记》，他的突然发声，就是生命的最强音，从此开始了他的写作生涯中的《呐喊》时期。

二、主体的选择与重构

《呐喊·自序》采用第一人称自叙的形式，是一篇回忆性散文。回忆并不代表将过往的全部记忆和盘托出，而是不断地经过有意识的省略、不自觉的遗忘与淡化而对原始材料进行的重构，是一种在岁月的涤荡之下新的要素参与整合后的变形。

（一）“不能全忘却”的“回忆”

正如鲁迅所言，“我在年青时候也曾经做过许多梦，后来大半忘却了，但自己也并不以为可惜。所谓回忆者，虽说可以使人欢欣，有时也不免使人寂寞，使精神的丝缕还牵着已逝的寂寞的时光，又有什么意味呢，而我偏苦于不能全忘却，这不能全忘的一部分，到现在便成了《呐喊》的来由。”

面对着蕴含巨大情感能量的回忆材料时，鲁迅先生花大力气去主动忘却，企图销毁破灭的痛苦，但以梦为形式的记忆击败了作者的遗忘和压抑，不断浮现并获取自我展开的力量。而正是这些意识与潜意识里难以全部抹灭的“回忆”，成了他最有力量的写作材料。

---

① 竹内好：《近代的超克》，孙歌编，李冬木、赵京华、孙歌译，生活·读书·新知三联书店2005年版，第45—46页。

（二）主体的建构

鲁迅并不想呐喊，但他的不能全忘却的梦却是为呐喊而生的。“由于主体的破产，梦的世界得以自我呈现——梦不再是主体的延伸，而是有着自己的生命和意志的物质性存在。”在鲁迅的文本中，“走”“逃”“寻找”是反复出现的语词，“它们表达的是一种并未确定终点的探索过程——真理存在于不断告别的过程之中，而不是存在于确定的地方”。鲁迅去日本学医，是希望去救治如他父亲那样为庸医所误的病人或者战争时去当军医，但后来发生了一件不论是对他自己还是对中国现代文学史都有重大意义的事，那即鲁迅的弃医从文，而这一事件的契机则在于另一件对鲁迅刺激很大的事——“幻灯片”事件。这一事件的有无，学界尚无定论，也许鲁迅构建“幻灯片”事件乃是他展开自己中国国民性批判的一个叙事策略。

在这一事件中，我们必须注意到作为叙述者的鲁迅的介入姿态和在叙事迷宫中不断分裂的鲁迅主体之间的辩证关系。鲁迅在幻灯的画面里不仅看到了同胞的惨状，也从这种惨状中看到了他自己。鲁迅本以为仙台可以给他提供逃避革命和动荡的可能，其实这只是他的一种“幻象”。那些幻灯片造成了他彻底的失败，他在那些幻灯片镜头里看到了自己，又怎能继续逗留在仙台？现实是不能逃避的。在“幻灯片事件”的刺激下，鲁迅清醒地意识到“现实”即“幻象”，但“启蒙”的意义并非简单的“唤醒”，“文学”的作用在于如何让被唤醒的人们时时刻刻意识到必须直面无法忍受的“现实”。“这就是鲁迅对被叫醒状态的描述，也是对‘梦醒了无路可走’之‘人生最痛苦’的状态，对无法从要逃脱的现实中逃脱出来的那种痛苦的描述……换句话说，所谓‘无路可走’乃是梦醒之后的状态，而觉得有路可走则还是睡在梦中的证明。”①正是在这样的抵抗与选择中，鲁迅的“主体性”得以确立。

三、鲁迅式“呐喊”的价值及当下意义

（一）唤醒国民的鲁迅式“呐喊”

所有梦的成立，都是在其破灭的时刻。鲁迅正是在“哀其不幸，怒其不争”的同时，还是找到了几个有着文学理想的同仁，以文学的启蒙唤醒这些沉睡中的愚弱国民的魂灵，探求着中华民族未来的脊梁。但最终因为“逃走了资本”而使《新生》杂志夭折。可以说，鲁迅先生对于文学力量的认识存在着从希望到反抗绝望的过渡。希望永远在绝望之后的无限可能性之中。作者在写作《自序》之时，新文化运动的高潮已过，“问题与主义”的论战也已落幕，通过与《新青年》同仁的情感共鸣，鲁迅发现“寂寞”不再是“以我所感到者”，而且是许多人“所感到者”，这里面有一种超越了希望与绝望的丰厚内涵，寂寞成为战斗者之间的共同基础进而迸发出强有力的力量。“铁屋子”正是鲁迅寂寞的衍生物，身内的寂寞并不能构成对于希望的否定，因为越是困囿，挣脱的潜流越是汹涌。

所谓“决不能以我之必无的证明，来折合了他之所谓可有”，也正是对于“寂寞”或“铁屋子”的拒绝，但这拒绝不再是对希望的渴求与追寻，而是反抗绝望。所谓反抗绝望，是将

① 竹内好：《近代的超克》，孙歌编，李冬木、赵京华、孙歌译，生活·读书·新知三联书店 2005 年版，第 205 页。

自我置于一个客观的、有待探索的、包含着无限可能性的领域，正所谓“绝望之为虚妄，正与希望相同”。“奴才拒绝自己为奴才，同时拒绝解放的幻象，自觉到自己身为奴才的事实却无法改变它，这是从‘人生最痛苦的’梦中醒来之后的状态。即无路可走而必须前行，或者说正因为无路可走才必须前行这样一种状态。他拒绝自己成为自己，同时也拒绝成为自己以外的任何东西。这就是鲁迅所具有的而且使鲁迅得以成立的、‘绝望’的意味。绝望，在行进于无路之路的抵抗中显现，抵抗，作为绝望的行动化而显现。把它作为状态来看就是绝望，作为运动来看就是抵抗。”

因此，“反抗绝望”便成为鲁迅投入现实斗争的动力，他的文学也成为“反抗绝望”的文学，这在“五四”时期的“希望文学”潮流中独树一帜。“走异路，逃异地，去寻求别样的人们”仿佛变成了鲁迅的宿命，他一次又一次失败，但是他依然用鬼魅般的眼睛透视着生活的世界，“不但保留一种植根于大地的革命性，而且也在寂寞与无聊的世界中留下了希望的种子”。

（二）当下的自我反思

鲁迅和鲁迅式的“呐喊”对于中国是一种当下的存在，一是因为其深入民族文化深处，另一方面又是直指人性。在感受生存的尊严与人生奋进的历程中，鲁迅精神一直充满着反抗与思索，对民族生存有着浓重的忧患意识，对社会变革抱着强烈的渴望。而当今的时代是一个信仰缺失、社会底线不断被打破的时代，钱和权催生着扭曲的欲望，利己主义越发严重，理想成为被嘲笑的对象，人性复杂、人情淡漠，中国的知识分子正全面走向堕落。多少人面临种种不良社会现象也曾表现出一腔愤怒，但因担心被列入“傻子的异类”之中而作罢，又或者发出微弱的叫喊声的少数在沉默的大多数面前败下阵来。就这样，堕落便在我们的沉默中不断升腾。多少人一方面成为时代痛苦的承受者，一方面担当了制造者；一方面谩骂别人面临老人倒地表现出“事不关己”的冷漠，一方面当自己也面临同样情况时同样在扮演麻木不仁的看客。毫无疑问，我们这个时代仍然需要鲁迅，需要鲁迅式的振聋发聩的“呐喊”来获取斗争的力量，我们需要思索，需要抵抗。

思考与讨论

1. 理解《呐喊・自序》的思想脉络，概括鲁迅弃医从文的历史语境。
2. 鲁迅文学的内在根源是什么？
3. 你如何理解鲁迅所说的“孤独”和“呐喊”？

拓展阅读

1. 李欧梵：《铁屋中的呐喊》，尹慧珉译，河北教育出版社 2000 年版。
2. 李长之：《鲁迅批判》，北京出版社 2003 年版。
3. 钱理群：《走进当代的鲁迅》，北京大学出版社 1999 年版。
4. 汪卫东：《现代转型之痛苦“肉身”——鲁迅思想与文学新论》，北京大学出版社 2013 年版。

夸　父[①]

余光中

为什么要苦苦去挽救黄昏呢？
那只是落日的背影
也不必吸尽大泽与长河
那只是落日的倒影
与其穷追苍茫的暮景
埋没在紫霭的冷烬
——何不回身挥杖
迎面奔向新绽的旭阳
去探千瓣之光的蕊心？
壮士的前途不在昨夜，在明晨
西奔是徒劳，奔回东方吧
既然追不上了，就撞上

一九八二·四·廿

导读

中国传统文学经典与文学的现代性之间存在着双重性。二者之间既相互冲突矛盾又彼此契合统一。在世界各文化视域不断融合的大背景下，这种两面性，在要求跨区域华人诗人对其正面性进行肯定的同时也必然要求他们将中国传统文学经典置入现代性的构架里面，以实现传统文学经典的古今对照与互证。余光中便是这样一位吸收现代又激活传统的诗人。他的诗题材广阔，情思深邃，既弥散着中国传统文化的神韵，又融会了西方现代文化的灵性，实现了中西方诗歌传统在其诗中双向重铸，在传统与现代、历史与现实之间走出了一条属于自己的创作道路。

余光中以其丰盛的创作傲然于台湾诗坛，从 1950 年的第一本诗集《舟子的悲歌》问世以来，至今已有近 20 本诗集问世，八百多首诗歌。但他仍然诗思未绝，笔耕不辍。余光中先生非常爱好中国古典文学并有着很深的造诣，在他少年所受的教育里，古典文学占了很大的比重。他尤其喜爱古典诗词，在读大学的时候就成了“旧诗的信徒”。他一直极力推

① 余光中：《余光中诗选》，刘登翰、陈圣生选编，海峡文艺出版社 1988 年版。

崇中国的古典诗并从中提炼出自己的诗法和诗艺。由于思维环境和地理方位独特，台湾诗坛一直处在中国传统文化和西方现代文化的夹缝中。一种近似文化移民的心路历程以及文化的边缘处境，构成了余光中创作心态的基础。后诗人又两度赴美进修和讲学，西方现代艺术使他进入了一个观念和感情互相冲突的二元艺术世界。加之余光中推崇毕加索的“多才、多产、多变”，因此其创作风格几经蜕变，反复驰突，纵向继承又非固守传统，横向移植又非崇尚西化，他一直以其执着而坚定的艺术实践实现其从中国诗的现代化到现代诗的中国化这一理论构想。下面试以余光中的《夸父》作为载体阐释中国文化传统对其诗歌创作的影响、诗人的文化选择等诸问题。

余光中的诗歌一方面受西方象征主义、存在主义和超现实主义的影响，另一方面借助于中国诗传统的联想和象征手法。他十分推崇中国传统文人，强调理想人格的主体建构，比如余光中的李白系列，以新的视角对传统题材进行创造性的运用，表达了对李白的人格精神的向往。应该说这是余光中一种情不自禁的文化钦慕和历史归属感。余光中的《夸父》，通过对神话人物的重新审视和思考，使这一神话题材获得了现代意识的关照，表现出强烈的批判性和现代性。

在许多人的阅读记忆里，夸父——这位上古神话中的巨人，都不是陌生的名字，曾经分别出现在《山海经》《列子》《淮南子》《吕氏春秋》等著作中。对他的形象解读大概有以下三种。一是夸父是一个自不量力的愚蠢之人。二是夸父是为探寻真理而倒下的勇士也是英雄，虽在逐日过程中倒下，却不忘弃杖化为浓荫密布的桃林，使烈日下之跋涉者，免于渴死命运。三是夸父身为幽冥之子，逐日失败，意味着光明终战胜黑暗，是获得胜利的一种象征。也有赵卫民、鲁迅等人对夸父形象的不同改写。然而余光中再次进行重构，为我们提供了一个多元空间的立体生命。

在余光中的笔下，夸父再也不是那个你曾经所见的任何一个，取而代之的是一个经过现代化置换变形了的富有创造精神、具有强烈主体意识的智者形象。“壮士的前途不在昨夜，在明晨。西奔是徒劳，奔回东方吧。既然是追不上了，就撞上”。全诗仅十二句，在前九句中，诗人不断以疑问和否定句式，来表示他对夸父的与其说是执着不如说是偏执的叹息以及对追日之举的不以为然。后三句则以非常肯定的语气表明向前看、向光明看、向未来看的人生态度，整首诗歌从有我到无我的变化显示出诗人强烈的生命意识。生命意识是人对包括自身在内的一切生命的存在和变化的感知与认识，“人类对自身生命所进行的自觉理性思索和情感体验”①。夸父身上带有一种悲剧倾向的性格，他不停跑不停追逐，强烈的时间意识使诗人倍感生命的有限和时间流逝带来的沉重压迫，于是诗人峰回路转，积极取向。结语“撞上”一词，乍看猛莽，但却充满力量，强调了翻越自我蔽障之陷阱的必要和决心。一方面既表现出中国古典的浪漫主义情怀，一方面又高扬西方文化中的主体性精神和对于生命本真意义的追求。

拥有丰富的诗的内涵还并非诗的终结，而如何完美地表现这些内涵，将捕捉到的情思

① 郭杰：《中国古典诗歌中“生命意识”的内涵与泛化》，《深圳大学学报（人文社会科学版）》2001年第6期。

诗艺化，才是诗人更重要的责任。要想真正把握住中国文化传统对余光中的影响，我们就必须进入到诗艺体系的层面。他说："用现代手法处理现代化题材的作品固然是现代诗，用现代手法处理传统题材的作品也是现代诗，且更广阔而有前途……一位诗人经过现代化的洗礼之后，应该炼成一种点金术，把任何传统的东西都点成现代，他不必绕着弯子去逃避传统，也不必武装起来去反叛传统。我认为：反叛传统不如利用传统，狭窄的现代诗人但见传统与现代之异，不见两者之同，但见两者之分，不见两者之合。对于传统一位真正的现代诗人应该知道如何入而复出，出而复入，以至自由出入。"①

诗人在受到西方诗歌艺术理论影响的同时，也深受中国古典诗歌的熏陶。他在意象的营造上有自己的独到之处。他往往赋予美的事物以新的审美内涵。在时序的描摹中，余光中最爱黄昏。他在《山中传奇》《黄昏越境》《最薄的一片暮色》等多首诗中勾勒黄昏落日之美。黄昏时刻大自然与时间正在交换最后一次目光，带有某种梦幻色彩，夕阳之后又是太阳，又暗含某种希望。余光中在《夸父》中将这种壮丽的视觉体验化为一种幕后色调，如同印象派画家莫奈作品的纯粹又超越它。夸父就在这样的美感里展开悲壮而执着的追逐，他无任何的迟暮伤感，更多的是顺应某种生命律动。既要"延伸"景致为情，又要"周转"事例为意。该诗的意象全由夸父逐日的典故来填充，大大拓深了诗歌的文化底蕴。此外，余光中在其诗作中为我们建构了纷繁的古典意象群，如以"莲""苦瓜"等构成的自然意象，以"夸父""盘谷""彭祖"等为轴心构成的神话意象，以历史人物李白、杜甫、雪莱、甘地等构成的历史文化意象等。他推陈出新，源于古又越于古，即以古融今。

对语言的经营是中国古典诗歌的首要特色，余光中对于诗句的经营能力，既得益于他的西语造诣，也同他与汉语的深刻渊源分不开。正如余光中所言，尽管他"学外文出身，又教了二十多年英诗，从莎士比亚到丁尼生，从叶芝到佛洛斯特，那抑扬五步格的节奏，那倒装或穿插的句法，弥尔顿的功架，华兹华斯的旷远，济慈的精致，惠特曼的浩然，早以渗入了我的感性之中"②。但毕竟"从我笔尖潺潺流出的蓝墨水，远以汨罗江为其上游。在民族诗艺术的接力棒中，我手里的这一棒是远从李白和苏轼那头传过来的"。他维护汉语母语的纯洁和健康，又有限度地引入英语的韵味。在余光中的诗歌中，他通过对西方句法和古汉语语法的借鉴，如词性活用、词语奇异组合等来消解现代汉语的语法规则。如《夸父》中"为什么要苦苦去挽救黄昏呢"这句主语的缺失。"既然是追不上了，就撞上"这句一反古人的"辞达而已矣"，让你在追与不追，"达"与"不达"之间徘徊思索。这一方面是继承古典诗歌的含蓄蕴藉，另一方面则是受到现代派艺术的影响。余光中的诗在一种思辨力量的支撑下又呈现出一种语言的张力。同时通过语言的各种奇特巧妙的组合搭配，相生相克的双方，产生一种新的冲撞力，给人一种特殊的美感。如《夸父》中的"落日的黄昏""新绽的旭阳""昨夜""明晨""追""撞"等字眼冲突组合，形成一种反常合道、无理而妙的艺术效果。又如《等你，在雨中》中的"永恒""刹那""刹那""永恒"。在新诗史上，我们很难找出

① 余光中：《从古典诗到现代诗——但觉高歌有鬼神　焉知饿死填沟壑》，见《余光中作品精选》，彭军编，伊犁人民出版社 2000 年版，第 324 页。 ② 余光中：《先我而飞》，见《余光中诗歌选集(一)——莲的联想》，时代文艺出版社 1997 年版，第 4 页。

一位在诗歌音乐性追求上能与余光中比肩的诗人，从他大量的诗作中我们可以感受到其诗歌和谐的韵律感和强烈的音乐性。在《夸父》中，诗人自由穿梭于 9 字与 13 字的诗句之间，整齐中又多变，韵散结合，节奏随着诗人的情绪而变化。又如他的《乡愁四韵》中运用的复沓与中国古典诗歌《诗经》中的《蒹葭》《关雎》如出一辙。

此外，余光中的其他诗作表现出沉郁的民族意识以及漂泊游子的浓厚的故园意识，无不受到中国传统文化的浸染与影响。总之，余光中在把握传统的精髓、继承古典韵味的同时，又取之西方却能舍之有道，真正做到既不成为“株守传统的孝子，也不沦为一味西化的浪子”。[①] 余光中的诗呈现出一种历史、现实和未来的对话性。这种对话在扩大了所有华人的文化视野的同时，也为西方更为全面、更为深刻地认知中国文化提供了更为广阔的平台。同时这种对话是中国文化走向现代化、国际化的必经之路，也是我们当代中国青年在文化选择与文化认同中作出的必然选择。

思考与讨论

1. 理解《夸父》的精神内核，概括中国文化传统对余光中以及诗歌的影响。
2. 你如何理解余光中所说的“追”和“撞”？

拓展阅读

1. 曹顺庆等：《中外文学跨文化比较》，北京师范大学出版社 2000 年版。
2. 杨匡汉：《中国新诗学》，人民出版社 2005 年版。
3. 余光中：《余光中集》，百花文艺出版社 2003 年版。

① 丁宗皓：《在传统与现代之间——余光中访谈录》，《当代作家评论》1997 年第 6 期。

简·爱(节选)[①]

夏洛蒂·勃朗特

电影《简·爱》

“那你要结婚了,先生?”

“确——实——如——此,对——极——了。凭你一贯的机敏,你已经一语中的。”

“快了吗,先生?”

“很快,我的——那就是,爱小姐,你还记得吧,简,我第一次,或者说谣言明白向你表示,我有意把自己老单身汉的脖子套上神圣的绳索,进入圣洁的婚姻状态——把英格拉姆小姐搂入我的怀抱,总之(她足足有一大抱,但那无关紧要——像我漂亮的布兰奇那样的宝贝,是谁都不会嫌大的),是呀,就像我刚才说的——听我说,简!你没有回头去寻找更多的飞蛾吧?那不过是个瓢虫,孩子,‘正飞回家去’。我想提醒你一下,正是你以我所敬佩的审慎,那种适合你责任重大、却并不独立的职业的远见、精明和谦卑,首先向我提出,万一我娶了英格拉姆小姐,你和小阿黛勒两个还是立刻就走好。我并不计较这一建议所隐含的对我意中人人格上的污辱。说实在的,一旦你们走得远远的,珍妮特,我会努力把它忘掉。我所注意到的只是其中的智慧,它那么高明,我已把它奉为行动的准则。阿黛勒必须上学,爱小姐,你得找一个新的工作。”

“是的,先生,我会马上去登广告,而同时我想——”我想说,“我想我可以呆在这里,直到我找到另外一个安身之处。”但我打住了,觉得不能冒险说一个长句,因为我的嗓门已经难以自制了。

“我希望大约一个月以后成为新郎,”罗切斯特先生继续说,“在这段期间,我会亲自为你留意找一个工作和落脚的地方。”

“谢谢你,先生,对不起给你——”

“啊——不必道歉!我认为一个下人把工作做得跟你自己一样出色时,她就有权要求雇主给予一点容易办到的小小帮助。其实我从未来的岳母那儿听到一个适合你去的地方。就是爱尔兰康诺特的苦果旅馆,教迪奥尼修斯·奥加尔太太的五个女儿。我想你会喜欢爱尔兰的。他们说,那里的人都很热心。”

“离这儿很远呢,先生。”

“没有关系——像你这样一个通情达理的姑娘是不会反对航程或距离的。”

① 节选自夏洛蒂·勃朗特:《简·爱》,黄源深译,译林出版社1994年版。

“不是航程，而是距离。还有大海相隔——”

“同什么地方相隔，简？”

“同英格兰和桑菲尔德，还有——”

“怎么？”

“同你，先生。”

我几乎不知不觉中说了这话，眼泪不由自主夺眶而出。但我没有哭出声来，我也避免抽泣。一想起奥加尔太太和苦果旅馆，我的心就凉了半截；一想起在我与此刻同我并肩而行的主人之间，注定要翻腾着大海和波涛，我的心就更凉了；而一记起在我同我自然和必然所爱的东西之间，横亘着财富、阶层和习俗的辽阔海洋，我的心凉透了。

“跟这儿隔很远。”我又说了一句。

“确实如此。等你到了爱尔兰康诺特的苦果旅馆，我就永远见不到你了，肯定就是这么回事。我从来不去爱尔兰，因为自己并不太喜欢这个国家。我们一直是好朋友，简，你说是不是？”

“是的，先生。”

“朋友们在离别的前夕，往往喜欢亲密无间地度过余下的不多时光。来——星星们在那边天上闪烁着光芒时，我们用上半个小时左右，平静地谈谈航行和离别。这儿是一棵七叶树，这边是围着老树根的凳子。来，今晚我们就安安心心地坐在这儿，虽然我们今后注定再也不会坐在一起了。”他让我坐下，然后自己也坐了下来。

“这儿到爱尔兰很远，珍妮特，很抱歉，把我的小朋友送上这么令人厌倦的旅程。但要是没有更好的主意了，那该怎么办呢？简，你认为你我之间有相近之处吗？”

这时我没敢回答，因为我内心很激动。

“因为，”他说，“有时我对你有一种奇怪的感觉——尤其是当你像现在这样靠近我的时候。仿佛我左面的肋骨有一根弦，跟你小小的身躯同一个部位相似的弦紧紧地维系着，难分难解。如果咆哮的海峡和二百英里左右的陆地，把我们远远分开，恐怕这根情感交流的弦会折断，于是我不安地想到，我的内心会流血。至于你——你会忘掉我。”

“那我永远不会，先生，你知道——”我不可能再说下去了。

“简，听见夜莺在林中歌唱吗？——听呀！”

我听着听着便抽抽噎噎地哭泣起来，再也抑制不住强忍住的感情，不得不任其流露了。我痛苦万分地浑身颤栗着。到了终于开口时，我便只能表达一个冲动的愿望：但愿自己从来没有生下来，或者从未到过桑菲尔德。

“因为要离开而难过吗？”

悲与爱在我内心所煽起的强烈情绪，正占上风，并竭力要支配一切，压倒一切，战胜一切，要求生存、扩展和最终主宰一切，不错——还要求吐露出来。

“离开桑菲尔德很让我伤心，我爱桑菲尔德——我爱它是因为我在这里过着充实而愉快的生活——至少有一段时间。我没有遭人践踏，也没有弄得古板僵化，没有混迹于志向低下的人之中，也没有被排斥在同光明、健康、高尚的心灵交往的一切机会之外。我已面对面同我所敬重的，同我所喜欢的——同一个独特、活跃、博大的心灵交谈过。我已经熟悉你,罗切斯特先生,硬要让我永远同你分开,使我感到恐惧和痛苦。我看到非分别不可,就像看到非死不可一样。”

“在哪儿看到的呢?”他猛地问道。

“哪儿? 你,先生,已经把这种必要性摆在我面前了。”

“什么样的必要性?”

“就是英格拉姆小姐那模样,一个高尚而漂亮的女人——你的新娘。”

“我的新娘! 什么新娘呀? 我没有新娘!”

“但你会有的。”

“是的,我会! 我会!”他咬紧牙齿。

“那我得走——你自己已经说了。”

“不,你非留下不可! 我发誓——我信守誓言。”

“我告诉你我非走不可!”我回驳着,感情很有些冲动,“你难道认为,我会留下来甘愿做一个对你来说无足轻重的人? 你以为我是一架机器? ——一架没有感情的机器? 能够容忍别人把一口面包从我嘴里抢走,把一滴生命之水从我杯子里泼掉? 难道就因为我一贫如洗、默默无闻、长相平庸、个子瘦小,就没有灵魂,没有心肠了? ——你不是想错了吗? ——我的心灵跟你一样丰富,我的心胸跟你一样充实! 要是上帝赐予我一点姿色和充足的财富,我会使你同我现在一样难分难舍,我不是根据习俗、常规,甚至也不是血肉之躯同你说话,而是我的灵魂同你的灵魂在对话,就仿佛我们两人穿过坟墓,站在上帝脚下,彼此平等——本来就如此!”

“本来就如此!”罗切斯特先生重复道,“所以,”他补充道,一面用胳膊把我抱住,搂到怀里,把嘴唇贴到我的嘴唇上,“所以是这样,简?”

“是呀,所以是这样,先生,”我回答,“可是并没有这样。因为你已结了婚——或者说无异于结了婚,跟一个远不如你的人结婚——一个跟你并不意气相投的人。我才不相信你真的会爱她,因为我看到过,也听到过你讥笑她。对这样的结合我会表示不屑,所以我比你强——让我走!”

“上哪儿,简? 去爱尔兰?”

“是的——去爱尔兰。我已经把心里话都说了,现在上哪儿都行了。”

“简,平静些,别那么挣扎着,像一只发疯的鸟儿,拼命撕掉自己的羽毛。”

“我不是鸟,也没有陷入罗网。我是一个具有独立意志的自由人,现在我要行使自己的意志,离开你。”

我再一挣扎便脱了身,在他跟前昂首而立。

“你的意志可以决定你的命运,”他说,“我把我的手,我的心和我的一份财产都献给你。”

“你在上演一出闹剧,我不过一笑置之。”

“我请求你在我身边度过余生——成为我的另一半,世上最好的伴侣。”

“那种命运,你已经做出了选择,那就应当坚持到底。”

“简,请你平静一会儿,你太激动了,我也会平静下来的。”

一阵风吹过月桂小径，穿过摇曳着的七叶树枝，飘走了——走了——到了天涯海角——消失了。夜莺的歌喉成了这时惟一的声响，听着它我再次哭了起来。罗切斯特先生静静地坐着，和蔼而严肃地瞧着我。过了好一会他才开口。最后他说：

“到我身边来，简，让我们解释一下，相互谅解吧。”

“我再也不会回到你身边了，我已经被拉走，不可能回头了。”

“不过，简，我唤你过来做我的妻子，只有你才是我要娶的。”

我没有吭声，心里想他在讥笑我。

“过来，简——到这边来。”

“你的新娘阻隔在我们之间。”

他站了起来，一个箭步到了我跟前。

“我的新娘在这儿，”他说着，再次把我往身边拉，“因为与我相配的人，与我相像的人在这儿，简，你愿意嫁给我吗？”

我仍然没有回答，仍然要挣脱他，因为我仍然不相信。

导读

夏洛蒂·勃朗特在她短暂的39年生命历程中，留下了为数不多的作品，其中，《简·爱》奠定了其著名小说家的地位。时至今日，《简·爱》仍然是许多经典书单上的推荐书目，夏洛蒂·勃朗特的家乡——英国北部约克郡的哈渥斯小镇也成了人们参拜观光的圣地。

一、夏洛蒂·勃朗特与《简·爱》

简·爱与夏洛蒂有着相似的生活经历，简·爱的独特个性和心理世界无疑彰显着夏洛蒂本人的性情特征和生活观念。简·爱“个子瘦小，相貌平庸”，夏洛蒂也是“又黑又瘦，身材矮小”，她们都对自己的外貌极不自信；简·爱自幼父母双亡，被舅妈送进罗沃德寄宿学校过着近乎受虐的悲惨生活，夏洛蒂年幼丧母，和姐妹一起被送往寄宿学校学习，两个姐姐因没能经受住太过恶劣的学校环境而离世；简·爱和夏洛蒂后来都曾回校任教，两人都以家庭教师为生，贫穷且地位卑微；虽然作家和她笔下的简·爱都过着孤独不幸的生活，可她们最终证明了自己的独特存在：作家本人一举成名，成为19世纪英国文坛上的一颗明星，女主人公简·爱以其自尊自爱、自立自强、敢于反抗的性格魅力成为深入人心的女性形象。

尽管维多利亚时代的英国出现了像简·奥斯丁、勃朗特三姐妹、盖斯凯尔夫人、乔治·艾略特等一批优秀的女作家，但在男权社会规范下，女性写作并非易事。女性在当时被称为“家庭天使”，她应该是优雅克制、纯洁矜持、温柔顺从的小动物，生为女性就意味着家庭是她全部的舞台。未嫁时，学习艺术、音乐、舞蹈等，培养自己优雅顺从的女性气质；出嫁后，人生意义就在于喂养孩子、照顾丈夫，活动范围局限于家庭事务。因此，女作家们大都采用男性化笔名，夏洛蒂发表《简·爱》用的是柯勒·贝尔(Currer Bell)这一笔名。

《简·爱》出版，尽管赞誉众多，当时已颇负盛名的作家乔治·艾略特就称赞夏洛蒂为“一个一流的才智妇女”[1]，但相关的攻击也着实不少，小有名气的女撰稿人伊丽莎白·瑞格比斥责简·爱身上满是“邪恶的不满情绪”，她犯下“傲慢”的罪过，是“不受纪律约束”的化身，整本小说都是极为“反基督精神”的。[2] 也有很多评论家指责这位作家离弃了女性社会，是道德的反叛者。大量的攻击使得盖斯凯尔夫人撰写《夏洛蒂·勃朗特传》为她正名，传记悉述生活事实力证夏洛蒂始终以家庭为主要职责，写作不过是第二位的。夏洛蒂本人曾写信向桂冠诗人罗伯特·骚塞(Robert Southey)请教写作问题，诗人回复说：“文学绝不能也不应成为女性的职业。”[3]所幸，夏洛蒂还是勇敢地拿起笔保卫了自己的天赋，做了传统的反叛者，当起女作家，才使得文学的史册上又增添了一颗璀璨之星。

二、简·爱：“我不是天使，我是我自己”

简·爱不单是一个人物形象，更是一种精神信仰——自尊自重，自爱自强，对自己的高度诚实，坚守自我价值，在任何时候都不盲从，勇敢地表达和践行自我意志。尽管处境艰辛，她却从未放弃对生命价值可能性的探索，不知疲倦地一步一步走向更广大的世界。

小简·爱在舅妈家经常遭到表姐表哥的欺侮，女佣贝茜劝她学着谦恭些，尽量顺着他们，这样才能指望继续在这个家里住下来。可是她偏不，甚至对里德舅妈说她的孩子不配与她来往。快要离开舅妈家时，她对里德太太说：“我很庆幸你不是我亲戚，今生今世我再也不会喊你舅妈了……一想起你就使我讨厌。”在罗沃德学校，简·爱惊讶于海伦对不公正的隐忍态度，她说：“要是无缘无故挨打，那我们就要狠狠地回击。”[4]在桑菲尔德庄园，罗切斯特认为凭借自己的年龄和阅历可以在有些时候对简·爱稍微专横、唐突或者严厉些，简·爱不假思索地反驳道：“先生，我并不认为你有权支使我，……”她误会罗切斯特要娶英格拉姆小姐而又想把自己留在身边时，怒气冲冲地说出那段著名的“平等宣言”：“难道就因为我一贫如洗、默默无闻、长相平庸、个子瘦小，就没有灵魂，没有心肠了？——你不是想错了吗？　　我的心灵跟你　样丰富，我的心胸跟你　样充实！”她不顾罗切斯特先生的挽留，说：“我是一个具有独立意志的自由人，现在我要行使自己的意志，离开你。”

我们无需避讳，简·爱在自己的外貌上是自卑的，但在人格上，在内心深处，她又极度自尊自信，一路走来，她从未因讨好别人而改变过自己的意志。假如她肯说点假话，对里德太太顺从一些，她便不必去寄宿学校受苦；假如她可以顺从罗切斯特的要求，就可以留在桑菲尔德，不必再艰辛求职。可是她不会，她永远不会屈从于外人的意志，哪怕因此面对苦难，她仍然选择坚守自我，按自己的意志行动。即使在爱情面前，她的自我仍不容侵犯。与英格拉姆小姐做了一番对比，她深知自己在外貌和地位上与之有天壤之别，可她仍然以自己的原则判定英格拉姆小姐缺乏教养，太低下，不值得自己嫉妒。当罗切斯特因婚礼为她订购奢华的服饰和珠宝时，她拒绝了：“先生，那样的话，我不再是你的简·爱……

① 杨静远：《勃朗特姐妹研究》，中国社会科学出版社1983年版，第197页。 ② 傅燕晖：《英国维多利亚时代女作家的“责任”之说——从〈夏洛蒂·勃朗特传〉谈起》，《国外文学》2014年第2期。 ③ 夏文静：《英国维多利亚时期女性小说文学伦理学批评——以三位代表作家为例》，吉林大学博士论文，2013年。 ④ 夏洛蒂·勃朗特：《简·爱》，黄源深译，译林出版社1994年版。文中原著引文皆出自此版本。

只是披了别人羽毛的八哥。”

简·爱坚守着一个独立思考的自我，同时她也在不停汲取能量，不停拓展着自我力量，随时准备在更宽广的领域里发挥自己的才能。作品中简·爱有三次出走，每一次都是因为自我发展受到限制，产生了对新世界的向往之情，并且每一次出走于她来说都是一个进步和提升。第一次出走是因为受到寄人篱下的压迫从里德舅妈家离开。第二次出走是因为罗沃德学校一成不变的生活于已经成长的她已很不够，她知道真正的世界是无限广阔的，渴望去那个充满希望与忧烦、刺激与兴奋的天地去冒各种风险，去追求人生的真谛，于是她很快登了广告去往桑菲尔德庄园。在桑菲尔德的楼顶，当她望着远处一望无际的原野时，内心不觉又升起了向往更广阔天地的渴望。第三次出走是因为简·爱不甘心做罗切斯特的情妇，这样的身份有损尊严，这次出走让她遇到了亲情，获得了遗产，拥有了后来拯救罗切斯特先生的资本。在莫尔顿学校的工作，虽然有助于贫苦的孩子们，可无法满足她作为人的发展的需求，无益于自己的进步，于是她说：“但我不能永远这么干下去。我不但要培养别人的能力，而且要发挥自己的能力。”追求向上的力量，努力拓展自己，发挥自己的才能天赋，是简·爱的又一生命特质。

三、简·爱的审美启示：美是性格

简·爱独立、坚韧，在勇敢地坚守自我与拓展自我的同时，也展示着一种审美方式，即美是性格。

在现代社会，整容业发展迅速，各种杂志和影视剧也大拼颜值，被媒体戏称为“这是一个看脸的时代”，放眼望去，这个时代似乎特别崇拜容颜和身材之美。当然，我们无需贬损相貌美，它的确让人赏心悦目，可我们也必须承认这世界还有另外一种美，相比快速贬值的容颜，它反而经得起岁月洗礼，在时间的长河里慢慢发酵成香气醇厚的美酒，这就是性格之美，著名雕塑家罗丹曾经说过“美是性格”。大多数的艺术作品倾向于塑造外貌和心灵皆美的理想角色，夏洛蒂却描绘了不美的女主角，然而就是这样一个不美的女主角却胜过优雅美貌的英格拉姆，赢得了桑菲尔德庄园主罗切斯特的真挚爱情。

如同夏洛蒂本人，简·爱长得确实不美。她很小的时候就意识到自己长得不美不讨人喜欢，也因外貌而自卑，可并不自我厌弃，相反，她自爱，她知道并珍惜自己的优点，尽量在自己能把握的方面勇敢探索。和很多女孩子一样，她也渴望美，渴望给别人留下好印象，所以每次出去见人都把自己收拾得干净整洁，头发梳理得丝毫不乱。与英格拉姆小姐比较时，她评论说：“我是表里一致的。她好卖弄，但并不真诚。她风度很好，而又多才多艺，但头脑浮浅，心灵天生贫瘠；在那片土地上没有花朵会自动开放，没有哪种不需要外力而自然结出的果实会喜欢这种新土。她缺乏教养，没有独创性，而惯于重复书本中的大话，从不提出，也从没有自己的见解。她鼓吹高尚的情操，但并不知道同情和怜悯，身上丝毫没有温柔和真诚。”这段既是赞扬又是贬损的评论多少包含着简·爱对相貌的自卑，但更多的是内心的自尊自爱，她看到对方的优劣，也道出自己的优劣。简·爱是理智和敏锐的，她洞察客厅里每个人的性情，并且珍视自己“无需外力而开花”的独立个性。

简·爱的审美还表现在他对男性的认知、对爱情和婚姻的选择上。她热烈地爱着的男主角，并非年轻俊朗、温和优雅的青年，相反，男主角相貌不俊、性格粗野、人到中年。可简·爱爱的是他的坚毅、稳健、深沉和智慧，纵然最后男主角失明并且失去钱财，她仍然充满喜欢和感激地回到他身边，嫁给他。圣·约翰是一位虔诚的宗教徒，有着希腊式的漂亮容颜，可简·爱毫不犹豫地拒绝了他的求婚，她拒绝基于义务的、自我牺牲的殉道式爱情，她反对无爱的婚姻。在简·爱的审美范畴里，美和爱情都是自由而坦诚的，它们超越了容颜，超越了地位，超越了财产，触及灵魂深处的真实。

简·爱重视相貌之美，重视社会财富和地位，但这些从来都不是她的人生目标，意外获得遗产，她慷慨地将财富赠与他人，贫穷卑微始终敌不过个性魅力。她始终记得她是她自己，普通平凡却勇敢地从自己身上开出花来。约克郡贫瘠的荒野里到处都可以看到一种叫欧石楠的植物，它们太过普通无人珍视，可当它们在夏季热烈绽放铺满整个荒原时，一种勃勃向上的生命力让人忍不住去赞叹这孤独小花的顽强生命力。简·爱就像这些石楠花，孤独矮小，却生出一种别样的美来，热烈、勇敢，独立和坚强。岁月流逝，我们记住了夏洛蒂和简·爱，却不记得曾经在她们面前走过的美人，也从未留恋那位英格拉姆小姐。

思考与讨论

1. 如何理解夏洛蒂·勃朗特与简·爱之间的关系？
2.《简·爱》为何成为经典名著？怎样理解她的自卑与自信？
3. 简·爱为何爱上罗切斯特而拒绝圣·约翰？你如何看待她的爱情观？

拓展阅读

1. 张学信等：《论夏绿蒂·勃朗特的〈简·爱〉》，人民文学出版社 1958 年版。
2. 简·奥尼尔：《勃朗特姐妹的世界——她们的生平、时代与作品》，叶婉华译，海南出版社 2004 年版。
3. 张耘：《荒原上短暂的石楠花——勃朗特姐妹传》，中国文联出版社 2002 年版。
4. 菲莉丝·班特利：《勃朗特姊妹》，郭菀玲译，百家出版社 2004 年版。

瓦尔登湖(节选)[①]

梭　罗

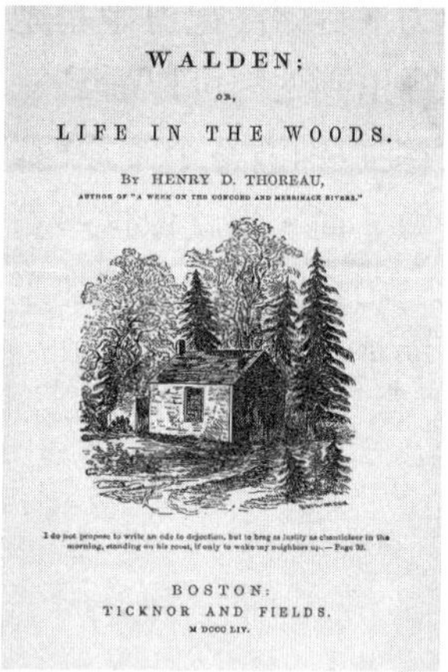

《瓦尔登湖》书影

有时,对人类社会及其言谈扯淡,对所有村中的友人们又都厌倦了,我便向西而漫游,越过了惯常起居的那些地方,跑到这乡镇的更无人迹的区域,来到“新的森林和新的牧场”上;或当夕阳西沉时,到美港山上,大嚼其越橘和浆果,再把它们拣拾起来,以备几天内的食用。水果可是不肯把它的色、香、味给购买它的人去享受的,也不肯给予为了出卖它而栽培它的商人去享受的。要享受那种色、香、味只有一个办法,然而很少人采用这个办法。如果你要知道越橘的色、香、味,你得请问牧童和鹧鸪。从来不采越橘的人,以为已经尝全了它的色、香、味,这是一个庸俗的谬见。从来没有一只越橘到过波士顿,它们虽然在波士顿的三座山上长满了,却没有进过城。水果的美味和它那本质的部分,在装上了车子运往市场去的时候,跟它的鲜丽一起给磨损了,它变成了仅仅是食品。只要永恒的正义还在统治宇宙,没有一只纯真的越橘能够从城外的山上运到城里来的。

在我干完了一天的锄地工作之后,偶尔我来到一个不耐烦的侣伴跟前,他从早晨起就在湖上钓鱼了,静静的,一动不动的,像一只鸭子,或一张漂浮的落叶,沉思着他的各种各样的哲学,而在我来到的时候,大致他已自认为是属于修道院僧中的古老派别了。有一个老年人,是个好渔夫,尤精于各种木工,他很高兴把我的屋子看作是为便利渔民而建筑的屋子,他坐在我的屋门口整理钓丝,我也同样高兴。我们偶尔一起泛舟湖上,他在船的这一头,我在船的另一头;我们并没有交换了多少话,因为他近年来耳朵聋了,偶尔他哼起一首圣诗来,这和我的哲学异常地和谐。我们的神交实在全部都是和谐的,回想起来真是美妙,比我们的谈话要有意思得多。我常是这样的,当找不到人谈话了,就用桨敲打我的船舷,寻求回声,使周围的森林被激起了一圈圈扩展着的声浪,像动物园中那管理群兽的人激动了兽群那样,每一个山林和青翠的峡谷最后都发出了咆哮之声。

在温和的黄昏中,我常坐在船里弄笛,看到鲈鱼游泳在我的四周,好似我的笛音迷住了它们一样,而月光旅行在肋骨似的水波上,那上面还零乱地散布着破碎的森林。很早以前,我一次次探险似的来到这个湖上,在一些夏天的黑夜里,跟一个同伴一起来;在水边生了一堆火,吸引鱼群,我们又在钓丝钩上放了虫子作鱼饵钓起了一条条鳌鱼;这样我们一

① 选自梭罗:《瓦尔登湖》,徐迟译,上海译文出版社1982年版,有改动。

直搞到夜深以后，才把火棒高高地抛掷到空中，它们像流星烟火一样，从空中落进湖里发出一些响亮的嗞声，便熄灭了，于是我们就突然在完全的黑暗之中摸索。我用口哨吹着歌，穿过黑暗，又上路回到人类的集合处。可是现在我已经在湖岸上有了自己的家。

有时，在村中一个客厅里待到他们一家子都要休息时，我就回到了森林里；那时，多少是为了明天的伙食，我把子夜的时辰消耗在月光之下的垂钓之上，坐在一条船里，听枭鸟和狐狸唱它们的小夜曲，时时我还听到附近的不知名的鸟雀发出尖厉的啸声。这一些经验对我是很值得回忆和很宝贵的，在水深四十英尺的地方抛了锚，离岸约二三杆之远，有时大约有几千条小鲈鱼和银鱼围绕着我，它们的尾巴给月光下的水面点出了无数的水涡；用了一根细长的麻绳，我和生活在四十英尺深的水底的一些神秘的夜间的鱼打交道了，有时我拖着长六十英尺的钓丝，听凭柔和的夜风把我的船儿在湖上漂荡，我时不时地感到了微弱的震动，说明有一个生命在钓丝的那一端徘徊，却又愚蠢地不能确定它对这盲目撞上的东西怎样办，还没有完全下决心呢。到后来，你一手又一手，慢慢地拉起钓丝，而一些长角的鳘鱼一边发出咯吱咯吱的声音，一边扭动着身子，给拉到了空中。特别在黑暗的夜间，当你的思想驰骋在广大宇宙的主题上的时候，而你却感到这微弱的震动，打断了你的梦想，又把你和大自然联结了起来，这是很奇怪的。我仿佛会接着把钓丝往上甩，甩到天空里去，正如我同时把钓丝垂入这密度未必更大的水的元素中去的情况一样。这样我像是用一只钓钩而捉住了两条鱼。

…………

水是这样的透明，二十五至三十英尺下面的水底都可以很清楚地看到。赤脚踏水时，你看到在水面下许多英尺的地方有成群的鲈鱼和银鱼，大约只一英寸长，连前者的横行的花纹也能看得清清楚楚，你会觉得这种鱼也是不愿意沾染红尘，才到这里来生存的。有一次，在冬天里，好几年前了，为了钓梭鱼，我在冰上挖了几个洞，上岸之后，我把一柄斧头扔在冰上，可是好像有什么恶鬼故意要开玩笑似的，斧头在冰上滑过了四五杆远，刚好从一个窟窿中滑了下去，那里的水深二十五英尺，为了好奇，我躺在冰上，从那窟窿里望，我看到了那柄斧头，它偏在一边头向下直立着，那斧柄笔直向上，顺着湖水的脉动摇摇摆摆，要不是我后来又把它吊了起来，它可能就会这样直立下去，直到木柄烂掉为止。就在它的上面，用我带来的凿冰的凿子，我又凿了一个洞，又用我的刀，割下了我看到的附近最长的一条赤杨树枝，我做了一个活结的绳圈，放在树枝的一头，小心地放下去，用它套住了斧柄凸出的地方，然后用赤杨枝旁边的绳子一拉，这样就把那柄斧头吊了起来。

湖岸是由一长溜像铺路石那样的光滑的圆圆的白石组成的；除一两处小小的沙滩之外，它陡立着，纵身一跃便可以跳到一个人深的水中；要不是水波明净得出奇，你决不可能看到这个湖的底部，除非是它又在对岸升起。有人认为它深得没有底。它没有一处是泥泞的，偶尔观察的过客或许还会说，它里面连水草也没有一根；至于可以见到的水草，除了最近给上涨了的水淹没的、并不属于这个湖的草地以外，便是细心地查看也确实是看不到菖蒲和芦苇的，甚至没有水莲花，无论是黄色的或是白色的，最多只有一些心形叶子和河蓼草，也许还有一两张眼子菜；然而，游泳者也看不到它们；便是这些水草，也像它们生长在里面的水一样的明亮而无垢。岸石伸展入水，只一二杆远，水底已是纯粹的细沙，除了最深的部分，那里总不免有一点沉积物，也许是腐朽了的叶子，多少个秋天来，落叶被刮到湖上，另外还有一些光亮的绿色水苔，甚至在深冬时令拔起铁锚来的时候，它们也会跟着被拔上来的。

我们还有另一个这样的湖，在九亩角那里的白湖，在偏西两英里半之处；可是以这里为中心的十二英里半径的圆周之内，虽然还有许多的湖沼是我熟悉的，我却找不出第三个湖有这样的纯洁得如同井水的特性。大约历来的民族都饮用过这湖水，艳羡过它并测量过它的深度，而后他们一个个消逝了，湖水却依然澄清，发出绿色。一个春天也没有变化过！也许远在亚当和夏娃被逐出伊甸乐园时，那个春晨之前，瓦尔登湖已经存在了，甚至在那个时候，随着轻雾和一阵阵的南风，飘下了一阵柔和的春雨，湖面不再平静了，成群的野鸭和天鹅在湖上游着，它们一点都没有知道逐出乐园这一回事，能有这样纯粹的湖水真够满足啦。就是在那时候，它已经又涨，又落，纯清了它的水，还染上了现在它所有的色泽，还专有了这一片天空，成了世界上唯一的一个瓦尔登湖，它是天上露珠的蒸馏器。谁知道，在多少篇再没人记得的民族诗篇中，这个湖曾被誉为喀斯泰里亚之泉？在黄金时代里，有多少山林水泽的精灵曾在这里居住？这是在康科德的冠冕上的第一滴水明珠。

…………

然而，据我们知道的一些角色中，也许只有瓦尔登坚持得最久，最久地保持了它的纯洁。许多人都曾经被譬喻为瓦尔登湖，但只有少数几个人能受之无愧。虽然伐木的人已经把湖岸这一段和那一段的树木先后砍光了，爱尔兰人也已经在那儿建造了他们的陋室，铁路线已经侵入了它的边境，冰藏商人已经取过它一次冰，它本身却没有变化，还是我在青春时代所见的湖水；我反倒变了。它虽然有那么多的涟漪，却并没有一条永久性的皱纹。它永远年轻，我还可以站在那儿，看到一只飞燕坦然扑下，从水面衔走一条小虫，正和从前一样。今儿晚上，这感情又来袭击我了，仿佛二十多年来我并没有几乎每天都和它在一起厮混过一样，——啊，这是瓦尔登，还是我许多年之前发现的那个林中湖泊；这儿，去年冬天被砍伐了一个森林，另一座林子已经跳跃了起来，在湖边依旧奢丽地生长；同样的思潮，跟那时候一样，又涌上来了；还是同样水露露的欢乐，内在的喜悦，创造者的喜悦，是的，这可能是我的喜悦。这湖当然是一个大勇者的作品，其中毫无一丝一毫的虚伪！他用他的手围起了这一泓湖水，在他的思想中，予以深化，予以澄清，并在他的遗嘱中，把它传给了康科德。我从它的水面上又看到了同样的倒影，我几乎要说了，瓦尔登，是你吗？

这不是我的梦，
用于装饰一行诗；
我不能更接近上帝和天堂
甚于我之生活在瓦尔登。

我是它的圆石岸，
飘拂而过的风；
在我掌中的一握，
是它的水，它的沙，
而它的最深邃僻隐处
高高躺在我的思想中。

导读

今天，科技在发展，时代在前进，物质日益丰富，但自然环境却日益恶化，各种生态灾难始终困扰着我们。在饱受工业文明之痛的当代，生态作家始终以文学的方式表达对人与自然关系的忧思与考量，着力重建人与自然的和谐，引领人类重归诗意的生存轨道。事实上，纵观人类文学发展历程，古今中外的文学作品对人和自然之间关系的思考一直没有停止过。梭罗的《瓦尔登湖》是第一部符合现代生态文学定义的生态文学作品，它曾与《圣经》诸书一同被美国国会图书馆评为“塑造读者的 25 本书”。

梭罗本人从小就热爱大自然，对大自然有着十分浓厚的兴趣。超验主义的影响，更是坚定了他与大自然亲密接触的态度和决心。在他所有的文学作品中几乎都有着大自然的影子。所以，《瓦尔登湖》的重点不在于写景，更不在于那些写景的技巧，其重点在于记录对自然的感受、情感的变化及由此引发的深邃思考。

在这本书里，梭罗记录了在瓦尔登湖畔独自居住的两年时间里劳动、写作、观察、倾听、体验和梦想融为一体的生活体验。独立纪念日（7 月 4 日）那天，他搬进了自己的小木屋，开始了长达两年零两个月远离尘嚣、自食其力的独居生活。在这里梭罗独自开荒种地，播种土豆、玉米、豌豆、萝卜和蚕豆等，同时还栽种松树和山核桃树，一部分用来食用，另一部分则出售用来换取其他生活开支。房间里的家具也是十分简陋，有一部分还是他自己亲手做的。有空的时候，他还会到村子里做木工活和一些杂活儿，挣些钱补贴家用。其余的时间里，则无忧无虑地看书、写作、欣赏自然、思考人生。在这里他观察、倾听、沉思、感受着瓦尔登湖的春夏秋冬和雨雪阴晴，瓦尔登湖就是他的亲密伙伴、爱人，伴随着他度过了每一个清晨与黄昏，充实而快乐。在这里他与野鸭、松鼠、兔子、狐狸等小动物为伍；认真观察着它们的一言一行，一举一动，周围的一草一木也都成为他的好邻居、好伙伴。他在与自然界的交流过程中，探寻着生活的智慧，试图还原生活的本来面目和本质意义。他全身心地投入其中，认真实践着他理想中的简单生活。梭罗将对自然的尊重变成了自己日常的生活方式。

然而，精神生活才是梭罗最重要的哲学追求。通过精心安排的多重结构，作品向读者展示出了一幅幅人与自然浑然一体的美丽画面，不仅读起来前后照应，而且透过这些季节更替的不同画面，让人们解读出他在湖边的生活历程中所感悟到的一个真理：通往任何一个目的地的道路并不是唯一的。对于同一个问题，要从不同的角度去考虑。我们要追求的不是物质上的享受，而是精神上的需求。在梭罗眼中，自然不仅仅是人类的物质家园，自然更是人类感知的对象，是人类的精神归宿。在“阅读”一章里，梭罗详尽地分析了实现精神富足的方式——阅读，他首先指出了人类精神的重要甚至是唯一的载体——书的重要性：“书本是世界的珍宝，多少世代与多少国土的最优良的遗产。”读一本好书，就像与一个高尚的人对话：因为古典作品如果不是最崇高的人类思想的记录，那又是什么呢？它们是唯一的、不朽的神示卜辞。最后，梭罗指出了阅读对于一个人成长的意义：“多少人在读了一本书之后，开始了他生活的新纪元！一本书，能解释我们的奇迹，又能启发新的奇迹，这本书就为我们而存在了。”

深入分析可以发现，瓦尔登湖具有多重的象征意义。然而，这一片湖水在梭罗的文章里，明显象征着任何精神上的、哲学上的以及人本身的东西。它位于森林深处，远离尘世，让人可以与青山碧水为伴，抛掉所有的凡事纷扰。同时，它也象征着大自然的生命力和安静祥和，也代表着人类对大自然的反观自省。因而，在《瓦尔登湖》中，梭罗在礼赞自然的同时，把批判的锋芒无情地指向了我们生活其中的病态社会。梭罗对于以火车和铁路为代表的工业化乃至整个现代化是本着反思和批判的态度的。例如，他写道，“列车的出站到站现在成了林中每一天的大事了。它们这样遵守时间地来来去去，而它们的汽笛声老远都听到，农夫们可以根据它来校正钟表，于是一个管理严密的机构调整了整个国家的时间。自从发明了火车，人类不是更能遵守时间了吗？在火车站上，比起以前在驿车站来，他们说话不是更快，思想不也是更迅疾了吗？火车站的气氛，好像是通上了电流似的。对于它创造的奇迹，我感到惊异；我有一些邻居，我本来会斩钉截铁地说他们不会乘这么快的交通工具到波士顿去的，现在只要钟声一响，他们就已经在月台上了。‘火车式’作风，现在成为流行的口头禅；由任何有影响的机构经常提出的真心诚意的警告。”

在梭罗所处的那个时代，即 19 世纪上半叶的美国，正处于由农业时代向工业时代转型的初始阶段。伴随着资本主义社会工业化的脚步，美国经济迅猛发展，社会不断进步，蓬勃发展的工业和商业滋生了社会普遍流行的拜金主义思想和享乐主义思想。人们都在为获取更多的物质财富，过上更好的物质生活而整日忙碌着。聚敛财富成为了人们生活的唯一目标，为了达到这个目标可以不顾一切。人们疯狂、贪婪、过度地掠取、霸占有限的自然资源，开垦荒地的同时，大面积的森林也随之消失。生物的多样性不断减少等一系列的环境问题，使得整个自然生态受到了前所未有的破坏，人类自身的生存环境也变得岌岌可危。梭罗对于充满喧哗与骚动的 19 世纪表示了深深的厌恶之情，他需要的是一个沉思的宁静的空间：“我愿我行我素，不愿涂脂抹粉，招摇过市，引人注目，即便我可以跟这个宇宙的建筑大师携手共行，我也不愿——我不愿生活在这个不安的、神经质的、忙乱的、琐细的 19 世纪生活中，宁可或立或坐，沉思着，听任这 19 世纪过去。”这是梭罗的作品带给我们的另一个启示，即生态文学不仅仅只描绘美丽的自然或者宁静的生活，而且要对现实社会进行针锋相对的批判，通过这种方式，引起人类对自身生活的反思。

通过阅读《瓦尔登湖》，可以感受到，梭罗善于在自然中发掘精神的意义和生活的意义，并最终确立人类存在的意义。人要回归自然、融入自然，这种保护自然的观点使梭罗成为人类历史上第一位自然主义者及西方环保主义思潮的先驱。可以说，在梭罗的同时代人中，没有任何一个人能像他那样全身心地投入自然，参与自然，迷恋自然，融入自然；

也没有任何一个人像他那样对自然了如指掌，情同手足。因此，在那个时代，很少有人能够理解梭罗，读懂梭罗，给予他的大多是嘲笑与不解。然而，20 世纪中叶以来，西方发达工业化社会的经济发展和文化繁荣再也不能掩饰环境破坏与生态恶化的种种问题。大规模环境破坏所带来的生态恶果令人触目惊心，其对人类自身生存的直接威胁日益获得广泛的重视，人们不得不在社会文化层面进行深刻的反思。《瓦尔登湖》通过记录简朴而自然的隐居生活，深刻思考了人类所应具有的生存状态以及人类与大自然应有的关系。从这个意义上来说，在 21 世纪的环境美学、生活美学、生态美学兴起之际，梭罗关于自然生态的思想给当代的生态文学、生态伦理学乃至生态文明建设都提供了宝贵而丰富的思想资源。

思考与讨论

1. 简要分析《瓦尔登湖》在生态文学发展史上的意义。
2. 如何看待《瓦尔登湖》中的日常生活方式？
3. 当代生态文学给我国生态文明建设带来哪些启示？

拓展阅读

1. Joel Myerson. *The Cambridge Companion to Henry David Thoreau*, Cambridge University Press, 2000.
2. 卢梭：《论人类不平等的起源和基础》，李常山译，商务印书馆 1962 年版。
3. 王诺：《欧美生态文学》，北京大学出版社 2005 年版。
4. 杨靖：《“疾病的隐喻”：梭罗论健康与自然》，《外国文学评论》2015 年第 1 期。

秋兴八首和走向冬天

秋兴八首[①]

杜　甫

其一

玉露凋伤枫树林，巫山巫峡气萧森。
江间波浪兼天涌，塞上风云接地阴。
丛菊两开他日泪[②]，孤舟一系故园心[③]。
寒衣处处催刀尺[④]，白帝城高急暮砧[⑤]。

其二

夔府孤城落日斜，每依北斗望京华。
听猿实下三声泪，奉使虚随八月槎。
画省香炉违伏枕[⑥]，山楼粉堞隐悲笳[⑦]。
请看石上藤萝月，已映洲前芦荻花。

杜甫诗意图

其三

千家山郭静朝晖，日日江楼坐翠微[⑧]。
信宿渔人还泛泛[⑨]，清秋燕子故飞飞。
匡衡抗疏功名薄，刘向传经心事违。
同学少年多不贱，五陵衣马自轻肥。

其四

闻道长安似弈棋，百年世事不胜悲。
王侯第宅皆新主，文武衣冠异昔时。

---

① 选自仇兆鳌：《杜诗详注》，中华书局1979年版。 ② 丛菊两开：杜甫此前一年秋天在云安，此年秋天在夔州，从离开成都算起，已历两秋，故云“两开”。“开”字双关，一谓菊花开，又言泪眼开。他日：往日，指多年来的艰难岁月。 ③ 故园：此处当指长安。 ④ 催刀尺：指赶裁冬衣。“处处催”，见得家家如此。 ⑤ 白帝城：即今奉节城，在瞿塘峡上口北岸的山上，与夔门隔岸相对。急暮砧：黄昏时急促的捣衣声。砧，捣衣石。 ⑥ 画省：指尚书省。 ⑦ 山楼：白帝城楼。 ⑧ 翠微：青山。 ⑨ 信宿：再宿。

直北关山金鼓振①,征西车马羽书驰②。
鱼龙寂寞秋江冷③,故国平居有所思④。

其五

蓬莱宫阙对南山,承露金茎霄汉间。
西望瑶池降王母,东来紫气满函关。
云移雉尾开宫扇⑤,日绕龙鳞识圣颜⑥。
一卧沧江惊岁晚⑦,几回青琐点朝班⑧。

其六

瞿塘峡口曲江头,万里风烟接素秋。
花萼夹城通御气,芙蓉小苑入边愁。
珠帘绣柱围黄鹄⑨,锦缆牙樯起白鸥⑩。
回首可怜歌舞地⑪,秦中自古帝王州⑫。

其七

昆明池水汉时功,武帝旌旗在眼中。
织女机丝虚夜月,石鲸鳞甲动秋风⑬。

---

① 北:正北,指与北边回纥之间的战事。金鼓振:指有战事,金鼓为军中以明号令之物。 ② 征西:指与西边吐蕃之间的战事。羽书:即羽檄,插着羽毛的军用紧急公文。驰:形容紧急。此二句谓西北吐蕃、回纥侵扰,边患不止,战乱频繁。 ③ 鱼龙:泛指水族。寂寞:是指入秋之后,水族潜伏,不在波面活动。《水经注》:"鱼龙以秋冬为夜。"相传龙以秋为夜,秋分之后,潜于深渊。 ④ 故国:指长安。平居:指平素之所居。末二句是说在夔州秋日思念旧日长安平居生活。 ⑤ 云移:指宫扇云彩般地分开。雉尾:指雉尾扇,用雉尾编成,是帝王仪仗的一种。唐玄宗开元年间,萧嵩上疏建议,皇帝每月朔、望日受朝于宣政殿,上座前,用羽扇障合,俯仰升降,不令众人看见,等到坐定之后,方令人撤去羽扇。后来定为朝仪。 ⑥ 日绕龙鳞:形容皇帝衮袍上所绣的龙纹光彩夺目,如日光缭绕。圣颜:天子的容貌。这二句意谓宫扇云彩般地分开,在威严的朝见仪式中,自己曾见过皇帝的容颜。 ⑦ 一:一自,自从。卧沧江:指卧病夔州。岁晚:岁末,切题之"秋"字,兼伤年华老大。 ⑧ 几回:言立朝时间之短,只不过几回而已。青琐:汉未央宫门名,门饰以青色,镂以连环花纹。后亦借指宫门。点朝班:指上朝时,殿上依班次点名传呼百官朝见天子。此二句慨叹自己晚年远离朝廷,卧病夔州,虚有朝官(检校工部员外郎)之名,却久未参加朝列。 ⑨ 珠帘绣柱:形容曲江行宫别院的楼亭建筑极其富丽华美。黄鹄:鸟名,即天鹅。《汉书·昭帝纪》:"始元元年春,黄鹄下建章宫太液池中。"此句是说因曲江宫殿林立,池苑有黄鹄之类的珍禽。 ⑩ 锦缆牙樯:指曲江中装饰华美的游船。锦缆,彩丝做的船索。牙樯,用象牙装饰的桅杆。此句说曲江上舟楫往来不息,水鸟时被惊飞。 ⑪ 歌舞地:指曲江池苑。此句是说昔日繁华的歌舞之地曲江,如今屡遭兵灾,荒凉寂寞,令人不堪回首。 ⑫ 秦中:此处借指长安。帝王州:帝王建都之地。 ⑬ 石鲸:指昆明池中的石刻鲸鱼。《三辅黄图》卷四引《三辅故事》曰:"池中有豫章台及石鲸,刻石为鲸鱼,长三丈,每至雷雨,常鸣吼,鬣尾皆动。"汉代石鲸今尚在,现藏陕西历史博物馆。

波漂菰米沉云黑①，露冷莲房坠粉红②。
关塞极天唯鸟道③，江湖满地一渔翁④。

其八

昆吾御宿自逶迤，紫阁峰阴入渼陂。
香稻啄馀鹦鹉粒，碧梧栖老凤凰枝。
佳人拾翠春相问⑤，仙侣同舟晚更移⑥。
彩笔昔曾干气象⑦，白头吟望苦低垂⑧。

走向冬天⑨

北　岛

风，把麻雀最后的余温
朝落日吹去
走向冬天
我们生下来不是为了
一个神圣的预言，走吧
走过驼背的老人搭成的拱门
把钥匙留下
走过鬼影幢幢的大殿
把梦魇留下
留下一切多余的东西
我们不欠什么
甚至卖掉衣服，鞋
把最后一份口粮
把叮当作响的小钱留下
走向冬天

---

① 菰（gū）：即茭白，一种草本植物，生浅水中，叶似芦苇，根茎可食。秋天结实，皮黑褐色，状如米，故称菰米，又名雕胡米。此句是说菰米漂浮在昆明池面，菰影倒映在水中，望过去黑压压一片，像乌云一样浓密。 ② 莲房：即莲蓬。坠粉红：指秋季莲蓬成熟，花瓣片片坠落。中二联刻画昆明池晚秋荒凉萧瑟之景。 ③ 关塞：此指夔州山川。极天：指极高。唯鸟道：形容道路高峻险要，只有飞鸟可通。此句指从夔州北望长安，所见唯有崇山峻岭，恨身无双翼，不能飞越。 ④ 江湖满地：指漂泊江湖，苦无归宿。渔翁：杜甫自比。 ⑤ 拾翠：拾取翠鸟的羽毛。相问：赠送礼物，以示情意。《诗经·郑风·女曰鸡鸣》："知子之顺之，杂佩以问之。" ⑥ 仙侣：指春游之伴侣，"仙"字形容其美好。晚更移：指天色已晚，尚要移船他处，以尽游赏之兴。 ⑦ 彩笔：五彩之笔，喻指华美艳丽的文笔。《南史·江淹传》："又尝宿于冶亭，梦一丈夫自称郭璞，谓淹曰：'吾有笔在卿处多年，可以见还。'淹乃探怀中，得五色笔一，以授之。尔后为诗绝无美句，时人谓之才尽。"干气象：喻指自己曾于天宝十载上《三大礼赋》，得唐玄宗赞赏。 ⑧ 白头：指年老。望：望京华。 ⑨ 选自北岛：《北岛诗集》，鹭江出版社2008年版。

唱一支歌吧
不祝福,也不祈祷
我们绝不回去
装饰那些漆成绿色的叶子
在失去诱惑的季节里
酿不成酒的果实
也不会变成酸味的水
用报纸卷支烟吧
让乌云像狗一样忠实
像狗一样紧紧跟着
擦掉一切阳光下的谎言
走向冬天
不在绿色的淫荡中
堕落,随遇而安
不去重复雷电的咒语
让思想省略成一串串雨滴
或者在正午的监视下
像囚犯一样从街上走过
狠狠踩着自己的影子
或者躲进帷幕后面
口吃地背诵死者的话
表演着被虐待狂的欢乐
走向冬天
在江河冻结的地方
道路开始流动
乌鸦在河滩的鹅卵石上
孵化出一个个月亮
谁醒了,谁就会知道
梦将降临大地
沉淀成早上的寒霜
代替那些疲倦不堪的星星
罪恶的时间将要中止
而冰山连绵不断
成为一代人的塑像

导读

叔本华曾一针见血地指出“伟大人物不是时代的儿子，而是它的前妻之子”。他们未得时代恩宠，而是于后世传唱。“前不见古人，后不见来者，念天地之悠悠，独怆然而涕下。”陈子昂的《登幽州台歌》唱出的是这群人内心深处的孤独。大凡有成就的文学大家都有此类情绪，由此酝酿出的情感更易于让人体会。

杜甫生活在大唐由盛转衰的历史转折时期，这时期的民族矛盾、阶级矛盾和政治斗争都达到了异常尖锐的程度。混乱的政治局面导致包括杜甫在内的黎民百姓流离失所。杜甫求取功名不第，任左拾遗时，因“见时危急”，上疏营救罢相的房琯，触怒肃宗，几受刑戮，竟遭贬斥。仕途不顺且家镜难圆，妻儿一直寄居他乡，待得他任前迎接时却只等到幼子被饿死的噩耗，而自己一生颠簸终是客死于由潭州往岳阳的一条小船上。杜甫一生潦倒，其诗“百年歌自苦，未见有知音”(杜甫《南征》)。而今，杜甫是世界文化名人，是中国优秀传统文化的集中代表。他被后人尊为诗圣，他“体大思精而格浑”的诗风，在宋以后受到王安石、苏轼、陆游等人的广泛重视和推崇。杜甫在55岁旅居夔府时的作品《秋兴》就是其中佳作。《秋兴》是八首蝉联、结构严密、抒情深挚的七言律诗，体现了诗人晚年的思想和艺术成就，但更有价值的是它提供了广阔、具体、生动的生活画面，这也是杜诗被称为“诗史”的重要原因。

第一首开篇“玉露凋伤枫树林，巫山巫峡气萧森。江间波浪兼天涌，塞上风云接地阴”即以巫山巫峡的秋色秋声烘托出阴沉萧森、动辄不安的环境气氛，与第三首“千家山郭静朝晖，日日江楼坐翠微”的宁静之色截然不同。“丛菊两开他日泪，孤舟一系故园心”则开启了思乡模式，强调了诗人此刻的孤寂，第二首中“夔府孤城落日斜，每依北斗望京华”便是承此而来。从落日黄昏坐到斗转星移的黎明，翘首北望、长夜不寐的孤独一览无遗，晨曦中的夔府，秋气清明，江色宁静，却不能安抚诗人烦扰不安的内心，为什么？在第四首中用“闻道长安似弈棋，百年世事不胜悲”一句揭露了诗人此番境地的原因——内政上人事的更变，诗人心目中纲纪制度的崩坏，军事上回纥、吐蕃的连年入侵，这一切都与诗人曾经见证过的唐代全盛时期完全不一样了，是以“故国平居有所思”。遥想当年“云移雉尾开宫扇，日绕龙鳞识圣颜”“昆明池水汉时功，武帝旌旗在眼中”，诗人怀念“香稻啄馀鹦鹉粒，碧梧栖老凤凰枝”的曾经，可眼前只有“一卧沧江惊岁晚，几回青琐点朝班”“关塞极天唯鸟道，江湖满地一渔翁”，不复“彩笔昔曾干气象”的当年，仅剩“白头吟望苦低垂”的沧桑。

《秋兴》八首是不可分割的整体，如八个乐章谱成了一首以国家兴衰与爱国思想为主题，以夔府的秋日萧瑟，诗人的暮年多病，身世飘零，特别是忧念祖国安危的沉重心情作为基稠的抒情曲。“佳人拾翠春相问，仙侣同舟晚更移”“信宿渔人还泛泛，清秋燕子故飞飞”则是其中调节情绪的欢快音符。王船山说：“八首如正变七音旋相为宫而自成一章，或为割裂，则神态尽失矣。”(《船山遗书·唐诗评选》卷四)杜甫熟练地继承了前人循环往复的诗歌表现手法，在八首诗中用强烈的对比以及多次的循环往复，把读者引入诗的境界中去，感叹盛世的衰微，惋惜诗人的没落。生活的困顿让他形体孤独，朋友的相继去世使之精神孤独，而他的诗歌领域的孤独也是外人不能体会的。闻一多曾经深情地说过："可是杜甫那伟大的人格，伟大的天才，你定神一想，可不是太伟大了，伟大得可疑吗？上下数千年没有第二个杜甫（李白有他的天才，没有他的人格），你敢信杜甫的存在绝对可靠吗？一切的神灵和类似神灵的人物都有人疑过，荷马有人疑过，莎士比亚有人疑过，杜甫失了被疑的资格，只因文献、史迹，种种不容抵赖的铁证，一五一十，都在我们手里。"

与敢于直面破败人世的杜甫一样，北岛总是以一种挑剔甚至是严苛的眼光来看待身边的现实生活，揭去其虚伪的面具，暴露出苍白的本质。与杜甫"弃绝蓬室居，塌然摧肺肝"为国而战一样，北岛也总是以精神斗士的形象手持重锤去锤击震撼青年迷惘的心灵。《走向冬天》作为他前期的代表作，以怀疑、指控的态势切入与之格格不入的现实。开篇风、麻雀的最后余温和落日这三个意象都渲染了冬天的寒冷肃杀气氛，奠定了全文的情感基调，与《秋兴》如出一辙。"我们生下来不是为了/一个神圣的预言，走吧……"表达了北岛毫不妥协的反抗。他坚毅地宣称："走向冬天/不在绿色的淫荡中/堕落，随遇而安"，"走向冬天/唱一支歌吧/不祝福，也不祈祷/我们决不回去/装饰那些漆成绿色的叶子。""我们绝不回去"传递的是诗人执着地追求、坚定不移地挑战宿命的信念。敢于"用报纸卷支烟"——呐喊着与当时的历史时代彻底告别，只有对正义极度渴求的人才敢于用这种语调说话。"乌鸦在河滩的鹅卵石上/孵化出一个个月亮""让乌云像狗一样忠实/像狗一样紧紧跟着/擦掉一切阳光下的谎言"，这似乎揭示了人们来到冬天的目的——在寒风下醒悟，在冷静中认识自己。这一切的心理根源，我们都能在当时的历史背景中找到，那就是偶像的坍塌、信仰的破灭、以往尊奉和恪守的价值体系的崩解。"谁醒了，谁就会知道/梦将降临大地/沉淀成早上的寒霜/代替那些疲倦不堪的星星/罪恶的时间将要中止/而冰山连绵不断/成为一代人的塑像"，这是诗人的预言，而不久之后预言就将成真。

《走向冬天》这首诗既创造出丰富多彩的意象以及意象的组合、叠加，并由此强化象征或隐喻效果，又有思辨力极强的哲言警语，因而无穷意蕴与理性深度高度统一。"冰山"关于自身、关于个体，但也是关于"一代人"的意象，它意味着坚决、执着、孤傲，也意味着艰难、险峻。驼背的老人、鬼影幢幢的大殿、梦魇、囚犯是如鲁迅、巴尔扎克等小说家在小说中塑造的阿 Q、葛朗台一样的让人一读（睹）难忘的艺术典型；钥匙、梦魇、最后一份口粮、叮当作响的小钱等又都暗示了希望。北岛的这首小诗意象密集而灵动，画面感极强，把音乐、绘画、小说等艺术手法集于一体，以小见大。既有诗的意象和形式的创新，又有某种"主题"的确定性，正是北岛前期许多诗的共性特征。通过这些独特的艺术手段，创造了极具个性的艺术典型，唱出了一首悲怆而意蕴丰厚的歌曲。可以说《走向冬天》是北岛向庸众的告别宣言，是启蒙行为的自行终结。诗人宁愿抛弃一切地"走"，然而"走"的归宿又是什么？是"冬天"。"走向冬天"之中包含了诗人体验到的历史的全部悲哀与残酷。这位孤独的智者与勇士，就如一位精神难民，背负着救赎自我，实际上也仍在救赎庸众的十字架，义无反顾，一往无前地走向让人寒战的"冬天"，去与自己的绝望、心灵进行韧性搏击。

杜甫和北岛在各自的时代里各自地孤独着，但这都不影响他们完成自身的大写。对于杜甫和北岛来说，最孤独的时刻也是最具永恒意义的时刻。

思考与讨论

1. 谈谈儒家思想在杜甫诗歌中的表现。
2. 结合北岛其他诗歌,论述北岛诗歌中的理想主义和英雄主义情结。
3. 试论述杜甫和北岛两位诗人在精神上的联系。

拓展阅读

1. 冯至:《杜甫传》,人民文学出版社 1980 年版。
2. 仇兆鳌:《杜诗详注》,中华书局 1979 年版。
3. 北岛:《北岛诗精编》,长江文艺出版社 2014 年版。
4. 洪子诚、刘登翰:《中国当代新诗史》,北京大学出版社 2005 年版。

第三编　艺术与美学

导　言

艺术：有意味的形式

艺术一词起源于拉丁语“ars”，大意是“技巧”，不过暗含着艺术需要天分，并非人人都可以通过学习而获得的意思。渐渐地，艺术从单纯性的技巧中脱离出来，升华为高雅的“Belle Arti”（意大利语“艺术”），“Beaux Arts”（法语“艺术”）。[①] 在历史中，艺术所饱含的门类一直在发生变化。古希腊艺术女神缪斯共有九位，分别掌管史学、音乐、舞蹈、悲剧、喜剧、抒情剧、史诗和天文。中世纪时，文法、修辞、逻辑学、算术、几何、天文和音乐被视为“自由七艺”。而在中国古代，礼、乐、射、御、书、数被称为“六艺”。近代以来，美的艺术渐渐从实用艺术中脱离开来，天文、数学、逻辑等被排除在艺术之外，而建筑、雕刻、绘画被纳入其中，艺术大致包括建筑、雕刻、绘画、音乐、诗歌、戏剧等门类。虽然艺术门类变化很大，但是在20世纪之前，对于艺术的所指，人们即便不能言说，也能心领神会。到了20世纪，艺术界掀起了颠覆教条和学院派的运动，艺术的面貌变得支离破碎。若是走进艺术馆，20世纪的展品与之前的展品相比，几无相同之处。艺术成为一个越来越难以界定的事物。

一、艺术的概念

1917年，法国艺术家杜尚将一个从商店买来的男用小便池起名为《泉》，匿名送到美国独立艺术家展览会并要求作为艺术品展出，成为现代艺术史上一个重要事件。这纯粹是一个恶作剧还是一个严肃的艺术创作或者兼而有之，至今仍是一个争论不休的问题。到底什么是艺术？虽然艺术研究者前赴后继地对艺术的概念试图进行界定，但是艺术创作者却一再用创作成果打破概念的限制，将艺术引向不断的争议之中。

一件艺术作品要想存在，必须具备某种属性，正是这种属性让人们至少在心理上将艺术作品与其他所有的东西区分开来。艺术这一类别中所共有的，唤起人们审美情感的属性究竟是什么？“圣索菲亚教堂、沙特尔的窗户、墨西哥雕塑、一个波斯碗、中国地毯、乔托在帕多瓦的壁画、普桑的杰作、皮耶罗·德拉·弗朗切斯卡和塞尚的作品共同的属性”是什么？克莱夫·贝尔说“可能的答案只有一个——有意味的形式”[②]。克莱夫·贝尔承认审美口味属于主观感受问题，要想所有的人在艺术欣赏上完全一致是不可能的，但是欣赏者仍可能在某一点上达成共识。克莱夫·贝尔说：“尽管打动我的作品是A、B、C、D，而打

① 马丁·坎普：《牛津西方艺术史》，余君珉译，外语教学与研究出版社2009年版，第2页。 ② 克莱夫·贝尔：《艺术》，薛华译，江苏教育出版社2005年版，第4页。

动你的作品是 A、D、E、F，但是我们可能同样都会相信我们喜爱的所有作品中具有唯一的共同属性 X。”①应该说，“有意味的形式”，是克莱夫·贝尔从被称为艺术的事物中所提取出的最大公约数，最为核心的因素。

（一）形式

艺术一定是以某种物质形式存在的。从载体形式来说，可以是岩石、金属、纸张、布、身体等；从表现形式来说，可以是镌刻、铸造、书写、描绘、说唱、动作等。脱离了形式，艺术便不复存在。且不说古典时代大师们的精描细画，精雕细刻，即便 20 世纪艺术家们竞相在形式上争奇斗怪，皮特·蒙德里安的《红、黄、蓝的菱形画》只是红黄蓝几个色块，马尔克·罗斯科的《无题》只有黑色和灰色两个面，卢西奥·丰塔纳的《空间概念：“等待”》只有漂白的亚麻布上的两条裂缝，简单如此，但也没能够抛开形式。一幅作品再怎么具有强烈的实验精神，也不可能将形式完全实验掉。

《红、黄、蓝的菱形画》
皮特·蒙德里安，约作于 1921 年

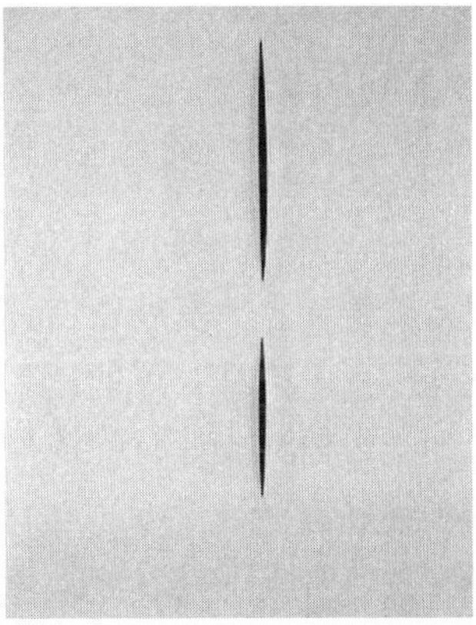

《空间概念：“等待”》
卢西奥·丰塔纳，作于 1958 年

（二）意味

意味指的是艺术作品所包含的情趣、韵味、思想。艺术是纯粹主观的东西。克莱夫·贝尔说过，“任何美学体系如果装腔作势地说自己是建立在客观真理之上，那它显然是荒谬绝伦的”②。艺术作品总是包含着一定的意味，不管这意味是来自创作者的赋予，还是来自欣赏者的阐释。

传统艺术作品的意味可能主要来自创作的赋予，如欧仁·德拉克洛瓦的油画《自由引导人民》。尽管七月革命不过是波旁家族中稍为开明的一派势力替代了反动的波旁王朝的统治，但是艺术家明显地将自己的情感注入其中，从而使这一作品所体现的精神超越了事件本身。油画的中心是一个炽烈的女性形象，作者以富有寓意的形象——她手中的三色旗，弗吉利亚帽，身后追随的社会各阶层，让她成为法国人民精神的化身，领导人民走向

① 克莱夫·贝尔：《艺术》，薛华译，江苏教育出版社 2005 年版，第 5 页。 ② 克莱夫·贝尔：《艺术》，薛华译，江苏教育出版社 2005 年版，第 4 页。

胜利。①

而具有实验性质的作品的意味则更大程度来自欣赏者的阐释。比如杜尚的《泉》。杜尚将小便池送到展览会，于杜尚来说，究竟是一个严肃的行为，还是一个异想天开的恶作剧，并不是这个小便池能否成为艺术作品的关键因素，欣赏者的阐释才是。“一句话，杜尚的现成品的存在意义就是要嘲弄和击垮观众”②，这种嘲弄，在理性主义、资产阶级文明遇到怀疑，偶像破坏论受到尊崇的二十世纪前半期，在解构主义盛行、大众文化泛起的二十世纪后半期，显然可以得到持续深邃的阐释。杜尚对艺术和观众的戏弄或者挑衅，尽管令人不悦，并且有着虚无主义的倾向，却呼应着时代的精神，并且将人们对于艺术乃至世界的认识和理解逼入到类似于死亡的困境，从而得到再次涅槃的可能。③

艺术不可能抛弃形式，不管形式如何简单；不可能否定意味，不管艺术作品的意味的来源如何，内容如何。所以说，艺术是一种有意味的形式，如果一定要加一个限定词的话，可以说，艺术是一种人为的、有意味的形式。

二、艺术的历史

在谈论原始艺术时，贡布里希说，不要以为原始初民的东西看起来不顺眼就认为他们的手艺不过如此，与我们不同的不是他们的技艺水平，而是他们的思想观念，“整个艺术发展史不是技术熟练程度的发展史，而是观念和要求的变化史”④。观念的变化带来风格的变化，而“任何一种风格都有可能达到艺术的完美境界”⑤。贡布里希所说的“观念”并非黑格尔所说的绝对精神或者时代精神，而是社会思想、艺术技巧、个人趣味交织而成的一种艺术倾向和偏好。

贡布里希并非否定工具、技巧、受众等元素对于艺术的重要性。事实上，工具、技巧、受众对艺术的重要性是不言而喻的。例如，摄影技术的出现，不仅促生出新的艺术形式，同时改变着传统的艺术观念。在相当长的历史时期内，绘画是为一些实用目的服务的，它被用来记录名人的容貌或乡下住宅的景色，以使其传之于子孙后世。但是现在这些事情

① 三色旗：中间的白色象征真理和纯洁，蓝色表示自由，红色象征为自由理想而倒下的人们的鲜血。象征性的旗帜同整体色彩设计相协调，强化了高扬于整个画面的爱国主义主题。即便是女性头上常被忽视的小帽，也富有象征意味。这顶被称为弗吉利亚的帽子，模仿罗马时期解放了的奴隶戴的帽子设计，在法兰西第一共和国时期被视为自由的象征。参见威廉斯·弗莱明、玛丽·马里安：《艺术与观念》(下)，宋协立译，北京大学出版社 2008 年版，第 529—530 页。 ② 卡斯比特：《艺术的终结》，吴啸雷译，北京大学出版社 2009 年版，第 22 页。 ③ 评论界对杜尚等人的作品的评价仍处在巨大的争议之中。齐安·亚菲塔称杜尚等人的作品为“非艺术”，齐安·亚菲塔激烈批评道，“非艺术的批评家和史学家的拿手好戏，就是为这些蠢事寻找某种解释，以便为那个玩意儿赋予某种连贯的意义。然而，对那作品的解释和作品本身之间的联系，在大多数时候，仅仅是异想天开或子虚乌有”(参见齐安·亚菲塔：《艺术对非艺术》，王祖哲译，商务印书馆 2009 年版，第 141 页)。不过，齐安·亚菲塔的批评虽有道理，但还是将杜尚等人作品的意义简单化了。关键问题在于，艺术的评价问题是一个纯粹的艺术问题，还是说与社会权力相关？如是与社会权力相关，便不能只在艺术范畴内评价艺术。关于这个问题，白谦慎的《与古为徒和娟娟发屋——关于书法经典问题的思考》倒是很有启发意义，可以与西方关于现代艺术的争论文章对照着读。④ 贡布里希：《艺术的故事》，范景中译，生活·读书·新知三联书店 1999 年版，第 44 页。 ⑤ 贡布里希：《艺术的故事》，范景中译，生活·读书·新知三联书店 1999 年版，第 115 页。

机械做得更好，没有必要让画家去做。因此，摄影技术的出现必然把艺术家的艺术探索推向更深远的层次，使绘画艺术与“逼真”这一昔日重要的审美标准日行日远，并日益成为更加个性化的活动。甚至可以说，艺术史完全可以以工具、技巧或受众的变迁为中心来写作。但是，工具、技巧、受众的变化并非艺术史最为核心的问题。正如贡布里希所说：“我的确认为把美术史家的注意力引向技术问题是重要的。我觉得现在美术史家什么都写，就是不写艺术。我们常读到他们关于妇女研究的文章，关于黑人以及艺术市场的文章。我当然不会否认这些问题也可以让人感兴趣，但是毕竟我们有权要求美术史要关心艺术本身。”①

贡布里希以古代埃及绘画艺术为例来说明他的观点。现代人第一次看到《内巴蒙花园》这幅画时，肯定会觉得难以理解，当人们得知此图所画的是一个带池塘的花园，可能会觉得更奇怪，因为这幅画完全不符合我们今天所习惯的焦点透视法则。但是贡布里希说，古埃及人如此处理，与他们对世界的认识相关。古埃及人希望能将世上拥有的一切带入地下，在他们死后继续享用，这种观念影响到他们的艺术。古埃及人主要追求的不是画得好看，而是画得完整。艺术家的任务是遵循严格的法则，将进入画中的事物尽可能地清晰、完整地保存下来。所以在这幅画里，对于池塘、池塘边的树、水中的鱼，古埃及分别选择了能够最清晰表现它们的角度进行描画。古埃及的人像画基本上都是侧面像，且让人感到扁平而扭曲，这并非意味着古埃及人认为现实中的人看上去如此，而只是要把自己认为最重要的东西都包括在一个人的形状之中。由此，古埃及的艺术形成了自身独特的风格。② 古埃及人所要描绘的是他们理念中的事物，而印象派画家所要描绘的是他们感觉中的事物。“知道事物实际如何……例如知道人的面部是以鼻子为中轴线两边对称的，就会妨碍人们对侧面像的描绘，要获得纯粹的视觉艺术就需要不带成见看这个世界，就要恢复被知识污染的纯真之眼，正是这种决心，使艺术从埃及的完全‘概念性的’[conceptual]艺术走向印象主义的完全‘知觉性的’艺术[perceptual]。”③

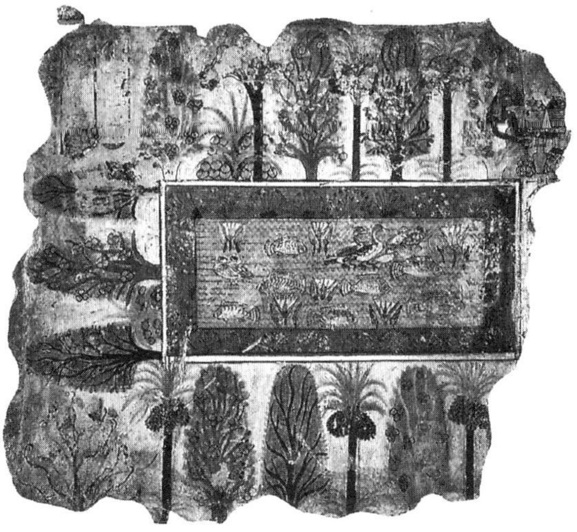

《内巴蒙花园》，作于约公元前1400年的墓室壁画

很长的一段历史中，学院里的学生接受的是以明暗交互作用为基础的绘画训练，他们在画室苦心描摹古典雕像的石膏模型，使阴影获得不同程度的明暗。然而，一旦他们掌握了这种技法，自然而然地将这种技法运用于一切物体，而没有注意到在自然中很难看到均匀地由暗转明的变化。在自己的眼睛和学院的规则之间，印象派选择了前者。他们抛弃

① 贡布里希：《艺术与科学——贡布里希谈话录和回忆录》，杨思梁、范景中、严善淳译，浙江摄影出版社1998年版，第164页。 ② 贡布里希：《艺术的故事》，范景中译，生活·读书·新知三联书店1999年版，第57—73页。 ③ 范景中：《〈艺术的故事〉笺注》，广西美术出版社2011年版，第31页。

了传统的柔和的明暗对比法，而更专注于眼睛所见到的真实。更准确地说，是艺术家个人眼睛所看到的变化着的万千现实的一瞬。

在画作《持阳伞的女人》中，莫奈着力表现光和微风带给人的微妙感受。某个夏日，一个持阳伞的年轻女性站在小山丘上，花草没过她的双脚，风吹动长裙轻舞，手中的阳伞似乎要带动她飘向湛蓝的天空和炫目的白云。金黄、淡蓝、浅粉闪闪发光，像是声音相互应和，永不停息。莫奈将动人的一瞬静止在纸上，让其成了永恒。

相对于莫奈对大自然的钟情，雷诺阿更乐于去表现现代场景中的人。他比任何其他印象派画家都更能从巴黎的现代场景中发现美丽和迷人之处。他的画作《游艇聚会的午宴》，抓取的是一群青年男女旅途中快乐的时刻。雷诺阿画出一组围绕着餐桌的生动的人物，但是不同于达·芬奇以《最后的晚餐》完美的构图、精细的表现以及宗教意蕴动人，这幅画的动人之处就在它的表象。食物，闪光的餐具，年轻的男女，游艇天篷朦胧的阳光散发着天堂般的气息。

正是艺术观念和要求的不同，将艺术引向不同的风格。与此相映照的，还有中国艺术。在习惯了“焦点透视”的现代人看来，古埃及人的绘画是奇怪的。然而在习惯了“焦点透视”的西方人看来，传统中国的绘画也是奇怪的。在中国的一幅山水画中，竟然可以具有三种不同的视角：平视、仰视、俯视。① 画家究竟是站在什么位置来观察、创作画作的呢？中国山水画受道禅思想影响巨大，强调“以形写神”，将形外之意当作最高的审美追求。画家并不在意笔下山水的物理真实性，而将笔墨重点放在了山水的精神以及自我精神上。画山水，重点在于表现山水的精神，山水精神实则也是画家自己精神的反映。因此，中国山水画家自由游走于平视、仰视、俯视三种视点之中，形成了中国独特的“散点透视”。在传统中国，“焦点透视”在绘画中作用不大，不是因为古人没有发现焦点透视，归根结底，是由古人对绘画的观念和要求造成的。

艺术的历史，可以说是观念的历史、风格的历史。从史前到古代希腊罗马，再到中世纪、文艺复兴，直到二十世纪，每次艺术观念变化都带来艺术风格的巨大变化。但不能将风格变化简单地描述为“进步”。在艺术的诸种风格之间，可以说具有种种差异。可以说艺术风格在不断创新，不断发展。但是很难说，某一种艺术风格比另一种风格更完美。文艺复兴以来的艺术家，无论是艺术观念还是艺术技巧，都比原始初民更为成熟，但是，我们很难说，历史上的某件伟大艺术品，较之于史前人类在洞穴中勾勒出的动物图案更具有艺术性。事实上，正如贡布里希所说，任何一种风格都有可能达到艺术的完美境界。

三、艺术的功用

艺术显然是有诸多功用的，但是，艺术最大的功用在于它不以实用为目的，这种“无用

① 郭熙总结“三远”说：“山有三远，自山下而仰山巅，谓之高远；自山前而窥山后，谓之深远；自近山而望远山，谓之平远。高远之色清明，深远之色重晦；平远之色，有明有晦。高远之势突兀，深远之意重叠，平远之意冲融而缥缥缈缈。其人物之在三远也，高远者明了，深远者细碎，平远者冲淡。明了者不短，细碎者不长，冲澹者不大。此三远也。”

之用”使得人有可能摆脱尘世的种种羁绊，从而走向自由之境。

艺术具有鲜明的非实用性。这并非说艺术没有实用性，而是说艺术不以追求实用为目的。如从实用性方面来考虑，艺术在社会组织、思想教育、环境装饰等许多方面都能发挥重要的功能。如中世纪哥特式教堂建造得如此挺拔高峻，绝不仅仅只是出于视觉上的考虑，也是出于引导和规范生活的需要。

且看法国的夏特尔大教堂。夏特尔大教堂具有哥特式教堂的一般特征。“高高的塔尖召唤着远处的旅行者来到教堂，也指引着辛苦的农民迈着疲惫的步子回到家中。塔楼内传出的钟声不仅指导着修士们的精神生活，而且也规范着整个城镇及周围乡村人们的内心生活。教堂的钟声伴着祈祷的人们，伴着婚礼和葬礼，也告诉人们劳作和休息的时间。”①不仅如此，哥特式教堂直冲云霄的塔尖将世人的眼光引向高处、引向天国、引向上帝，达到精神上与上帝交流的目的，所以说，哥特式教堂的高峻有着明显的实用目的。

再看夏特尔教堂中建于 13 世纪早期的巨大圆花窗，设计者追求的不仅是美，同时也是一种宗教体验。通过彩绘玻璃艺术，建筑师将太阳光转化为灿烂的多色光，并达到了对室内光线的控制，使光线按照他们的主观意愿向着任何一个方向流动，从而实现了通过对物质的控制而达到对非物质艺术的控制的观念。如一位教士所说，“当充满宝石的各种色彩的上帝之宫，把我从世俗世界的烦恼中唤来之时，神圣的光芒导引着我的心灵进入虔诚的沉思之中，把我的灵魂从物质的世界升华到非物质的世界”②。宗白华先生论及艺术在中国社会的功用时说，礼和乐是中国社会的两大柱石，“礼”构成社会生活里的秩序条理，而“乐”滋润着群体内心的和谐和团结力。③

简而言之，艺术将冰冷的外在秩序转化为个人内心温润的精神生活，使个体在无意识之中便融入社会结构之中。没有艺术对个体心灵的滋润，不仅个人的精神世界是粗粝的，所谓的社会凝聚力也只可能是一团被强力捏在一起的沙。

但是，尽管艺术具有多方面且重要的实用功能，但实用性仍并非艺术追求的目的，也非评价艺术的标准。夏特尔大教堂是艺术，不是因为它具有引导和规范社会生活的作用，而是因为它“美”。而人类在创造“美”、欣赏“美”时，离实用的距离恰好是最远的。康德认为，对美的鉴赏的愉悦是一种无利害的和自由的愉悦。④ 对此朱光潜先生解释说：“审美活动却不能涉及利害计较，不是欲念的满足，对象只以它的形式而不是以它的存在来产生美感。”⑤因此，我们在欣赏艺术作品时，心中想到的绝不是这个作品有什么功用、价值如何。如果我们如此想，便不是在欣赏艺术作品了。正是艺术与现实日用距离较远，所以它才能帮助人摆脱现实日用的束缚，获得自由。

---

① 威廉斯·弗莱明、玛丽·马里安：《艺术与观念》(上)，宋协立译，北京大学出版社 2008 年版，第 206 页。 ② 威廉斯·弗莱明、玛丽·马里安：《艺术与观念》(上)，宋协立译，北京大学出版社 2008 年版，第 218—220 页。 ③ 宗白华：《艺术与中国社会》，出自《美学的散步》，安徽教育出版社 2000 年版，第 99 页。 ④ 康德：《判断力批判》，邓晓芒译，人民出版社 2002 年版，第 44—45 页。 ⑤ 朱光潜：《西方美学史》，人民文学出版社 1979 年版，第 351 页。

夏特尔教堂北侧玫瑰圆窗，作于约1220年

夏特尔教堂彩绘玻璃窗画，作于约1170年

从艺术家的角度来说，艺术是一种自由的创造。艺术是想象的产物，具有强烈的创造性。虽然模仿论在西方长时间占据着统治地位，但即便艺术是对现实的模仿，艺术也不能将现实作为一个整体模仿下来，必定有取舍，有取舍便有想象、有创造。更重要的是，艺术家不仅在作品中描述世界，而且要以理想的形式去重构自身与环境，所以艺术可以说是“意造空中楼阁”。① 赫伯特·里德说“艺术价值在于表现一种艺术家只有依靠直觉力量才能把握得住的理想的均衡或和谐”②。据说米开朗基罗亲自去采石场寻找石块，在原石中，他已经看到了自己要创造的形象，在他看来，他的工作是将形象从大理石的禁锢中解放出来。刘勰在《文心雕龙》中说，“寂然凝虑，思接千载；悄焉动容，视通万里”，形象地写出艺术家在艺术创造中神与物游的想象活动。莎士比亚说，“疯子、情人和诗人都是满脑子结结实实的想象……诗人转动眼睛，眼睛里带着精妙的疯狂，从天上看到地下，地下看到天上。他的想象为从来没人知道的东西构成形体，他笔下又描出它们的状貌，使虚无杳渺的东西有了确切的寄寓和名目”③。所以，西方艺术家甚至将创作视为曾经只是上帝的特有权力。因为只有他才能依自己的想法赋予物质形态。艺术家的劳作与《圣经》中上帝的创造具有相同的意义。

从欣赏者的角度来说，艺术欣赏同样是一种自由的活动。首先，艺术欣赏同艺术创造一样，都是一种创造性的活动。其次，艺术欣赏不受现实利害的胁迫。人既然作为一种自然的动物，在现实生活中便难以避免对愉悦的追求。要实现这种追求有种种方式，可以从战胜自然中获得，可以从改造社会中获得。可以从生理享受中获得，如饮食；可以从心理

① 朱光潜：《谈美》，中华书局2011年版，第69页。 ② 赫伯特·里德：《艺术的真谛》，王柯平译，中国人民大学出版社2004年版，第195页。 ③ 中国社会科学院外国文学研究资料丛刊编辑委员会：《外国理论家、作家论形象思维》，中国社会科学出版社1979年版，第13页。

满足中获得，如购物。但是这种种追求，一是难以摆脱现实利害的计算，有利害便有得失，有得失便有牵挂，有牵挂便不得自由；二是受制于现实物质条件，物质条件有时而尽，人之欲望无穷，到最后难免陷入叔本华所说的人生在“欲望”与“痛苦”之间摇摆的处境。艺术欣赏的愉悦，与以其他方式获得的愉悦相比，虽不一定具有大小、雅俗之别，但是艺术欣赏的愉悦是不依赖于外在条件的。这颇似孔子所说的“吾欲仁，斯仁至也”，只要愿意追求，便能得到。因此，在艺术欣赏中，欣赏者能够不受现实利害的胁迫，超然于现实的束缚。

所以说，正是艺术的“无用之用”，使得人有可能摆脱尘世的种种羁绊，从而走向自由之境。

从洞穴石壁到电脑屏幕，从依靠双手到机器辅助，从世代流传到网络扩散，艺术将继续变化，就像一直以来的那样。作为一种想象性、创造性的活动，艺术不会终结，因为这是人类创造的最美的事物。走进艺术，就是走进美，就是走入人性、自由的生活。

美学：寻求完整的生命状态

在《大希庇阿斯篇》中，希庇阿斯给美下了种种定义，却一一遭到了柏拉图的否定。柏拉图同样不能给美下一个准确的定义，最后只能说“美是难的”。[①] 确然，对于美，要找到一个适合于每个例证的普遍定义非常困难，但没有人会否认美的存在。那么，我们可以从历史的角度去描述它，或许这样，更能显现美的真义。

一、作为生活现象的美感

美感是指具体的审美感受。从人类产生的时刻起，美感便已经存在。在人类童年时期，最初的美感是与征服、改造自然的实用目的联系在一起的，这一点可以从原始先民的图腾崇拜和巫术活动中鲜明地体现出来。

法国南部克罗马农山洞中至今保存着旧石器时期的壁画。大约在前 12000—前 5000 年，克罗马农人利用苔藓和矿物，在洞顶和石壁上画下了各种栩栩如生的动物形象，其中最让人震撼的是一幅长矛刺进一头巨大公牛面部的图画。对于先民绘制这些图画的目的，后人有许多猜测。当今学者依据弗雷泽的理论[②]，一般认为，这些图画是当时巫术—生产活动的一个部分。对于先民来说，这些动物形象是真实动物的替代物，通过长矛对这些动物形象的攻击，先民们希望能够征服真实的猎物。

在中国的甲骨文中，美写作，字形就像头上戴羽毛装饰或雉尾之类的舞人之形。李

① 朱光潜：《柏拉图文艺对话集》，人民文学出版社 1959 年版，第 42—167 页。 ② 弗雷泽认为，原始人已经初步认识到事物之事具有某种联系。其一，同样的“因”可以产生同样的“果”，反之亦然，即“相似律”。其二，物体一经接触，在切断实际接触后，仍继续远距离地互相作用，即“接触律”。（参见 J. G. 弗雷泽：《金枝》，汪培基、徐育新、张泽石译，商务印书馆 2013 年版，第 26 页）克罗马农人希望通过对狩猎活动的模仿，以达到对猎物的真实影响，正是弗雷泽所说的“相似律”的体现。

泽厚等认为，这个戴羽毛装饰或雉尾的舞人，同巫术图腾有直接关系。[1] 若如此，那便意味着华夏民族的先祖所理解的美，也与巫术—生产活动存在着密切关系。《吕氏春秋·古乐》记载："昔葛天氏之乐，三人操牛尾，投足以歌八阙：一曰载民，二曰玄鸟，三曰遂草木，四曰奋五谷，五曰敬天常，六曰建帝功，七曰依地德，八曰总禽兽之极。"先祖正是在酣畅的歌舞中，表达对天地的崇敬和丰收的愿望。

先民的活动往往出于巫术—生产之需，而并非出自审美的目的。但是，不能因此就认为这些活动不具备审美的意味。对于先民来说，巫术—生产活动是神圣的，因此，为了保证巫术—生产活动的效果，先民必定是怀着极为虔诚的心去绘制洞穴中的图画，编制祭祀的歌舞，将自身所理解的美的范式表现于其中。如李泽厚所说，在这个过程中，于对象一方，自然形式已经积淀了社会内容；于主体一方，官能感受积淀了观念性的想象、理解。这样，区别于工具制造和劳动过程，原始人类的意识形态活动，即包含着宗教、艺术、审美等在内的原始巫术礼仪真正开始了。[2] 巫术祭祀作为一种神圣的活动，始终充斥着先民对美的体验。

在人类早期，人类的审美活动虽始终不能脱离实用目的，但美感形式却是丰富多样的。平衡、匀称、和谐、完整与新奇、怪异、粗犷乃至丑陋这两种分属于优美和崇高审美范畴的美学风格并存于人类审美活动之中。

克罗马农山洞的壁画"所体现的凌厉之力是后世文明社会的人们无法超越的"[3]。与此时期相隔不久的中国仰韶文化的动物纹彩陶，形式朴拙，线条大胆，同样呈现出一种后人再难以复制的飞腾扬厉的美。再看龙山文化时期的黑陶蛋壳杯，线条圆润、结构匀称、造型优雅，表现出一种类似于古希腊的单纯与静穆之美。

随着人类生产力水平的提高，征服与控制自然的能力增强，物质产品得到丰富，人类审美活动终于不再完全依附于祭祀、劳动、生产等活动，从而进入了一个美的自觉时代。美的自觉时代也是艺术自觉的时代。无论是在中国还是在西方，艺术的各种形式得到了充分的发展。文学、美术、音乐、建筑等领域都出现了后世难以超越的典范。同时，自然终于作为一个审美对象进入到人类的视野之中。特别是对于中国人来说，人与自然的交融始终是美感的一个特点。

美感具有时代性，无论中外，都大致经过一个从原始到古典，再到现代和后现代的转变。这种转变，一个方面是对传统的反叛，另一个方面又是对传统的回归。后现代主义艺术无视传统艺术对美的形式的追求，引起许多非议。利奥塔德却认为，后现代主义艺术的标志是"崇高"而不是"美"。因为，"来自观念"的东西是无法显示的，"1910 年以来的抽象画动力来自对视觉所不可见的事物的间接的，根本无法把握的严格暗示。这些作品凭借崇高而不是美感获胜"[4]。后现代主义艺术的怪异、丑陋，正可看作对原始艺术崇高美学范畴的回归，它们传达的主要不是视觉形象，而是理念和绝对价值。

---

① 李泽厚、刘纲纪：《中国美学史》第 1 卷，中国社会科学出版社 1984 年版，第 79 页。 ② 李泽厚：《美的历程(修订插图本)》，天津社会科学院出版社 2001 年版，第 10 页。 ③ 威廉·弗莱明、玛丽·马里安：《艺术与观念》(上)，宋协立译，北京大学出版社 2008 年版，第 2—3 页。 ④ 让-弗·利奥塔等：《后现代主义》，赵一凡等译，社会科学文献出版社 1999 年版，第 23 页。

二、作为学科的美学

对美的思考自古以来便存在。但美学成为一个学科却是近代以来的事情。

先秦时期，我国对美的论述往往和善联系在一起。《国语》中伍举论美，说“夫美也者，上下、内外、大小、远近皆无害焉”，孔子听《韶》乐，说，“尽美矣，又尽善也”。在道家思想兴起和佛教东来后，中国的美论深受玄学和禅宗的影响，形成了重意境和神韵的特点，讲究“不着一字，尽得风流”，“言有尽而意无穷”。

在古希腊，毕达哥拉斯学派从形式论美，提出“美是和谐和比例”的观点，而柏拉图和新柏拉图学派则强调“理式”或“太一”才是美的本源。在欧洲中世纪，神学占据统治地位，基督教神学家将新柏拉图主义附会到神学中，上帝取代“理式”，成为美的本源。如阿奎那认为，美需要三件事：比例、完整及清晰。清晰来源于光，而上帝是光辉之因和万物和谐之因。文艺复兴时期虽是一个大师辈出的时代，但美学理论并没有大的突破。直到18世纪以后，欧洲近代哲学的兴起为美学思想的发展提供了新的动力。莱布尼茨和沃尔夫的理性哲学直接启发着德国哲学家鲍姆加通创立美学学科。

1750年，鲍姆加通的《美学》正式出版，这本书奠定了鲍姆加通“美学之父”的地位。鲍姆加通是沃尔夫的门徒，但他不满意莱布尼茨和沃尔夫的理性主义哲学对感性认识的贬低和轻视。他认为以往的人类知识体系有个重大的缺陷，即缺乏感性认识，主要是审美意识和艺术问题的严肃的哲学沉思。既然人类心理活动有知、情、意三个部分，“知”有逻辑学在研究，“意”有伦理学在研究，那么“情”，即感性认识，也应当有一门新学科来专门研究。1750年，他用“伊斯特惕克”(Äesthetica)来命名这一新学科。“伊斯特惕克”源于希腊语，是感性、感知的意思。在鲍姆加通看来，“美学的目的是感性认识本身的完善(完善的感性认识)，这完善就是美”①。美学就是研究感性认识的学科，这一界定标志着美学作为一门独立学科的确立。

美学自鲍姆加通起便是作为哲学的一个分支来研究的。这个特点，贯穿于整个德国古典美学。康德依据传统，将人的心理功能分为知、情、意三方面，他虽承认这三方面的互相联系，但在研究中却把它们严格割裂开来，分别进行分析。在他的三大批判之中，第一部《纯粹理性批判》专门研究知的功能，推求人类知识在什么条件之下才是可能的；第二部《实践理性批判》专门研究意志的功能，研究人凭什么最高原则去指导道德行为。但是前者只涉及知解力和自然界的必然，后来只涉及理性和精神界的自由，二者之间似乎存在一条不可逾越的鸿沟。康德晚年写就《判断力批判》，专门研究情感的功能，寻求人心在什么条件之下才能感觉事物美(美学)和完善(目的论)，意图“要使判断力在知解力与理性之中起桥梁作用，情感(快感和不快感)在认识与实践活动(道德活动)之中起桥梁作用，审美的活动在自然界的必然与精神界的自由之间起桥梁作用”②。

作为德国古典美学的另一座高峰，黑格尔认为，用“伊斯特惕克”来命名“美学”这个学

① 鲍姆嘉滕：《美学》，简明、王旭晓译，文化艺术出版社1987年版，第18页。 ② 朱光潜：《西方美学史》，人民文学出版社1979年版，第347页。

科不尽恰当，因为美学研究的并非只是日常生活中愉快、恐惧、哀怜这些浅薄的情感。美学所探讨的美也并非一般的美，而只是艺术的美，“我们这门科学的正当名称却是‘艺术哲学’或则更确切一点，‘美的艺术的哲学’”①。另外，从自己的哲学体系出发，黑格尔给“美”下了一个明确的定义，“美就是理念的感性显现”②。以此为基点，黑格尔建立了一个庞大的美学体系。

在三卷本巨著《美学》中，黑格尔首次在美学研究中运用历史的、逻辑的方法，建立了一个相当完整的美学体系。黑格尔艺术分为三种类型：象征型，古典型和浪漫型，每个类型之下又分若干种类(如建筑、雕刻、音乐、诗歌等)，在历史发展中每个阶段都有它的独特的艺术类型和艺术种类。象征型艺术的特征是巨量物质压倒心灵的那种崇高风格，代表如埃及的金字塔。但是象征型艺术的物质形式与精神内容是不对称的，这种冲突推动艺术发展到古典类型。古典型艺术的特征是精神内容和物质形式达到完满的契合一致。但是精神是无限的、自由的，必然要突破有限的物质形式，所以古典型艺术必然让位于浪漫型艺术。浪漫型艺术的特征是艺术回归于心灵，精神溢出物质。精神超于物质毕竟是内容与形式的分裂。这种分裂不但导致浪漫艺术的解体，而且也要导致艺术本身的解体。这样，艺术最后让位给哲学。

黑格尔虽然建立了一个庞大而严密的美学体系，不过，黑格尔的美学体系从属于他的哲学体系，从根本上说，他所说的美的历史只是绝对精神运动的一段历程罢了，因此，存在着两个问题。其一，黑格尔忽视了人的实践。其二，黑格尔忽视了人的情感和意志。所以在黑格尔之后，美学延伸出两条道路。一是以马克思为代表的社会实践美学。别林斯基、车尔尼雪夫斯基等俄国革命民主主义美学理论不满黑格尔对人的实践活动的忽视，强调美与社会实践和现实生活的联系。车尔尼雪夫斯基明确说道“美是生活”。而马克思的著名论断“劳动创造美”更是将唯物主义美学推向一个新的高度。二是以叔本华、尼采为代表的生命美学，强调美与非理性的情感、意志等活动的联系。以叔本华、尼采为代表的生命美学扩展了美学研究的领域，对当代美学影响极大。

进入二十世纪之后，由于时代思潮的变化，黑格尔式的体系性美学理论遭到质疑。美学一方面与自然科学相结合，研究越来越细致，如实验美学、审美心理学、精神分析美学等；另一方面与文化理论相结合，产生众多流派，如符号美学、现象学美学、阐释学美学等。美学理论的发展，显示出这个年经学科的无限生命力。

三、作为终极目的的美育

1844 年，马克思提出了“人也按照美的规律来构造”③的重要论断。马克思所说的构造，不仅是按照美的规律“构造”世界，也是按照美的规律“构造”人。后者，便是美育。

康德认为，美，不是单纯的快感，也不同于善。康德说：“快适对某个人来说就是使他

① 黑格尔：《美学》，朱光潜译，人民文学出版社 1996 年版，第 142 页。 ② 黑格尔：《美学》，朱光潜译，人民文学出版社 1996 年版，第 3—4 页。 ③《马克思恩格斯文集》第 1 卷，人民出版社 2007 年版，第 163 页。

快乐的东西；美则只是使他喜欢的东西；善是被尊敬的、被赞成的东西……在所有这三种愉悦方式中唯有对美的鉴赏的愉悦才是一种无利害的和自由的愉悦；因为没有任何利害，既没有感官的利害也没有理性的利害来对赞许加以强迫。所以我们对于愉悦也许可以说：它在上述三种情况下分别与爱好、惠爱、敬重相关联。而惠爱则是唯一自由的愉悦。”①在这里康德提出了一个重要的概念——自由。审美活动不受欲念（感性）或利害（理性）的压迫，完全自发。康德还提到了美的一个重要属性，即没有明确目的，却具有合目的性。美，是一种不计利害的自由的快感，却又具有合目的性。康德的这个思想奠定了美育的理论基础。

康德的思路为席勒所继承。席勒更明确地将人的生命活动分为感性冲动、形式冲动和游戏冲动。感性冲动出于物质需求，形式冲动出于理性法则，但无论执着于感性冲动还是形式冲动，都导致“人永远只束缚在整体的个别的小碎片上，仅把自己培养成一块小碎片；他耳边永远只响着他不停地驱赶着的小轮发出的单调的噪声，永远也无法达到他本质上的和谐，他未能将其天性中的人性表达出来，而仅仅成为其活动和知识的印痕”②。席勒所说的感性冲动和形式冲动对人的压迫，在现代社会表现得尤为突出。

近一个多世纪以来，科技的进步推动着世界飞速发展，人们在充分享受科技进步带来的福利的同时，也不可避免地受到科技的负面影响。第一，科技的发展使日常生活中的物质因素不断提升，精神因素受到排挤。在当前社会，物质产品的极大丰富不仅没有使人们获得满足，反而更大地激发了人们对物质的欲望。再加上消费文化的刺激，人们常难以避免地迷失在物欲中。第二，科技的巨大成就，增强了人们对技术理性的迷信。技术理性有两个特点，一是知识的数化和量化，凡是不能数化和量化的事物都不能纳入知识的范畴；二是生产的细化和分工，通过细化和分工来提高生产效率。技术理性专横地压制人们的精神和情感，直接导致“人的工具化”。

对于感性冲动和形式冲动的矛盾，席勒希望通过“游戏冲动”来进行协调。席勒所说的游戏冲动即是审美冲动。和康德一样，在席勒看来，审美是人性自我完善的最有效途径。美是纯粹的直观，不管对象是否真实存在，都并不影响审美的愉悦。人类借助审美得以超脱于逻辑世界的必然性，也超脱于感官世界的偶然性，从而在道德和物质方面都得到自由，达到一种和谐、自由的生命状态。

席勒在人类历史上第一次提出美育的概念，并将美育界定为人的自由解放与发展，意义重大。席勒由此推动美学从纯粹的思辨研究到现实人生研究的转向。克服现代化进程中人性的片面化，追求和谐、完整的生命状态，成为几百年来人类对美学的重要期待。

席勒的美育思想上承康德，下启马克思。在《1844 年经济学哲学手稿》中，马克思批判了资本主义社会对人的异化，明确提出“共产主义是私有财产即人的自我异化的积极的扬弃，因而是通过人并且是为了人而对人的本质的真正占有……它是人和自然界之间、人和人之间的矛盾的真正解决，是存在和本质、对象化和自我确证、自由和必然、个体和类之

① 康德：《判断力批判》，邓晓芒译，人民出版社 2002 年版，第 44—45 页。 ② 席勒：《席勒文集》第 6 卷，张玉书选编，人民文学出版社 2005 年版，第 183 页。

间的斗争的真正解决”①。马克思将社会解放同人的解放联系在一起，提出了人的全面发展的思想。

实现人的全面发展，道出了美学的根本意义和根本目的。在消费文化和技术理性的双重压迫下，现代人面临沦为马尔库塞所说的“单向度的人”的危险。在这个时刻，美学对于人们走出碎片化的生存状态，恢复人性的和谐完整，具有重要的启示意义。

①《马克思恩格斯文集》第1卷，人民出版社2007年版，第185—186页。

误入劳动者天堂的人们[1]

泰戈尔[2]

他这个人是从来不讲实用的。

他找不到实际用处的工作做，因此整天想入非非。他塑造一些小玩意儿——男人、女人、城堡和镶嵌着海贝的泥雕。他还绘画。就这样，他白白地把时间浪费在无用之物上。大家笑话他，他自己也多次发誓要赶走这些奇念，但它们却在他心里徘徊留连，迟迟不肯离去。

有些男孩难得看书却顺利通过了考试。现在，他遇到了类似的机运了。他在世碌碌无为，但死后天堂的大门却为他敞开着。

不过，在天堂里，也有个天使挥毫记录着凡人在世时的功过。由于那位负责掌管他的信使传错了话，他竟被分配在劳动者的天堂里了。

在这个天堂里，什么都有，除了懒散。

这儿，男人们都在嚷："天哪，我们可是一分钟也没空哪！"女人们则在喃喃低语："光阴似箭，我们得加油才是！"大家一致同意"时间贵如金"。"我们的双手从来没歇过呢。"他们抱怨、叹息，然而与此同时，这些话也使他们兴高采烈、精神抖擞。

这位新客在世时没做过一件有用之事，当然，在这个劳动者天堂里，他与此地的生活方式是格格不入的了。他心不在焉地在街上溜达，时不时撞上匆匆的行人。他躺在青翠的草地和湍急的溪畔，忙碌的农人都在骂他。在那儿他老是碍人手脚。

一个走路似风的姑娘天天都到静静的河边汲水。要知道，在劳动者的天堂，连河流也不歌唱——因为怕白白浪费精力。

姑娘伶俐的动作使人想起熟练的吉他手敏捷拨弦的手指。她头发蓬乱，缕缕发丝常会落在额头，似乎想窥探她眸子中黑发的秘密。

而这位闲人却在河边伫立。望着他，这位劳动者天堂里的忙碌女郎感到无限怜悯——就像一位王子见到一位孤苦伶仃的乞丐，同情之心油然而生。

"喂，"她关切地问他，"你没工作干吗？"

"工作？我才没时间干活哩！"那人叹息着。

女郎没听懂他的意思，说："如果你愿意，我可以匀点活给你干。"

---

① 选自《小说界》编辑部：《中外名家微型小说大展》，上海文艺出版社1989年版，有改动。 ② 泰戈尔（1861—1941），印度近代著名诗人、作家和社会活动家。他一生创作了大量的诗歌、戏剧、小说、哲学、政治及音乐绘画等作品，构成了印度文艺复兴运动和民族独立运动的一个重要历史侧面。主要作品有长篇小说《戈拉》《家庭和世界》，诗集《飞鸟集》《园丁集》等。他在1912年问世的抒情诗集《吉檀迦利》曾使他荣获诺贝尔文学奖。

那人答道:“姑娘啊,我一直盼望你能吩咐我干点什么活呢。”

“你准备干点什么活呢?”

“你能给我一个你汲水用的大水瓶么?”

“大水瓶? 你想用它来汲水?”姑娘问。

“我,我想在瓶上作画。”

姑娘生气了。

“呀,作画! 我才不跟你这类人浪费光阴呢! 我要走了。”说完,她真的就离开了。

但是,忙人哪会有闲人那么多的空闲时间呢! 每天,只要他遇上她,他就老缠着她:“姑娘,给我个水瓶吧,我要在上头作画呢!”

最后她还是让了步,她递给他一个水瓶。那人开始作画,他一笔又一笔地画着,一道又一道地涂抹颜色。

等他作完画,姑娘捧起水瓶,仔细端详着。

她的眼睛困惑了,她的眉头紧蹙了。她在问:“这些线条和颜色是什么意思呢? 它们能派什么用场呢?”

“没什么用处——一幅画有时是没什么意义的,也没有什么实际用处。”

姑娘把水瓶带回家中。她避开家里人探询的目光,在灯下转动着水瓶,从不同的角度欣赏着画。半夜,她从床上爬起来,点上灯,又悄悄地开始欣赏起来,一生中她还是头一次欣赏这种无用之物哩!

第二天她又去河边了,但她的步子就没有以前那么匆匆忙忙了。似乎有一种新的意识在心中萌起,一种既无意义又无用处的意识。

看见那人又站在河畔,她不由自主地发问:“你要什么?”

“只是请你再帮个忙。”

“什么事?”

“让我给你的头发编根丝带吧。”

“为啥?”

“不为啥。”

色彩艳丽的丝带编好了。这位劳动者天堂里的忙碌姑娘现在每天都得花上不少时间用丝带装饰头发。时间一分一秒地白白溜过去,而很多活还没干完呢。

近来,劳动者天堂的生产开始不景气了。很多以前勤快的人变懒散了——他们在绘画和雕塑之类的无用之事上浪费了不少光阴。长者们忧心如焚。于是决定召集一个会议。会上大家一致指出:这种情况在劳动者天堂的历史上可是前所未有的。

信使匆匆而入,向长者们鞠了一躬,然后表示歉意。

“我错把一个人分配到你们的天堂里来了。”他说,“现在的局面完全是由他一手造成的。”

那人被召来了。长者们看着他的奇装异服,他的神奇的画笔和颜料。他们马上断定:此人完全不宜待在劳动者天堂里!

主席先生对那人语气生硬地宣布:“此处没有你这号人的地盘。你得离开!”

那人如释重负地叹了口气，收起画笔和颜料。但当他刚刚准备动身时，溪流边的女郎却匆匆赶来了:“等一等，我要跟你同去。”

长者们惊讶地喘着粗气，这种事在劳动者天堂里可是绝无仅有——真是既无意义又无用处！

导读

《误入劳动者天堂的人》是印度著名文学家泰戈尔的一篇短篇小说。故事的大概内容是这样的：有一位艺术家，他有个特点就是不注重创作的实用性，整天想入非非，雕一些没用的作品，画一些没用的画，大家都笑话他。不过他死后被阴差阳错地分配到劳动者的天堂。在劳动者天堂里面，河水都不歌唱，那会浪费精力。人人都不分昼夜地辛勤劳动，认为劳动才是生活的价值。但是这位艺术家整天心不在焉地在街上溜达、吹口哨。这个人看到了一个打水姑娘，于是向她要了一个水瓶，在上面画了一幅画。女孩把画带回家了，一开始姑娘还想，这个画有什么用呢？一点用也没有啊！奇怪的是，姑娘却越看越觉得好看，半夜还爬起来看。慢慢地，姑娘喜欢上了这个“无用的东西”。第二天，姑娘又去河边的时候，这个无所事事的家伙又提出帮她编一个丝带。丝带编好了，这个姑娘一开始也觉得没用，但越看越好看，于是姑娘每天早上都要花很多时间来编自己的头发。渐渐地，这位姑娘就开始变得懒惰了，并且劳动者天堂里的人都开始“无所事事”了：画画、唱歌、编丝带。于是天堂里的长老们看不惯了，决定把这个家伙赶出劳动者天堂。走的时候，这个姑娘和他一起走了。

“艺术对象创造出懂得艺术和能够欣赏美的大众”，这个故事就告诉我们这样一个道理。人类的生存需要劳动，要用劳动来获得生存的资格和权利。人类通过劳动为社会付出一点东西，再从社会收获一点东西，这是生存的基本状况。但是我们生存的目的不是为了劳动。“吃饭是为了活着，活着不是为了吃饭。”活着还需要一点别的东西，那就是感受生存的美好：人类既要创造生活，更要享受生活，这才是生存的意义所在，否则人类就成为劳动的机器、生活的奴隶。在《误入劳动者天堂的人》这个故事里，当人们没有发现艺术家的创作之美时，认为其是无所作为，也就没有人能够欣赏艺术家的创作，没有人能去发现美。而一旦社会发展到一定程度，人们需要的不仅仅是衣食，也需要有精力去观察、发现美，能够去欣赏艺术，这时艺术彰显其重要性，并且让人追随，就像故事中的那位姑娘。

艺术在很多人看来是无关紧要的，然而人类生活发展到一定程度时，艺术就成了生活中的必需品。丹纳在《艺术哲学》中有过一段精彩的描述：在许多方面，人是尽力抵抗同类与自然界侵袭的动物。他必须张罗食物、衣着、住处，同寒暑、饥荒、疾病斗争。因此他耕田，航海，从事各式各样的工商业。此外，还得传宗接代，还得抵抗别人的暴政，并因此组织家庭，组织国家；设立法官、公务员、宪法、法律、军队。有了这许多发明，经过这许多劳动，人还没有越出第一个圈子：他还不过是一个动物，仅仅比别的动物供应更充足，保护更周密而已；他还只想到自己和同类。到了这个阶段，人类才开始一种高级的生活，静观默想的生活，关心人所依赖的永久与基本的原因，关心那些控制万物，连最小的地方都留有痕迹的，控制一切的主要特征。要达到这个目的，大致有两条路：第一条路是科学，靠着科学找出基本原因和基本规律，用正确的公式和抽象的字句表达出来；第二条路是艺术，人在艺术上表现基本原因与基本规律的时候，不用大众无法了解而只有专家懂得的枯燥的定义，而是用易于感受的方式，不但诉之于理智，而且诉之于最普通的人的感官与感情。艺术就有这一个特点，艺术是“又高级又通俗”的东西，把最高级的内容传达给大众。这段话最直接地将艺术等同于科学，把艺术提高到同科学并列的位置，有力证实了艺术对人类的重要性。

艺术从它诞生那天起就没有脱离与社会的关系，它与人们的生活息息相关。远古时期，人们用艺术的形式表达思想和喜怒哀乐、记录生产和生活的片段、寄托人们的愿望，艺术承载了太多的社会作用。随着社会的进步，社会生活越来越丰富，艺术可以表达的东西也越来越多，过去几种简单的艺术形式很难表现当今丰富的生活。所以，艺术形式也在发生着变化，变得越来越丰富。这种丰富是完全建立在生产生活的基础之上的。反过来，艺术也会作用于社会，这种作用主要是认识作用、教育作用、美感作用。三者有时融为一体，但有时也会以一种作用为主。充分发挥艺术的功能，开拓一切有益的功能，将有利于社会的进步；反过来，阻碍艺术的功能性，将不利于社会事业的发展。

首先，艺术对人类具有认知功能。艺术是通过形象再现社会生活的，优秀的艺术作品能够反映出时代的生活和人们的精神面貌。欣赏者往往可以从艺术作品中认识到它们所描写的时代和地区的生活情景，以及人物形象，从而扩大我们的生活视野。例如，我们可以从古代的岩画了解那时人们狩猎的场面，从古典作品中了解过去人们的生活等。艺术的认知作用基于对现实生活的真实反映，应该是源于生活并高于生活的。我们看到的电影、电视剧，很多都是现实生活的真实反映，它们取材于生活，真实地再现了一个年代、一群人的生活，让人看了觉得很自然，那就是我们身边的人和事。同时它们又高于生活，不仅再现生活，其中还表达了社会的总体价值观，表达了作者的愿望。相反，一件歪曲地反映社会生活的艺术品，只能引导人错误地认识生活。那样的作品不会得到人们的认可，也不会为人们所接受。

认知的作用又以艺术作品中形象的生动为条件。能够准确地、细致地表达出形象的特点，这取决于艺术家敏锐的观察力和高超的表现技巧。当然更主要的是艺术家要深入生活，从生活中提取素材。提取那些有代表性的，具有时代特征和地区特点的生动的形象，并且运用一种形式，如绘画、音乐、电影来表现，并且这种表现应该具有高超的艺术性。人们通过认识艺术作品中所反映的生活，可以提高对普通实际生活的认知能力，这也就是艺术认知作用的目的。

其次，艺术对人类具有教育功能。艺术家将自己正确的观点以作品的形式展现出来，对观者具有教育作用。艺术家总是通过他对生活的看法和评价，对现实生活进行加工改造，揭示出生活的意义。好的艺术作品在帮助欣赏者认知生活的同时也在教育着欣赏者对人、对生活采取正确的看法和态度。

艺术的教育作用建立在正确反映生活的基础上。如果艺术家对生活的看法不符合实际，那不仅起不到教育作用，还会起到破坏作用。冷战时期，一些互相敌对的国家为了彼此利益，创作的艺术品带有明显的诋毁对方形象的作用。另外，还有一些艺术家把创作当作个人精神的表现，其作品表现出个人主观随意性，不易被欣赏者接受。优秀的艺术作品应该是能够把艺术家自己同社会、人民群众紧密结合在一起的。现实生活本身是复杂的、充满矛盾的。现实生活中有美丑、明暗之分，优秀的艺术作品应该能够反映这两个方面，歌颂美好的，暴露鞭挞丑恶的。这是人类不断向前发展的动力，社会的主旋律就是这样。优秀的艺术家应该能够判断出美丑，这是基本素质。如果一个艺术家连美丑都不分，那他还会怎样引导大众去判断美丑?

第三，艺术具有审美功能。没有美就没有艺术。艺术能唤起人的美感。因此，艺术具有审美作用。艺术家根据自己的判断在作品中表现出各种艺术形象，并告诉人们什么是美、什么是丑，从而陶冶人的性情，增强人们对美丑的判断力，这就是艺术的审美作用。优秀的艺术作品，总是真善美的结合。去掉真善，就没有美可言；同样，去掉了美，就失去了艺术的感染力。美好的东西永远和真实、善良联系在一起。

艺术的审美作用在作品中是普遍存在的。但是，也许有些作品的认知教育作用比较突出和强烈；有些作品的审美作用则比较突出。那么，怎样权衡这两者的关系呢？这在于艺术家的把握，根据不同的需要，充分发挥艺术作品的多种功能性，是艺术家的职责。一个优秀的艺术家，应该具有很高的道德修养，能够站在历史的高度，紧紧把握人类发展的大方向，朝着光明的、美好的方向引导人、教育人、激励人。这样的艺术家也同样会为人们所记住、所崇敬。

综上，艺术具有多方面的社会功能，艺术是人类的一种有目的的活动，对人类社会是极为有用的，也是必不可少的。在满足人类的某些精神心理需要方面，艺术起的作用超过了其他一切人类活动。艺术不仅是一种文化现象的分类概念，也是一种评价性用语。而任何一种评价都离不开人类的需要和满足的分析。艺术只有能够满足人类的某些需要，方能获得一种价值地位。艺术，指引着社会前进的方向，照亮历史文明前进的道路。

思考与讨论

1. 艺术的认知作用具体表现在哪些方面?
2. 根据自己的理解，概括艺术对于人类的重要性。

拓展阅读

1. 泰戈尔：《吉檀迦利》，冰心译，外语教学与研究出版社 2010 年版。
2. 泰戈尔：《飞鸟集》，郑振铎译，外语教学与研究出版社 2010 年版。
3. 李欧·李奥尼：《田鼠阿佛》，阿甲译，南海出版公司 2010 年版。

艺术与中国社会[①]

宗白华

依于仁，游于艺

——孔子

孔子说“兴于诗，立于礼，成于乐”，这三句话挺简括地说出孔子的文化理想，社会政策和教育程序。王弼解释得好：“言为政之次序也：夫喜惧哀乐，民之自然，感应而动，而发乎诗歌。所以陈诗采谣，以知民志风。既见其风，则损益基焉。故因俗立志，以达其礼也。矫俗检刑，民心未化，故感以乐声，以和其神也。”中国古代的社会文化与教育是拿诗书礼乐做根基。《礼记·王制》：“乐正崇四术，立四教，……春秋教以礼乐，冬夏教以诗书。”教育的主要工具，门径和方法是艺术文学。艺术的作用是能以感情动人，潜移默化培养社会民众的性格品德于不知不觉之中，深刻而普遍。尤以诗和乐能直接打动人心，陶冶人的性灵人格。而“礼”却在群体生活的和谐和节律中，养成文质彬彬的动作，步调的整齐，意志的集中。中国人在天地的动静，四时的节律，昼夜的来复，生长老死的绵延，感到宇宙是生生而具条理的。这“生生而条理”就是天地运行的大道，就是一切现象的体和用。孔子在川上曰：“逝者如斯夫，不舍昼夜！”最能表现出中国人这种“观吾生，观其生”（易观卜辞）的风度和境界。这种最高度的把握生命，和最深度的体验生命的精神境界，具体地贯注到社会实际生活里，使生活端庄流丽，成就了诗书礼乐的文化。但这境界，这“形而上的道”，也同时要能贯彻到形而下的器。器是人类生活的日用工具。人类能仰观俯察，构成宇宙观，会通形象物理，才能创作器皿，以为人生之用，器是离不开人生的，而人也成了离不开器皿工具的生物。而人类社会生活的高峰，礼和乐的生活，乃寄托和表现于礼器乐器。

礼和乐是中国社会的两大柱石。“礼”构成社会生活里的秩序条理。礼好像画上的线文钩出事物的形象轮廓，使万象昭然有序。孔子曰：“绘事后素。”“乐”滋润着群体内心的和谐与团结力。然而礼乐的最后根据，在于形而上的天地境界。《礼记》上说：

> 礼者，天地之序也；乐者，天地之和也。

人生里面的礼乐负荷着形而上的光辉，使现实的人生启示着深一层的意义和美。礼乐使生活上最实用的、最物质的，衣食住行及日用品，升华进端庄流丽的艺术领域。三代的各种玉器，是从石器时代的石斧石磬等，升华到圭璧等等的礼器乐器。三代的铜器，也

① 选自《宗白华全集》，安徽教育出版社1994年版。

孔子讲授礼乐图

是从铜器时代的烹调器及饮器等，升华到国家的至宝。而它们艺术上的形体之美，式样之美，花纹之美，色泽之美，铭文之美，集合了画家书家雕塑家的设计与模型，由冶铸家的技巧，而终于在圆满的器形上，表出民族的宇宙意识（天地境界），生命情调，以至政治的权威，社会的亲和力。在中国文化里，从最低层的物质器皿，穿过礼乐生活，直达天地境界，是一片混然无间，灵肉不二的大和谐，大节奏。

因为中国人由农业进于文化，对于大自然是“不隔”的，是父子亲和的关系，没有奴役自然的态度。中国人对他的用具（石器铜器），不只是用来控制自然，以图生存，他更希望能在每件用品里面，表出对自然的敬爱，把大自然里启示着的和谐，秩序，它内部的音乐，诗，表现在具体而微的器皿中。一个鼎要能表象天地人。《诗纬》里说：

> 诗者，天地之心。

《乐记》里说：

> 大乐与天地同和，……

《孟子》曰：

> 君子……上下与天地同流。

中国人的个人人格，社会组织以及日用器皿，都希望能在美的形式中，作为形而上的宇宙秩序，与宇宙生命的表征。这是中国人的文化意识，也是中国艺术境界的最后根据。

孔子是替中国社会奠定了“礼”的生活的。礼器里的三代彝鼎，是中国古典文学与艺术的观摩对象。铜器的端庄流丽，是中国建筑风格，汉赋唐律，四六文体，以至于八股文的理想型范。它们都倾向于对称，比例，整齐，谐和之美。然而，玉质的坚贞而温润，它们的色泽的空灵幻美，却领导着中国的玄思，趋向精神人格之美的表现。它的影响，显示于中国伟大的文人画里。文人画的最高境界，是玉的境界，倪云林画可以代表。不但占之君子比德于玉，中国的画，瓷器，书法，诗，七弦琴，都以精光内敛，温润如玉的美为意象。

然而，孔子更进一步求“礼之本”。礼之本在仁，在于音乐的精神。理想的人格，应该是一个“音乐的灵魂”。刘向《说苑》里有这么一段记载：

> 孔子至齐郭门外，遇婴儿，其视精，其心正，其行端。孔子曰：“趣驱之，趣驱之，韶乐将作！”

他在一个婴儿的灵魂里，听到他素所倾慕的韶乐将作（子在齐闻韶，三月不知肉味）。《说苑》上这段记载，虽未必可靠，却是极有意义。可以想见孔子酷爱音乐的事迹已经谣传成为神话了。

社会生活的真精神在于亲爱精诚的团结，最能发扬和激励团结精神的是音乐！音乐使我们步调整齐，意志集中，团结的行动有力而美。中国人感到宇宙全体是大生命的流行，其本身就是节奏与和谐。人类社会生活里的礼和乐，是反射着天地的节奏与和谐。一切艺术境界都根基于此。

但西洋文艺自希腊以来所富有的“悲剧精神”，在中国艺术里，却得不到充分的发挥，且往往被拒绝和闪躲。人性由剧烈的内心矛盾才能掘发出的深度，往往被浓挚的和谐愿望所淹没。固然，中国人心灵里并不缺乏他雍穆和平大海似的幽深，然而，由心灵的冒险，不怕悲剧，以窥探宇宙人生的危岩雪岭，发而为莎士比亚的悲剧，贝多芬的乐曲，这却是西洋人生波澜壮阔的造诣！

导读

“艺术”一词在中国古代指“六艺”等各种技能。现在“艺术”的内涵更为宽广，指通过塑造形象来反映社会生活、比现实更具有典型性的一种社会意识形态，如文学、音乐、绘画、舞蹈、戏剧、曲艺、电影等。艺术是人类的精神食粮，具有巨大的魅力、无穷的生命力，这力量源于艺术自身的价值——艺术的社会功能。艺术具有认识、教育、审美等社会功能。

“艺术的社会作用，是通过艺术的接受过程来实现的，就是说，没有真正的审美——艺术欣赏，就没有真正的艺术社会作用的实现。在艺术接受过程中的艺术社会作用的实现，又是以接受主体的社会—审美—艺术意识的再塑造为根本标志的。”①在艺术创作活动中，艺术创造者将自己的审美意识、主观认知、理性和实践意志等赋予艺术作品。在艺术

① 栾昌大：《艺术的社会作用与艺术接受——艺术社会作用问题新议》，《社会科学战线》1992 年第 4 期。

接受过程中，艺术接受者从作品中直接受到艺术创造者主体意识的影响。一方面，接受者从艺术中获得一种审美的享受、精神的愉悦，如从音乐艺术和书法艺术中；另一方面，接受者可能从中获得包含认知、理性、实践意志等在内的社会意识，如从文学作品和电影中。

艺术接受者从艺术作品中获得审美的享受只是艺术产生社会作用的前提和基础。在此基础上，接受者要接受艺术作品中全部的精神文化内涵，即从中获得启迪，并使其文化心理结构产生变化。最后，接受教育和改造的人，参加社会实践活动，促使社会发生变化。这就是实现艺术社会功能的过程。

宗白华在《艺术与中国社会》一文中，着重讨论了中国古代艺术与中国社会的关系问题，并指出礼和乐是中国社会的两大柱石。

中国有着几千年的历史文化传统，其中儒家思想对中国的影响最为深远，并延续至今。孔子是儒家学派的创始人，孔子的一生非常注重人自身修养的完善，并提出“志于道，据于德，依于仁，游于艺”的修身理念。即“立志追求人生理想，确实把握德行修养，绝不背离人生正途，自在涵泳艺文活动”①。

“游于艺”是修身的一个重要环节，古人通过对诗书礼乐的学习来教育民众和传播社会文化。在中国古代“教育的主要工具，门径和方法是艺术文学，艺术的作用是能以感情动人，潜移默化培养社会民众的性格品德于不知不觉之中，深刻而普遍。尤以诗和乐能直接打动人心，陶冶人的性灵人格”。这指出艺术的社会功能具有以情感人、寓教于乐和潜移默化的特点。

艺术被看作一种工具、一种途径来教化民众，从而实现人自身性格品德的提升和完善。对此，孔子提出“兴于诗，立于礼，成于乐”的完善个人道德修养的原则。中国古人重视六艺的学习。“养国子以道，乃教之六艺。”六艺指礼、乐、射、御、书、数。孔子推行的教育，继承了西周教育的传统，它以六艺为主要教学内容，秉持“博学于文，约之以礼”的教育理念，要求学生学习“诗、书、礼、乐”等课程。

“礼和乐是中国社会的两大柱石。‘礼’构成社会生活里的秩序条理。礼好像画上的线文钩出事物的形象轮廓，使万象昭然有序。孔子曰：‘绘事后素’。‘乐’滋润着群体内心的和谐与团结力。”

中国的礼乐起源于巫术，是巫术活动中重要的仪式，带有原始宗教的意味。后随着社会时代的发展，其宗教意味逐渐淡化，礼乐越来越世俗化，特别是在西周周公制礼作乐后。礼的本质是“名贵贱、辨等列、序少长”，建立一种君臣、父子、夫妇有序的社会秩序和人际关系。礼是一种社会规范制度，起着规范人的行为举止的作用，进而维护社会秩序，实现和谐稳定。“乐者，天地之和也”“大乐与天地同和”，讲的都是音乐反射着天地的节奏与和谐。“音乐使我们步调整齐，意志集中，团结的行动有力而美。中国人感到宇宙全体是大生命的流行，其本身就是节奏与和谐。人类社会生活里的礼和乐，是反射着天地的节奏与和谐。”

礼乐文化是中华民族的元文化。它塑造着中华民族的精神和性格，促使中国成为礼

① 傅佩荣：《国学的天空》，陕西师范大学出版社2009年版。

仪之邦。在中国几千年文明历史中，推行礼乐教化，来培养社会民众的道德素质和文明行为，最终实现维护等级制度和社会和谐统一。从艺术与社会关系的角度来看，这体现了艺术的社会功能——伦理教化作用（即教育作用）。

中国从古至今非常强调和重视艺术的社会功能。在中国古代，艺术的社会功能主要体现在伦理教化方面，即通过艺术的伦理教化民众，让民众知礼守法、服从统治，最终实现国家统一、社会稳定。这在以孔子为代表的儒家文论中以及中国古代的音乐、绘画、书法、戏曲等艺术理论中表现得十分明显。孔子一生宣扬"仁政"以实现国家的安定、社会的和谐，他意识到艺术对社会具有伦理教化作用，所以极力推崇《诗经》，并提出"兴观群怨"说。"《诗》，可以兴，可以观，可以群，可以怨，迩之事父，远之事君；多识于鸟兽草木之名。"孔子的"兴观群怨"说涉及社会各个方面，最终目的是"迩之事父，远之事君"，即强调通过艺术教化民众来遵从宗法社会的政治和伦理秩序。与此同时，孔子的"兴观群怨"说对后世影响深远，比如汉代倡导的"风教"说和"美刺"说，初唐陈子昂的"兴寄"说等。

这种强调艺术对社会的引领作用，还体现在中国古代的音乐、绘画、戏曲等艺术理论中。音乐是人类情感的表露，反之亦能影响人的情绪、意志。所以古人推行乐教来培养民众的道德。"故听其雅颂之声，志意得广焉；执其干戚，习其俯仰诎伸，容貌得庄焉；要其节奏，行其缀兆，要其节奏，行列得正焉，进退得齐焉。"①最终实现音乐的社会功能，"乐在宗庙之中，君臣上下同听之，则莫不和敬；在族长乡里之中，长幼同听之，则莫不和顺；在闺门之内，父子兄弟同听之，则莫不和亲"②。

同样，在中国古代的绘画和戏曲理论中，也十分重视其社会伦理教化作用。"根据《尚书·说命上》和《孔子家语》的记载，商、周时代我国已出现具有'兴废之诫'作用的肖像画。"③这些肖像画有尧舜、桀纣、忠臣、孝子、烈士、贞女等。人们制作这些画像是为了劝诫后人，要为善、勿为恶。中国古代戏曲艺术起源于原始歌舞，是一种综合性的舞台艺术样式。它历史悠久，剧种繁多，深受广大人民群众的喜爱。但它也曾被视为不登大雅之堂的末流小技。因此，一些戏曲创作者为了提高戏曲的地位，提出要通过戏曲来陶冶民众的性情，进而教化民众。

中国古代重视艺术的社会功能，特别是伦理教化功能，具有其合理性。一方面，要求艺术必须反映社会现实，能关注国家、社会和人民，另一方面，体现了艺术对社会具有极大的引导作用，能教化民众、维护社会稳定。

在当今社会，我们依然非常强调和重视艺术的社会功能。国家早在第十二届中央委员会第六次全体会议中，就提出要大力加强社会主义精神文明建设。现行的宪法对社会主义精神文明建设从教育科学文化建设和思想道德建设两个方面进行了规定，在教育科学文化建设中提出要"发展文学艺术和其他文化事业"。文学艺术是社会主义精神文明建设中的重要部分。国家希望以此来提高人民的文化素质和道德素养，丰富人民的精神审美生活，营造一种健康、文明、愉悦的生活环境。

---

① 吉联抗：《乐记》，音乐出版社 1958 年版。 ② 吉联抗：《乐记》，音乐出版社 1958 年版。 ③ 宋建林：《中国古代艺术社会观审视》，《广播电视大学学报（哲学社会科学版）》2001 年第 4 期。

中国自古以来就十分重视艺术的发展。艺术早在新石器时代就产生了，是人们在劳动实践中创造的。艺术是从实用性物品中分离出来的，更加具有审美性。这种审美性满足了人们的需求，所以艺术有了最初的发展。此外，艺术还具有认知和教育功能。人们可以通过艺术来认识自身所处的社会，以及过往的历史。对于一个国家、社会来说，艺术的教育作用十分重要。中国古代社会统治者十分重视艺术的教化作用，因此出现"诗教""乐教""礼教"等。当今的中国是社会主义国家，依然重视艺术的发展，提倡建设社会主义精神文明。其目的是希望通过艺术来满足人民群众的精神审美需求，引导、规范人民群众的行为举止，从而维护社会秩序和国家稳定和谐。

思考与讨论

1. 传统中国社会的"礼"是如何作用于社会的？
2. "乐"对于"礼"有怎样的意义？
3. 有人说中国文化属于"乐感"文化，西方文化属于"罪感"文化。谈谈你的理解。

拓展阅读

1. 李泽厚：《美的历程》，生活·读书·新知三联书店 2014 年版。

2. 娜塔莉·海因里希：《艺术为社会学带来什么？》，何蒨译，华东师范大学出版社 2016 年版。

米开朗基罗《大卫》欣赏

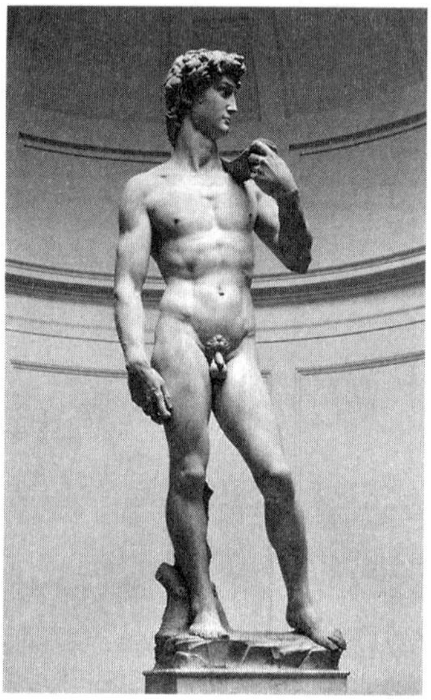

《大卫》(雕塑)

导读

对于人文主义,东西方学者对它持有不同的理解,我国有相当一部分学者将人文主义与人道主义等同起来,认为人道主义就是文艺复兴时的人文主义。如果人道主义与人文主义果真是同一个概念,也就默认了人文主义至今在社会生活中还在发挥影响,这种视人文主义与人道主义为等同的界定显然是不正确的。根据当前学术界对人文主义的一般看法,其是在14—16世纪的西欧,由意大利兴起的,在对古典文化发生巨大兴趣和批判罗马天主教神学的基础上进行的一场新思想和新文化运动。人文主义不仅是一种社会思潮,也是一场伟大的文化建设。人文主义的学者和艺术家提倡人性以反对神性,提倡人权以反对神权,提倡个性自由以反对人身依附。文学艺术是人文主义的表现形式,人文主义是文学艺术的具体特征。

文艺复兴时期产生了众多永垂不朽的文艺作品,《大卫》便是其中之一。《大卫》是世界艺术史上具有历史标志性意义的雕塑作品,在雕塑界享有极高的威望和声誉。这尊雕像被认为是西方美术史上最值得夸耀的男性人体雕像之一。不仅如此,《大卫》也是文艺复兴人文主义思想的具体体现,它对人体的赞美,表面上看是对古希腊艺术的"复兴",实质上标志着人们已从黑暗的中世纪桎梏中解脱出来,充分认识到了人在改造世界中的巨大力量。而创作这个伟大作品的艺术家,便是在"需要巨人时代"出生的米开朗基罗·博那罗蒂(1475—1564),这位意大利伟大的绘画家、雕塑家和建筑师,是文艺复兴时期雕塑艺术最高峰的代表。"大卫"(David)名字的意思是"被蒙爱者",其故事取材于《旧约》,他是扫罗王手下的一名小卒,在一次生死攸关的战斗中他用自己的智勇挽救了希伯来人的命运。《大卫》完成于1501—1504年,云石雕像,像高2.5米,连基座高5.5米,现收藏于佛罗伦萨艺术学院美术馆。米开朗基罗在雕刻过程中注入了巨大的热情,塑造出来的不仅仅是一尊雕像,也是思想解放运动在艺术上得到表达的象征。

人文主义作为一个一脉相承的文化体系,到米开朗基罗生活的时期已经发展到相对成熟的地步。1489年米开朗基罗来到梅迪奇·劳伦佐的宫廷艺术学校,童年的米开朗基罗随即处于意大利文艺复兴运动的中心,处于古籍之中,沐浴着研究柏拉图的新鲜空气。当时的米开朗基罗与人文主义学者庞达诺·乔凡尼、马尔西利奥·费奇诺交往,并精心研究乔托和马萨乔的作品。米开朗基罗雕成的《大卫》像，是文艺复兴时代雕塑中史无前例的庞大规模。青年人漂亮的脸孔充满愤怒，严厉地注视着敌人，用手紧握投石器。盛期文艺复兴艺术中英雄人物的主要品质，英雄行为的崇高感染力，初次一目了然地被表达出来，击毙哥利亚的胜利者的形象具有更加广泛的意义，体现了自由的人具有漫无止境的威力，年轻人的无畏精神，发展成为人能够克服任何障碍的坚定不移的决心。在《大卫》这座雕像上，米开朗基罗的作品初次表现了新的内在的性格特征，此前从未出现过的意志紧张的高度集中，赋予英雄人物形象以严厉的令人生畏的威力。整件作品洋溢着文艺复兴时代强烈的人文主义情绪。

从整体上来观照《大卫》塑像，它给人一种生命的动态感，又类似音乐的表现形式，强烈的生命意识洋溢其间。这给黑暗的中世纪送去了一盏光明的灯塔，照亮了人类生存的空间，同时也是对中世纪封建文化的无情鞭挞。

文艺复兴时期的艺术作品，集中体现了人文主义思想：主张个性解放，反对中世纪的禁欲主义和宗教观；提倡科学文化，反对蒙昧主义，摆脱教会对人们思想的束缚；肯定人权，反对神权，摒弃作为神学和经院哲学基础的一切权威和传统教条；拥护中央集权，反对封建割据，这也是人文主义的主要思想，是人文主义在艺术创作中的主要体现。

艺术与人文主义有着一种特殊的血缘关系，这除了适用于文学和戏剧以外，更适用于音乐、舞蹈以及其他非口头艺术，如绘画、雕塑、陶瓷。因为它们有着越过不同语言的障碍进行交往的力量。在 17 世纪，维柯曾经指出，象征和神话表达了一个社会的信念和价值观，这可以从有关诞生、婚姻、死亡的普遍经验的风俗和习惯中看出，也可以从一个社会的有关财产和家庭的法律和制度中看出。这里又是一个极其丰富的源泉，人文学的研究和人类学、社会学的研究可以为此提供途径，人文主义传统也可由此吸收营养。

纵观人文主义在文化方面的历史影响，其最重要的贡献，当属为近代科学奠定了思想基础。人文主义思想使研究自然界合法化，并激励人们去努力探索自然界的奥秘。人文主义的核心就是提倡人性，鄙视神性；崇尚理性，摒弃神启；鼓吹个性解放和人的自由，反对宗教神学的束缚；注重现实世界，看轻来世和天堂。在这种思想的激励下，人们的注意力、人们研究问题的对象逐渐从天上转到地下，从注重上帝与人的关系转到人与人的关系和人与世界的关系上。总之，人们的研究重点逐渐从宗教神学的思辨问题转向人生和社会所面临的现实问题。在人文主义思想的推动下，古希腊人的那种注重研究自然界奥秘的传统在文艺复兴后得到了全面继承和发扬。人们把探索自然界看成生活的一部分，看成最有价值的事。

在艺术方面，人文主义用艺术作品歌颂了人体的美，主张人体比例是世界上最和谐的比例，并把它应用到建筑上，虽然一系列的绘画、雕塑仍然以宗教故事为主题，但表现的都是普通人的场景，将神拉到了地上。人文主义者开始用研究古典文学的方法研究圣经，将圣经翻译成本民族的语言，导致了宗教改革运动的兴起。另外，人文主义歌颂世俗蔑视天堂，标榜理性以取代神启，肯定“人”是现世生活的创造者和享受者，要求文学艺术表现人的思想感情，科学为人谋福利，教育要发展人的个性，要求把人的思想感情和智慧从神学的束缚中解放出来。提倡个性自由，因此在历史发展上起了很大的进步作用。

文艺复兴时期的人文主义，主要呈现出三种形态。一是在复兴古希腊罗马文化中形成的人文主义，主要以意大利为代表，具有意大利式的感性色彩，可以称为意大利人文主义，欧文·白璧德称之为“自由扩张的人文主义”。二是指在意大利萌芽，在阿尔卑斯山以北的一些国家与地区形成的人文主义，主要以德国为代表。它在古希腊罗马文化中的人本主义精神的启发下，主张通过回归原初基督教教义来改造教会，一般称为基督教人文主义，也被称为《圣经》人文主义。三是在文艺复兴晚期出现的人文主义，具有怀疑与忧郁的特征，主要以法国和英国为代表，一般称为怀疑论人文主义。因为蒙田是怀疑论者的代表，所以也可以称为蒙田式人文主义。

随着 20 世纪初得以全面展开的自然科学革命，现代的人文主义新形态逐渐产生。在现代社会，个人的自由和社会的模式都成为历史的必然要求，因而二者成了不可克服的、无法统一的矛盾。现代人文主义新形态肇始于 19 世纪中叶，主要包括以叔本华、尼采为代表的唯意志论，以狄尔泰、柏格森为代表的生命哲学，以海德格尔、雅斯贝斯、萨特为代表的存在主义以及弗洛伊德的精神分析学、法兰克福学派的社会批判理论等诸多学派。现代西方人文主义新形态认为，哲学研究应当冲破传统模式，应由对外部世界的研究转向对人本身的内在结构的研究；由倡导理性思维的可靠性转向肯定人的内在的心理体验和非理性的直觉；由对普遍人性的颂扬转向对个人的独特个性、生命、本能的强调。现代西方人文思潮突出了人的行为、情感意志、心理体验等这些主体活动的中介。它反映了当代哲学走向的理论逻辑。现代西方人文主义新形态与传统人文主义有着内在的思想联系，但由于各自形成的历史及理论背景上的不同，在哲学形态上的表现也就不同。现代西方人文主义新形态表现为排斥以自然为本体，倡导以人为本体；反对对人作本质共性的探讨，强调人学研究上的个体；排斥理性至上，注重非理性；在对人类前途的态度上表现为忧虑、悲观。

思考与讨论

1. 人文主义在文艺复兴时期的艺术创作中有哪些主要体现？
2. 文艺复兴时期的人文主义的三种形态是什么？

拓展阅读

1. 罗萨·玛利亚·莱茨：《剑桥艺术史——文艺复兴艺术》，钱乘旦译，译林出版社 2009 年版。
2. 贡布里希：《艺术的故事》，范景中译，生活·读书·新知三联书店 1999 年版。

欧仁·德拉克洛瓦《自由引导人民》欣赏

自由引导人民(油画)

导读

浪漫主义,作为一种美学思想,它强调主观理想、个性、感性和非理性。作为艺术发展的历史概念,它是对古典主义所持的常理和冷漠的说教,以及对严谨、规范、自觉的否定和破坏,其表现特征是注重个性表现,耽于幻想和夸张,选择惊人事件作题材,情绪热情激越。代表人物有戈雅、席里柯、德拉克洛瓦、透纳等。

反映1830年法国七月革命的《自由引导人民》是法国画家德拉克洛瓦最具浪漫主义色彩的作品之一。这是一幅具有划时代意义的浪漫主义杰作,该画取材于1830年法国七月革命事件。1830年7月26日,法国国王查理十世企图对人民的选举权和出版自由进行限制,他宣布解散议会。7月27日到29日巴黎市民起义,走向街垒,为推翻这个第二次复辟的波旁王朝,与保皇军队进行了激烈的战斗,最后占领王宫。这次革命事件在法国历史上被称为"光荣的三天"。这幅画以象征和现实形象相结合的表现手法,在画的中间位置作者设想了一个象征自由的自由女神的形象。女神头戴法国大革命的红色弗吉利亚帽,左手握着枪,右手高举着飘扬的三色旗,转身正号召人民冲向君主专制的王朝。女神代表着自由,是绘画的中心、视觉的焦点。在她身后有参战的市民、工人以及学生的形象,在女神的左侧,一个少年高举着双枪疾奔而来,右侧一个身穿黑色上衣戴高筒帽的学生,紧握着步枪，眼中闪烁着他对自由的渴望，这正是画家本人。可见德拉克洛瓦对自由的向往是多么急切，自己也想加入战斗中去。在他的身后有两个挥舞着战刀、神态愤怒的工人。前景除了倒在瓦砾堆上的军人尸体外，还有一个受伤的男青年，仰望着自由女神手中的三色旗，匍匐着想要站起来，这是自由到来的象征。整幅作品气势磅礴，画面结构紧凑，色调丰富而炽烈，用笔自由且奔放，具有强烈的感染力。

欧仁·德拉克洛瓦(1798—1863)是法国19世纪浪漫主义画派最杰出的代表，他是法国大革命以来法国画家中一位最突出而才华出众的人物。德拉克洛瓦出生于巴黎附近一个律师家庭，早年就失去父母。1818年入巴黎美术学院学习，浪漫主义先驱者籍里柯的画风给他很大启发。德拉克洛瓦曾去英国、西班牙、荷兰、比利时访问，深受康斯坦布尔和戈雅作品的影响。在艺术上他继承了米开朗基罗、提香、伦勃朗和鲁本斯的传统，尤其崇拜鲁本斯。他也继承了前辈达维特创作中的英雄主义路线，在歌颂人民争取自由斗争的同时，赋予绘画以更多的热情、积极性和戏剧性，他是反对十九世纪上半期统治法国美术界的官方学院派和安格尔古典主义的积极战士，对法国浪漫主义绘画的形成和发展做出了重要贡献。他在当时就被认为是浪漫派的一个首领，被后人称誉为“浪漫主义的狮子”。

德拉克洛瓦是一个自由表达个人感受、不墨守成规、不喜欢教条的自由的浪漫主义者。他的绘画作品在内容上充满强烈幻想及燃烧的热情，高呼人的自由与解放，令人肃然起敬。他对现实抱着要求社会进步和自由民主平等的愿望，在艺术上追求创作自由和个性解放，他热爱自由的主题，寻求崇高伟大的典型，选取激动的题材，向往英雄气概，注重热情的表达，强调对比关系，充满幻想的色彩。在形式上，他画面的造型、构图、色彩光线都冲破了那个时代局限的古典规则，从而对后来的现实主义、印象主义、现代派绘画都有所启发，并影响深远。他的画风雄劲奔放，充满活力，以想象力丰富、色彩绚烂、构图气势宏大而感人。他还是西欧美术史上杰出的色彩大师，他发挥了油画中间色调和补色的原理，发挥了色彩的感情作用，他把绘画看作色彩的音乐。这种浪漫主义手法所表达的自由精神是永垂不朽的。

可以看出，浪漫主义的艺术特质同历史紧密相连，其肯定人的精神、世界的价值，争取个性的解放，特别关注在资本主义制度下受压制的个性和人权，表现在艺术创作中就是对人的精神世界的表达和对个性的描绘。它否定现实，反抗资本主义社会，但却看不清未来的前途；有时展望未来，把希望寄托于空想的世界里，寄托于遥远的国家、时代和远离现代的生活方式上；有时却回顾过去。

英哲学家罗素曾说浪漫主义运动与启蒙运动的关系在某些方面使人联想到狄俄尼索斯态度与阿波罗精神之对立。诚然，浪漫主义从其诞生之日，就把自己置于启蒙运动的对立面。他们企图证明启蒙运动要建立的“理性王国”是一个无法实现的空中楼阁，而人类的心灵和情感才是帮助我们认识世界、开启世界之门的金钥匙。浪漫主义者借助欧洲中世纪和古代东方艺术建立起来的幻想世界与启蒙运动者向往的古希腊罗马的理想世界形成了尖锐的对立。正是这种对立，构成了浪漫主义美学的主要特征。浪漫主义者还试图通过对东西方古代文化艺术发展的考察去弄清各种文化不同的历史发展规律及其意义。浪漫主义者的历史观从他们的宇宙观中衍生，这种历史观也影响到他们的艺术史观。史勒格尔指出，艺术作为一种贯穿人类历史的表现形式，其真正本质包含在某种进化的过程中。历史哲学家赫德认为历史、艺术史的特性是连续、进化、设计，每一个历史时期各有其价值，而每一个国家也都有其“个性”或“灵魂”。这无疑增强了人们对本民族文化的认同态度。他们开始注意到民间艺术的珍贵价值，文化民族主义也成为浪漫主义运动对历史的一个重要贡献。

基于此，浪漫主义所反映出的自由精神是别有一番寓意的，其体现出艺术中的自由，体现了与时代的解放运动相联系的人民的愿望和理想，它注意到人民在历史上的作用，但却带有片面性。在与新古典主义的斗争中，它为人们开辟了一个情感洋溢、对理想热烈渴望和充满创作幻想的新世界，并在发展中形成了自己的艺术创作特色：反映人民争取自由的斗争，对正义和幸福的未来的向往，对个性和情感表现的强调，对幻想的主观世界的偏爱，对比喻（寓意）和对比以及灿烂色调、大胆构图的爱好。浪漫主义的艺术方法曾多方面地给予艺术的进一步发展以巨大而经常是有益的影响，它的优秀传统曾经培育了 19 世纪后半叶和 20 世纪初期很多先进艺术家的创作，成就了艺术创作中的自由精神。

艺术现代性的真正核心是走向自由，而自由意味着一系列自觉的分离，首先是从宗教和政治体制中分离出来。在欧洲，这在体制上表现为 18 世纪以后艺术从教会赞助和宫廷赞助中独立出来；在理论上表现为康德为趣味自主所作的艰难论证；其次是从市场营销策略中分离出来，这主要体现在“为艺术而艺术”这样的口号中，或至少其旨意如此。至于艺术家的作品能否被吸纳进一个完整的市场体系，这是市场需求所决定的；但作为艺术的最低限度，则是艺术不要为了迎合市场而出卖自己的美学标准，这两条应该成为艺术自主的核心内涵。

在很多人看来，像《自由引导人民》这种纯粹的自由生活是消极的，毕竟艺术不光是为政治服务的，艺术自由需要体现的，并不只是属于某个艺术家所生长的那个时代的思想感情，而是通过某种艺术形式暗含了人所本能的对一种自然和谐生活方式的向往。总的来讲，现代自由的表现可归结为前期激动人心的积极革命的自由和后期追求沉静安宁的理想生活方式的自由。无论是哪种自由，都是能打动观者的，触及人们心灵深处的自由。比如《自由引导人民》，在那个为追求自由而斗争的激动人心的时代，德拉克洛瓦的画曾震惊了画坛，让看到他画的人都被深深吸引，走进了他的自由世界。

自由艺术的人文精神自始至终都处在与诸多因素的战斗之中，从中世纪的反宗教、神权到文艺复兴时期的为人性解放而战；从 17 世纪的反学院、传统到 18、19 世纪的反对古典、新古典；从印象主义对于“沙龙文化”的抵抗到随之而来的诸多流派对于艺术家自我立足点的寻求。直到 20 世纪初普列汉诺夫还在《艺术与社会生活》中明确指出，“我们看到：为艺术而艺术变成了为金钱而艺术”，以此批评艺术家的功利主义。

借此，我们再以更为广阔的眼光来审视中国“自由艺术”史，从《庄子·田子方》中对于“解衣般礴”精神的赞许，到“贤者澄怀味象”（宗炳《画山水序》）对于山水中“道”的自由精神所在的追寻，再由绘画“能事不受相促迫”（韩拙《山水纯全集》）、“本乎游心”（郭熙、郭思《林泉高致》），到“逸笔草草，聊以自娱”（倪云林《论画》）、“游于法度之外”（恽寿平《南田论画》）的不受“法”制约的自由精神的探索，直至“借笔墨以写天地万物，而陶咏乎我也”（石涛《苦瓜和尚画语录》)、"我自用我法"(石涛《大涤子题画诗跋》)的开拓……这些都是中国历代艺术家对于自由艺术精神孜孜以求的辉煌图卷。

正是这些无畏的艺术家对自由艺术精神的求索与弘扬,才使得自由艺术之火生生不息,照耀着人类艺术前进的道路。只要艺术家在艺术创作中始终本着"忠实于自我心灵感悟"的态度,那么自由艺术之花将会在世界各个角落绽放,自由艺术精神将会继续在人类文明史中得以弘扬。再次回到《自由引导人民》这幅画,真正的大师是和历史一起成长的,真正的经典经得起历史的流变。或许,只有像德拉克洛瓦那样敢于挑战既成的规则,也许只有像他那样敢于开拓,才能接近那个深深藏在人们内心的无限可能性。正是在追寻自由的路上,他实现了自己存在的价值,将自己生命的气息通过绘画留给在历史的碎片中做短暂停留的我们,督促我们在前行的路上不要遗忘生命本真的自由。

思考与讨论

1. 浪漫主义的表现特质是什么?浪漫主义的代表人物有哪些?
2. 《自由引导人民》中所表达的自由的含义是什么?
3. 艺术当中的自由经历了哪些发展阶段?

拓展阅读

1. 唐纳德·雷诺兹:《剑桥艺术史——19 世纪艺术》,钱乘旦译,译林出版社 2009 年版。
2. 贡布里希:《艺术的故事》,范景中译,生活·读书·新知三联书店 1999 年版。
3. 威廉斯·弗莱明、玛丽·马里安:《艺术与观念》(上),宋协立译,北京大学出版社 2008 年版。

等待戈多(节选)[1]

贝克特

登场人物

爱斯特拉冈
弗拉季米尔
波卓
幸运儿
一个孩子

第一幕

乡间一条路。一棵树。

黄昏。

爱斯特拉冈坐在一个低土墩上脱靴子。他两手使劲拉，直喘气。他停止拉靴子，显出精疲力竭的样子，歇了会儿，又开始拉。

如前。

弗拉季米尔上。

爱斯特拉冈：(又一次泄气)毫无办法。

弗拉季米尔：(叉开两脚，迈着僵硬的、小小的步子前进)我开始拿定主意。我这一辈子老拿不定主意，老说，弗拉季米尔，要理智些，你还不曾什么都试过哩。于是我又继续奋斗。(他沉思起来，咀嚼着“奋斗”两字。向爱斯特拉冈)哦，你又来啦。

《等待戈多》剧照

爱斯特拉冈：是吗？

弗拉季米尔：看见你回来我很高兴，我还以为你一去再也不回来啦。

爱斯特拉冈：我也一样。

弗拉季米尔：终于又在一块儿啦！我们应该好好庆祝一番。可是怎样庆祝呢？(他思索着)起来，让我拥抱你一下。

---

① 选自萨缪尔·贝克特：《等待戈多》，施咸荣译，见《外国现代派作品选》第三册，上海文艺出版社1984年版，有改动。

爱斯特拉冈：(没好气地)不，这会儿不成。

弗拉季米尔：(伤了自尊心，冷冷地)允不允许我问一下，大人阁下昨天晚上是在哪儿过夜的？

爱斯特拉冈：在一条沟里。

弗拉季米尔：(羡慕地)一条沟里！哪儿？

爱斯特拉冈：(未作手势)那边。

弗拉季米尔：他们没揍你？

爱斯特拉冈：揍我？他们当然揍了我。

弗拉季米尔：还是同一帮人？

爱斯特拉冈：同一帮人？我不知道。

弗拉季米尔：我只要一想起……这么些年来……要不是有我照顾……你会在什么地方……(果断地)这会儿，你早就成一堆枯骨啦，毫无疑问。

爱斯特拉冈：那又怎么样呢？

弗拉季米尔：光一个人，是怎么也受不了的。(略停。兴高采烈地)另一方面，这会儿泄气也不管用了，这是我要说的。我们早想到这一点就好了，在世界还年轻的时候，在九十年代。

爱斯特拉冈：啊，别啰唆啦，帮我把这混账玩意儿脱了吧。

弗拉季米尔：手拉着手从巴黎塔顶上跳下来，这是首先该做的。那时候我们还很体面。现在已经太晚啦。他们甚至不会放我们上去哩。(爱斯特拉冈使劲拉靴子)你在干吗？

爱斯特拉冈：脱靴子。你难道从来没脱过靴子？

弗拉季米尔：靴子每天都要脱，难道还要我来告诉你？你干吗不好好听我说话？

爱斯特拉冈：(无力地)帮帮我！

弗拉季米尔：你脚疼？

爱斯特拉冈：脚疼！他还要知道我是不是脚疼！

弗拉季米尔：(忿怒地)好像只有你一个人受痛苦。我不是人。我倒想听听你要是受了我那样的痛苦，将会说些什么。

爱斯特拉冈：你也脚疼？

弗拉季米尔：脚疼！他还要知道我是不是脚疼！(弯腰)从来不忽略生活中的小事。

爱斯特拉冈：你期望什么？你总是等到最后一分钟的。

弗拉季米尔：(若有所思地)最后一分钟……(他沉吟片刻)希望迟迟不来，苦死了等的人。这句话是谁说的？

爱斯特拉冈：你干吗不帮帮我？

弗拉季米尔：有时候，我照样会心血来潮。跟着我浑身就会有异样的感觉。(他脱下帽子，向帽内窥视，在帽内摸索，抖了抖帽子，重新把帽子戴上)我怎么说好呢？又是宽心，又是……(他搜索枯肠找词儿)寒心。(加重语气)寒——心。(他又脱下帽子，向帽内窥视)奇怪。(他敲了敲帽顶，像是要敲掉沾在帽上的什么东西似的，再一次向帽内窥视)毫无办法。

〔爱斯特拉冈使尽平生之力，终于把一只靴子脱下。他往靴内瞧了瞧，伸进手去摸了摸，把靴子口朝下倒了倒，往地上望了望，看看有没有什么东西从靴里掉出来，但什么也没看见，又往靴内摸了摸，两眼出神地朝前面瞪着。

弗拉季米尔：呃？

爱斯特拉冈：什么也没有。

弗拉季米尔：给我看。

爱斯特拉冈：没什么可给你看的。

弗拉季米尔：再穿上去试试。

爱斯特拉冈：（把他的脚察看一番）我要让它通通风。

弗拉季米尔：你就是这样一个人，脚出了毛病，反倒责怪靴子。（他又脱下帽子，往帽内瞧了瞧，伸手进去摸了摸，在帽顶上敲了敲，往帽里吹了吹，重新把帽子戴上）这件事越来越叫人寒心。（沉默。弗拉季米尔在沉思，爱斯特拉冈在揉脚趾）两个贼有一个得了救。（略停）是个合理的比率。（略停）戈戈。

爱斯特拉冈：什么事？

弗拉季米尔：我们要是忏悔一下呢？

爱斯特拉冈：忏悔什么？

弗拉季米尔：哦……（他想了想）咱们用不着细说。

爱斯特拉冈：忏悔我们的出世？

〔弗拉季米尔纵声大笑，突然止住笑，用一只手按住肚子，脸都变了样儿。

弗拉季米尔：连笑都不敢笑了。

爱斯特拉冈：真是极大的痛苦。

弗拉季米尔：只能微笑。（他突然咧开嘴嬉笑起来，不断地嬉笑，又突然停止）不是一码子事。毫无办法。（略停）戈戈。

爱斯特拉冈：（没好气地）怎么啦？

弗拉季米尔：你读过《圣经》没有？

爱斯特拉冈：《圣经》……（他想了想）我想必看过一两眼。

弗拉季米尔：你还记得《福音书》吗？

爱斯特拉冈：我只记得圣地的地图。都是彩色图。非常好看。死海是青灰色的。我一看到那图，心里就直痒痒。这是咱俩该去的地方，我老这么说，这是咱们该去度蜜月的地方。咱们可以游泳。咱们可以得到幸福。

弗拉季米尔：你真该当诗人的。

爱斯特拉冈：我当过诗人。（指了指身上的破衣服）这还不明显？（沉默）

弗拉季米尔：刚才我说到哪儿……你的脚怎样了？

爱斯特拉冈：看得出有点儿肿。

弗拉季米尔：对了，那两个贼。你还记得那故事吗？

爱斯特拉冈：不记得了。

弗拉季米尔：要我讲给你听吗？

爱斯特拉冈：不要。

弗拉季米尔：可以消磨时间。（略停）故事讲的是两个贼，跟我们的救世主同时被钉死在十字架上。有一个贼——

爱斯特拉冈：我们的什么？

弗拉季米尔：我们的救世主。两个贼。有一个贼据说得救了，另外一个……（他搜索枯肠，寻找与“得救”相反的词汇）……万劫不复。

爱斯特拉冈：得救，从什么地方救出来？

弗拉季米尔：地狱。

爱斯特拉冈：我走啦。（他没有动。）

弗拉季米尔：然而……（略停）怎么——我希望我的话并不叫你腻烦——怎么在四个写福音的使徒里面只有一个谈到有个贼得救呢？四个使徒都在场——或者说在附近，可是只有一个使徒谈到有个贼得了救。（略停）喂，戈戈，你能不能回答我一声，哪怕是偶尔一次？

爱斯特拉冈：（过分地热情）我觉得你讲的故事真是有趣极了。

弗拉季米尔：四个里面只有一个。其他三个里面，有两个压根儿没提起什么贼，第三个却说那两个贼都骂了他。

爱斯特拉冈：谁？

弗拉季米尔：什么？

爱斯特拉冈：你讲的都是些什么？（略停）骂了谁？

弗拉季米尔：救世主。

爱斯特拉冈：为什么？

弗拉季米尔：因为他不肯救他们。

爱斯特拉冈：救他们出地狱？

弗拉季米尔：傻瓜！救他们的命。

爱斯特拉冈：我还以为你刚才说的是救他们出地狱哩。

弗拉季米尔：救他们的命，救他们的命。

爱斯特拉冈：嗯，后来呢？

弗拉季米尔：后来，这两个贼准是永堕地狱、万劫不复啦。

爱斯特拉冈：那还用说？

弗拉季米尔：可是另外的一个使徒说有一个得了救。

爱斯特拉冈：嗯？他们的意见并不一致，这就是问题的症结所在。

弗拉季米尔：可是四个使徒全在场。可是只有一个谈到有个贼得救了。为什么要相信他的话，而不相信其他三个？

爱斯特拉冈：谁相信他的话？

弗拉季米尔：每一个人。他们就知道这一本《圣经》。

爱斯特拉冈：人们都是没知识的混蛋，像猴儿一样见什么学什么。

〔他痛苦地站起身来，一瘸一拐地走向台的极左边，停住脚步，把一只手遮在眼睛上朝远处眺望，随后转身走向台的极右边，朝远处眺望。弗拉季米尔瞅着他的一举一动，随后过去捡起靴子，朝靴内窥视，急急地把靴子扔在地上。

弗拉季米尔：呸！（他吐了口唾沫）

〔爱斯特拉冈走到台中，停住脚步，背朝观众。

爱斯特拉冈：美丽的地方。（他转身走到台前方，停住脚步，脸朝观众）妙极了的景色。（他转向弗拉季米尔）咱们走吧。

弗拉季米尔：咱们不能。

爱斯特拉冈：干吗不能？

弗拉季米尔：咱们在等待戈多。

爱斯特拉冈：啊！（略停）你肯定是这儿吗？

弗拉季米尔：什么？

爱斯特拉冈：我们等的地方。

弗拉季米尔：他说在树旁边。（他们望着树）你还看见别的树吗？

爱斯特拉冈：这是什么树？

弗拉季米尔：我不知道。一棵柳树。

爱斯特拉冈：树叶呢？

弗拉季米尔：准是棵枯树。

爱斯特拉冈：看不见垂枝。

弗拉季米尔：或许还不到季节。

爱斯特拉冈：看上去简直像灌木。

弗拉季米尔：像丛林。

爱斯特拉冈：像灌木。

弗拉季米尔：像　　你这话是什么意思？暗示咱们走错地方了？

爱斯特拉冈：他应该到这儿啦。

弗拉季米尔：他并没说定他准来。

爱斯特拉冈：万一他不来呢？

弗拉季米尔：咱们明天再来。

爱斯特拉冈：然后，后天再来。

弗拉季米尔：可能。

爱斯特拉冈：老这样下去。

弗拉季米尔：问题是——

爱斯特拉冈：直等到他来为止。

弗拉季米尔：你说话真是不留情。

爱斯特拉冈：咱们昨天也来过了。

弗拉季米尔：不，你弄错了。

爱斯特拉冈：咱们昨天干什么啦？

弗拉季米尔：咱们昨天干什么啦？

爱斯特拉冈：对了。

弗拉季米尔：怎么……（忿怒地）只要有你在场，就什么也肯定不了。

爱斯特拉冈：照我看来，咱们昨天来过这儿。

弗拉季米尔：（举目四望）你认得出这地方？

爱斯特拉冈：我并没这么说。

弗拉季米尔：嗯？

爱斯特拉冈：认不认得出没什么关系。

弗拉季米尔：完全一样……那树……（转向观众）那沼地。

爱斯特拉冈：你肯定是在今天晚上？

弗拉季米尔：什么？

爱斯特拉冈：是在今天晚上等他？

弗拉季米尔：他说是星期六。（略停）我想。

爱斯特拉冈：你想。

弗拉季米尔：我准记下了笔记。

〔他在自己的衣袋里摸索着，拿出各色各样的废物。

爱斯特拉冈：（十分恶毒地）可是哪一个星期六？还有，今天是不是星期六？今天难道不可能是星期天！（略停）或者星期一？（略停）或者星期五？

弗拉季米尔：（拼命往四周围张望，仿佛景色上写有日期似的）那决不可能。

爱斯特拉冈：或者星期四？

弗拉季米尔：咱们怎么办呢？

爱斯特拉冈：要是他昨天来了，没在这儿找到咱们，那么你可以肯定他今天决不会再来了。

弗拉季米尔：可是你说我们昨天来过这儿。

爱斯特拉冈：我也许弄错了。（略停）咱们暂别说话，成不成？

弗拉季米尔：（无力地）好吧。（爱斯特拉冈坐到土墩上。弗拉季米尔激动地来去踱着，不时刹住脚步往远处眺望。爱斯特拉冈睡着了。弗拉季米尔在受斯特拉冈面前停住脚步）戈戈！……戈戈！……戈戈！

〔爱斯特拉冈一下子惊醒过来。

爱斯特拉冈：（惊恐地意识到自己的处境）我睡着啦！（责备地）你为什么老是不肯让我睡一会儿？

弗拉季米尔：我觉得孤独。

爱斯特拉冈：我做了个梦。

弗拉季米尔：别告诉我！

爱斯特拉冈：我梦见——

弗拉季米尔：别告诉我！

爱斯特拉冈：（向宇宙做了个手势）有了这一个，你就感到满足了？（沉默）你太不够朋友了,狄狄。我个人的噩梦如果不能告诉你,叫我告诉谁去?

弗拉季米尔:让它们作为你个人的东西保留着吧。你知道我听了受不了。

爱斯特拉冈:(冷冷地)有时候我心里想,咱们是不是还是分手比较好。

弗拉季米尔:你走不远的。

爱斯特拉冈:那太糟糕啦,实在太糟糕啦!(略停)你说呢,狄狄,是不是实在太糟糕啦?(略停)当你想到路上的景色是多么美丽。(略停)还有路上的行人是多么善良。(略停。甜言蜜语地哄)你说是不是,狄狄?

弗拉季米尔:你要冷静些。

爱斯特拉冈:(淫荡地)冷静……冷静……所有的上等人都说要镇静。(略停)你知道英国人在妓院里的故事吗?

弗拉季米尔:知道。

爱斯特拉冈:讲给我听。

弗拉季米尔:啊,别说啦!

爱斯特拉冈:有个英国人多喝了点儿酒,走进一家妓院。鸨母问他要漂亮的、黑皮肤的还是红头发的。你说下去吧。

弗拉季米尔:别说啦!

〔弗拉季米尔急下。爱斯特拉冈站起来跟着他走到舞台尽头。爱斯特拉冈做着手势,仿佛作为观众在给一个拳击家打气似的。弗拉季米尔上,他从爱斯特拉冈旁边擦身而过,低着头穿过舞台。爱斯特拉冈朝他迈了一步,刹住脚步。

爱斯特拉冈:(温柔地)你是要跟我说话吗?(沉默。爱斯特拉冈往前迈了一步)你有话要跟我说吗?(沉默。他又往前迈了一步)狄狄……

弗拉季米尔:(并不转身)我没有什么话要跟你说。

爱斯特拉冈:(迈了一步)你生气了?(沉默。迈了一步)原谅我。(沉默。迈了一步。爱斯特拉冈把他的一只手搭在弗拉季米尔的肩上)来吧,狄狄。(沉默)把你的手给我。(弗拉季米尔转过身来)拥抱我!(弗拉季米尔软下心来。他们俩拥抱。爱斯特拉冈缩回身去)你一股大蒜臭!

弗拉季米尔:它对腰子有好处。(沉默。爱斯特拉冈注视着那棵树)咱们这会儿干什么呢?

爱斯特拉冈:咱们等着。

弗拉季米尔:不错,可是咱们等着的时候干什么呢?

爱斯特拉冈:咱们上吊试试怎么样?

〔弗拉季米尔向爱斯特拉冈耳语。爱斯特拉冈大为兴奋。

弗拉季米尔:跟着就有那么多好处。掉下来以后,底下还会长曼陀罗花。这就是你拔花的时候听到吱吱声的原因。你难道不知道?

爱斯特拉冈:咱们马上就上吊吧。

弗拉季米尔:在树枝上?(他们向那棵树走去)我信不过它。

爱斯特拉冈:咱们试试总是可以的。

弗拉季米尔：你就试吧。

爱斯特拉冈：你先来。

弗拉季米尔：不，不，你先来。

爱斯特拉冈：干吗要我先来？

弗拉季米尔：你比我轻。

爱斯特拉冈：正因为如此！

弗拉季米尔：我不明白。

爱斯特拉冈：用你的脑子，成不成？

〔弗拉季米尔用脑子。

弗拉季米尔：（最后）我想不出来。

爱斯特拉冈：是这么回事。（他想了想）树枝……树枝……（忿怒地）用你的头脑，成不成？

弗拉季米尔：你是我的唯一希望了。

爱斯特拉冈：（吃力地）戈戈轻——树枝不断——戈戈死了。狄狄重——树枝断了——狄狄孤单单的一个人。可是——

弗拉季米尔：我没想到这一点。

爱斯特拉冈：要是它吊得死你，也就吊得死我。

弗拉季米尔：可是我真的比你重吗？

爱斯特拉冈：是你亲口告诉我的。我不知道。反正机会均等，或者差不多均等。

弗拉季米尔：嗯？咱们干什么呢？

爱斯特拉冈：咱们什么也别干。这样比较安全。

弗拉季米尔：咱们先等一下，看看他说些什么。

爱斯特拉冈：谁？

弗拉季米尔：戈多。

爱斯特拉冈：好主意。

弗拉季米尔：咱们先等一下，让咱们完全清楚咱们的处境后再说。

爱斯特拉冈：要不然，最好还是趁热打铁。

弗拉季米尔：我真想听听他会提供些什么。我们听了以后，可以答应或者拒绝。

爱斯特拉冈：咱们到底要求他给咱们做些什么？

弗拉季米尔：你当时难道没在场？

爱斯特拉冈：我大概没好好听。

弗拉季米尔：哦……没提出什么明确的要求。

爱斯特拉冈：可以说是一种祈祷。

弗拉季米尔：一点不错。

爱斯特拉冈：一种泛泛的乞求。

弗拉季米尔：完全正确。

爱斯特拉冈：他怎么回答的呢？

弗拉季米尔：说他瞧着办。
爱斯特拉冈：说他不能事先答应。
弗拉季米尔：说他得考虑一下。
爱斯特拉冈：在他家中安静的环境里。
弗拉季米尔：跟他家里的人商量一下。
爱斯特拉冈：他的朋友们。
弗拉季米尔：他的代理人们。
爱斯特拉冈：他的通讯员们。
弗拉季米尔：他的书。
爱斯特拉冈：他的银行存折。
弗拉季米尔：然后才能打定主意。
爱斯特拉冈：这是很自然的事。
弗拉季米尔：是吗？
爱斯特拉冈：我想是的。
弗拉季米尔：我也这么想。（沉默。）
爱斯特拉冈：（焦急地）可是咱们呢？
弗拉季米尔：你说的什么？
爱斯特拉冈：我说，可是咱们呢？
弗拉季米尔：我不懂。
爱斯特拉冈：咱们的立场呢？
弗拉季米尔：立场？
爱斯特拉冈：别忙。
弗拉季米尔：立场？咱们趴在地上。
爱斯特拉冈：到了这么糟糕的地步？
弗拉季米尔：大人阁下想要知道有什么特权？
爱斯特拉冈：难道咱们什么权利也没有了？

导读

萨缪尔·贝克特（1906—1989）出生于爱尔兰都柏林，犹太人，中学时酷爱戏剧，毕业于都柏林三一学院，曾在巴黎高等师范学院和巴黎大学任教，结识了英国颓废派作家詹姆斯·乔伊斯，并深受其影响。二战后，从事小说创作，在1948年至1949年间，完成长篇小说三部曲《莫洛伊》《马洛纳正在死去》《无名的人》。小说中呈现出他悲观厌世的人生态度以及他反现实主义的文学主张。在随后的戏剧创作当中，他的这些主张更是得到突出的表现。其中最具代表性的作品便是《等待戈多》。

《等待戈多》是荒诞派戏剧中极具代表性的一部作品。1953年在法国巴黎的巴比伦剧场上演时曾一度引发观众与评论家的争论。最初人们无法容忍这部打破戏剧传统的先锋派戏剧，可最后人们还是重新回到剧院，重新咀嚼思考这部戏剧。《等待戈多》没有完整的戏剧情节，也没有个性鲜明的戏剧人物以及强烈的戏剧矛盾冲突。相反，支离破碎的剧情，模糊、简单的人物设定以及人物之间杂乱无章、毫无头绪的对话充斥着舞台，整个舞台所呈现的现实也是近乎扭曲而混乱的，仿佛让人置身在梦境当中，时间空间已无从寻觅，枯燥与烦闷主宰了一切。然而正是这样一部剧作，竟然在巴黎连演了三百多场，轰动了法国。

《等待戈多》似乎在讲述着一个不断循环的故事，虽然这只是一出两幕剧。在第一幕里，两个流浪汉弗拉季米尔和爱斯特拉冈，在乡间小路旁的枯树下，等待着似乎永远不会到来的戈多。在等待过程中，他们做着各种毫无意义的动作，说着语无伦次的话。在他们跳跃性的对话中，我们无法知道两个人物的身份以及他们为什么要等待戈多。随后他们遇到了波卓和幸运儿，波卓似乎是个奴隶主，他用绳索牵着幸运儿。而所谓的幸运儿一点也不幸运，尽管他对波卓非常顺从，但依然免不了受到各种谩骂与嘲笑。弗拉季米尔和爱斯特拉冈错把波卓和幸运儿当作了戈多。直到天快黑时，来了一个小孩，告诉他们戈多今天不来，明天准来。而在第二幕里，两人如昨天一样等待着戈多。枯树长出了几片叶子，而再次出现的波卓则成了瞎子，幸运儿变成了哑巴。直到快天黑时，那孩子又捎来口信说戈多今天不来了，明天准来。两人陷入失望当中，于是第一幕里的开头的情景在此幕的结尾又再次重演，并且两个人相约，明天还来这里继续等待戈多。

整出戏剧的背景所呈现出来的是肮脏与荒凉，舞台笼罩在枯燥乏味的氛围当中，烦闷得让人窒息，以至于剧中人物把上吊当成游戏。剧中给人们传达最清晰的含义莫过于等待，戈多也由此派生出来，然而戈多是谁，我们无从得知，只是知道他也许让男孩给两个流浪汉捎过信。戈多意味着什么，剧中也只有些模糊的暗示。“等待戈多”成为贯穿全剧的中心线索。而剧中人物的对话与动作都显得那么的毫无意义。在等待的过程中，人物焦虑与无奈、失望，在周而复始的等待中，无望而无聊地消磨着时光。

有人说《等待戈多》的主题就是等待，戈多则意味着希望，而流浪汉则有着一定代表性的寓意，是战后生活在苦难中的人类的代表。在战后的西方世界里，人类到了很难生存下去的地步，战争带给社会的罪恶和灾难，使得人格丧失，个性毁灭。人们生活在荒野中的一棵没有枝叶的枯树下，明知道戈多不会来，仍然在等待，在等待中死去、消亡。其实，与其说《等待戈多》的主题是等待希望，不如说是渴望救赎来得妥当些，贝克特创作这出戏剧时的欧洲正处在工业化高度发展时期，这一时期的西方世界，经历了工业革命带来的巨大变化，同时也经历了两次世界大战的洗礼，在这样一种发展探求的矛盾当中，带给人们更多的却是精神上的拷问。在紧张而繁重的生活压力下，人们适应着快节奏的发展速度，同时人们迷失在发展的齿轮当中，对生活的习惯与以前的文明以及价值体系受到前所未有的碰撞与冲突，上帝似乎不复存在，人与人之间的关系逐渐淡漠，代之而起的是人与人之间关系的不确定与模糊，以及价值观崩溃的局面。人与人之间缺乏沟通与交流，情感消失在日益林立的水泥丛林当中。人们孤独，又渴望被理解、救赎。然而生活的现实世界又是混乱、肮脏、荒诞而没有任何意义的，人们压抑苦恼，迷失自我，隐入苦痛的挣扎中，并且逐渐被异化，沦落在机器般的周而复始重复着单调而无望的生活中。当我们透过剧中外在的荒诞，不难看到隐藏在其下的苦痛挣扎，那种看似毫无意义的重复，那种看似病态的生存法则。年轻的贝克特认为，时间给“主体造成无限的苦恼”，个人只不过是“从未来时间之流的管道”流入过去时光管道的没完没了的过程而已：人淹没在自己的习惯之中，而习惯把包裹在生存表面的所谓合理性、逻辑性系统撕碎，使人躲藏在懒惰后面以逃避生存的荒诞：人饱尝“生存的苦痛”，人生充满着烦恼与苦难。因此，我们在这出剧中看到的便是反反复复地等待与孤独、人们的异化与死亡、无法交流、百无聊赖。

其实剧中两个流浪汉带给我们的不仅仅是思考，甚至没有令人觉得这两个人物是荒诞肮脏的，他们带给我们的应该是感动。鲁迅曾把中国历史概括为两个时代，一种是想做奴隶而不得的时代，一种是暂时坐稳了奴隶的时代。在迷失自我、思想混沌、麻木的人群当中，有这么两个流浪汉，他们在原有的价值体系被冲击后，坚持着自己的价值追求，在看似荒诞疯癫的外衣下，却流露着对自我价值追求无果的无奈与绝望，但仍然在寻找自我，并渴望被救赎。而剧中真正可怜的并不是两个流浪汉，而是波卓和幸运儿，波卓沦落为瞎子，盲目地驱赶着不会说话、失去自我的幸运儿向前直奔。然而在人们心中，他们只是匆匆过客，在盲目的奔跑当中，消耗着生命，并最终再次回到黄昏时的枯树下，重复着昨日盲目的奔跑。剧中的主题便是在这种看似荒诞的循环中得以深刻，在这种无意义的表象下，寄予着对人类未来价值的思考、对生命的拷问，一种看似无泪却倾盆而下的苦涩。

著名导演雷德利·斯科特曾拍过一部让人感动的电影《银翼杀手》，影片所表现的主题便是关于人性的自我救赎。片中所呈现的背景是文明的高度发达时期，人们生活在一片乌烟瘴气、永远灯火阑珊的世界里。透过这层美丽的外衣，我们看到的却是荒凉与破败。在这个世界里，似乎永远下着雨，流浪的人们充斥着街头里巷，而男主人公则孤独地穿行在钢筋混凝土构成的丛林当中。影片中似乎暗示着真正的人类在发展中迷失了自我，人与人之间构筑了精神世界的荒凉，而人类制造出来的人造人反而有着超乎寻常的清醒，以及对生命的珍视与思考。当洛伊模仿耶稣把铁钉插入自己的掌心时，我们能够切身地感受到那种苦痛，那种强烈的对生命的认同感。谁是真正的人类，谁又是人造人，一切似乎都已模糊，无法分辨。所有这一切都终将消逝在时间里，如同眼泪消失在雨水中。雷德利·斯科特同样是在这种看似荒诞实则深刻的构思当中，嵌入了自己深刻的人性拷问。在贝克特看来，“内在和外在的生活是混乱的、不断变化的、荒诞的、不受基本原则约束的。任何秩序都是创造出来的，是人用武断的、人工的手段炮制出来的，以平息灵魂和神经。人的错误的、自制的系统——语言、数学、法律、宗教，当然也包括逻辑以及艺术本身——创造出表面上的秩序，同时也扭曲了现实；对贝克特来说，现实就是混乱”①。

由此，我们在剧中看到的只有黄昏，天空阴沉，无尽的荒野中延伸着一条小路，路旁的枯树，以及流浪汉们单调的对话，毫无生趣的行为。在这种独特的戏剧氛围里，我们分明看出现实世界对人性的压抑，感受到剧中人物内心的苦闷与艰难，渴望摆脱而又无奈等待的凄凉。在等待的时间里，在苦闷重复的煎熬中，人的意识呈现出混乱和思维无逻辑的状态，人们逐渐变得空虚，空虚中又逐渐异化。所以，不难理解，贝克特为什么在自己的创作

① 张和龙：《荒诞·虚空·解构——论塞缪尔·贝克特的小说创作》，《国外文学》2002年第1期。

当中，把疯子、流浪汉、残废者、疾患者、将死的人作为主人公。也就不难理解这些人物的话语经常性地重复、冗赘、啰唆，有时颠三倒四以及故事叙述上的含混不清、支离破碎。

《等待戈多》已然变成一面直视人心荒凉的镜子，而贝克特式的人性救赎似乎就是要通过单调乏味、无法忍受的寂寞以及荒诞式的灵魂拷问来达成。我们也只有被刺激到忍无可忍的地步，才能深刻直视人性压抑与异化所带来的精神危机。

思考与讨论

1. 戈多是谁？剧中人物为何苦苦等待戈多？
2. 你如何看待文中苦闷的等待，这样的等待有何意义？
3. 人为什么活着？

拓展阅读

1. 孙彦：《“希望”在“明天”——试论荒诞派戏剧〈等待戈多〉中的时间概念》，《上海艺术家》1998 年第 3 期。

2. 舒笑梅：《诗化・对称・荒诞——贝克特〈等待戈多〉戏剧语言的主要特征》，《外国文学研究》1998 年第 1 期。

3. 彭国栋：《〈等待戈多〉中的悲剧意识与终极关怀》，《戏剧文学》2006 年第 9 期。

大话西游剧本(节选)[①]

刘镇伟

…………

(一)

观音：孙悟空，你这个畜牲，你本来答应如来佛祖护送你师傅唐三藏去取西经，你居然跟牛魔王串通起来要吃你师傅，你知不知道你犯了弥天大罪？

孙悟空：少啰唆！你追了我三天三夜，因为你是女人我才不杀你，不要以为我怕了你了！

唐僧：悟空，你怎么可以这样跟观音姐姐讲话呢？

悟空：哗！不要吵！

唐僧：你又在吓我！

观音：你不是怕我又为什么要打伤紫霞仙子抢她的月光宝盒，你不就是想躲开我吗？

悟空：既然躲不了那老孙就跟你决一死战！

(悟空将月光宝盒随手一抛，正好砸在唐僧头上。)

…………

唐僧：喂喂喂！大家不要生气，生气会犯了嗔戒的！悟空你也太调皮了，我跟你说过叫你不要乱扔东西，你怎么又……你看我还没说完你又把棍子给扔掉了！月光宝盒是宝物，你把它扔掉会污染环境，要是砸到小朋友怎么办？就算砸不到小朋友砸到那些花花草草也是不对的！

(悟空一把抓住唐僧手中的月光宝盒)

唐僧：干什么？

悟空：放手！

唐僧：你想要啊？悟空，你要是想要的话你就说话嘛，你不说我怎么知道你想要呢，虽然你很有诚意地看着我，可是你还是要跟我说你想要的。你真的想要吗？那你就拿去吧！你不是真的想要吧？难道你真的想要吗？……

悟空：我 Kao！

(悟空一拳将唐僧打倒。)

观音：啊？孙悟空！

悟空：大家看到啦？这个家伙没事就长篇大论婆婆妈妈叽叽歪歪，就好像整天有一

---

① 选自龚苇琳：《大话西游全典》，伊犁人民出版社 2000 年版，有改动。

只苍蝇，嗡……对不起，不是一只，是一堆苍蝇围着你，嗡…嗡…嗡…嗡…飞到你的耳朵里面，救命啊！

（悟空倒地翻滚，异常痛苦。）

悟空：所以呢我就抓住苍蝇挤破它的肚皮把它的肠子扯出来再用它的肠子勒住它的脖子用力一拉，呵——！整条舌头都伸出来啦！我再手起刀落，哗——！整个世界清净了。现在大家明白，为什么我要杀他！

观音：哼！悟空，你诸多借口，你根本就不想去取西经！

悟空：说那么多干什么，打呀！

（两人一番斗法，悟空被观音降服收入甘露瓶。）

观音：今天我要替天行道！

唐僧：喂喂喂！徒弟有错做师傅的也有责任，求姐姐放他一条生路吧！

观音：我不消灭他我没法向玉皇大帝交代！

唐僧：请姐姐跟玉皇大帝说一声，贫僧愿意一命赔一命！

（合十坐地，将法杖向空中一抛）喃呒阿弥陀佛！（法杖将唐僧砸死。）

（六）

（至尊宝穿梭时空再一次回到洞中，却空无一人。至尊宝甚感奇怪，来到洞外，天色已经大亮，无法借助月光穿梭时空，正没理会处，一位少女牵着驴子走来。）

少女：神仙？

（至尊宝摇头。）

少女：妖怪？

（至尊宝不语。）

少女：谢谢！

（牵驴向洞口走去）

至尊宝：喂！盘丝洞不要乱闯！

少女：盘丝洞？你当我不识字，明明是水帘洞嘛！

《大话西游》剧照

（至尊宝抬头看时，不禁大惊。）

少女：盘丝洞……，这个名字也蛮好听的，好，就叫盘丝洞！

（手一挥，将“水帘洞”变为“盘丝洞”）以后我住在这儿！

至尊宝：等一等！

（少女手一挥，将至尊宝打倒，又将月光宝盒抓在手中。）

少女：哎！我现在郑重宣布，这座山所有的东西都是属于我的，包括你在内！

至尊宝：我？

少女：对呀！就像我的驴子一样，给你盖个章！

（少女手一挥，至尊宝觉得脚心一痛。）

少女：你现在是我的人了，如果有人欺负你，就报我的名字。从今天起，我叫“盘丝大仙”！

至尊宝：盘丝大仙？五百年前?！（脱下鞋，发现脚心多了三颗痣，又拿出照妖镜一看，镜中显出猴子的模样，想起水帘洞中听到的话，不禁瞠目结舌，呆立半晌）我不信！我不信！我不信！我不要做猴子，我要去救晶晶！

（至尊宝想闯进洞去，却被洞门砸昏，等醒来时已身在洞中。）

少女：哈哈！Yeah！Yeah！有了这个月光宝盒，以后就不怕被青霞姐追杀了！出来呀！鬼鬼祟祟的，害羞啊，你！

至尊宝：（恭恭敬敬地走出来）Hi，这个月光宝盒呢……

少女：我的！

至尊宝：啊？

少女：我说过了，这里所有的东西都是我的，你想干吗？

至尊宝：没有没有没有，我听说你要走，能不能带我一起走？

少女：你也被人追杀啊？

至尊宝：我赶着去救人啊！

少女：救谁？

至尊宝：救我娘子，就是白晶晶吗，你认识她的。

少女：不认识。

至尊宝：我知道。不过，你很快就会认识她了，因为她将会做你的徒弟，还有这个宝盒……

少女：我的！

至尊宝：我知道！不过其实是我给你，然后你再在那个时候交给我，那么才会有我再回到这里来然后又交还给你，你明白吗？

少女：我明白了，你神经病！

至尊宝：对呀！（想了一会）反正你一定要带我走就对了。

少女：我为什么要对你那么好？

至尊宝：因为你是我的主人啊，你走了我一个人留在这里有什么意思啊？

少女：真的吗？坐！地下！手！乖，待会儿给你买件新衣服回去见你娘子。叫啊！

至尊宝：汪！

少女：用心点儿。

至尊宝：汪汪！汪汪汪汪汪！汪汪！

（夜晚来临。）

至尊宝：仙子！快点啊！月亮出来了！走啊！

少女：（走出洞外，一脸寒霜）去哪儿？

至尊宝：你不走啊？你不走把宝盒给我，我走！

少女：你说什么宝盒？

至尊宝：我是不会再等到明天晚上了我告诉你，你快点吧！还说，等一下你那个贱人姐姐又出来害你了！

少女：贱人！到处跟人家说我会害她！

至尊宝：什么？

少女：我就是那个贱人的姐姐。你不要听她胡说八道！贱——人！那个贱人说下凡间找什么意中人，有辱我们的师门。哼，我看你就是她找的意中人，因为你跟她一样贱！

至尊宝：那个贱——人是她，你就是那个贱人跟我说的那个贱人的姐姐？

少女：就是这个贱人。

至尊宝：你能不能说清楚哪个是贱人？因为现在大家都是贱人。

少女：我告诉你，你最贱！（一拳将至尊宝击昏）

（第二天天亮，至尊宝被少女叫醒。）

少女：至尊宝！你昨天晚上怎么不叫醒我？

（至尊宝大惊，想溜走。）

少女：喂，你怎么了？来呀！你到哪儿去？站住！坐下！椅子！

（至尊宝怕再挨打只好重新坐下。）

少女：你怎么了？怎么这样看我？你看到什么了？你看到她了？你真的看到我姐姐了？她那么快就来了？她跟你说了些什么？你不要相信她，她神经病啊！可能她呢前世跟我斗得太厉害了，所以佛祖就把我们两个卷在一起变成一根灯芯，要我们苦练修行化解这段恩怨，可惜事与愿违，现在比以前斗得更厉害了。不要说那么多了，快点走吧！

（至尊宝不动。）

少女：你以为我精神分裂？

（至尊宝点头。）

少女：我没有啊！那个真的是我姐姐！你不相信是吧？来呀！你拿来呀！（将自己的手与至尊宝的手绑在一起）我们把手绑在一起，今天晚上就知道了！

（夜晚来临，少女似睡非睡。）

至尊宝：我看今晚不会有月光了。

少女：（梦呓般地）是吗？贱人，你跑不出我的五指山，哼哼哼！

（至尊宝一惊，见少女脸如寒霜，翻身坐起来。）

至尊宝：贵姓？

少女：姓林。

至尊宝：哦，原来你就是我大哥说的那个“林青霞”啊。

少女：你大哥？

至尊宝：昨天被你打的那个家伙，叫至尊宝的。

少女：那你呢？

至尊宝：我是他的双胞胎弟弟，叫至尊玉。

少女：至尊宝、至尊玉？想骗我？

至尊宝：嘻嘻，你真是聪明伶俐。其实我大哥真名叫做秦汉，我叫秦祥林。

少女：你在这儿干什么？

至尊宝：我……我很仰慕你。

少女：你仰慕我？（将手上的布条一扬）

至尊宝：岂止是仰慕你，简直害怕失去你！所以跟你绑在一起，你接受我对你的爱吧！我们是同一类人。

少女：我们为什么要是同一类人？（将布条扯断）

至尊宝：大家都那么恨双胞胎，如果这个世界只有一个你或只有一个我多好，偏偏每边要多一个，你说这是多么地……不卫生啊。

少女：跟卫生有什么关系？

至尊宝：你们四个人搞得乱七八糟还有什么卫生啊？反正为了表达我对你的爱呢，我已经把我大哥给杀了！

少女：杀了？

至尊宝：我不只杀了他，我还打算杀了你妹妹！

少女：真的全是为了我？

至尊宝：那还用得着说吗？对了，那个月光宝盒呢？

少女：杀了我妹妹后我自然会给你，如果让我知道你骗我的话，我会让你比现在痛苦十倍！

至尊宝：你对我还真够好的。不过，我现在好像还不怎么痛苦。

少女：当然啦，我还没有出手。（又一拳将至尊宝击昏）

导读

周星驰主演的无厘头影片带给中国的影响是巨大的。“无厘头”一词原本只是一个地域性名词，在粤语中指“没来由”，意思是一个人说话做事都没有明确目的，无中心，无逻辑，令人难以理解，但也并非没有道理。实际上，香港无厘头影片并不是周星驰的专利，而且迎合世俗嬉戏恶搞是香港喜剧电影惯用的手法。周星驰在香港喜剧电影中的地位之所以为人们所认可，其中最主要的原因是周星驰把原本世俗恶搞的香港无厘头喜剧电影带到了前所未有的高度。提到香港无厘头喜剧电影，我们就不能不提他出演过的众多喜剧作品当中的不朽经典《大话西游》。1994 年周星驰出演的《大话西游》在当时的票房并不理想，然而，正是这部票房并不太理想的影片，反而成了周星驰最具代表性的作品。这部作品的成功，其实也正契合了商业片飞速发展的一个特殊时期——后现代社会时期。后现代主义的基本特征表现为对现代性和现代主义的反叛，反叛传统，解构崇高与经典。其主要表现形式便是随意拼贴与肆意解构。因此，许多人在初看《大话西游》时是无法容忍剧中随意消解经典的。

《大话西游》讲述的是孙悟空因无法忍受师父唐僧喋喋不休的说教，与牛魔王合谋想害死唐僧，并通过月光宝盒躲避观世音的追捕。在孙悟空的转世至尊宝的身上上演了一幕间隔时空的不世之恋。孙悟空最终放弃人间情欲，重新踏上取西经的道路。在这部无厘头影片当中，人物形象与故事情节完全脱离了传统经典，消解了传统意义上的英雄形象与崇高。人物的塑造由传统中的两极化描绘转向多重化刻画。通过对传统人物形象的彻底颠覆,重塑了更具有现代性的人物形象,人物形象不再只有非白即黑的一面,而是拥有复杂难辨的多面,无意间体现了后现代主义的精神内质。传统经典中的英雄人物由神转而成为地位卑下的小人物。因此,我们在剧中看到的唐僧变成了一个融合中西方文化、语无伦次、话语啰唆的说教者。孙悟空则俨然成了一个纵横情场、欺师灭祖、言语粗俗的市井小人物。而其转世至尊宝身,则贪婪好色,打家劫舍,损人利己,也完全不具备传统意义上的英雄形象的特征。只能说剧中人物只是在外形上戏仿了经典,而内里则全是人性化的思想。在人物语言上,剧中人物的语言夸张戏谑,甚至拼贴了不少经典影片的桥段,这样支离破碎并没有太多意义的语言风格在一定程度上满足了香港市民的习惯口味。在情节建构上摆脱了传统线性叙事模式,故事的情节顺序颠三倒四,呈碎片化、游戏化处理。我们很难在影片当中寻找到传统叙事模式中的明显的开端、发展、高潮与结局。片中情节随着月光宝盒的穿梭,摆脱传统时空建构,模糊了时空,甚至可以用荒诞不经来形容。由此,我们便不能从表面上来弄懂该剧有何明确的意义所指,似乎只有悟空的间隔时空的爱恋能让我们有所共鸣。这不禁令人想起西班牙超现实主义画家萨尔瓦多·达利的后现代绘画作品,他那奇特而又非凡的想象力,往往导引着人们的思绪,仿佛置身于梦幻一般。他曾在蒙娜丽莎的嘴上加上两笔颇让人回味的胡子,很难说清楚他画中的内涵,但是细细咀嚼,又分明有着特定的所指。有人说,后现代就是在玩弄意义,肢解意义,它主张消解意义,淡化主题。由此我们似乎能够明白一些后现代的审美特质——并不寄任何思想与意义于作品本身,而是让观者通过作品,进行平等交流来产生思考,并让观者心里自然产生意义。后现代话语竭力从全新角度,引导人们以前从未体验过的方式去观看、倾听、思考。从这一层面来看,我们又能进一步细品《大话西游》这部影片。20 世纪 90 年代,中国传统文化正经历着前所未有的冲击,在经济体制改革的巨大成就下,传统思想与价值评判也受到了极大的冲击。精英文化逐渐被大众文化所替代。单纯的英雄主义已经不能抓住人们的心,相反英雄的平民化反而具有根本的吸引力。而无厘头文化正是从香港 20 世纪 90 年代开始兴起的一种次文化,“无厘头”古怪诙谐的搞笑方式无意间迎合和适应了当时“无中心、无体系、无深度”的后现代主义文化风潮。影片在外形上表现为无所顾忌,特立独行,反传统,反精英,解构崇高。不可否认的是,影片在满足大众审美需求后并深入人心,同时也从反面构筑了大众文化的经典。可以说,影片中所凸显的这种后现代风格并不是突然从石头缝里蹦出来的,而是来源于社会生活,与社会生活密切相关,同时又以夸张与狂欢化的形式表现生活,是香港喜剧电影不断发展的产物。其实早在 1992 年,周星驰曾出演了一部同样非常优秀的香港无厘头喜剧电影《审死官》,这部电影的出名并不仅仅是因为创下了香港当年新的票房纪录,也是因为这部影片以无尽辛辣的笔触,笑话了严肃,戏耍了正义,嘲讽了权威,在对传统的权威与正义进行颠覆与重构的过程中,又释放出了许多的轻松与幽默。香港无厘头喜剧电影或许便以这种刻意的幽默形式对传统与崇高进行了不经意的解构,无意间迎合了当时“无中心,无结构,无深度”的后现代主义的文化风潮。因此,《大话西游》能在随后的社会发展潮流中形成一股热潮,似乎也是必然了。

《大话西游》这部喜剧电影将传统经典中的神还原为了极其生活化、有着正常人的欲望、有血有肉的人。影片导演刘镇伟对片中禁锢人性、克制欲望的强权,也进行了彻底的颠覆与嘲弄。观世音在电影中保留了外形上的相似,但是当唐僧絮絮叨叨没完没了的时候,她也忍不住差点出手掐死唐僧,连二郎神的哮天犬也居然一下凡间就动了凡心。把神降下神坛,变成真真切切的人,也正是这样真实而有缺陷的人,剧中的诸多无厘头的嬉笑与戏谑,颠覆传统的做法,才为现实生活的我们所正视与理解。曾经热播一时的军旅题材剧《亮剑》与之相似,剧中的主角李云龙,一改将军高高在上、正义凛然、一板一眼的形象,粗话连篇却又机智过人,冲动莽撞,不讲道理却又豪气冲天,有勇有谋。或许正是对人的终极关怀契合了这一时期的人们的心理诉求。消解崇高、肆意狂欢、解构传统、破坏秩序等极富后现代审美特质的风格,解构了曾经不容置疑的正统和传统庞大的又无所不在的伦理规范体系。而大众则通过这种无厘头电影在嬉戏、讽刺、调侃的表象下,多角度思考蕴藏在影片中的深刻的社会内核和文化内涵,也正是基于此,影片才会在上映几年后,随着网络信息时代的到来,渐渐走入人们的视野,并为人们所追捧。而随着消费文化在国内的蔓延,我们往往在后现代的狂欢与消遣当中,忘记了事物往往具备两面性。解构并不意味着对传统与经典的否定,也并不意味着拼贴与戏仿便是某种程度上的创新。后现代主义作品从反面构筑的经典往往不会对传统价值观进行彻底的否定,它依然有着其内在的积极的文化价值内涵,而不会一味地迎合世俗和低级趣味。如《大话西游》中的爱情,当我们在看到孙悟空与紫霞的生死之别时,停留在我们脸上的只有沉重。因此,消极颓废的后现代主义大行其道时,恰恰表明完全摆脱主流文化意识的后现代作品在某种程度上的失聪与迷惘。这或许便是我们在欣赏后现代主义经典的同时,仍然对其充满着一定程度上的质疑。可以说,后现代主义所标榜的反叛与解构的目的是不够清晰,也不确定的。而针对经典,我们必须承认,随着时间的推移,带有后现代意蕴的电影在一定范围上终究会占有特定的市场并最终得到认可。

《大话西游》在电影史上的成功,可以说是具有后现代特征的香港无厘头电影在中国电影市场上的成功,这种成功既是偶然也是必然,其也必将导引着大批的后现代经典作品在中国电影史上留下浓重的一笔。

思考与讨论

1. 大话西游为什么被称为后现代解构电影?
2. 后现代主义电影一般具备哪些特征?
3. 如何看待后现代主义电影所带来的审美价值的变迁?

拓展阅读

1. 戴锦华:《电影理论与批评》,北京大学出版社 2007 年版。
2. 孟繁华:《众神狂欢——世纪之交的中国文化现象》,中央编译出版社 2003 年版。
3. 迈克·费瑟斯通:《消费文化与后现代主义》,刘精明译,译林出版社 2000 年版。

谈美(节选)[①]

朱光潜

我们对于一棵古松的三种态度

——实用的、科学的、美感的

我刚才说,一切事物都有几种看法。你说一件事物是美的或是丑的,这也只是一种看法。换一个看法,你说它是真的或是假的;再换一种看法,你说它是善的或是恶的。同是一件事物,看法有多种,所看出来的现象也就有多种。

比如园里那一棵古松,无论是你是我或是任何人一看到它,都说它是古松。但是你从正面看,我从侧面看,你以幼年的心境去看,我以中年人的心境去看,这些情境和性格的差异都能影响到所看到古松的面目。古松虽只是一件事物,你所看到的和我所看到的古松却是两件事。假如你和我各把所得的古松的印象画成一幅画或是写成一首诗,我们俩艺术手腕尽管不分上下,你的诗和画与我的诗和画相比较,却有许多重要的异点。这是什么缘故呢?这就由于知觉不完全是客观的,各人所见到的物的形象都带有几分主观的色彩。

假如你是一位木商,我是一位植物学家,另外一位朋友是画家,三人同时来看这一棵古松。我们三人可以说同时都"知觉"到这一棵树,可是三人所"知觉"到的却是三种不同的东西,你脱离不了你的木商的心习,你所知觉到的只是一棵做某事用值几多钱的木料。我也脱离不了我的植物学家的心习,我所知觉到的只是一棵叶为针状、果为球状、四季常青的显花植物。我们的朋友——画家——什么事都不管,只管审美,他所知觉到的只是一棵苍翠劲拔的古树。我们三人的反应态度也不一致。你心里盘算它是宜于架屋或是制器,思量怎样去买它,砍它,运它。我把它归到某类某科里去,注意它和其他松树的异点,思量它何以活得这样老。我们的朋友却不这样东想西想,他只在聚精会神地观赏它的苍翠的颜色,它的盘屈如龙蛇的线纹以及它的昂然高举、不受屈挠的气概。

从此可知这棵古松并不是一件固定的东西,它的形象随观者的性格和情趣而变化。各人所见到的古松的形象都是各人自己性格和情趣的返照。古松的形象一半是天生的,一半也是人为的。极平常的知觉都是带有几分创造性;极客观的东西之中都有几分主观的成分。

美也是如此。有审美的眼睛才能见到美。这棵古松对于我们的画画的朋友是美的,因为他去看它时就抱了美感的态度。你和我如果也想见到它的美,你须得把你那种木商的实用的态度丢开,我须得把植物学家的科学的态度丢开,专持美感的态度去看它。

---

① 朱光潜:《谈美》,选自《朱光潜全集》第2卷,安徽教育出版社1987年版,第8—13页,有改动。

这三种态度有什么分别呢?

先说实用的态度。做人的第一件大事就是维持生活。既要生活,就要讲究如何利用环境。“环境”包含我自己以外的一切人和物在内,这些人和物有些对于我的生活有益,有些对于我的生活有害,有些对于我不关痛痒。我对于他们于是有爱恶的情感,有趋就或逃避的意志和活动。这就是实用的态度。实用的态度起于实用的知觉,实用的知觉起于经验。小孩子初出世,第一次遇见火就伸手去捉,被它烧痛了,以后他再遇见火,便认识它是什么东西,便明了它是烧痛手指的,火对于他于是有意义。事物本来都是很混乱的,人为便利实用起见,才像被火烧过的小孩子根据经验把四围事物分类立名,说天天吃的东西叫做“饭”,天天穿的东西叫做“衣”,某种人是朋友,某种人是敌人,于是事物才有所谓“意义”。意义大半都起于实用。在许多人看,衣除了是穿的,饭除了是吃的,女人除了是生小孩的一类意义之外,便寻不出其他意义。所谓“知觉”,就是感官接触某种人或物时心里明了他的意义。明了他的意义起初都只是明了他的实用。明了实用之后,才可以对他起反应动作,或是爱他,或是恶他,或是求他,或是拒他,木商看古松的态度便是如此。

科学的态度则不然。它纯粹是客观的,理论的。所谓客观的态度就是把自己的成见和情感完全丢开,专以“无所为而为”的精神去探求真理。理论是和实用相对的。理论本来可以见诸实用,但是科学家的直接目的却不在于实用。科学家见到一个美人,不说我要去向她求婚,她可以替我生儿子,只说我看她这人很有趣味,我要来研究她的生理构造,分析她的心理组织。科学家见到一堆粪,不说它的气味太坏,我要掩鼻走开,只说这堆粪是一个病人排泄的,我要分析它的化学成分,看看有没有病菌在里面。科学家自然也有见到美人就求婚,见到粪就掩鼻走开的时候,但是那时候他已经由科学家还到实际人的地位了。科学的态度之中很少有情感和意志,它的最重要的心理活动是抽象的思考。科学家要在这个混乱的世界中寻出事物的关系和条理,纳个物于概念,从原理演个例,分出某者为因,某者为果,某者为特征,某者为偶然性。植物学家看古松的态度便是如此。

木商由古松而想到架屋、制器、赚钱等等,植物学家由古松而想到根茎花叶、日光水分等等,他们的意识都不能停止在古松本身上面。不过把古松当作一块踏脚石,由它跳到和它有关系的种种事物上面去。所以在实用的态度中和科学的态度中,所得到的事物的意象都不是独立的、绝缘的,观者的注意力都不是专注在所观事物本身上面的。注意力的集中,意象的孤立绝缘,便是美感的态度的最大特点。比如我们的画画的朋友看古松,他们全副精神都注在松的本身上面,古松对于他便成了一个独立自足的世界。他忘记他的妻子在家里等柴烧饭,他忘记松树在植物教科书里叫做显花植物,总而言之,古松完全占领住他的意识,古松以外的世界他都视而不见、听而不闻了。他只把古松摆在心眼面前当作一幅画去玩味。他不计较实用,所以心中没有意志和欲念;他不推求关系、条理、因果等等,所以不用抽象的思考。这种脱净了意志和抽象思考的心理活动叫做“直觉”,直觉所见到的孤立绝缘的意象叫做“形象”。美感经验就是形象的直觉,美就是事物呈形象于直觉时的特质。

实用的态度以善为最高目的,科学的态度以真为最高目的,美感的态度以美为最高目的。在实用态度中,我们的注意力偏在事物对于人的利害,心理活动偏重意志;在科学的态度中，我们的注意力偏在事物间的互相关系，心理活动偏重抽象的思考；在美感的态度中，我们的注意力专在事物本身的形象，心理活动偏重直觉。真善美都是人所定的价值，不是事物所本有的特质。离开人的观点而言，事物都混然无别，善恶、真伪、美丑就漫无意义。真善美都含有若干主观的成分。

就“用”字的狭义说，美是最没有用处的。科学家的目的虽只在辨别真伪，他所得的结果却可效用于人类社会。美的事物如诗文、图画、雕刻、音乐等等都是寒不可以为衣，饥不可以为食的。从实用的观点看，许多艺术家都是太不切实用的人物。然则我们又何必来讲美呢？人性本来是多方的，需要也是多方的。真善美三者俱备才可以算是完全的人。人性中本有饮食欲，渴而无所饮，饥而无所食，固然是一种缺乏；人性中本有求知欲而没有科学的活动，本有美的嗜好而没有美感的活动，也未始不是一种缺乏。真和美的需要也是人生中的一种饥渴——精神上的饥渴。疾病衰老的身体才没有口腹的饥渴。同理，你遇到一个没有精神上的饥渴的人或民族，你可以断定他的心灵已到了疾病衰老的状态。

人所以异于其他动物的就是于饮食男女之外还有更高尚的企求，美就是其中之一。是壶就可以贮茶，何必又求它形式、花样、颜色都要好看呢？吃饱了饭就可以睡觉，何必又呕心血去作诗、画画、奏乐呢？“生命”是与“活动”同义的，活动愈自由生命也就愈有意义。人的实用的活动全是有所为而为，是受环境需要限制的；人的美感的活动全是无所为而为，是环境不需要他活动而他自己愿意去活动的。在有所为而为的活动中，人是环境需要的奴隶；在无所为而为的活动中，人是自己心灵的主宰。这是单就人说，就物说呢，在实用的和科学的世界中，事物都借着和其他事物发生关系而得到意义，在了孤立绝缘时就都没有意义；但是在美感世界中它却能孤立绝缘，却能在本身现出价值。照这样看，我们可以说，美是事物的最有价值的一面，美感的经验是人生中最有价值的一面。

许多轰轰烈烈的英雄和美人都过去了，许多轰轰烈烈的成功和失败也都过去了，只有艺术作品真正是不朽的。数千年前的《采采卷耳》和《孔雀东南飞》的作者还能在我们心里点燃很强烈的火焰，虽然在当时他们不过是大皇帝脚下的不知名的小百姓。秦始皇并吞六国，统一车书，曹孟德带八十万人马下江东，舳舻千里，旌旗蔽空，这些惊心动魄的成败对于你有什么意义？对于我有什么意义？但是长城和《短歌行》对于我们还是很亲切的，还可以使我们心领神会这些骸骨不存的精神气魄。这几段墙在，这几句诗在，他们永远对于人是亲切的。由此类推，在几千年或是几万年以后看现在纷纷扰扰的“帝国主义”“反帝国主义”“主席”“代表”“电影明星”之类对于人有什么意义？我们这个时代是否也有类似长城和《短歌行》的纪念坊留给后人，让他们觉得我们也还是很亲切的么？悠悠的过去只是一片漆黑的天空，我们所以还能认识出来这漆黑的天空者，全赖思想家和艺术家所散布的几点星光。朋友，让我们珍重这几点星光！让我们也努力散布几点星光去照耀那和过去一般漆黑的未来！

导读

朱光潜先生是位学贯中西的学者。可以说中国的美学研究是绕不开朱光潜先生的，先生翻译介绍过大量的西方美学作品，让国人最大程度上了解西方的美学。其主要编著有《谈美》《西方美学史》等。先生当年和国人谈美的年代却正是国家饱受战争之苦的时候，先生对美的见解犹如倾盆之雨，荡涤了人们心里的阴霾；又如玄空狮吼，让人醍醐灌顶。时光荏苒，而今的时代，那段岁月已然远去，曾经硝烟弥漫的断壁颓垣，如今已面目全非，换了模样，一片崭新的派头，先生所谈的美似乎不用再去提及，人们举手投足间便能感觉到美了。当有人问及何为美时，众人茫然且自信地回答有用即为美。殊不知这与先生的美学观点相背甚远。我突然想起，先生谈美的时候解释说并非在闲情雅趣的时候谈论风月，而是“时机实在是太紧迫了”。而今时下的纷纷扰扰似乎又让人感觉到那种看不见硝烟的战争，那个关乎民族存亡的年代。先生如果在此时，我想他依然会急切地喊上一声时机“实在是太紧迫了。”

其实关于美学方面的知识，我是知之甚少的。倒是记着著名的雕塑大师罗丹曾经说过这么一句话：美是到处都有的，对于我们的眼睛，不是缺少美，而是缺少发现。这句话其实是在表明美原来就不应该是深奥的，对于我们来说，有双眼睛，善于观察，便可以发现美，美即是感知，喜欢就是美丽。从这一点来说，我倒觉得朱光潜先生对美的看法与我们日常生活的审美经验大抵上是相同的，先生在谈美中提及“美也是如此。有审美的眼睛才能见到美”。不同在于他希望在对美的感知上带入情感体验，摒弃功利世俗等因素，把美当成艺术来欣赏，这样才能称之为美。先生是不赞同实用即为美的，相反先生倒是认为“就‘用’字的狭义说，美是最没有用处的”。美的事物往往都是“寒不可以为衣，饥不可以为食的”。真正美的体验不会拘泥于其外在的形态和实际的功用，欣赏美的事物所带来的体验是能够触动你我的心灵，在深邃的宇宙之中指引灵魂、净化思想的。把美等同于俗不可耐，虽然在机体上得到温饱，心灵上却已到了疾病衰老的状态了。因此先生提出“美是事物的最有价值的一面，美感的经验是人生中最有价值的一面”。

先生还提及“一定要于纯饱食暖衣、高官厚禄等等之外，别有较高尚、较纯洁的企求。”由此，可以认识到美本来就应该超脱于一切载体之外，而我们所欣赏的美的载体并不是美的本身，甚至有的时候看上去美的东西其实并不美，而丑的东西却很美。这并不矛盾，在纷繁复杂的现实人生当中，我们有所羁绊，在欲望与现实的冲突当中，我们的人生又呈现出许多的缺陷，因此，我们对美的认识与感知便自然地受到干扰，原本用来发现美的眼睛容易蒙上尘土，原本用来体验美感的心灵也会套上枷锁。然而，对美的感知是无论如何都离不开现实生活，离不开实际人生的。而对美的企求，在一定程度上救赎了美，也弥补了现实人生中的诸多缺陷。

美的本身便是件艺术品，生活本身其实便是艺术，而美只是成功地表现了这种艺术，从而让人产生了美感。朱光潜先生在《谈美》中说“离开人生便无所谓艺术，因为艺术是情趣的表现，而情趣的根源就在人生”。套用先生的这句话，我们可以说情趣即人生，有什么样的人生便拥有什么样的情趣，反过来说，何种情趣折射出何种人生。对美的体验过程让人产生了情趣，而有着丰富的情趣经验的人又能轻易地体验到美。我曾经在《星光大道》见过这样一种人生，盲人杨光尚在襁褓中的时候就失去了光明，然而在他辨别不清颜色的世界里，他感知的美丽大海永远都比健全人眼中的大海更富有情趣。一个心思纯净、充满情趣与阳光的人，是能够在枯竭的人生当中觅得生命的源泉的。情趣化的人生当中，生活不是苍白灰暗的，而是五彩斑斓的，人与人之间不再是无视与冷漠，而是变得亲切与温暖。因此，美可以说是情感体验的愉悦过程。由此再回想罗丹的那句话不是显得特别朴素且真挚吗，没有情趣的人生，只有纷纷扰扰的俗不可耐，即使真正美的事物摆在面前也是难以发现的。美的事物是不仅仅限于外在的物象的，甚至可以说，美是假托于外在的物象来承载的充满情趣的体验，也不仅来自我们内心对美的感受，也不仅来自对外在物象的感知。如此看来，发现美其实变得异常简单，我们的生活不都是快乐和幸福的，同样生活也不可能全是落寞和寂寥的。当内心情感变得世俗无趣的时候，无论外在的世界有多么美，对于毫无情趣的那一类人来说也是视而不见、听而不闻的。当我们敞开一扇心灵的窗户，用丰富的情趣去观察四周，人生便会显得异常完满美妙。

有情趣即能产生美感。要成为一个有情趣的人，先生认为得先学会美化人生。美化人生在先生看来，也必是以超脱的精神观照人生的态度。我甚至认为美其实来源于一种豁达开朗、积极乐观的生活态度，摆脱现实生活与人生欲望的矛盾冲突，美更像是一种超然物外的精神境界，并且由此所呈现出来的不为欲望与功利所驱使的无羁状态。美在潇洒，美在自然，美在对现实人生的超脱。如果借用艺术的形式来成功地表现这种超脱，美便当即产生了。所以，我们会流连于李白那放荡不羁的饮酒歌赋当中，也自然能体会到那种超凡脱俗的美感；我们也会满怀伤感与无奈，聆听东坡放逐、大江东去的豪迈与奔放。如今，这些已然幻化成不朽的艺术珍品，变成美的形象，常挂人心深处。因此，先生认为把握距离也很重要，人们常常是不满意于自己的境遇而羡慕他人的境遇，只有摆清旁观者与当局者的位置，才能有正确的美的体验，便“好比站在陆地上远看海雾，不受实际的切身的利害牵绊，能安闲自在地玩味目前美妙的景致”。美在距离，这种距离感能让我们原本非常嫌恶的事情产生另外一种美的体验，卓文君的故事如果放在当下，我们会认同会赞许，也会感动。但如果放在背景人物的时代，也许我们会唾弃这种有违道德的伤风败俗的事情。现实人生与美化的人生是不同的，美虽然来源于生活，但往往都高于生活。如果把对现实的利害关系看得太重，那便无法审视远在距离之外的美的体验。正如先生所说，“艺术家和审美者的本领就在能不让屋后的一园菜压倒门前的海景，不拿盛酒盛菜的标准去估定周鼎汉瓶的价值，不把一条街当作到某酒店和某银行去的指路标。他们能跳开利害的圈套，只聚精会神地观赏事物本身的形象。他们知道在美的事物和实际人生之中维持一种适当的距离”。因此，对美的情感体验应当保持适当的距离，不然体验再多也终究无法发现其内的美感与情趣。这种局里局外的良苦用心，让人学会了欣赏，从而以欣赏的态度去美化了人生，净化了心灵。人生本就行路难，人生本就多歧路，拥有一种豁达乐观、超脱人生的态度其实就是一种艺术化的人生，于此，我便明白艺术化的人生便是源于生活化的人生当中的某次舍弃，某次旁观。

除此之外，对美的执着追求也是先生所一贯坚持的观点。先生认为“求知、想好、爱美，三者都是人类天性，人生来就有真善美的需要，真善美具备，人生才完美”。这倒让我想起孟子在性善论中提及的“民之秉彝，好是懿德”。原来这才是古之先贤大谈人之初性本善的真实用意。这也让我觉察到发现美并不是朱光潜先生的最真实的用意。先生是希望人心纯净，执着于那些与生俱来的真善美，传递这些真善美；希望这样的青年一代能够发现美、弘扬美，能够不受世俗拘泥，不随波逐流，不人云亦云，能够拨云见日；希望这样的青年一代能拥有济世的情怀，能始终保持独立的人格情操，即使身处逆境险境，依然能开拓出一片天地；希望在民族危亡、风雨飘摇的时代，这样的青年一代能够担当匡时救弊、担当救国救民的大任。

写到这，眼睛倒湿润起来，想起先生曾经所承受的委屈与坎坷，年逾八旬，依然不辞笔墨，为当下青年一代留下宝贵的美的思想，又想起先生书中曾说过的话：我们所以还能认识出来这漆黑的天空者，全赖思想家和艺术家所散布的几点星光。朋友，让我们珍重这几点星光！让我们也努力散布几点星光去照耀那和过去一般漆黑的未来！

思考与讨论

1. 人性本善还是性本恶？
2. 如何看待朱光潜的美育思想核心“人生的艺术化”？
3. 有人说人的本质力量在于审美，你是如何理解的？

拓展阅读

1. 朱光潜：《朱光潜全集》第2卷，安徽教育出版社1987年版。
2. 张旭曙、谢勇：《实践·审美·人——从〈谈美书简〉看后期朱光潜的美学观》，《齐鲁学刊》2004年第5期。
3. 李双：《人的本质力量在于审美——重读朱光潜〈谈美书简〉》，《中国劳动关系学院学报》2006年第4期。

以美育代宗教说——在北京神州学会演说词[①]

蔡元培

蔡元培

兄弟于学问界未曾为系统的研究，在学会中本无可以表示之意见。惟既承学会诸君子责以讲演，则以无可如何中，择一于我国有研究价值问题为到会诸君一言，即“以美育代宗教”之说是也。

夫宗教之为物，在彼欧西各国已为过去问题。盖宗教之内容，现皆经学者以科学的研究解决之矣。吾人游历欧洲，虽见教堂棋布，一般人民亦多入堂礼拜，此则一种历史上之习惯。譬如前清时代之袍褂，在民国本不适用，然因其存积甚多，毁之可惜，则定为乙种礼服而沿用之，未尝不可。又如祝寿、会葬之仪，在学理上了无价值，然戚友中既以请帖、讣闻相招，势不能不循例参加，借通情愫。欧人之沿习宗教仪式，亦犹是耳。所可怪者，我中国既无欧人此种特别之习惯，乃以彼邦过去之事作实作为新知，竟有多人提出讨论。此则由于留学外国之学生，见彼国社会之进化，而误听教士之言，一切归功于宗教，遂欲以基督教劝导国人。而一部分之沿习旧思想者，则承前说而稍变之，以孔子为我国之基督，遂欲组织孔教，奔走呼号，视为今日重要问题。

自兄弟观之，宗教之原始，不外因吾人精神作用而构成。吾人精神上之作用，普通分为三种：一曰知识；二曰意志；三曰感情。最早之宗教，常兼此三作用而有之。盖以吾人当未开化时代，脑力简单，视吾人一身与世界万物，均为一种不可思议之事。生自何来？死将何往？创造之者何人？管理之者何术？凡此种种，皆当时之人所提出之问题，以求解答者也。于是有宗教家勉强解答之。如基督教推本于上帝，印度旧教则归之梵天，我国神话则归之盘古。其他各种现象，亦皆以神道为惟一之理由。此知识作用之附丽于宗教者也。且吾人生而有生存之欲望，由此欲望而发生一种利己之心。其初以为非损人不能利己，故恃强凌弱，掠夺攫取之事，所在多有。其后经验稍多，知利人之不可少，于是有宗教家提倡利他主义。此意志作用之附丽于宗教者也。又如跳舞、唱歌，虽野蛮人亦皆乐此不疲。而对于居室、雕刻、图画等事，虽石器时代之遗迹，皆足以考见其爱美之思想。此皆人情之常，而宗教家利用之以为诱人信仰之方法。于是未开化人之美术，无一不与宗教相关联。此又情感作用之附丽于宗教者也。天演之例，由浑而昼。当时精神作用至为浑沌，遂结合而为宗教。又并无他种学术与之对，故宗教在社会上遂具有特别

① 选自聂振斌：《中国现当代美学名家文丛——蔡元培卷》，浙江大学出版社2009年版。

之势力焉。

迨后社会文化日渐进步，科学发达，学者遂举古人所谓不可思议者，皆一一解释之以科学。日星之现象，地球之缘起，动植物之分布，人种之差别，皆得以理化、博物、人种、古物诸科学证明之。而宗教家所谓吾人为上帝所创造者，从生物进化论观之，吾人最初之始祖，实为一种极小之动物，后始日渐进化为人耳。此知识作用离宗教而独立之证也。宗教家对于人群之规则，以为神之所定，可以永远不变。然希腊诡辩家，因巡游各地之故，知各民族之所谓道德，往往互相抵触，已怀疑于一成不变之原则。近世学者据生理学、心理学、社会学之公例，以应用于伦理，则知具体之道德不能不随时随地而变迁。而道德之原理则可由种种不同之具体者而归纳以得之。而宗教家之演绎法，全不适用。此意志作用离宗教而独立之证也。

知识、意志两作用，既皆脱离宗教以外，于是宗教所最有密切关系者，惟有情感作用，即所谓美感。凡宗教之建筑，多择山水最胜之处，吾国人所谓天下名山僧占多，即其例也。其间恒有古木名花，传播于诗人之笔，是皆利用自然之美以感人者。其建筑也，恒有峻秀之塔，崇闳幽邃之殿堂，饰以精致之造像，瑰丽之壁画，构成黯淡之光线，佐以微妙之音乐。赞美者必有著名之歌词，演说者必有雄辩之素养，凡此种种，皆为美术作用，故能引人入胜。苟举以上种种设施而屏弃之，恐无能为役矣。然而美术之进化史，实亦有脱离宗教之趋势。例如吾国南北朝著名之建筑，则伽蓝耳，其雕刻则造像耳，图画则佛像及地狱变相之属为多。文学之一部分，亦与佛教为缘。而唐以后诗文，遂多以风景人情世事为对象。宋元以后之图画，多写山水花鸟等自然之美。周以前之鼎彝，皆用诸祭祀。汉唐之吉金，宋元以来之名瓷，则专供把玩。野蛮时代之跳舞，专以娱神，而今则以之自娱。欧洲中古时代留遗之建筑，其最著者率为教堂。其雕刻图画之资料，多取诸新旧约；其音乐，则附丽于赞美歌；其演剧，亦排演耶稣故事，与我国旧剧“目莲救母”相类。及文艺复兴以后，各种美术渐离宗教而尚人文。至于今日，宏丽之建筑多为学校、剧院、博物院。而新设之教堂，有美学上价值者，几无可指数。其他美术，亦多取资于自然现象及社会状态。于是以美育论，已有与宗教分合之两派。以此两派相较，美育之附丽于宗教者，常受宗教之累，失其陶养之作用，而转以激刺感情。……

鉴激刺感情之弊，而专尚陶养感情之术，则莫如舍宗教而易以纯粹之美育。纯粹之美育，所以陶养吾人之感情，使有高尚纯洁之习惯，而使人我之见、利已损人之思念，以渐消沮者也。盖以美为普遍性，决无人我差别之见能参入其中。食物之入我口者，不能兼果他人之腹；衣服之在我身者，不能兼供他人之温，以其非普遍性也。美则不然。即如北京左近之西山，我游之，人亦游之；我无损于人，人亦无损于我也。隔千里兮共明月，我与人均不得而私之。中央公园之花石，农事试验场之水木，人人得而赏之。埃及之金字塔，希腊之神祠，罗马之剧场，瞻望赏叹者若干人，且历若干年，而价值如故。各国之博物院，无不公开者，即私人收藏之珍品，亦时供同志之赏览。各地方之音乐会、演剧场，均以容多数人为快。所谓独乐乐不如与人乐乐，与寡乐乐不如与众乐乐，以齐宣王之惛，尚能承认之。美之为普遍性可知矣。且美之批评，虽间亦因人而异，然不曰是于我为美，而曰是为美，是亦以普遍性为标准之一证也。

美以普遍性之故，不复有人我之关系，遂亦不能有利害之关系。马牛，人之所利用者，而戴嵩所画之牛，韩干所画之马，决无对之而作服乘之想者。狮虎，人之所畏也，而芦沟桥之石狮，神虎桥之石虎，决无对之而生搏噬之恐者。植物之花，所以成实也，而吾人赏花，决非作果实可食之想。善歌之鸟，恒非食品。灿烂之蛇，多含毒液。而以审美之观念对之，其价值自若。美色，人之所好也，对希腊之裸像，决不敢作龙阳之想。对拉飞尔若鲁滨司之裸体画，决不敢有周昉秘戏图之想。盖美之超绝实际也如是。且于普通之美以外，就特别之美而观察之，则其义益显。例如崇闳之美，有至大至刚两种。至大者如吾人在大海中，惟见天水相连，茫无涯涘。又如夜中仰数恒星，知一星为一世界，而不能得其止境，顿觉吾身之小虽微尘不足以喻，而不知何者为所有。其至刚者，如疾风震霆，覆舟倾屋，洪水横流，火山喷薄，虽拔山盖世之气力，亦无所施，而不知何者为好胜。夫所谓大也，刚也，皆对待之名也。今既自以为无大之可言，无刚之可恃，则且忽然超出乎对待之境，而与前所谓至大至刚者肸合而为一体，其愉快遂无限量。当斯时也，又岂尚有利害得丧之见能参入其间耶！其他美育中，如悲剧之美，以其能破除吾人贪恋幸福之思想。《小雅》之怨悱，屈子之离忧，均能特别感人。《西厢记》若终于崔、张团圆，则平淡无奇；惟如原本之终于草桥一梦，始足发人深省。《石头记》若如《红楼后梦》等，必使宝、黛成婚，则此书可以不作。原本之所以动人者，正以宝、黛之结果一死一亡，与吾人之所谓幸福全然相反也。又如滑稽之美，以不与事实相应为条件。如人物之状态，各部分互有比例。而滑稽画中之人物，则故使一部分特别长大或特别短小。作诗则故为不谐之声调，用字则取资于同音异义者。方朔割肉以遗细君，不自责而反自夸。优旃谏漆城，不言其无益，而反谓漆城荡荡，寇来不得上，皆与实际不相容，故令人失笔耳。要之美学之中，其大别为都丽之美、崇闳之美（日本人译言优美、壮美）。而附丽于崇闳之悲剧，附丽于都丽之滑稽，皆足以破人我之见，去利害得失之计较，则其所以陶养性灵，使之日进于高尚者，固已足矣。又何取乎侈言阴骘、攻击异派之宗教，以激刺人心，而使之渐丧其纯粹之美感为耶。

（刊 1917 年《新青年》）

导读

自古以来，美育就为人们所重视。被誉为“中国第一位教育家”的孔子曾言“兴于诗，立于礼，成于乐”①，将音乐等审美教育看作人格得以发展成熟的关键，这是“美育”在我国的最初形态。直至近代，西方美学思想尤其是康德的《判断力批判》与席勒的《美育书简》等著作传入我国后，“美育”一词才流行开来，并得到了众多教育家、美学家的重视。王国维作为国内提倡美育的第一人，他在《论教育之宗旨》中指出：“美育者一面使人之感情发达，以达完美之域；一面又为德育与智育之手段，此又教育者所不可不留意也。”②唯有体

①《论语译注》，杨伯峻、杨逢彬译注，岳麓书社 2009 年版，第 93 页。 ② 姚淦铭、王燕：《王国维文集》第 3 卷，中国文史出版社 1997 年版，第 58 页。

育与心育（智育、德育、美育）共同发展，教育才能使人为完全之人物。继他之后，蔡元培针对当时社会状况及教育现状提出“以美育代宗教”说，批判了宗教的虚幻性、强制性等，提倡纯粹之美育，认为“所谓健全之人格，内分四育，即（一）体育，（二）智育，（三）德育，（四）美育”①。四者需均衡发展，不可偏废。尽管二者说法稍有不一，但美育是达到人格完备的必要途径则是毋庸置疑的。

作为我国美育思想的先锋代表，蔡元培先生发表了多篇有关美育的文章，提出了美育在人的生存、道德的完善和健全人格发展方面的重要性，“美育代宗教”成为贯穿其整个人生的主张，是其美育思想的一个重要方面。他在《对新教育之意见》中首次提出“美育”，认为“美感者，合美丽与尊严而言之，介乎现象世界与实体世界之间，而为津梁”②。这里的现象世界就是人们所生活的现实世界，而实体世界则是人们理想中的必然世界。美的普遍性和超脱性特质使得美育可以“陶养吾人之感情，使有高尚纯洁之习惯，而使人我之见、利己损人之思念，以渐消沮者也”。因此，美育可以扫除现象世界发展为实体世界的两大障碍——人我之差别和幸福之营求，从而使得人们不断逼近实体世界，逐渐实现真、善、美的终极理想，达到整个社会的和谐。这既是他作为一个革命者所寻求的救国之道，同时也是他作为一个教育者所肩负的重大使命。一个国家，一个社会生存与发展的根本在于人的生存与发展，离开了“以人为本”的讨论是无意义的，美育恰恰是以人为本的一种教育理念。第一，美育关注人的生存状况。审美是满足人们基本需求基础上的更高需求，是人区别于动物的重要体现，是人的价值的实现方式。在审美的王国里，人们可以超越现实的各种束缚而获得身心的自由、愉悦，使人们认识到自己作为一个主体的能动性以及生存的更高价值和更高境界。美育则是唤醒并强化人们审美情感和审美能力的方式，同时，美育的过程也是审美的过程。第二，美育也是道德完善的途径。在过去，美育总是与德育并存甚至包含在德育当中，传统文化中的“礼乐”教化，就是古代德育与美育的表现，二者共同达到修身养性、遵守伦理规范的目的。蔡元培在《我之欧战观》一文中指出：“然则法、德两国不甚信仰宗教，而一般人民何以有道德心？此即美术之作用。大凡生物之行动，无不由于意志。意志不能离知识与情感而单独进行。凡道德之关系功利者，伴乎知识，恃有科学之作用；而道德之超越功利者，伴乎感情，恃有美术之作用。”③可见，道德的养成和践行不仅要靠知识，更要靠情感，而且知识作用下的道德行为带有功利性质，而那些处于功利之上的高尚行为，则要靠情感，道德他律走向道德自律有赖于美育的陶养作用。第三，美育是培养健全人格、成为完全之人物的重要环节。德国哲学家康德将人的心理结构分为知、情、意三个部分，而情感则是联接和调节知识与意志二者关系的津梁。在审美的过程中，人的心理处于和谐而自由的状态时人是作为一个整体在观照世界。席勒也表示美育的目的就是“培养我们感性和精神力量的整体达到尽可能的和谐”④。王国维和蔡元培则从另一个角度说明美育是培养健全人格必不可少的环节，认为德、智、体、美四者并行发展并且

① 蔡元培：《蔡元培全集》第3卷，中华书局1984年版，第474页。 ② 蔡元培：《蔡元培全集》第2卷，中华书局1984年版，第134页。 ③ 蔡元培：《蔡元培全集》第3卷，中华书局1984年版，第3页。 ④ 席勒：《美育书简》，徐恒醇译，中国文联出版公司1984年版，第108页。

渐达真善美的理想，才能够培养出完全之人物。

美育在上述三个方面发挥着它的重要性，使个人认识到人生的价值，不断追求真善美，并且在美育的指导下使得人由现象世界不断走进实体世界。为此，蔡元培提出“以美育代宗教”成为自然而然之事。

事物均会随着时代的变化而变化，从而打上时代的印记。美育也同样，它的重要性促使我们不得不时刻关注美育的发展，关注当代性背景下美育所具有的时代特征。从美育与当代生活的关系看，美育具有日常生活化的特点。随着当代审美日常化和日常生活审美化潮流的席卷，人们在有意无意中不断地提高着自身的审美趣味和审美能力，审美渗入日常生活的各个方面。审美能力不断提升的过程就是美育，可见美育走出了课堂，走向了日常生活。过去购买商品时人们所看重的主要是商品的实用价值，而当代人们在注重实用价值以外还特别看重商品是否美观，有时商品的美观因素甚至超过其实用价值。事实上，不管是个人的生活品质需求的提高、公共场所的不断美化还是公共传媒的发展，都在潜移默化中提高了人们的审美能力，起到了美育的作用，将原来的精英美育带向大众，推动了大众美育的发展。从美育与当代教育的关系来看，美育有与各学科融合的趋势。美育不仅仅是艺术教育，数学、物理、体育等学科均可以与美育相融合，这本是蔡元培在其美育的实施方案中提到的，却到今日才成为美育的特征。尤其是在现代科学技术的辅助下，学生可以直接观察各种形象，比如数学中对称的各种图形，物理中固、液、气三态的转化，生物中人的基因变异等，通过直观的动画展示出来给学生带来不一样的感受，可激发兴趣，引人思考，愉悦心神。尽管当代教育中有此趋势，但是很多教师上课仍沿用传统模式，没有将美育与其他学科融合，这是值得当下教师关注的一个方面。从美育理论与美育实践的关系来看，美育的工具性突出，美育理论与实践脱节。随着社会的发展，社会的分工越来越精细，学校专业也是越来越细、越来越多，在专业教育中实施美育并没有起到美育的真正效果，反而使美育沦落为实施专业教育的工具，难以真正达到培养完全之人物的教育目的，美育实践远远达不到美育理论的要求。为此，目前有多人在呼吁将美育由“工具性”向“工具性与人文性”统一转变，坚持美育的最初宗旨。

由上可知，美育的当代性远不止体现在以上几个方面，还需要人们进一步去关注这一问题。美育的实施是一个长远的过程，我国需坚持不懈地在当代加强美育。叶朗就曾表明，“加强美育是培养创新人才的需要，是 21 世纪经济发展的直接要求”①，是时代的呼唤。

近代国内美育观念的提出总是伴随着人们对宗教的批判，宗教所存在的缺陷为美育的发展提供了空间和条件。“美术者，上流社会之宗教也。”②王国维认为救国之道的重要途径除了知识与道德之外，情感也不可或缺，这就有赖于美术与宗教。但宗教只适合于下流社会，上流社会的精神救治之法则在于美术，美术弥补了宗教的缺陷。而蔡元培则进一步否定了宗教，随着科学的进步，宗教所宣扬的“真理”不断遭到人们的质疑甚至否定，它

① 叶朗：《把美育正式列入教育方针是时代的要求》，《北京大学学报（哲学社会科学版）》1999 年第 2 期，第 11 页。 ② 王国维：《王国维文集》第 3 卷，中国文史出版社 1997 年版，第 25 页。

所崇尚的道德法则也与他教不一，与现实的具体情况相矛盾，且“美育之附丽于宗教者，常受宗教之累，失其陶养作用，而转以激刺感情”①而“鉴激刺感情之弊，而专尚陶养感情之术，则莫如舍宗教而易以纯粹之美育”②。蔡元培先生即从知、情、意这三个方面来论述宗教的缺陷，从而认为“美育取代宗教”是可能的。同时，当时的教育现状令人恐慌，恐慌的缘由之一则是“道德心之缺乏”，而救济道德之法，莫如宗教，却因宗教派别众多且具有排他性和落后性，美育则是自由的、进步的、超脱的、普遍的，固须以美育代宗教。在当时的社会状况下，倡导美育是十分必要且具有时代意义的，但是因为美育在某几个方面的优势就将宗教取代，却有失妥当。

恩格斯在《反杜林论》中明确指出：“一切宗教都不过是支配着人们日常生活的外部力量在人们头脑中的幻想的反映，在这种反映中，人间的力量采取了超人间的力量的形式。”③从唯物论角度道出了宗教的本质，指出了其唯心的一面、虚幻的一面。除此之外，宗教还被马克思称作“麻醉人民的鸦片”，道出了宗教在广大人民心中的影响之深刻，由此可知，宗教虽不科学，但美育取代宗教谈何容易。更何况宗教具有美育所无可替代的价值。首先，宗教是一种文化，是一种思维方式，信仰宗教是众多人的存在方式。它的存在意义已经不仅是为了解决人们“生之何来，死将何往”之类的困惑，也不仅仅是维系社会道德的精神武器以及解脱苦难的良药，它作为各民族文化的一部分，渗透进了人们生活的各个方面，更在精神上支撑着人们存在，无可替代。其次，宗教可以团结各民族，凝聚人心。在我国多数民族都有自己的宗教信仰，而且宗教之间也有相通之处，不管是佛教的慈悲为怀，基督教的博爱还是伊斯兰教所宣扬的善行，“仁爱”皆在各教教义之中。尊重他们的信仰则有利于各民族团结、互助、友爱，是加强民族凝聚力的重要途径。最后，宗教对于个人存在最具意义的方面在于“信仰”，在于“宗教精神”。信仰是人对自我的超越，是自我价值的提升，它所指向的是对人类与世界的终极关怀。“宗教信仰”虽建立在非理性基础之上，却是终极关怀的实现方式，并且“宗教信仰”所体现出来的执着、虔诚的精神也是人们所缺乏的。若人们在理性思维的基础上，拥有这种宗教般的信仰，那么人的价值将会得到尽可能的提升，进而趋向终极价值。

上述几个方面是宗教的独特价值所在，尤其是信仰陷入危机的当今，宗教在信仰、价值实现和终极关怀方面的价值显得尤为重要，这些是靠美育难以解决的。我们必须以辩证、批判的眼光看待宗教，认识到其不科学的一面，同时需结合时代的状况不断地发展宗教，并充分地利用其积极价值来为人民服务，实现人的终极价值。蔡元培先生虽然主张宗教信仰自由，但“以美育代宗教”却有因强调美育而彻底否定宗教之嫌疑，并且美育取代宗教是难以实现的。因此当下的我们应该在重视美育的同时也吸取宗教中有价值的一面，培养健全人格之人，在理性的基础上抱有信仰，不断为实现终极价值而奋斗。

---

① 蔡元培：《蔡元培全集》第3卷，中华书局1984年版，第32页。 ② 蔡元培：《蔡元培全集》第3卷，中华书局1984年版，第32页。 ③《马克思恩格斯选集》，人民出版社1972年版，第354页。

思考与讨论

1. 试论述蔡元培提出“以美育代宗教”的社会背景。
2. 蔡元培“以美育代宗教”的理论基础是什么?
3. 在今天的社会环境中,你觉得有无必要“以美育代宗教”? 为什么?

拓展阅读

1. 康德:《实践理性批判》,邓晓芒译,杨祖陶校,人民出版社 2003 年版。
2. 席勒:《美育书简》,徐恒醇译,中国文联出版公司 1984 年版。
3. 王国维、蔡元培:《红楼梦评论》,上海古籍出版社 2005 年版。

当代审美文化的结构(节选)[1]

余 虹

…………

面对这样一种全民参与且空前复杂的审美文化,我们如何反思它从而达到认识它的目的呢?我们的策略是先对它进行结构性的解剖,然后对它的表现样态与特征进行描述与分析。本篇的任务是前者。有关当代审美文化的内部结构,我们用三对范畴来加以描述和分析,这三对范畴是:生活/艺术、大众/精英、保守/前卫。

…………

第一节 艺术/生活

今天我们去美术馆看美术作品,去音乐厅听音乐,去剧院看戏剧,在图书馆或家里阅读余华的《活着》,我们都有意无意地走进了一个不同于日常生活世界的另一世界,这个世界我们都知道叫它"艺术世界",并明显地感到它不同于"生活世界"。艺术世界与生活世界的不同甚至明显地摆在那里了,比如美术馆、音乐厅、剧院的大门与围墙,比如剧院内的舞台边缘和绘画作品的画框;在此,大门、围墙、舞台边缘与画框的内外是两个世界,我们都知道不能将里面的东西当真,那是一个虚构的世界。当然也有缺乏这种知识的人,比如那个义愤填膺而向舞台上的黄世仁开枪的解放军战士,但这毕竟是极少数,大多数的现代人都多多少少受到了这种知识的教化。

正是这种知识使大多数现代人得以穿行于艺术世界和生活世界之间而不会混淆,也正是这种习以为常的知识使我们想当然地以为艺术世界与生活世界本来就是两个不同的世界。其实,在原始社会,甚至在较为古老的社会都不存在艺术世界与生活世界的截然分离。法国的拉斯科洞穴壁画没有画框,原始的巫术表演与集体祭仪没有舞台与剧院,甚至中世纪的绘画也不是摆在封闭的艺术空间(比如画廊与美术馆),而是被安置在开放的公共空间(比如教堂)。对原始人与古代人来说,生活与艺术之间没有界线,堂·吉诃德就分不清骑士小说中的故事与生活事件的界线,

拉斯科洞穴壁画

[1] 选自余虹:《审美文化导论》,高等教育出版社2006年版。

所谓“一生幻惑，临末见真”就是堂·吉诃德对自己因混淆艺术与生活而搞笑一生的叹息。临终之前那个觉醒的堂·吉诃德就是“现代人”的雏形，他“知道”了艺术与生活的界线。

其实，艺术与生活的分离以及相关的知识乃是一种现代现象，它的标志就是修建封闭的舞台、封闭的剧院、封闭的美术馆，制作封闭的画框，也就是修建艺术与生活的界线，并传播有关此一界线的观念与知识……

…………

第二节　大众/精英

为晨曦而流泪的大地

在我们的审美经验中有这样一种显而易见的现象：去万人体育场看周杰伦的演唱或在歌厅唱卡拉 OK，显然不同于去袖珍音乐厅听莫扎特的小夜曲；迷醉于步行街五彩缤纷的广告显然不同于在美术馆静穆的展厅中观看丁方的《为晨曦而流泪的大地》或尚扬的《深呼吸》；在家里看没完没了的电视肥皂剧显然不同于在小剧场看实验戏剧；而在机场或码头读《知音》或各类戏说也显然不同于我们在家里读海子的长诗《土地》……

当代审美文化在空间上的类别分化几乎是自明的，即大众审美文化与精英审美文化。大众审美文化的活动主体是“大众”，是巨大的人群，而精英审美文化的活动主体是“精英”，是少数人；大众审美文化的审美对象主要是“大众艺术”或文化工业的批量产品，而精英审美文化的审美对象则主要是“精英艺术”或纯艺术家的创造性作品；大众审美文化的生产动机是“商业利润”与资本的扩张，而精英审美文化的创造动机则是“精神价值探究”与文化的优化；大众审美文化的消费意向是“休闲娱乐”与轻松快乐，而精英审美文化的鉴赏意向则是“心灵陶冶”与精神的提高；大众审美文化的社会功能是“从众媚俗”与维护现

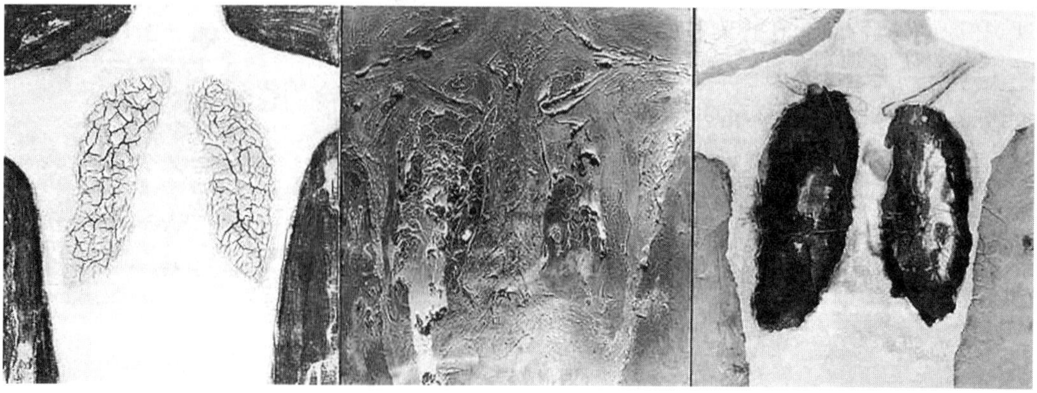

深呼吸

有的社会秩序，而精英审美文化的社会功能则是“批判反省”与促进社会的改革。

显然，当代社会的大众审美文化与精英审美文化各有其道，也各行其道，它们导致了当代审美文化最具特色的结构性分离与对抗。不用说，传统社会也有审美文化的结构性分野，即“文人审美文化”和“民间审美文化”的分野，但值得注意的是，当代精英审美文化不同于传统的人文审美文化，当代大众审美文化也迥异于传统的民间审美文化，虽然它们有表面的相似。从广义上看，传统“文人”指一切有文化的人，他们与没有文化的“民众”相对立，因此，文人审美文化是以文化垄断为标志的，而民间审美文化则基本上是文盲的文化。当代精英审美文化与大众审美文化的分野首先不是有无文化的分野，事实上，大众审美文化的兴起恰恰是打破文化垄断和教育普及的结果。其次，传统的民间审美文化是民众自发创造与享用的乡土文化，而当代大众审美文化则是由文化工业生产而被资本无形操纵的都市文化。再次，传统的文人审美文化是主流意识形态与中心，民间审美文化乃是依附性的文化与边缘，而在当代，大众审美文化是事实上的中心与消费社会的主流意识形态，精英审美文化则是被边缘化而担当了意识形态批判的角色。

…………

在当代社会，大众审美文化与精英审美文化的发展是极不平衡的。大众审美文化借消费经济的动力与现代媒体之势而日渐成为审美文化的主流，精英审美文化则日益成为被戏弄和耍笑的对象，它的特殊功能与价值逐渐被人们盲视与遗忘。与大众审美文化一样，精英审美文化也不是什么纯然的领地，这里有伪崇高、伪真理、伪深刻和自以为是等，但这并不是精英审美文化的全部，更不是它的本质性内涵。事实上，精英审美文化的本质性内涵是不可戏弄与耍笑的，那就是它所禀有的启蒙精神和探求真善美的社会批判态度，舍此，人类审美品位的提高与社会的改良进步都是不可思议的。

第三节　保守/前卫

在今天的中国，人们可以穿奇装异服，可以将头发染成各种各样的颜色，而就在 30 年前的中国，这一切都是不允许的，那时的中国人只许穿清一色的老派服装，女士甚至不可以穿裙子，男士也不能留长发。在那时的中国，任何审美上的新奇追求都与资产阶级的腐朽趣味脱不了干系，因而是要受到批判与禁忌的。

所谓审美文化上的“前卫”就是一种反常规、反规范、反体制化、反权威、反禁忌的审美追求，这样一种追求要成为现实就必须获得现实权力的许可，因此，审美文化中的前卫现象是一种现代现象，它与现代民主制度以及道德、政治、宗教的宽容有关。在西方，审美上的前卫现象出现在 19 世纪，它表现为反古典主义的浪漫主义、象征主义和唯美主义运动，此后发展为现代主义和后现代主义运动。

古典主义是保守的审美文化的象征，从根本上看，一切传统的审美文化都是保守的，因而也是古典主义的。所谓“保守”，不是通常所谓的守旧，守旧只是保守的极端样式，保守的真正含义是相信永恒，从而守护永恒。在西方，“永恒”的信念与哲学上的柏拉图主义和神学上的上帝信仰有关。柏拉图主义将存在一分为二，一是永恒不变的“理式”之恒常存在，二是变动不居的“现象”之暂时存在；上帝信仰将世界一分为二，一是永在的“彼岸世界”，二是短暂的“此岸世界”。哲学上的柏拉图主义和神学上的上帝信仰都确信恒在者的价值而否定变化者的价值，这导致传统审美文化对永恒的肯定和对新变的拒斥。古典主义者之所以唯古典是尚，以古人为范，乃是因为他们认为那些能流传至今而战胜时间与空间的古人的审美趣味是永恒的，在此意义上的守旧就是守护永恒。

与西方的古典主义大致类似，中国古典主义的“宗经”也是以“原道”为据的。所谓“天不变，道也不变”，天象可以变幻莫测，而天道则恒常不变。以刘勰之见，天下之文都是“道之文”。由于古人的经书是天道之最完满的体现，因此，作文之道不过宗经而已。刘勰之论可谓中国古典主义保守逻辑的经典表述。

…………

值得注意的是，在当代社会，审美文化的前卫化来势很猛，但保守的审美文化仍是社会的主流。在文学艺术领域，前卫实验毕竟是少数人的行为，大多数人还是在循规蹈矩地从业，尤其是作为大众文化之一部分的娱乐性文学艺术更是将自己的运行基础放在大众习以为常的审美惯例上，因为只有这样，休闲的大众才会轻轻松松地喜闻乐见。在日常生活的领域，前卫新变的反常离奇也只是少数，大多数人还是几十年一种样式的发型不变、一种风格的服装不变、喜欢四平八稳的东西、习惯性地审美。

…………

我们用三对范畴来分析当代审美文化的结构，并不是要将当代审美文化肢解为一些机械的对立面，而是为我们把握其复杂的结构性空间提供认识工具。因此，我们要强调的是，在事实性的领域，生活/艺术、大众/精英、保守/前卫之间的斜线(/)不是断然明确的，也不是固定不变的。事实上，正是这条斜线的颤动、扭曲、变化、甚至消失和再生标志着当代审美文化活生生的生命存在与运动。此外，生活/艺术、大众/精英、保守/前卫的区分之间是有交叉重叠关系的，但它们指向不同的结构性层面。前卫审美文化就常常与精英审美文化一体(比如现代主义艺术)，但有时也与大众审美文化联姻(比如后现代主义艺术)，大众审美文化常常就是生活化的审美文化，但有时也是艺术化的审美文化。尽管如此，作为一种认识工具，生活/艺术、大众/精英、保守/前卫的区分是十分重要的，否则我们对当代审美文化的结构性把握就是不可能的。

导读

一、作为当代美学研究新路向的审美文化

21世纪以来，随着消费主义文化和后现代主义等多元文化对当下中国文化社会的渗透，繁杂多样的文化现象、审美范式如雨后春笋般显现出来。大众文化与网络文化等异军突起，审美化的日常生活扩大了传统的美学研究对象。当下复杂的文化现象使得美学不能再沉溺于学院式研究，而应该密切联系当下的文化现象，以其批判性和引导性带领社会文化发展。审美文化研究作为当代美学研究的新路向便应运而生。

20世纪90年代以来，美学研究转向审美文化研究已经是不争的事实。传统美学将研究的重心放在美学概念的界定和纯粹理性研究之上，如关于“美的本质”等。新时期以来，消费文化、大众文化消解了美学的神圣性，后现代主义感性化、碎片化的特点开始在中国社会显现出来，它模糊了艺术与非艺术的边界，艺术不再是单独的、孤立的现实，音乐进入了广告，舞蹈进入了广场，“因而一切事物，即使是日常事务或平庸现实，都可归于艺术之记号下，从而都可以是审美的”①。然而，经典美学话语在面对日益显著的社会文化和生活观念的巨大变迁时不断表现出“失语”的无奈。“由于经典的美学话语几乎不可能具体突出并确切地显示人的生命精神及其价值实现在当代生活中的现实性质，因此，一旦它们进入当代文化过程中，便往往显得虚弱无力，一定程度地丧失了其可能具有的话语权力。”②虽然审美文化古已有之，但审美文化具有一种当代性，使其能够密切关注当下的文化生态、当前的文化状况。它的研究领域突破了美学的传统领域，甚至延伸为社会生产实践活动中方方面面的审美因子。“当代审美文化的研究，一方面将突出地强调对现实文化的关照，考察，强调美学研究与当代文化变革之间的内在联系；另一方面，它又总是热烈地表明自己的价值批判立场，在批判的过程中捍卫自己的人文理想，这样，审美文化研究在一定意义上，可以理解为一种当代形态的批判的美学。”③

二、当代审美文化的结构性对抗

毫无疑问，美学向审美文化研究转向是在现代性语境下提出的。现代性的土壤也催生了当代审美文化的结构性对抗。

（一）艺术与生活

在原始社会时期，不管是在人神游戏的希腊神话世界中，还是在道成肉身的基督教世界中，艺术与生活之间并没有明确的界限。在中国古代，同样如此。如“藝”在说文解字的释义：左上是“木”，表植物；右边是人用双手操作。又写成“埶”，从坴，土块；从丮，拿。表明当时的艺术即是生产劳作，是人们日常的生活实践方式。

“艺术与生活的分离以及相关知识乃是一种现代现象，它的标志就是修建封闭的舞台、封闭的剧院、封闭的美术馆、封闭的画框，也就是修建艺术与生活的界线。”西方现代性进程始于文艺复兴时期。19世纪，西方启蒙主义、理性主义带动社会对人主体性地位的认识，人不再是上帝的奴隶而是成了独立的个体。人开始从神的束缚中解脱出来，世俗世界也从宗教世界中解脱出来。与此同时，艺术世界以世俗化的方式从宗教社会（当时的生活世界）剥离出来，并融入世俗世界中。然而，现代性所张扬的用理性来评判一切启蒙精神的原则，将作为一种感性活动的艺术排除在生活世界之外。同时，历代艺术家们为守护艺术的纯粹性和独立性，将之与其他科学分门别类。鲍姆加登将美学从逻辑学和伦理学中分离出来，康德在开创纯粹理性和实践理性之外还分化出审美判断力领域，席勒

① 迈克·费瑟斯通：《消费文化与后现代主义》，刘精明译，译林出版社2000年版，第99页。 ② 张晶：《论审美文化》，北京广播学院出版社2003年版，第7页。 ③ 邢建昌：《从美学研究到审美文化研究》，《文艺报》2000年第22期。

为审美构造出"第三王国"。但是,"如果说文化的现代化是一个分化的过程,那么后现代化就是一个消除分化的过程"①。在现代商品社会的发展之下,审美文化开始打破自身的界限,向广阔的文化领域渗透。审美与日常生活之间的界限逐渐消解。尽管如此,艺术与生活仍然具有质性差异,二者间的二元分化仍然是当代审美文化中最为基本的结构秩序。

(二) 大众与精英

当代审美文化可以分为大众审美文化和精英审美文化。它们各具风格,构成了当代审美文化中最具特色的结构性分离和对抗。

在讨论这个问题之前,我们不得不提到一场具有代表性的争论——阿诺多与本雅明关于大众审美文化的争论。本雅明认为现代的生产方式和科学技术导致了传统艺术的衰落,传统艺术作品的审美价值消失,而当代大众艺术大量的复制、批量的生产满足了大众的审美要求,为大众提供娱乐和消遣。而阿多诺则认为大众审美文化是一种工业生产,以其商品性和娱乐性消灭了艺术的审美价值,使现代艺术成为"非艺术",沦为对大众进行控制的工具。阿多诺具有一种明显的精英主义的立场,他认为真正的艺术应该具有现实批判的功能。

他们的说法并非毫无道理。大众审美文化是依托于大众的文化,为满足大众休闲娱乐的需要,它将文化变成一种迎合消费者需要的"商品"进行批量的复制和生产。而精英审美文化则保留了传统文化的贵族气质。它是精英艺术,是艺术家具有独创性的审美艺术品。"当代精英审美文化乃是以现代知识分子为核心的文化,这种文化的突出特点是社会文化的批判与精神价值的关怀。"但是,大众审美文化与精英审美文化之间并不是绝对对立的。在大众审美文化当中也具有一定的精神价值和审美追求,而在精英审美文化中也能获得身心的放松与休闲。

(三) 保守与前卫

正如前面所述,当代审美文化的结构性生成是在现代性进程中发生的。所谓现代性,安东尼·吉登斯说过,"现代性是一种后传统的秩序","现代性把极端的怀疑主义原则制度化"②。现代性天生就带着怀疑的精神和反叛的精神,始终对传统保持警觉。审美文化中的保守与前卫恰恰是在这样的土壤中孕育出来的。

审美文化中的"保守"并不是因循守旧,它真正的含义是相信永恒,并且守护永恒。西方哲学史上的柏拉图主义和基督教主义都是相信存在恒常不变的价值。古典主义者认为能够战胜时间和空间的审美品质才是永恒的,他们守护传统,守护永恒。在中国古代不外如是。中国古代学者推崇"师古""拟古"之风,讲究"事不师古,以克永世,匪说攸闻"。而审美文化中的"前卫"是指对传统的一种突破,它是一种"反常规、反体制化、反权威、反禁忌的审美追求。""穷则变,变则通,通则久。"在审美文化中,当某种传统发展到一定的极致

① S. 拉什、高飞乐、张启新:《后现代主义:一种社会学的阐释》,《国外社会科学文摘》2000 年第 1 期,第 32 页。 ② 安东尼·吉登斯:《现代性与自我认同——现代晚期的自我与社会》,赵旭东、方文译,生活·读书·新知三联书店 1998 年版,第 3 页。

状态，其标志是与某种专制权力结合形成一种严酷的禁忌，则往往容易滋生变革的情绪。如反古典主义的浪漫主义，反浪漫主义的现实主义。浪漫主义、现实主义放在当时的时代中就属于前卫文化。

需要注意的是，当代审美文化中的前卫和保守远比我们想象的要复杂。前卫往往是少数人的实践行为，这是对传统自觉的、反思性的批判。然而还有大部分的人对前卫采取一种模仿和跟风的态度，从而使前卫又变成一种新的成规。保守也并非守旧，它是坚守传统中某些恒定的价值，维护审美文化中不可或缺的审美品质。如果对传统只是不加分辨的固守，就必然会导致传统致死的结果。

三、当代审美文化的发展方向

面对当下社会文化发展的复杂性，当代审美文化需要在这繁杂多变的世界中保持清醒，明确自己的发展方向。

当代审美文化应该建构自己应有的理论体系和文化意义。当前，审美文化的历史深度、理性深度和审美深度都在逐渐浅化，平面感、碎片感和断裂感在不断加重，而这无疑需要从理论观念上建立守护其自身应有品质的原则。审美文化有权按照它“应然”的生存状态选择生活，挑剔现实，保持自身的理论活力与学科本性。

更为重要的是，审美文化应培养自己的人文关怀和精神关怀。“所谓审美文化，是指以人的精神体验和审美的形式观照为主导的社会感性文化。”①审美活动因其包含着对“真、善、美”的追求，总是能够发挥精神教化的作用。而有学者指出，现代社会的病根在于：人在物质理想变为现实的同时，失去了其进一步“生存的勇气和意义”。“在普通人特别是青年人那里，历史已成为一个遥远的过去，一个渺不可及的彼岸世界，一种奢侈品。不少青年用二三千个常见汉字、夸张的广告语言和港台及西方国家的数个或数十个明星的名字构筑起自己的整个精神世界，在这个世界之外，一切都是微不足道的。”②审美文化应该比过去任何一个时代更要强烈地关注人的生存状态和精神境况。审美文化研究应该从人的角度出发，始终围绕人类共同而普遍关切的存在状态作深入的思考，提升人的思想精神境界，努力致力于塑造完整的人。

思考与讨论

1. 什么是审美文化？
2. 当代审美文化有何特点？
3. 如何评价当代审美文化？

---

① 张晶：《作为美学新路向的审美文化研究》，《现代传播（中国传媒大学学报）》2006 年第 5 期，第 27 页。 ② 俞吾金：《对哲学危机的反思》，《学术月刊》1997 年第 5 期，第 13—16 页。

拓展阅读

1. 哈贝马斯:《现代性的哲学话语》,曹卫东译,译林出版社 2011 年版。

2. 本雅明:《波德莱尔:发达资本主义时代的抒情诗人》,王涌译,译林出版社 2014 年版。

3. 伯曼:《一切坚固的东西都烟消云散了》,徐大建、张辑译,商务印书馆 2013 年版。

第四编　历史与道德

导　　言

历史：逝去的教训

葛剑雄先生说，作为现代概念的“历史”一词来自日语。明治维新以后，日本大量引入西方的科学概念，首先用“历史”一词迻译西方概念“history”，然后被早期游历日本的中国人介绍回来。[①] 不过日本将汉字“历”和“史”合用，组成“历史”一词译“history”，从语义学上说，并非无因。“历”字具有时间和空间上的移动之意，古时又指历法；“史”是掌管历法、文书、记录的官职。“历”“史”合用，便具有“过去时空内的事件”之意。

一

对历史的认知可以分为两个层面，一是本体论意义上的历史，一是认识论意义上的历史。前者是“客观的历史”“实在的历史”，后者是“记忆的历史”“描述的历史”。[②]

传统史学，即便会对历史的具体细节有怀疑和争论，但一般会认为，历史是客观的、实在的。这其中含有三层意思。其一，历史事件是客观存在的，虽然我们没有能够完全认识它，甚至不知道它的存在，但是它的存在并不会因此而改变。其二，历史的书写是客观的。历史的记录者总是“秉笔直书”，将真相记录下来。其三，历史的书写可能会有错误，但是只要能够尽可能排除人的主观偏见，尽可能地挖掘事实，就可能还原历史真相。所以说，历史直接与“真”相关。书写者对“真”的维护，又使得历史具有一种神圣的道德价值。从在中国流传千古的“太史简”事件就可以大致窥见历史在世人心中的神圣地位。《左传·襄公二十五年》记载，齐大夫崔杼杀死了国君齐庄公。太史直书其事，“崔杼弑其君”，因此被崔杼杀害，太史的两个弟弟依旧如此记载，也因此被杀。但太史第三个弟弟毫不畏惧。不得已，崔杼只能默认了这项记载。在《左传》记载中，最有意味的是最后一句，“南史氏闻大史尽死，执简以往。闻既书矣，乃还”[③]。南史氏可能是误信传闻，以为太史都死了，所以带着竹简前往，中途听说已经如实记载，这才回去。在这个结尾中，体现的不仅是对历史真实性的捍卫，更体现出对历史真实性的自信与乐观。

但在当代，有一部分人认为历史本身不可复现，对于后人来说，历史只能以历史记录的形式显现。因此，历史是描述性的，不可能避免主观性。这也含有三个层面的意味。

---

① 葛剑雄、周筱赟：《历史学是什么》，北京大学出版社 2002 年版，第 8—9 页。 ② 参见钱茂伟：《史学通论》，浙江大学出版社 2012 年版，第 25 页。王学典：《史学引论》，北京大学出版社 2008 年版，第 5—14 页。何兆武：《历史与历史学》，湖北人民出版社 2007 年版，第 1 页。 ③ 李梦生：《左传译注》（下），上海古籍出版社 2016 年版，第 799 页。

第一，历史既为记录，就一定有取舍。任何人、任何仪器都不可能将人类生活的每一细节都完整地记录下来，因此必定有取舍。在取舍中，就已经具有写作者的主观因素了。例如，司马迁和班固都在自己的史著中为游侠列传，这表示，二人或多或少肯定了游侠的积极意义。但是自二人之后，游侠便不再见于史书，自然是因为书写者在游侠身上，看到的是“以武犯禁”的消极因素，因此弃之不言。

第二，历史既为记录，就一定有整理。卡西尔说，文化哲学是从一个假设出发的，即“人类文化的世界并不是杂乱纷离的事实之单纯集结。它试图把这些事实理解为一个体系，理解为一个有机的整体”①。卡西尔的话说明，人具有一种从纷繁的现象中总结出某种统一性的本能。这种本能同样表现在历史书写上。在纷繁的历史事件中，司马迁看到的是身世的起伏，司马光看到的是家国的兴衰，黑格尔看到的是绝对理念的上升，斯宾格勒看到的是西方世界的没落。所以历史家或历史哲学家婉曲回环，删繁就简，将自己所认识到的历史的统一性体现在历史书写中。

第三，历史既为记录，就一定会有阐释。即便是对同一历史文本，不同的接受者基于各自的立场，也可能给出不同的阐释。李广自刭，司马迁写道：“广军士大夫一军皆哭。百姓闻之，知与不知，无老壮皆为垂涕。”因之评论说，“桃李无言，下自成蹊”②，言语之间充满着对李广深切的同情。但是王夫之却由此直斥李广“好名市惠以动人”③。司马迁内伤身世，外疑天道，因此崇英雄，重豪杰，欣赏的是李广的才能；王夫之处多事之秋，感亡国之痛，因此斥空谈，倡实用，不满的是李广的功业。二人对李广的评价便有迥然之异。加达默尔说：“一切诠释学条件中最首要的条件就是前理解，这种理解来自与同一事情相关联的存在，正是这种前理解规定了什么可以作为统一的意义被实现，从而规定了对完全性的先把握的应用”。④ 前理解是阐释得以进行的前提，任何阐释都不可能离开前理解，因此阐释的结果最终是个体性的、主观的。

本体论意义上的历史和认识论意义上的历史并不是关于历史的两种观点，并无对错之分，而是认知历史的两个层面，可以相互补充。可以这样看，历史既是“实在的”，又是“描述的”。一方面，求真、求实是历史研究的一个基本向度，如不承认这点，历史学科就失去了界限。因此“描述的”历史必定是在“实在的”历史基础之上的。另一方面，“实在的”历史进入后世的视野，便意味着取舍、整理和阐释，而不能不呈现为“描述的”历史。否则，历史学科就失去了意义。应该说，“实在的”历史与“描述的”历史的统一，才是真正的历史。

二

人生不到百年，个体百年的时光相对于历史的长河来说，多少有点微不足道。所以，个体通过阅读，最大限度地将自己的生命融入浩瀚的历史长河中，从而超越人生的有限

① 恩斯特·卡西尔：《人论》，甘阳译，上海译文出版社 2004 年版，第 303 页。 ② 司马迁：《史记》，中华书局 2014 年版，第 3476—3478 页。 ③ 王夫之：《读通鉴论》，中华书局 2013 年版，第 66—67 页。 ④ 加达默尔：《真理与方法》，洪汉鼎译，上海译文出版社 2004 年版，第 378 页。

性，就显得弥足珍贵。

其一，阅读历史，是超越个体经历有限性的一种方式。弗罗斯特在诗歌《未走之路》(*The Road Not Taken*)中写到这样一种遗憾，在林中的两条小路之间，只能选择一条。虽然当时想着日后回来，再走另外一条，实际上，路连着路，再没有回头的可能性。没有目睹另一条路的风景，对于诗人来说，始终是一种遗憾。可是，这种遗憾也不是完全不能弥补，因为自己未走的路，有其他人走过。在他人的行迹中，我们得以欣赏未走之路的风景。个体的经历是有限的，但是历史是一本内容丰富的大书。家国的兴衰，个人的浮沉；秦时的明月，汉时的雄关；大漠的征杀鏖战，江南的农耕种植，无数的人、事、景、情，尽在这本大书之中。阅读历史，就是踏上一条条未走之路。当这一条条未走之路在历史中一一展开时，个体的人生经历得到近乎无限的扩展。

其二，阅读历史，是超越人生体验有限性的一种方式。个体经历的扩展带来的是人生体验的扩展。体验是自我与他人的意识、情感、思想的沟通，与经历相比，具有更深切的理解和更深沉的情感。体验将历史事件转化为内心意识的一部分，从而使其对个体产生实质的影响，从而形成一种“以史为鉴”的积极作用。所谓“切肤之痛”，体验当然是亲身经历的好。但是某些事情因为我们无法亲身经历，因此无法获得亲身的体验。或者说等我们亲身经历，从而获得亲身体验的时候，却是为时已晚，于事无补。因此，阅读历史，与历史人物对话，虽然只能获得间接的体验，但是这种体验却能成为个体心灵的一种知识、情感储备，对个体的行为起到引导的作用。

《史记》中记载有李斯的事情。李斯曾为小吏，看见厕所中的老鼠，食不洁，畏人犬。又见官仓中的老鼠，食积粟，居大庑，无人犬之忧。李斯由鼠联想到人，感叹道，人是否能有出息，是由环境决定的。后来李斯西求富贵，拜别老师荀子时说，“故诟莫大于卑贱，而悲莫甚于穷困。久处卑贱之位，困苦之地，非世而恶利，自托于无为，此非士之情也”。此时的李斯，意气风发，大有以青春搏富贵之概。李斯后来因与赵高冲突，被判腰斩之刑，对儿子所说的话却是，“吾欲与若复牵黄犬俱出上蔡东门逐狡兔，岂可得乎！”①李斯孜孜追求荣华富贵，为此不惜与赵高为伍，陷害扶苏，临死前发出的感叹竟是愿抛下一切，重回昔日的贫贱生活。读到此处时，今人可能会为李斯感到悲哀。这种悲哀实则就是一种人生体验。不同人的人生道路是不同的，但是却可能有相同的人生处境。贫与达、义与利的二元对立，便是许多人难免遇上的一种人生情境。阅读历史的体验，对于个体在特定的人生情境中如何选择，显然具有独特的启发意义。

其三，阅读历史，是超越生命价值有限性的一种方式。个体的生命价值如是不与历史相有联系，很难得到自证。司马迁在《报任安书》中，历数在困厄中成就自身的哲人志士，写道：“古者富贵而名摩灭，不可胜记，唯倜傥非常之人称焉。盖文王拘而演《周易》；仲尼厄而作《春秋》；屈原放逐，乃赋《离骚》；左丘失明，厥有《国语》；孙子膑脚，《兵法》修列；不韦迁蜀，世传《吕览》；韩非囚秦，《说难》《孤愤》；《诗》三百篇，此皆圣贤发愤之所为作也。

① 司马迁：《史记》，中华书局2014年版，第3083—3111页。

此人皆意有所郁结，不得通其道，故述往事、思来者。”[1]述往事，思来者，其目的不仅是激励自己，更重要的是将自己的生命融入更为宏大的生命之中，使其具备超越性的价值。文天祥在《正气歌》中，连用十二个典故，历数一系列身具凛然正气的历史人物，其原因也在于此。在《正气歌》最后几句，文天祥写道：“哲人日已远，典刑在夙昔。风檐展书读，古道照颜色。”昔人虽已远去，但事迹犹在，精神永在，因此“吾道不孤”。

《汉书》中记载了这样一件事。夏侯胜、黄霸因直言触怒朝廷而入狱。黄霸欲趁此机会向夏侯胜学习经学。夏侯胜以为论罪及死，学来无用。而黄霸却说：“朝闻道，夕死可矣。”夏侯胜被打动，于是二人在狱中，讲习不辍。[2] 个体的行为随时可能被死亡中断而使个体陷入徒劳的处境之中，但是面对死亡的威胁，二人为什么能够讲习不辍？因为当个体将一己的行为与伟大的传统相连，个体的行为便可能得以脱离单纯的偶然性而融入历史的必然性之中，从而实现了对个体生命价值的超越。

三

阅读历史，不能脱离于具体的历史情境。情境是历史人物的舞台，历史人物的表现必定受着舞台的制约。

其一，脱离具体的情境，无法深入理解历史事件。读《后汉书》，会发现一个很奇怪的现象。在东汉中后期，国家大权分别由宦官和外戚两大集团轮流把持。从章和二年(88)和帝起，至中平六年(189)，宦官和外戚集团发生了多次大的斗争。每一次斗争的开始，基本上是新君幼年继位，太后临朝，朝廷大政控制在太后与外戚手中。等皇帝年长，或太后去世后，皇帝不甘心继续充当傀儡，于是，依靠宦官力量，铲除外戚势力，夺回政治权力。在此过程中，宦官势力坐大。同时，新的外戚势力崛起，而皇帝始终处于无权的地位。因此，皇帝要么是拉拢宦官打击外戚，要么是拉拢外戚打击宦官。中平六年，灵帝崩，少帝即位。太后之兄何进以大将军身份辅政，联络朝中官员，准备清除宦官势力，结果宦官集团抢先动手，杀了何进。此后，名士袁绍联合何进部下发动兵变，攻入宫内，捕杀宦官，死者两千余人。外戚与宦官两大集团同归于尽，东汉王朝也走入末日。

《后汉书》读罢，难免让人心生困惑，东汉中后期政治为什么不能走出外戚与宦官轮流把持政权的恶性循环？既然已有前车之鉴，为何不能引以为戒？既然不管是外戚还是与宦官都不足恃，与何还要选择与虎谋皮？这是统治者的昏庸无能还是软弱无力不敢放手发动群众？不管什么人，总是生活在特定的历史情境之中，所作所为都受着历史情境的限制。几乎在整个汉朝，内廷权重，外廷权轻。内廷中，宦官是皇帝身边人，外戚是皇帝娘家人，这两种人是皇帝最亲近的人，除了这两种人，皇帝也没有什么人可以依赖了。东汉中后期的政治走不出迷局，是东汉的体制造成的。唐人看到这一点，所以唐制做了改进；唐制有自己的问题，宋人看到唐制的不足，所以宋制又与唐制不同。脱离具体的历史情境，将历史事件的成败系于某一人的道德或才能之上，只是对历史肤浅地读解，不可能从历史

① 班固：《汉书》，中华书局1962年版，第2735页。 ② 班固：《汉书》，中华书局1962年版，第3156—3157页。

中得到真正的教训。

其二，脱离具体的历史情境，无益于现实的决策。同样的行为，可使人受益，也可使人受损，关键在于行为是否合于具体的历史情境。

楚汉相争时期，郦食其劝刘邦分封六国的后人，以达到为项羽树敌、增强自身力量的目的。张良听说后，从八个方面分析此事的不可行。在《资治通鉴》中，司马光引用荀悦的话对这件事情作了评论。荀悦说，立策决胜的要点有三，形、势、情；相似的事件，相同的决策，但是成败殊异，原因就在于形、势、情不同。

荀悦将郦食其的谋划与昔日张耳、陈馀劝陈涉恢复被秦灭亡的六国，以树秦之敌、植己之党的事件联系起来，认为两者谋划相似，却有得失之异，这是因为“同事而异形”。另外，宋义待秦、赵之弊与卞庄刺虎，有得失之异，是因为“同事而异势”。同是背水而战，韩信大胜，而刘邦大败，是因为“同事而异情”。所以荀悦最后总结说，“权不可豫设，变不可先图；与时迁移，应物变化，设策之机也”①。濯足急流，抽足再入，已非前水。事件相似，但是具体情境却可能发生了变化，不考虑具体情境，盲目地模仿古人，不仅得不到实效，反而可能招到祸患。赵括的长平之败，马谡的街亭之失，便是典型。

葛剑雄先生说：“现在对历史最糟糕的一种态度就是实用主义，为现行政策寻找历史依据，这是非常危险的。我们现在拟定的政策是否正确，只有从当前状况出发论证，以及由实施后的实际效果来证明。”②葛先生并非否定历史对于后世的借鉴作用，而是认为这种借鉴是有限度和条件的。当下，一些人在论证个人行为、政策的合理性时，动辄引用国内外史实典故，却不顾及具体的情境差异，做出的结论貌似合理，实际上却经不起理论的推敲和现实的考验。

传统中国，历史与文学、哲学关系密切。哲学家多谙熟于文史，文学家多谙熟于史哲；历史家同样游走于文学与哲学之间。对于西方来说，文学、历史、哲学的关系虽不如传统中国那样密切，但是自现代以来，历史哲学在西方蔚然成势，以致克罗齐等人，虽不治史，却能以历史学家名世，其中显现出历史与哲学的另一重关系。所以说，读历史，不能不兼读文学与哲学。中国是一个史著大国，自文明兴起以来，便有较完备的史著传世。并且，这些史著均以汉语为载体。国人只要经过数年的语言文字练习，便能纵览几千年的典籍文献。这在许多国家是不能想象的，抛开史著不完备的原因，语言文字变换也是重要原因。所以作为中国人，有着种种便利了解几千年的历史而不去了解，无论如何，是件非常可惜的事情。

道德：走向良好的生活

道德和伦理这两个词在日常生活中常可换用。和许多词语一样，这两个词语的现代意义主要来自西方。道德对应于 morality，伦理对应于 ethics。ethics 源于希腊文 ethos，

---

① 参见《资治通鉴》，中华书局 2011 年版，第 335—336 页。 ② 葛剑雄、周筱赟：《历史学是什么》，北京大学出版社 2002 年版，第 178 页。

本义是品质，人格；morality 源于拉丁文 moarlis，本义是风俗或礼貌。细究起来，似乎伦理更多关涉社会人伦关系，更具主观、主体、个人、个体意味；而道德则更多与个人相关，具有客观、客体、社会、团体意味。但是这两个概念，一般不做严格区分。它们都是关乎人们行为品质的善恶正邪，乃至生活方式、生命意义和终极关怀。[①]

一、自由意志：道德的基础

18 世纪，随着启蒙运动的深入，欧洲文明进入了一个知识“祛魅”的时代，科技理性的崇扬促使物理学、化学等自然学科出现了飞跃式的发展。但是，面对着科技欣欣向荣的图景，许多学者表现出深深的忧虑。因为在科技理性的视角下，知识是由外在于人的客体所决定的，判断知识的标准就是看主体是否符合客体事物的特征。为此，计量被引入到知识的领域，只有能够被测量和计算的东西才可能成为知识。为科学发展的巨大成就和力量所鼓舞，人类不禁以为，一切问题都可以诉诸自然科学加以解决。不过由此而来，自然因果律便成了放之四海而皆准的客观规律。这种排斥主观的认知观使得人完全把自身依系于纯粹客观存在。不仅人的自由因此失去了立身之地，人本身的价值和尊严也成了问题。因为一切道德都要建立在自由意志之上，自由意志是更深层次的道德的主题、道德的基础。

在《伦理学的邀请》一书中，费尔南多·萨瓦特尔通过白蚁群和《伊利亚特》主人公赫克托尔的行为的比较来说明自由意志在道德中的基础作用。费尔南多·萨瓦特尔说，在非洲有种白蚁，身体柔软，因为没有其他昆虫用以防身的硬壳，所以他们常常会筑起几米高，硬得像石头一样的蚁巢，当作整个群体防备外敌的盔甲。如果有强大的敌人对蚁群发动攻击，兵蚁会全部出动誓死抵抗。但是，由于体型和武器都无力抵抗，兵蚁们只能靠挂在敌人身上来阻止其前进的脚步，以让工蚁关闭蚁巢的通道。而这样一来，英勇的兵蚁也被挡在了门外。这些英勇的兵蚁以自己的生命换得了整个种族的生存，它们的行为是否体现出了崇高的道德呢?

再看看赫克托尔，这位特洛伊的骁将知道，他很可能会死在阿喀琉斯的长矛之下，他已经看到了死亡的阴影。但是，在不胜留恋地辞别妻子，并祈求诸神保佑自己的幼子，让这孩子将来成为一个比他父亲更伟大的人之后，他依旧毅然走入战场之中，去接受命运的挑战。没有人怀疑赫克托尔是真正的英雄，在他死于战场之时，诸神都感到难过。

费尔南多·萨瓦特尔问，兵蚁的英勇，难道不是堪于赫克托尔相匹吗? 为什么我们却给予赫克托尔更多的歌颂? 是的，二者是有区别的。兵蚁去战斗，在战斗中负伤乃至死亡，这是受自然规律所决定的。他们不能逃跑、起义或者拒战，大自然已经设定好它们必须完成这项使命。但是赫克托尔不同，他可以拒绝做一个英雄，他可以像惹祸的帕里斯一样，逃脱自身的责任，但是赫克托尔没有。动物没有办法摆脱大自然给它们设定的命运，去自主选择可以做什么，可以成为什么，但是人却可以选择。固然，从某种意义上，人也是被自然所设定好的，人也不能超越肉体的局限，不得不正视固有一死的命运；但是在另一

① 何怀宏：《伦理学是什么》，北京大学出版社 2015 年版，第 10—15 页。

方面，人拥有自由意志，人具有选择的自由。正是因为赫克托尔具有选择的自由，在拒绝与担负、逃跑与坚守、苟全与牺牲之间，他选择了担负、坚守和牺牲，由此才显现出他行为的光辉所在，荷马才会用史诗的热情为他到处传唱。①

道德的基础在于自由意志。如果一座山崩塌导致他人死亡，我们不会去谴责这座山没有道德，因为山服从的是自然因果律，它没有自由意志，也就没有道德可言。正是由于自由意志对于道德的重要性，康德限制了理性的认识能力。按康德的观点，人所能认识的，只是现象，至于事物自身，即物自体，超越了理性的认知能力。从表面上看，康德对理性认知能力的限制是消极的，但是这种消极却可以转换为积极的作用。“它表明了在人类的认知领域之外，有一个不受认识形式限制因而可能是无限自由的领域。于是，对理性的认识能力的限制就为理性的另一种能力，亦即实践能力开辟了无限广阔的天地。”②人既是自然的存在物，服从于自然因果律的必然性，同时又是“人自身”，不受自然世界因果律的束缚。康德限制理性，意在遏止技术理性对人类精神世界的僭越，为人类的道德、信仰保留地盘，维护人类心灵、精神的神性和灵性。

可能会有人否定自由意志。在许多人看来，束缚无处不在。对大学生来说，一个最简单的例子就是是否能逃课的问题。逃课如果被查实，可能会影响考试成绩。因此，学生会认为是否去上课，并无自由可言。实际上，学生始终具有去上课或不去上课的自由，只是说，当学生做出不上课的选择时，可能要承担选相应的后果。为避免不好的后果，学生选择了不逃课，这正是自由意志的体现。在大多时候，人们否定自由意志的存在，仅仅是为了逃避责任而已。

二、道德判断两种根据：目的论和义务论

道德判断贯穿于人类所有的道德行为中，它是对人们行为、品性和事物性质的判断。人们在进行道德判断时，固然须根据具体的情况进行仔细衡量，但这种衡量往往又建立在某种一般性的规则、原则乃至理论体系的基础上。道德评判所依据的理论形态繁多，但两种最基本的形态分别是“目的论”和“义务论”。目的论认为行为的道德与否的最终标准是行为能否产生好的效果。义务论则认为行为的道德与否不是行为结果的价值，而是行为本身所具有的特性。③

“目的论”的代表是边沁、穆勒等人的功利主义道德理论。“功利”在此处的含义是“有利”“有益”。功利主义者坚持，如果一个行为能带来合乎需要或有益的结果，那它就是道德的行为。因此，个人行为应遵循的道德准则应该为每一个相关者带来最大的好处。功利主义可分为行为功利主义和规则功利主义。“行为功利主义根据具体情况下的具体行为所产生的效果来确证一个行为是否正当，而规则功利主义则是根据某类规则来加以确证。”④行为功利主义认为人难以为行为制定什么规则，因为每一种境遇都是独特的，每个

① 费尔南多·萨瓦特尔：《伦理学的邀请》，于施洋译，北京大学出版社 2015 年版，第 22—24 页。② 张志伟：《西方哲学十五讲》，北京大学出版社 2004 年版，第 297 页。 ③ 何怀宏：《伦理学是什么》，北京大学出版社 2015 年版，第 80—81 页。 ④ 何怀宏：《伦理学是什么》，北京大学出版社 2015 年版，第 90 页。

人都必须估量自己的境遇，并实施能给此境遇中的个体带来最大利益的行为。一般人认为说真话是道德的，但是行为功利主义要判定的是，在自己此刻所处的特殊境遇下，说真话是否正当。相应地，某些可能被认为不道德的行为，在行为功利主义者看来，只有依其在特定境遇下收益能否大于损耗才能判定其道德与否。[①] 行为功利主义受到批评，因为如果在每一个境遇下都得重新开始斟酌行为后果，并对利益进行精确的计算，就存在着一定的不可行性；另外，它无法为无经验者提供一种参考，使其行动合乎道德。

为了克服行为功利主义的难题，规则功利主义产生了。如果说行为功利主义的基本原则是“每个人的行为都始终应当给一切相关者带来最大好处”，那么规则功利主义的基本原则是“每个人都始终应当确立和遵循会给一切相关者带来最大好处的规则”。规则功利主义从经验和谨慎的推理出发，试图确立一系列的规则，通过遵循这些规则，就能给全人类带来最大好处。比如说是否可以说谎，功利主义者不是力图弄清每种境遇下是否应该说谎，而是制定“出于善意，可以说谎”的规则。

规则功利主义相对于行为功利主义显然更具有圆融性，在当代复杂的社会生活中，它具有很强的操作性，也切合许多人的思想气质，在一般情况下也常常足敷应用。[②] 但是它依然不能避免功利主义与生俱来所存在的某些严重问题。其一，它对事物间关系的复杂性没有充分的考虑。许多行为的结果，特别是间接结果，人们实际上常难以判断。其二，更重要的是，努力争取“最大多数人的最大好处”是否是公正的？导致大多数人的最大好处，很可能同时给少数人带来一些很坏的结果。比如说，如果医生对一百名儿童进行令其痛苦的、有致命危险的实验，即便将来通过实验能救活千万名儿童，这种实验是否具有正当性？功利主义的反对者认为，每个人都是独一无二的个体，他们的幸福都不能被妨碍甚至被牺牲。因此，无论救活多少人，都不应进行此类实验。其三，人类无法保证所谓“最大多数人的最大好处”的正当性，纳粹德国对犹太人的屠杀是否也是为了保证一个相对于犹太人而言的大多数群体的最大利益呢？

与“目的论”截然对立的是“义务论”的道德观，其最典型代表是康德。康德认为，道德命令是一种绝对命令。他将绝对命令与假言命令作了对比。假言命令的形式是“假如……你应当这般行动”。“假如”，意味着行动主体对行动具有某种利益期待，如回报、奖赏、赞誉等。但是绝对命令则是无条件的，它的形式仅仅是“你应当这般去做”。此处的“应当”是没有任何理由的应当，排除一切理由，仅仅只是道德的律令。从一个行为者的角度看，就是在一切事情面前，不问自己的欲望、喜好和利益，而只能问“这是否是我的义务”？只要确定是自己的义务，就必须履行，否则就予以搁置。就如能否说谎的问题，康德的回答是，无论在任何情况下，都绝对不能说谎。

康德强调道德义务的排他性，强调它与爱好、喜悦无关。喜悦顶多只是履行义务的副产品，并且这副产品也不是总是出现。如果在履行义务时始终期待快乐，甚至以它为目

---

① 雅克·蒂洛、基思·克拉斯曼：《伦理学与生活》，程立显、刘建等译，世界图书出版公司北京公司2008年版，第40页。 ② 何怀宏：《伦理学是什么》，北京大学出版社2015年版，第90页。

的，那就可能把人引向危险的方向，离真正的道德越来越远。[1] 人生来并不是自然而然、满心愉悦地实行道德法则，人通过艰苦的努力、不懈的坚持，功夫纯熟后，可能才得以使沉重的义务变成自然的选择。孔子所说的“从心所欲而不逾矩”便是这样的一种境界。中国儒家的道德观大致是“义务论”的，孔子说杀身成仁，孟子说舍生取义，都是将伦理原则上升到本体论的高度。

麦金太尔说，绝对命令使个人具有道德的自主权，使他能够拒绝任何外在的权威，并且为个人留下了追求自我目的的自由。[2] 确然，康德的绝对律令看上去和自由意志相矛盾。但在康德看来并非如此。他认为外在的权威，不能为道德提供任何标准。如果认为外在的权威能为道德提供标准，就犯了他律的过错，即试图使当事人臣服于外在于他的律法，这种律法与他作为理性存在者的本性是格格不入的。有理性的行为主体对自己发出道德命令，他服从的不是别人，正是他自己。

“义务论”的道德观充溢着一种阳刚、峻峭的崇高气质。那安贫乐道、不与乱世同流合污的读书人，几十年如一日为战友守墓的老兵，这些人及其行为本来是平凡的，他们所信守的道德准则也是朴素的，但是对道德准则的坚守本身就具有动人的精神力量，不仅使行为主体进入到一个崇高的道德境界，也使目睹这一行为的人为之深深感动。

但是，完全独立于社会秩序的道德立场是否存在呢？假设蓄谋行凶犯询问一个人，他的行凶目标在什么地方时，这个人是否应以实情相告？康德的回答是肯定的。二战结束后，纳粹高官、战争罪犯阿道夫·艾希曼在被审判时声称，屠杀和迫害犹太人仅仅是执行命令，是出于公民对国家的义务。或许如麦金太尔所言，“寻找完全独立于社会秩序的道德立场的企图，可能是对一种幻觉的探求”[3]。

三、寻找良好的生活

费尔南多·萨瓦特尔说，“与其他无论有生命或无生命的物体不同，人类可以部分发明和选择我们的生活方式，选择我们觉得好的……而也正因为这样，我们才可能犯错……所以，最慎重也是最可取的方法，就是好好把握我们所做的，努力掌握一些不致做错事的生活智慧”，这种“知道如何生活”，或可称为“生活的艺术”的东西，就是通常所说的“伦理学”。[4] 伦理思索和道德实践的目的，是为了寻找一份良好生活。

公元前399年，苏格拉底被雅典判处死刑入狱，朋友、学生纷纷劝苏格拉底逃走。苏格拉底拒绝了。在苏格拉底看来，真正重要的不是活着，而是活得好，活得好意味着活得高尚正直。他认为，既然他承认自己是雅典的公民，就必须服从雅典的法律。因此，他接过递来的毒酒毅然赴死。他说：“分手的时候到了。我去死，你们去活，谁的去路好，只有神知道。”许多年之后，雅典掀起了反马其顿的狂潮，亚里士多德曾经做过马其顿王亚历山大的老师，所以受到了雅典人的攻击，并判他不敬神之罪。不敬神，这是当年雅典人控诉

---

① 何怀宏：《伦理学是什么》，北京大学出版社2015年版，第136页。 ② 阿拉斯代尔·麦金太尔：《伦理学简史》，龚群译，商务印书馆2003年版，第261页。 ③ 阿拉斯代尔·麦金太尔：《伦理学简史》，龚群译，商务印书馆2003年版，第263页。 ④ 费尔南多·萨瓦特尔：《伦理学的邀请》，于施洋译，北京大学出版社2015年版，第28页。

苏格拉底的罪名之一。在此情况下，亚里士多德逃出雅典，他说："我不想让雅典人再犯下第二次毁灭哲学的罪名。"未经审视的人生不值得过。人不仅寻求对自己有利益的东西，更在力求足以引导自身达到圆满的东西。不管是努力争取"最大多数人的最大好处"，还是出于绝对律令的召唤，作为具有自由意志的人，在日常选择和人生抉择问题上，并非永远都有现成的、明确的答案可以参考。从西方词源学上讲，"美德"(virtud)来自"勇力"(vir)，那是战士在战场上反抗绝大多数人的雄壮的伟力。[①] 具有自由意志的人，正是在自我的选择中，才显现出人的尊严和价值，由此赋予生活以意义。

作为具有自由意志的行为主体，既然已经处于自由之中，就不能胆怯逃避。我们的每一个选择和行为，都是构成、定义、创造自我的一个部分。我们愿意相信，伦理思索是道德实践的操练。在伦理思索中，一个有勇气且愿意自我反省的人，对道德行为的实践将会越做越好。

① 费尔南多·萨瓦特尔：《伦理学的邀请》，于施洋译，北京大学出版社2015年版，第79页。

马克思主义历史学问题

马克思《政治经济学批判》序言①

马克思

《马克思〈政治经济学批判〉序言、导言》书影

我考察资产阶级经济制度是按照以下的顺序：资本、土地所有制、雇佣劳动；国家、对外贸易、世界市场。在前三项下，我研究现代资产阶级社会分成的三大阶级的经济生活条件；其他三项的相互联系是一目了然的。第一册论述资本，其第一篇由下列各章组成：(1) 商品；(2) 货币或简单流通；(3) 资本一般。前两章构成本分册的内容。我面前的全部材料形式上都是专题论文，它们是在相隔很久的几个时期内写成的，目的不是为了付印，而是为了自己弄清问题，至于能否按照上述计划对它们进行系统整理，就要看环境如何了。

我把已经起草好的一篇总的导言压下了，因为仔细想来，我觉得预先说出正要证明的结论总是有妨害的，读者如果真想跟我走，就要下定决心，从个别上升到一般。不过在这里倒不妨谈一下我自己研究政治经济学的经过。

我学的专业本来是法律，但我只是把它排在哲学和历史之次当作辅助学科来研究。1842—1843 年间，我作为《莱茵报》的编辑，第一次遇到要对所谓物质利益发表意见的难事。莱茵省议会关于林木盗窃和地产析分的讨论，当时的莱茵省总督冯・沙培尔先生就摩泽尔农民状况同《莱茵报》展开的官方论战，最后，关于自由贸易和保护关税的辩论，是促使我去研究经济问题的最初动因。另一方面，在善良的"前进"愿望大大超过实际知识的当时，在《莱茵报》上可以听到法国社会主义和共产主义的带着微弱哲学色彩的回声。我曾表示反对这种肤浅言论，但是同时在和奥格斯堡《总汇报》的一次争论中坦率承认，我以往的研究还不容许我对法兰西思潮的内容本身妄加评判。我倒非常乐意利用《莱茵报》发行人以为把报纸的态度放温和些就可以使那已经落在该报纸头上的死刑判决撤销的幻想，以便从社会舞台退回书房。

为了解决使我苦恼的疑问，我写的第一部著作是对黑格尔法哲学的批判性的分析，这

① 选自中共中央马克思恩格斯列宁斯大林著作编译局：《马克思恩格斯文集》第 2 卷，人民出版社 2009 年版。

部著作的导言曾发表在1844年巴黎出版的《德法年鉴》上。我的研究得出这样一个结果：法的关系正像国家的形式一样，既不能从它们本身来理解，也不能从所谓人类精神的一般发展来理解，相反，它们根源于物质的生活关系，这种物质的生活关系的总和，黑格尔按照18世纪的英国人和法国人的先例，概括为"市民社会"，而对市民社会的解剖应该到政治经济学中去寻求。我在巴黎开始研究政治经济学，后来因基佐先生下令驱逐而移居布鲁塞尔，在那里继续进行研究。我所得到的、并且一经得到就用于指导我的研究工作的总的结果，可以简要地表述如下：人们在自己生活的社会生产中发生一定的、必然的、不以他们的意志为转移的关系，即同他们的物质生产力的一定发展阶段相适合的生产关系。这些生产关系的总和构成社会的经济结构，即有法律的和政治的上层建筑竖立其上并有一定的社会意识形式与之相适应的现实基础。物质生活的生产方式制约着整个社会生活、政治生活和精神生活的过程。不是人们的意识决定人们的存在，相反，是人们的社会存在决定人们的意识。社会的物质生产力发展到一定阶段，便同它们一直在其中运动的现存生产关系或财产关系(这只是生产关系的法律用语)发生矛盾。于是这些关系便由生产力的发展形式变成生产力的桎梏。那时社会革命的时代就到来了。随着经济基础的变更，全部庞大的上层建筑也或慢或快地发生变革。在考察这些变革时，必须时刻把下面两者区别开来：一种是生产的经济条件方面所发生的物质的、可以用自然科学的精确性指明的变革，一种是人们借以意识到这种冲突并力求把它克服的那些法律的、政治的、宗教的、艺术的或哲学的，简言之，意识形态的形式。我们判断一个人不能以他对自己的看法为根据，同样，我们判断这样一个变革时代也不能以它的意识为根据；相反，这个意识必须从物质生活的矛盾中，从社会生产力和生产关系之间的现存冲突中去解释。无论哪一个社会形态，在它所能容纳的全部生产力发挥出来以前，是决不会灭亡的；而新的更高的生产关系，在它的物质存在条件在旧社会的胞胎里成熟以前，是决不会出现的。所以人类始终只提出自己能够解决的任务，因为只要仔细考察就可以发现，任务本身，只有在解决它的物质条件已经存在或者至少是在生成过程中的时候，才会产生。大体说来，亚细亚的、古希腊罗马的、封建的和现代资产阶级的生产方式可以看做是经济的社会形态演进的几个时代。资产阶级的生产关系是社会生产过程的最后一个对抗形式，这里所说的对抗，不是指个人的对抗，而是指从个人的社会生活条件中生长出来的对抗；但是，在资产阶级社会的胞胎里发展的生产力，同时又创造着解决这种对抗的物质条件。因此，人类社会的史前时期就以这种社会形态而告终。

自从弗里德里希·恩格斯批判经济学范畴的天才大纲①(在《德法年鉴》上)发表之后，我同他不断通信交换意见，他从另一条道路(参看他的《英国工人阶级状况》)得出同我一样的结果。当1845年春他也住在布鲁塞尔时，我们决定共同阐明我们的见解与德国哲学的意识形态的见解的对立，实际上是把我们从前的哲学信仰清算一下。这个心愿是以批判黑格尔以后的哲学的形式来实现的。两厚册八开本的原稿②早已送到威斯特伐利亚

① 见《马克思恩格斯文集》第1卷——原注。 ② 指马克思和恩格斯的《德意志意识形态》手稿——原注。

的出版所，后来我们才接到通知说，由于情况改变，不能付印。既然我们已经达到了我们的主要目的——自己弄清问题，我们就情愿让原稿留给老鼠的牙齿去批判了。在我们当时从这方面或那方面向公众表达我们见解的各种著作中，我只提出恩格斯与我合著的《共产党宣言》和我自己发表的《关于自由贸易的演说》①。我们见解中有决定意义的论点，在我的1847年出版的为反对蒲鲁东而写的著作《哲学的贫困》②中第一次作了科学的、虽然只是论战性的概述。我用德文写的关于《雇佣劳动》③一书，汇集了我在布鲁塞尔德意志工人协会上对于这个问题的讲演，这本书的印刷由于二月革命和我因此被迫离开比利时而中断。

1848年和1949年《新莱茵报》的出版以及随后发生的一些事变，打断了我的经济学研究工作，到1850年我才能在伦敦重新进行这一工作。英国博物馆中堆积着政治经济学史的大量资料，伦敦对于考察资产阶级社会是一个方便的地点，最后，随着加利福尼亚和澳大利亚金矿的发现，资产阶级社会看来进入了新的发展阶段，这一切决定我再从头开始，批判地仔细钻研新的材料。这些研究一部分自然要涉及似乎完全属于本题之外的学科，在这方面不得不多少费些时间。但是使我所能够支配的时间特别受到限制的，是谋生的迫切需要。八年来，我一直为第一流的美国英文报纸《纽约每日论坛报》撰稿(写作真正的报纸通讯在我只是例外)，这使我的研究工作必然时时间断。然而，由于评论英国和大陆突出经济事件的论文在我的投稿中占很大部分，我不得不去熟悉政治经济学这门科学本身范围以外的实际的细节。

我以上简短地叙述了自己在政治经济学领域进行研究的经过，这只是要证明，我的见解，不管人们对它怎样评论，不管它多么不合乎统治阶级的自私的偏见，却是多年诚实研究的结果。但是在科学的入口处，正像在地狱的入口处一样，必须提出这样的要求：

“这里必须根绝一切犹豫；
这里任何怯懦都无济于事。”

卡尔·马克思
1859年1月于伦敦

生产力与生产关系(节选)④

S. H. 里格比

生产力

科恩和麦克默特里的著作对“生产力”在马克思著述中的意义做了明确的厘清。生产

① 见《马克思恩格斯文集》第1卷——原注。 ② 见《马克思恩格斯文集》第1卷——原注。 ③ 即《雇佣劳动与资本》，见《马克思恩格斯文集》第1卷——原注。 ④ 选自S. H. 里格比：《马克思主义与历史学：一种批判性的研究》，吴英译，译林出版社2012年版。

力是"任何被用于或能够被用于制造某种物质使用价值的东西"，物质使用价值是指任何具有效用的产品。① 因此，生产力是"生产主体能够运用的某种设施，（部分）作为这种运用的结果，生产得以进行"。② 生产力的性质也许可以在劳动过程的三要素中予以明确地考察，马克思在《资本论》第1卷中对它们做了论述。

（1）生产工具

生产工具是生产者为了改变原材料的形式，用以进行劳作的物件。它既包括生产工具（诸如织布机或漂洗机），也包括为这些工具提供动力的燃料和搁放生产工具的房屋。因此，生产工具是"劳动者置于自己和劳动对象之间、用来把自己的活动传导到劳动对象上去的物或物的综合体"。③

（2）原材料

原材料与生产工具一道可以被称为生产资料，它构成生产力的第三种组成要素，有别于劳动和生产工具。当然，原材料是生产过程的组成要素，为了能够制造物质使用价值，人们有意识地改变它们的性质。原材料可以有许多种不同的用途。"例如，谷物是磨面者、制淀粉者、酿酒者和畜牧业者等等的原料。"④某种特定的生产力组成要素既可以用作原材料，也可以用作生产工具。因此，在牲畜饲养业中，牲畜既是被加工的原料，又是"制造肥料的手段"。⑤ 类似地，一种劳动过程生产出来的产品可以成为另一种劳动过程所使用的工具。例如，机床既是人们运用生产工具生产出来的，转而又可以作为生产工具发挥作用。"一个使用价值究竟表现为原料、劳动资料还是产品，完全取决于它在劳动过程中所起的特定的作用，取决于它在劳动过程中所处的地位，随着地位的改变，这些规定也就改变。"⑥

（3）劳动

马克思将劳动过程界定为"制造使用价值的有目的的活动"。⑦ 因此，劳动过程不仅包括运用生产资料（劳动工具和原材料），而且包括人的活动，"有目的的活动或劳动本身"。⑧ 将体力劳动作为生产力的组成要素明显并不存在争议；但人们对技能，尤其是技术知识和科学知识能否作为生产力的组成要素更多地提出了质疑。一些研究者将科学，以及所有其他思想因素都视为社会的上层建筑，与社会的"物质基础"相对应。⑨ 马克思本人非常明确地将科学和思想视为生产过程的组成要素，视为是"直接的生产力"，甚至是"财富的最可靠的形式"。⑩ 确实，对马克思而言，意识的能动作用正是人类劳动的突出特征。"蜜蜂建筑蜂房的本领使人间的许多建筑师感到惭愧。但是，最蹩脚的建筑师从一开始就比最灵巧的蜜蜂高明的地方，是他在用蜂蜡建筑蜂房以前，已经在自己的头脑中把它建成了。劳动过程结束时得到的结果，在这个过程开始时就已经在劳动者的表象中存在

---

①J. 麦克默特里：《马克思世界观的结构》，普林斯顿1978年版，第55页。 ②科恩：《卡尔·马克思的历史理论》，第32页。 ③《资本论》第1卷，第203页。 ④《资本论》第1卷，第206页。 ⑤《资本论》第1卷，第206—207页。 ⑥《资本论》第1卷，第207页。 ⑦《资本论》第1卷，第208页。 ⑧《资本论》第1卷，第202页。 ⑨M. M. 博伯(Bober)：《卡尔·马克思的历史解释》，剑桥、马萨诸塞1962年版，第20—21页；R. N. 卡鲁·汉特：《共产主义的理论与实践》，第70页。 ⑩《马克思恩格斯全集》第46卷下，人民出版社1980年版，第34、211、219—220页；《马克思恩格斯全集》第26卷第3册，人民出版社1974年版，第294页。

着，即已经观念地存在着。"①换句话说，技术知识属于思想范畴的事实并不意味着它是上层建筑的组成部分。在"基础"和"上层建筑"之间的区分既不等同于在物质和精神之间的区分，也不等同于在不同机构之间的区分。两者之间的区分只能依据它们所发挥的作用做出。就作为生产过程组成部分的科学知识而言，它可以被视为生产力的组成部分，而不是社会上层建筑的组成部分。②

生产关系、剩余劳动和剥削

生产关系可以根据它们的作用加以界定。第一，它们决定社会生产力的使用权。例如，只有当受资本家雇佣时，现代雇佣劳动者才有权使用生产资料。与之相区别，中世纪的手工业者通常拥有他自己的工具和原材料。第二，社会生产关系决定生产过程的产出，即社会财富的分配形式。我们可以想象两个手工业者做同样的工作，诸如制造家具：一个是工场的雇员，另一个是自主经营的手工业者，他在市场上出售他自己生产的产品。雇员所涉及的生产关系决定他以工资形式分享社会财富，而与之相区别，自主经营的手工业者是他所生产产品的所有者，他的收入由销售后所得的利润构成。生产关系所发挥的这些作用意味着它可以有两种形式。它们可以是一个人(或一群人)和另一个人(或一群人)之间的关系，也可以是一个人(一群人)和一种生产力(一组生产力)之间的关系。资本家雇主和他的雇员之间的关系是第一种类型的生产关系；雇主对原材料或工厂的所有权是第二种类型的关系。③

根据占有剩余劳动的特定形式，马克思在各种生产关系之间做出区分。《资本论》第1卷用瓦拉几亚(Wallachia，在罗马尼亚的南部地区)农民的例子对剩余劳动的内涵予以了清楚说明。在这个例子中，土地被分成两部分，即领主所有的领地和农民占有的土地。作为耕种领主所有土地的回报，农民被迫在领主的领地上每周劳动三天。剩余劳动与必要劳动无法根据劳动的类型做出区分。因为在领主和农民土地上进行的劳动是相似的。区别仅仅在于谁获得农民劳动的收益。农民在自己的土地上劳动三天以维持自身的生计，在领主的领地上劳动三天，但劳动的产出不归劳动者所有。为领主所做的劳动，即剩余劳动，在时间和地点上有别于农民为维持生计而做的必要劳动。因此，剩余劳动很明显是以"独立的、可以感觉得到的形式"④存在的。封建生产方式不仅包括剩余劳动的生产，而且它是根据占主导地位的剩余劳动的特定形式——即封建地租——加以界定的。封建地租可能以三种形式存在：劳役地租、实物地租或货币地租。以这三种形式，农民用他的部分劳动时间为领主服务。⑤ 马克思指出，在资本主义社会，剩余劳动的独特形式是剩余价值。工人每周用部分劳动时间生产的产品在市场上出售后，转换成货币，用于支付资本

①《资本论》第1卷，第202页。 ② M.戈德利耶：《"经济基础"、社会与历史》，《新左派评论》1978年第11—12月第112期，第84—96页。 ③ 科恩：《卡尔·马克思的历史理论》，第31页。 ④ 马克思：《资本论》第1卷，第264—266页。 ⑤ 马克思：《资本论》第3卷，第47章。劳役地租是封建剩余劳动形式中最易于观察到的形式，实物地租是农民将他生产的部分谷物，因此也是将部分劳动时间交给领主。货币地租只不过是以货币形式表现的实物地租，即用剩余劳动生产的产品在市场上出售换得的货币缴租。

家付给工人的工资。工人用每周剩余劳动时间生产的产品当在市场上出售后，转化成货币，构成资本家的利润。① 我们可以设想一位资本主义的租地农场主，他雇用工资劳动力生产谷物，并将谷物在市场上出售获得利润。从利润中，租地农场主要拿出一部分作为租金给地主。在封建制度下地租是剩余劳动，但在资本主义制度下，地租是对资本主义生产关系所产生的剩余价值的再分配。② “地租”在上述两种制度下都存在的事实并不重要，重要的是，剩余劳动在每种制度下存在的形式都是非常不同的。

在这一点上提醒注意三个方面是必要的：第一，马克思并不是根据下述时间来界定必要劳动时间的，即生产维持生命存在必需的最小产品数量所用的劳动时间。相反，他强调，劳动者需求的数量和种类是社会发展的产物，其中包括“一个历史的和道德的因素”。③ 因此，劳动力再生产所必需的生存资料在不同的时空背景下也是不同的。第二，马克思不仅将维持个体劳动者生存所必需的劳动时间也包括在必要劳动时间内，而且将为了提供未来就业者而进行的劳动力再生产所必需的劳动时间也包括在内。因此，假如我们设想，一个男性劳动力挣得养活一家所需的工资，那么这种工资就必须不仅包括维持他自己生存所需的成本（在特定历史发展水平上），而且包括维持一个家庭生计所需的成本，由此包括了劳动力再生产所需的成本。④ 最后，马克思宣称，他对剥削的分析不是一种道德批判。资本主义生产方式下的剥削有可能被客观地界定为必要劳动时间和剩余劳动时间之间的比率。⑤ 这是他的剥削理论中受到最多质疑的部分，因为“剩余劳动”是否真的过剩并非显而易见。例如，封建地租能够被视为农民获得司法和保护这些公共物品所支付的成本，而不是满足农民需求之后的剩余。资本家的利润能够被视为对使用资本要素和对资本家的管理技能的报偿，或作为对资本家进行风险投资的激励，即它是一种生产成本，而不是一种社会剩余。⑥ 在界定剩余劳动中遇到的问题将在下文予以详细讨论。⑦ 目前，我们暂时使用这一术语，意指统治阶级收入所采取的形式：封建地租、资本利润，等等。

最后，应该注意到，在他的早期著作中，马克思使用了“交往形式”这一术语指代生产关系。在《德意志意识形态》（1845—1846）中，正是社会的交往形式据说会逐渐演变为阻滞生产里增长的桎梏，由此引致社会革命。在 1859 年《〈政治经济学批判〉序言》中，马克思重复了同样的命题，但将阻滞生产力增长的桎梏称为“生产关系”，该术语被后来的马克思主义者和马克思的评论者所接受。⑧

导读

在一个相当长的历史阶段中，世界要么被当成一堆杂乱的材料堆砌（经验论），要么被

---

① 马克思：《资本论》第 1 卷，第 242—244 页。 ② 马克思：《资本论》第 3 卷，第 715—716 页。 ③ 马克思：《资本论》第 1 卷，第 194 页。 ④ 马克思：《资本论》第 1 卷，第 613 页。 ⑤ 马克思：《资本论》第 1 卷，第 244 页。 ⑥ D. C. 诺思（North）、R. P. 托马斯（Thomas）：《庄园制的兴衰》，《经济史杂志》1971 年第 31 期，第 777—803 页；B. J. 麦考密克（McCormick）等：《经济学导论》，哈蒙德斯沃斯 1977 年版，第 429—431 页。 ⑦ S. H. 里格比：《马克思主义与历史学——一种批判性的研究》，吴英译，译林出版社 2012 年版，第 209—214 页。 ⑧《马克思恩格斯选集》第 1 卷，第 92、124 页。

视为某种纯粹的先验精神(唯理论),这种感性与理性决然区分的态势为后来诸多思想家所不满。18世纪末,康德设置了一个“判断力”将认识域之知性与道德域之理性联合起来,使我们能在自身判断力的执行中同时看到外在之必然的自然法则与内在之精神自由,于此感性直观与理性思维得以结合。黑格尔认为康德对感性、理性进行机械结合的方式使得“两者只是在外在的、表面的方式下联合着,就像一根绳子把一块木块缠在腿上那样”。于是,黑格尔以理念自身的矛盾运动学说将自然的、历史的、精神的世界融合起来,理念不再是某种静止的概念,而是不断运动着且要外化为现实的存在。黑格尔在某种维度上融合了“市民社会”与“绝对精神”,但却将某种自明的“绝对精神”视为世界的本源及其所有论述的出发点。黑格尔的辩证法建构于唯心主义之上,仍然表现出局限性。在这种背景下,马克思对自己所处的社会情境进行了深刻而广博的观察与思考,提出了唯物历史观。

马克思在《〈政治经济学批判〉序言》(以下简称《序言》)中简明扼要地对自己的唯物历史观进行了较为完整的阐释与说明。透过《序言》,我们可以把握马克思的世界观及历史观。

一、马克思的世界观

在马克思看来,世界不是某种杂乱事件的堆积,也不是某种绝对精神的外化,而是一种囊括一切物质生活关系的有机整体;世界离不开人的实践活动,人的实践活动与世界发生着能动的相互作用。

马克思在对当时的社会形势进行了政治经济学的观测之后,提出了一整套完整的看法。首先,在社会存在与社会意识的关系问题上,马克思坚持社会存在决定社会意识。“不是人们的意识决定人们的存在,相反,是人们的社会存在决定人们的意识。”其次,在生产力与生产关系的问题上,马克思坚持认为生产力决定生产关系、生产关系的总和构成经济基础、经济基础决定着相对应的上层建筑。生产力作为人们从事生产活动的能力而存在,而“人们在自己生活的社会生产中发生一定的、必然的、不以他们的意志为转移的关系,即同他们的物质生产力的一定发展阶段相适合的生产关系。”生产力与生产关系一起构成社会的经济结构,经济结构形成社会的经济基础,在经济基础之上还对应着人类社会中的法律、政治、文化、经济制度、设施、意识等被称为上层建筑的存在。最后,马克思指出,生产关系与生产力的不对称会造成社会的运动与变革。一定阶段的社会形态表征着一定水平的生产力,同时这种生产力也决定着某种秩序的生产关系。但生产力与生产关系之间的关系并不会永恒不变,二者之间可能存在不相适应的情况。当某个阶段的生产力发展到与生产关系不相适应时,社会便潜在地诉求着一场生产关系的变革。生产关系的变革意味着社会生产形式乃至于社会形态的转变。在马克思看来,生产力与生产关系的矛盾是每一个社会形态所必然内存的,正是这种矛盾变革造成了整个社会秩序的更新。

总之,马克思认为,世界不是偶然事件的无序堆积,也不是某一绝对精神的外化,而是实践中的人在进行各种社会活动时造成的社会关系的总和。世界并不是外在于实践之人的世界,历史也不是外在于人的历史,正是人在现实交往活动中建构起来的社会关系构成了历史与世界。这一点在《序言》中的各个论述中都得到了体现。

二、马克思的唯物历史观

(一) 马克思对传统历史观的批判

传统历史观不是把历史看作绝对理念的运动过程就是把历史看成自然而然的事件序列,这种机械的、唯心的历史观不但遮蔽了真正的社会秩序,还严重地消磨了人民群众对于权力关系及自我权力的意识。马克思对此进行了批判,“把我们从前的哲学信仰清算一下”,规正了物质与意识的关系,进一步提出社会存在决定社会意识的观点。马克思指出,历史作为在人类实践活动中的存在,从来不是按照某种特定的精神轨迹而运行,更不是无序的事件堆积。

(二) 历史也即人的生成过程

值得注意的是马克思历史观的人学视点及实践性。正如上文已经提到的马克思对其历史唯物主义基本原理的简要阐述,生产关系在很大程度上规制着社会形态,而生产关系是人们在自身社会实践之中形成的各种交互关系的呈现。正是这些人的实践交互关系决定着整个历史过程的生成及世界样貌的呈现。

这首先让我们注意到马克思历史观的人学视点。马克思始终将处于社会实践之中的人视为历史的创造者及各种社会契约的缔造者。其实,关于“人”这一概念也是在不断变化的。历史上各个哲学家及思想家都表达了自己对于“人”的看法。有的将“人”视为某种理念的个体化,有的将“人”看成纯粹的生物体,有的将“人”看作充满了原罪的背负者。在马克思这里,“人”不再是某种空洞的理念载体或某种与动物无异的生物体,“人”是一种因劳动、主观能动性而与动物区分开来并积极进行着社会实践的存在。“人”不再是一个固定不变的概念,而是一个在历史中不断生成、不断丰富的具体存在。相应地,历史也不再是作为绝对精神的运行轨迹而外在于人的、孤立的概念,而成为一种“人的历史”。人是在现实生活中进行着社会实践的人,历史即在人的实践过程中不断被丰富及创造的历史。

马克思的历史观有着明显的实践性特征。“实践”作为一种指导精神及思考路径渗透整个马克思思想体系。正是在人以自身的智慧对客观世界进行改造的过程中,在人类群体以自身能动性进行各种层次的思考、交流、实践中,社会历史才得以形成。在某种程度上,历史可以被视为人的生成过程。

(三) 必然的历史变革

“社会的物质生产力发展到一定阶段,便同它们一直在其中运动的现存生产关系或财产关系(这只是生产关系的法律用语)发生矛盾。于是这些关系便由生产力的发展形式变成生产力的桎梏。那时社会革命的时代就到来了。”人类发展的历史是一个不断变动的过程,正是生产关系与生产力、上层建筑与经济基础相互间的矛盾冲突造成了社会的变革及历史的走向。马克思认为,一般而言,随着人类生产实践的发展,生产力将必然地与生产关系形成矛盾局面。在某个社会形态中,生产力水平将首先形成一套对应的生产关系。但随着时代的发展,生产力水平的必然进步将造成它与生产关系的不对称,这种不对称会使生产关系成为生产力进一步发展的桎梏。此时,进行变革也就是必然的了。

马克思列举了经济视野下历史上几种具有代表性的社会秩序,即亚细亚式的、古希腊罗马的、封建的、现代资产阶级的。马克思认为，现代资产阶级的社会秩序将作为社会生产过程中最后的一个对抗形式而存在。资产阶级的社会秩序孕育于封建社会生产关系之中，而其发展与树立也大大促进了生产力的发展。但是，资本主义社会存在着某种固有的、不可克服的内在矛盾，即生产的社会性与生产资料私人占有之间的矛盾，这便昭示了资本主义社会的历史结局。

马克思在生产力与生产关系、经济基础与上层建筑的辩证发展视野中，对历史进程进行的论说与阐释构成了其历史观的重要内容。

（四）观测历史的方法

这里有必要提到马克思对历史进行观测及阐释的方法。正如他在《序言》所言的，马克思观察历史采取的是一种“从一般到个别”的途径。马克思强调，我们在对社会变革进行观测时，“必须时刻把下面两者区别开来：一种是生产的经济条件方面所发生的物质的、可以用自然科学的精确性指明的变革，一种是人们借以意识到这个冲突并力求把它克服的那些法律的、政治的、宗教的、艺术的或哲学的，简言之，意识形态的形式。”我们应该区分显性的政治、经济形式发生的社会变革与以隐性的各种意识形态形式发生的变革，并始终坚持“物质决定意识”的基本原则。我们在考察任何社会现象时，不应该仅仅止步于单一、无序的事件，而应该在广阔的社会视角中观察社会现象。

“这里必须根绝一切犹豫；这里任何怯懦都无济于事。”伟大的思想家之所以伟大，不在于他提出了多么尽善尽美的阐述，而在于他敢于面对时代的迷雾及黑暗，进行自己真正的思考及探索，马克思的伟大即在于此。

思考与讨论

1. 试论马克思主义历史学的思想来源。
2. 相对于黑格尔的历史学，马克思主义的历史学有何特点？
3. 怎样评价马克思主义的历史学？

拓展阅读

1. 黑格尔：《哲学史讲演录》第 2 卷，贺麟、王太庆译，商务印书馆 1983 年版。
2.《马克思恩格斯全集》第 13 卷，人民出版社 1972 年版。
3. 中共中央马克思恩格斯列宁斯大林著作编译局：《马克思资本论》，人民出版社 1975 年版。

过 秦 论[1]

贾 谊

过秦上 事势

商鞅变法

秦孝公据殽函之固[2]，拥雍州之地[3]，君臣固守以窥周室，有席卷天下，包举宇内，囊括四海之意，并吞八荒之心[4]。当是时也，商君佐之[5]，内立法度，务耕织，修守战之具，外连衡而斗诸侯[6]。于是秦人拱手而取西河之外[7]。

孝公既没，惠文、武、昭襄蒙故业[8]，因遗策，南取汉中[9]，西举巴、蜀[10]，东割膏腴之地，北收要害之郡[11]。诸侯恐惧，会盟而谋弱秦，不爱珍器重宝肥饶之地[12]，以致天下之士，合从缔交，相举为一[13]。当此之时，齐有孟尝，赵有平原，楚有春申，魏有信陵[14]。此四君者，皆明智而忠信，宽厚而爱人，尊贤而重士，约从离衡[15]，兼韩、魏、燕、赵、宋、卫、中山之众。于是六国之士[16]，有宁越、徐尚、苏秦、杜赫之属为之谋，齐明、周最、陈轸、召滑、楼缓、翟景、苏厉、乐毅之徒通其意[17]，吴起、孙膑、带佗、倪良、王廖、田忌、廉颇、赵奢之朋制其兵[18]。尝以十倍之

---

① 选自贾谊：《新书校注》，阎振益、钟夏校注，中华书局 2007 年版。过：责，责备。过秦即责秦。② 殽：原作“崤”，以下文又作“殽”，兹改一律。函：函关，即函谷关。《史记·项羽本纪·索隐》：山形如函，故称函关。颜师古曰：殽，谓殽山，在今河南洛宁。函谷关，故址在今河南灵宝。 ③ 雍州：古九州之一，故地在今陕西甘肃及青海东部地区。 ④ 八荒：八方。 ⑤ 商君：卫鞅，亦称商鞅，被秦孝公封于商。商，故地在今陕西商洛。 ⑥ 连衡：合关东从通之秦，故曰连衡。 ⑦ 西河，即魏之黄河以西地区，今陕西宜川一带。 ⑧ 昭襄：秦昭王。 ⑨ 南取汉中：前 312 年，秦攻楚汉中，取地六百里。 ⑩ 西举巴蜀：惠文王九年，司马错伐蜀，灭之。 ⑪ 要害之郡：秦时成皋非郡（后魏始置），此当指上郡。其地在秦北境，已近匈奴，故谓要害之郡。 ⑫ 爱：爱惜。 ⑬ 举：他本皆作“与”。“举”“与”古通用。作“举”者，必为古本。 ⑭ 平原：平原君赵胜。孟尝：孟尝君田文。春申：春申君黄歇。信陵：信陵君魏无忌。 ⑮ 约从离衡：言孟尝等四君皆为其国共相约结为从，以离散秦之衡。 ⑯ 六国：指韩、魏、赵、燕、楚、齐。 ⑰ 齐明：东周臣，后仕秦楚及韩。周最：周之公子，亦仕秦。陈轸：夏人，亦仕秦。昭滑：楚人。楼缓：魏文侯弟。苏厉：苏秦之弟，仕齐。乐毅：本齐臣，入燕，燕昭王以客礼待之，以为亚卿。通其意：攻秦之意。⑱ 吴起：卫人，事魏文侯为将。孙膑：孙武之后，事齐。倪良、王廖：此二人皆天下之豪氏。田忌：齐国大将。廉颇：赵国大将。赵奢：亦赵国大将。朋：类。制：主。

地，百万之师，仰关而攻秦[1]。秦人开关延敌[2]，九国之师逡巡而不敢进[3]。秦无亡矢遗镞之费，而天下已困矣。于是从散约败，争割地而赂秦[4]。秦有余力而制其弊，追亡逐北[5]，伏尸百万，流血漂橹[6]，因利乘便，宰割天下，分裂山河。疆国请服[7]，弱国入朝。

施及孝文王、庄襄王[8]，享国之日浅，国家无事。

及至始皇，奋六世之余烈[9]，振长策而御宇内[10]，吞二周而亡诸侯[11]，履至尊而制六合[12]，执敲扑而鞭笞天下[13]，威振四海。南取百越之地[14]，以为桂林、象郡[15]；百越之君，俯首系颈[16]，委命下吏[17]。乃使蒙恬北筑长城而守藩篱[18]，却匈奴七百余里，胡人不敢南下而牧马，士不敢弯弓而报怨。于是废先王之道，焚百家之言，以愚黔首[19]。隳名城[20]，杀豪杰，收天下之兵[21]，聚之咸阳，销锋镝[22]，铸以为金人十二，以弱天下之民。然后践华为城[23]，因河为池[24]，据亿丈之高[25]，临不测之渊以为固。良将劲弩，而守要害之处[26]，信臣精卒，陈利兵而谁何[27]。天下已定，始皇之心，自以为关中之固，金城千里[28]，子孙帝王万世之业也。

始皇既没，余威震于殊俗[29]。然而陈涉，瓮牖绳枢之子[30]，氓隶之人[31]，而迁徙之徒也。才能不及中人，非有仲尼、墨翟之贤，陶朱、猗顿之富[32]。蹑足行伍之间，而俛起阡陌之中[33]，率疲弊之卒，将数百之众，转而攻秦。斩木为兵，揭竿为旗[34]，天下云合而响应[35]，赢粮而景从[36]，山东豪俊遂并起而亡秦族矣[37]。

涉故台陈胜、吴广起义浮雕

且夫天下非小弱也，雍州之地，崤函之

① 仰：秦之地形高，而诸侯之兵欲攻关中者，皆仰向，故云仰关。　② 延：纳。　③ 九国之师：惠文王（后）七年，韩、赵、魏、燕、齐共攻秦。昭襄王十一年，齐、韩、魏、赵、宋、中山五国共攻秦（中山此时属赵，故云五国）。史书无言九国之师共攻秦者，贾生若无他据，当系约略言之。逡巡：此言九国畏懦，自度无功，迟疑不敢进。　④ 争割地以赂秦：昭襄王十一年，齐、韩、魏、赵、宋、中山五国共攻秦。是秦割地求和，并非九国。　⑤ 亡：逃跑。北：败走。　⑥ 橹：大盾。　⑦ 疆：假借为彊（强）。　⑧ 施：延。　⑨ 六世：指孝公、惠文王、武王、昭王、孝文王、庄襄王。烈：业。　⑩ 振：举。　⑪ 吞二周：秦灭二周，置三川郡。　⑫ 履至尊：指称始皇帝。六合：天地四方。　⑬ 敲朴：敲，短杖。短曰敲，长曰朴。　⑭ 百越：自交阯至会稽七八千里，百越杂处，各有种姓。是会稽至交阯皆谓越（粤）。　⑮ 桂林、象郡：言破南越，分为此二郡。象郡，故地在今广西崇左一带。　⑯ 俛：低头。　⑰ 委命下吏：吕向曰“言委任性命于狱官也”。　⑱ 藩篱：颜师古曰“言以长城扞蔽胡寇”，如人家只有藩篱。　⑲ 黔首：凡人以黑巾覆头，故谓之黔首。黔，黑色。　⑳ 堕名城：毁坏坚城。堕，摧毁。　㉑ 兵：兵器。　㉒ 锋：戈戟之刃。镝：箭镞。　㉓ 践华为城：断华山为城。践，使残坏。　㉔ 因：依凭。池：护城河。　㉕ 高：一作“城”。　㉖ 而：其他版本多无“而”字。　㉗ 谁何：问之为谁。　㉘ 金城：言其厚实且坚固。　㉙ 殊俗：殊俗之方国，即边远的地方。　㉚ 翁牖绳枢：以绳系户枢。　㉛ 氓隶：贱民。　㉜ 陶朱：越人范蠡逃越，止于陶，自谓陶朱公。猗顿：本为鲁人，大畜牛羊于猗氏之南，赀拟王公，驰名天下。陶，故地在今山东定陶。猗氏，故地在今陕西临猗。　㉝ 俛起：即俯仰。　㉞ 揭：高举。　㉟ 向应：响应。　㊱ 赢：担。景从：言如影之随形。　㊲ 山东：指殽山以东诸国。俊：智过万人者，谓之英，千人者，谓之俊。

固,自若也。陈涉之位,非尊于齐、楚、燕、赵、韩、魏、宋、卫、中山之君也;鉏耰棘矜[1],非铦于钩戟长铩也[2];谪戍之众非亢九国之师也[3];深谋远虑,行军用兵之道,非及向时之士也[4]。然而成败异变,功业相反,何也?试使山东之国与陈涉度长絜大[5],比权量力,则不可同年而语矣。然秦以区区之地,致万乘之势,序八州而朝同列[6],百有余年矣;然后以六合之家,崤函为宫。一夫作难而七庙隳[7],身死人手,为天下笑者,何也?仁义不施,攻守之势异也。

过秦下　事势

秦灭周祀,并海内,兼诸侯,南面称帝[8],以四海养。天下之士斐然向风[9]。若是,何也?曰:近古而无王者久矣[10]。周室卑微,五霸既灭,令不行于天下。是以诸侯力正,强凌弱,众暴寡[11],兵革不休,士民罢弊[12]。今秦南面而王天下,是上有天子也。既元元之民冀得安其性命[13],莫不虚心而仰上。当此之时,专威定功,安危之本,在于此矣。

秦王怀贪鄙之心,行自奋之智[14],不信功臣,不亲士民,废王道而立私爱[15],焚文书而酷刑法,先诈力而后仁义,以暴虐为天下始。夫并兼者高诈力[16],安危者贵顺权[17],以此言之,取与、攻守不同术也。秦虽离战国而王天下[18],其道不易,其政不改,是以其所以取之也,孤独而有之,故其亡可立而待也。借使秦王论上世之事[19],并殷周之迹[20],以制御其政,后虽有淫骄之主,犹未有倾危之患也。故三王之建天下[21],名号显美,功业长久。

今秦二世立,天下莫不引领而观其政[22]。夫寒者利裋褐而饥者甘糟糠[23]。天下嚣嚣[24],新主之资也[25]。此言劳民之易为仁也。向使二世有庸主之行而任忠贤,臣主一心而忧海内之患,缟素而正先帝之过;裂地分民以封功臣之后,建国立君以礼天下;虚囹圄而免刑戮,去收孥污秽之罪[26],使各反其乡里[27];发仓廪,散财币,以振孤独穷困之士;轻赋少事,以佐百姓之急;约法省刑,以持其后[28],使天下之人皆得自新,更节循行[29],各慎其身;塞万民之望,而以盛德与天下,天下息矣[30]。即四海之内[31],皆欢然各自安乐其处,惟恐有变。

---

① 鉏:或作锄。耰:鉏柄。棘矜:谓伐棘以为仗,即上文所说的斩木为兵。　② 铦:利。钩戟:指戟刃钩曲者。铩:长刃之矛。　③ 谪:因受罪罚而行。亢:相当,与……相抗。　④ 乡:过去,过往。　⑤ 絜:谓如结束知其大小。　⑥ 八州:九州之数,秦有雍州,余八州皆诸侯之地。朝同列:六国诸侯当与秦为列国,秦使之皆朝服。　⑦ 七朝:天子七朝,三昭三穆与太祖之庙而七。　⑧ 南面称帝:指圣人南面而听天下,乡明而治。面,向。　⑨ 斐然:强进之貌,一说如同靡然。　⑩ 而:此处相当于“之”。　⑪ 暴:虐。　⑫ 罢:疲惫。　⑬ 元:古者谓人云善人也,因善为元,故云黎元。其云元元者,非一人也。元元:即喁喁,可怜爱貌。　⑭ 奋:振矜。　⑮ 废王道:王道荡荡,无党无偏。废之则有党有偏,故下云立私爱。　⑯ 高:崇,崇尚。　⑰ 安危:谓转危为安。顺权:顺天理人情自然之权衡。　⑱ 离:并,吞并,合并。　⑲ 借使:假使。论:知。　⑳ 并:依傍。　㉑ 三王:指夏禹、殷汤、周武王。　㉒ 领:项。　㉓ 裋:谓僮谓童竖所着布长襦。褐:毛布之衣。　㉔ 嚣嚣:忧世之貌。　㉕ 资:藉。　㉖ 收帑:秦法规定,一人有罪,并坐其家室。　㉗ 反:同“返”。　㉘ 此句意盖谓法正邪省,民将持后而不犯法。约,谓省约其言。以持其后,枉直随形而不在影,屈伸任物而不在我,此之谓后持。持,不失德。　㉙ 此句谓更节行善,于意可通。节,节操,操守。循,善。　㉚ 息:安。　㉛ 即:同“则”。

虽有狡害之民①，无离上之心，则不轨之臣无以饰其智②，而暴乱之奸弭矣③。二世不行此术，而重以无道：坏宗庙与民，更始作阿房之宫；繁刑严诛，吏治刻深；赏罚不当，赋敛无度。天下多事，吏不能纪④；百姓困穷，而主不收恤。然后奸伪并起，而上下相遁⑤；蒙罪者众，刑戮相望于道⑥，而天下苦之。自群卿以下至于众庶⑦，人怀自危之心，亲处穷苦之实，咸不安其位，故易动也。是以陈涉不用汤、武之贤⑧，不藉公侯之尊，奋臂于大泽，而天下响应者⑨，其民危也。

故先王者见终始之变，知存亡之由。是以牧之以道，务在安之而已矣。下虽有逆行之臣，必无响应之助。故曰："安民可与行义，而危民易与为非"⑩，此之谓也。贵为天子，富有四海，身在于戮者，正之非也⑪。是二世之过也。

秦兼诸侯山东三十余郡，循津关⑫，据险塞，缮甲兵而守之。然陈涉率散乱之众数百，奋臂大呼，不用弓戟之兵，鉏櫌白梃⑬，望屋而食⑭，横行天下。秦人阻险不守，关梁不闭⑮，长戟不刺，强弩不射。楚师深入，战于鸿门，曾无藩篱之难⑯。于是山东诸侯并起，豪俊相立。秦使章邯将而东征，章邯因其三军之众要市于外⑰，以谋其上。群臣之不相信，可见于此矣。

子婴立，而遂不悟。借使子婴有庸主之材，而仅得中佐，山东虽乱，三秦之地可全而有⑱，宗庙之祠宜未绝也。秦地被山带河以为固⑲，四塞之国也⑳。自缪公以来㉑，至于秦王二十余君，常为诸侯雄。此岂世贤哉？其势居然也㉒。且天下尝昔日同心并力攻秦矣，当此之世，贤智并列，良将行其师，贤相通其谋，然困于阻险而不能进者，岂勇力智慧不足哉？形不利、势不便也。秦虽小邑伐并大城，守险塞而军，高垒毋战，闭关据阨，荷戟而守之。诸侯起于匹夫，以利会，非有素王之行也㉓。其交未亲，其民未附，名曰亡秦，其实利之也。彼见秦阻之难犯，必退阵。案土息民以待其弊㉔，承解诛罢以令国君㉕，不患不得意于海内。贵为天子，富有四海，而身为禽者㉖，其救败非也㉗。

秦王足己而不问，遂过而不变㉘。二世受之，因而不改㉙，暴虐以重祸。子婴孤立无亲，危弱无辅。三主之惑，终身不悟，亡不亦宜乎？当此时也，也非无深谋远虑知化之士也㉚，然所以不敢尽忠拂过者㉛，秦俗多忌讳之禁也，忠言未卒于口，而身縻没矣。故使天下之士倾耳而听，重足而立，阖口而不言。是以三主失道，而忠臣不谏，智士不谋也。天下已乱，奸臣不上闻㉜，岂不悲哉！先王知壅蔽之伤国也，故置公卿大夫士，以饰法设刑而天下治㉝。其疆也，禁暴诛乱而天下服；其弱也，五霸征而诸侯从㉞；其削也，内守外附而社稷

---

① 狡害：犹言狡猾。 ② 智：巧诈。 ③ 弥：止。 ④ 纪：理之为纪。 ⑤ 遁：欺。 ⑥ 僇：戮，古作"僇"。 ⑦ 卿：原作"乡"，假借为卿。乡、卿形近而讹，经典中屡见，因谓之假借，未可遽从。 ⑧ 用：以。 ⑨ 向：通"响"。 ⑩ 故：此谓古语。 ⑪ 正：通"政"。 ⑫ 循：通"修"。 ⑬ 梃：杖。 ⑭ 望屋而食：言其兵蚕食天下，不裹粮而行。 ⑮ 梁：水桥。 ⑯ 曾：犹言竟。难：一作"艰"。 ⑰ 要市：谓恃势求索。市，求取。 ⑱ 三秦：灭秦之后，各分其地为三，号曰三秦。 ⑲ 被：在背曰被。 ⑳ 四塞之国：四面有山关之固，故曰四塞之国。 ㉑ 缪：同"穆"。 ㉒ 其势居然：谓所处之势位使然。居，谓所处之位。 ㉓ 素王：指有其道为天下所归而无其爵者。 ㉔ 案：通"安"。 ㉕ 解：通"懈"。承：通"惩"。惩懈，指窥其懈怠而惩之。罢：通"疲"。 ㉖ 禽：通"擒"。 ㉗ 捄：通"救"。 ㉘ 过：误。足己：即自以为是。 ㉙ 因：依。 ㉚ 知化：知晓变化之道。 ㉛ 拂：同"弼"，正。 ㉜ 奸：乱。 ㉝ 饰：通"饬"。 ㉞ 征：当为正，言五霸能匡正王国。

存。故秦之盛也，繁法严刑而天下震；及其衰也，百姓怨而海内叛矣。故周王序得其道①，千余载不绝；秦本末并失，故不能长。由是观之，安危之统相去远矣②。

鄙谚曰：“前事之不忘，后事之师也③。”是以君子为国④，观之上古，验之当世，参之人事，察盛衰之理，审权势之宜，去就有序，变化应时，故旷日长久而社稷安矣。

导读

作为我国历史上第一篇著名的历史论文，贾谊（前 200—前 168）的《过秦论》深刻分析了秦亡的原因，即不施“仁政”与不顺“民心”，强调了以史为鉴的重要性，其历史意义影响深远。看待历史，我们应培养“变通”的历史观与历史思维，注重多维度、“时”与“广”。历史不仅总结了过去，同时也指导着现实。以史为鉴，是历史与历史研究的一个重要方面。历代的史学家都十分重视以史为镜，经世致用。到了现代，历史的资政资治作用，也没有被忽略过。总结历史，才能开辟更为广阔的未来。历史的借鉴是人们不断地对自身过往的总结与反思，思考其中的得失，总结经验与吸取教训。历史的总结在不断地对原有历史状况产生突破力之外，还应具有更多的社会性、现代性与未来性。今天，《过秦论》仍然有它的现实意义。

贾谊生活于西汉初年，写《过秦论》之时，距秦朝灭亡已经三四十年，汉朝得天下也已二十多年。汉初的统治阶层，大多出身于下层社会，由于受文化程度所限，他们只能从感性层面上去了解关于秦亡汉兴的相关历史。在陆贾等人的积极建议下，统治阶层才开始从理性高度更加深刻地总结历史经验教训。也正因为出身下层，汉初的统治者颇知民间疾苦，深知顺应民心、实行仁政的重要性。他们尽量不大兴土木，不大事征伐，坚持实行休养生息的政策。但上层社会中的专制强权、骄奢淫逸、养尊处优等苗头仍有滋长之势。戒骄戒奢，谨慎节俭，绝非一日之事，需长期要求，才能做到以史为鉴。贾谊的《过秦论》也就是在此背景下产生的。

《过秦论》以论史为基，在论史中论政，认真地总结了秦朝兴亡的历史经验教训，体现了以史为鉴的主旨。《过秦论》分上、中、下三篇。上篇总论秦朝兴亡。贾谊指出，秦朝兴盛之时，一统四海，战无不胜；秦朝灭亡之时，被人民推翻。探其原因，“以六合为家，殽函为宫。一夫作难而七庙隳，身死人手，为天下笑者，何也？仁义不施，攻守之势异也”。在上篇中，贾谊强调了“仁义”的重要性。

中篇具体揭示秦王骄奢扰民。贾谊指出，无论是秦始皇还是秦二世皆暴政暴民，刚愎自用，百姓惶惶不得度日，故民众才响应起身反抗。倘若可以“论上世之事，并殷周之迹，以制御其政”，即以史为鉴，则不会有过多的忧患。

下篇总结历史教训。《过秦论》最后说道：“鄙谚曰：‘前事之不忘，后事之师也。’是以君子为国，观之上古，验之当世，参之人事，察盛衰之理，审权势之宜，去就有序，变化应时，

① 王序：王政之次序。 ② 统：本。 ③ 鄙谚：犹今言俗语。 ④ 君子：谓人君。为国：治理国家。为，治理。

故旷日长久而社稷安矣。”即只有注重从历史中吸取经验教训，以史为鉴，审时度势，顺应形势，才能真正施行“仁政”。

《过秦论》的历史意义是十分深远的。汉文帝施行“仁政”。谦慎，节俭，招谏，用贤，薄葬，约法省刑，劝民务农，轻徭薄赋，赈济灾民，众建诸侯，与匈奴和亲，对南越抚慰，尤其是节俭省役，非常突出。由于文帝“与民休息”，出现了“文景之治”。① 盛世的出现以及文帝的节俭与谦让有很多原因，但其重视贾谊、贾山、张释之等人对前代历史经验教训的总结，也是一个重要原因。《过秦论》不仅对汉朝统治者的思想与生活作风产生了巨大的影响，也对后来的上层统治阶级产生了影响。

在社会经济高速发展的今天，《过秦论》主张的以史为鉴仍然具有现实意义。值得重视的是，在以史为鉴时必须注意以下几点。第一，历史观与历史思维。“以史为鉴”的主张中包含有一种思想：历史具有重复性。我们必须认识到历史的重复性是有限的，绝对相同的历史不可能重复出现。以史为鉴也必须结合具体的社会现实，具体问题具体分析。首先要注意以史为鉴的多维度。我们既要学习前人成功的经验，也要汲取前人失败的教训。在这方面，邓小平同志的做法具有示范作用。在建设中国特色的社会主义道路中，邓小平同志以自身深厚的历史见解，在借鉴了商鞅变法、明治维新等变法的成功例子，吸取明清以来闭关锁国落后挨打的历史教训之后，结合本国国情，从正反两方面考量，举起了改革开放的大旗，这一重大举措的深远影响一直伴随着我们今天的社会发展。

其次，以史为鉴还要注意“时”。在学习历史经验的过程中，我们要坚持与时俱进。在经济全球化的今天，制定适合社会主义市场经济的决策之前，有必要总结中外各种经济模式的经验与教训，分析各种经济政策的利弊。然而，当没有历史经验可以借鉴时，我们也要敢于结合本国国情，适应中国改革开放的需要，探索适合不同地区经济发展规律的政策等。

最后，以史为鉴还要注意“广”。我们既可以总结学习本国的经验教训，也可以从世界历史中寻求借鉴。我们要以世界史的眼光总结各国的经验教训，“取其精华，去其糟粕”，而非“全盘西化”，完全照搬。以史为鉴的“广度”还表现为我们不仅可以在政治、经济、军事、外交方面借鉴历史，还可以在文化研究、科学技术方面借鉴历史。

第二，正确处理“历史”与“现在”的关系。

历史与现实是“源”和“流”的关系，现实是流动的历史，历史是固态的现实，二者无法分割。若要创造现在，则必须先了解历史。

史学家一直十分关注历代兴衰，以史为镜，经世致用。汉代司马迁的《史记·殷本纪》指出了殷的兴起到帝辛的衰亡过程，以后是复兴、衰、复兴、衰、复兴、衰、益衰、亡这一历史变动的场景。司马迁历史兴衰论提出的“原始察觉”“见盛观衰”“承弊易变”的思想，丰富了联系思维，发展了借鉴的历史观。② 唐太宗李世民坚信“以古为镜，可以知兴替”。他以隋亡为鉴，提出“水能载舟，亦能覆舟”，重视对老百姓的安抚，开创了“贞观之治”的盛世。

---

① 施丁：《再评〈过秦论〉》，《史学史研究》1996 年第 1 期，第 30 页。 ② 吴怀祺：《历史观、历史思维与安邦兴邦》，《史学史研究》2007 年第 2 期，第 7 页。

北宋时期，司马光的《资治通鉴》更是这方面的典范。作为一部编年体通史，共二百九十四卷，记述了从战国时期到周世宗时期的这段历史。全书贯穿着总结政治历史兴衰的思想，“资治”二字，便是整本书的核心思想。

到了现代，以史为鉴的思想依然具有指导性作用。其中，历史的资政资治作用，从未被忽略过。在抗日战争中建立统一战线时，毛泽东吸取了第一次国内革命战争失败的教训，有效防范了右倾机会主义以及投降主义的发生，带领着中国革命不断地走向胜利。

人类社会的发展有内在的规律。研究历史，掌握社会发展的规律，以史为鉴，可以更好地指导现在，把握未来。在20世纪，邓小平同志认真地分析总结了前两次世界大战的历史经验，冷静观察并对比了近几十年来错综复杂的国际形势，最后作出预测：和平与发展是未来世界的主要趋势，只有联系第三世界国家，让这些国家发展起来，才可能避免世界大战的再次发生。这一预测，对我国今后国际战略方针以及外交政策的制定都具有十分重要的现实指导作用。一个人的历史眼光或洞察力是否敏锐，很大程度上取决于自身对历史认识的深度与广度。恩格斯曾这样称道过马克思：“他在事变刚刚发生时就对事变有这种透彻的洞察，的确是无与伦比。但是要做到这一点，就需要像马克思那样深知法国历史”①。因此，学习与研究历史，可以培养我们深邃的历史眼光和敏锐的历史洞察力。

以史为镜，以客观历史规律为基点，洞察社会发展方向，才能得以将历史真正地运用到社会发展中来。总结历史是为了开辟更广阔的未来。历史的借鉴是人们不断地对自身过往的总结与反思，思考其中的得失，总结经验与吸取教训，是发展当代社会各项事业的重要依据之一。历史的总结在不断地对原有历史状况产生突破力之外，还要具有更多的社会性、现代性与未来性，这才是历史对于现代社会的真正价值之所在。

“‘前事之不忘，后事之师也。’是以君子为国，观之上古，验之当世，参之人事，察盛衰之理，审权势之宜，去就有序，变化应时，故旷日长久而社稷安矣。”当前提出的实现中华民族的伟大复兴也是习近平总书记在以史为鉴的基础上提出来的。中华民族的伟大复兴，同样要以史为鉴。

思考与讨论

1. 谈谈贾谊《过秦论》的写作背景。

2. 除贾谊的《过秦论》外，还有哪些人写过对秦亡的思索？为什么秦亡引起这么多人的思考？

3. 怎样处理历史与现实的关系？

① 马克思：《路易·波拿巴的雾月十八日》，见《马克思恩格斯选集》第1卷，人民出版社1972年版，第601页。

拓展阅读

1. 司马光:《资治通鉴》,中华书局 2011 年版。
2. 吴乘权:《纲鉴易知录》,刘韶军译,中华书局 2012 年版。
3. 王夫之:《读通鉴论》,中华书局 2013 年版。

一般知识、思想与信仰世界的历史(节选)[1]

葛兆光

传统的思想史依据的是怀有某种意图的官方或控制着知识和思想话语权力的精英的历史记述,这些历史记述并不一定切中思想世界,尤其是一般知识、思想与信仰世界的本相,在任何一个时代的档案和史书中,都可能存在“有组织的历史记载”和“有偏向的价值确认”,正是这种价值赋予记载以某种意义并把它放置在某个位置,经过筛选、省略、简化,使我们在不经意中就站在他的立场上观察历史,并通过我们的写作把这种价值与意义延续下去。特别是,在那些经过无数次确认的经典记载中,思想家的位置已经被这种价值和意义反复确定,某人在某个年代是思想史的象征,某人在某个时代提出了某种有意义的思想或观念,某人继承了某人的思想因此是一环续一环,于是思想史就这样被凸显出它的线索。可是真正在社会生活中延续并直接起作用的,却常常不是那些高明的思想,而是一般性的普遍性的知识与思想。

可以作一个设想:假如一百年以后,有一个历史学家来描述二十世纪九十年代的思想史,而他依据的仅仅是当今领导人在公众场合的讲话、经典作家的著作、官方报纸的社论、经过认可的档案资料、新闻发言人事先准备的讲稿,那么,他笔下出现的将是一个与我们熟悉的世界完全不同的思想世界,可能他笔下的人都是思想正统、行为严肃、讲起话来如同作报告的领导,或思想深刻、精神恍惚、说起话来如同外星人似的文人,而读者感觉到的今天的思想世界的面貌,不是一篇社论就是一篇散文,似乎每一个人都在中南海、人民大会堂里穿梭或在书斋、讲堂里沉思。可是,如果他依据的资料中还包括了现今报摊上流行的通俗读物、歌厅中流行的通俗歌曲、胡同里的三老四少聊天时的公众话题、日常生活中人们的关心焦点,那么,也许他笔下的思想与今天的生活更接近。因此,当人们把注意力的一部分放在一般知识、思想与信仰世界中的时候,正如勒高夫在《新史学》中所说的,它“扩大了历史文献的范围,它使史学不再局限于朗格卢瓦和塞诺博斯所依据的书面文献中,而代之以一种多元史料的基础”,这一点,年鉴学派与福科很一致,……研究者不必被这种经典思想史的研究思路束缚。举几个例子。如汉代的思想,当思想史不再把自己的叙述局限于像贾谊、董仲舒、王充这样“史有明文”的人物的著作时,不妨也注意一下史书和著作中并没有个别出现,也没有特意准备提供给历史学家的那些东西,像马王堆帛书的种类及其暗示的意义,像出土的汉代铜镜铭文中那样集中地表现的汉代人的心情和思想,像银雀山、张家山、双古堆、尹湾出土的简牍中无意地表现的整体思想内容。在那里,未必只有粗浅的、形而下的知识,其实那个时代中逐渐成形的民族国家的意识、宇宙时空的思

[1] 选自葛兆光:《思想史的写法——中国思想史导论》,复旦大学出版社2004年版。

想以及对人类心理生理的体验，都可以从这里找到线索，发现当时人们的普遍希望，发现当时人们实现这些希望的具体策略，而在这些希望和策略的背后，就有当时人们心目中未必意识，却隐隐支配着他们生活的观念世界。又如南北朝时期的佛教思想，在思想史上常常被描述为道安、慧远、鸠摩罗什、僧肇等等天才佛教徒的一系列思想与命题的发生史，还可以被描述为民族主义、道德主义、经济利益引起的宗教冲突史，可是在当时的普通生活中，究竟有多少人可以像殷浩、谢灵运那样，在佛经中"下数百签"，又学习梵文，沉浸在"佛性""本空""顿悟"以及"八不中道"之类的理论思索中？可是思想史却告诉我们，当时的佛教传入中国过程就是如此，因为人们只能根据《高僧传》《出三藏记集》《弘明集》《广弘明集》等等经典记载来复原和重构历史。可是，当我们看到一些几乎无意识流传下来的史料时，我们就会对这种精英的思想史究竟在当时生活中有多少影响表示怀疑。第一是石刻，南北朝时期有关佛教的石刻题铭，第二是文书，敦煌吐鲁番出土的各种文书中的题记，在这些石刻和文书中，没有经过有意识的整理，没有经过太多的中间解释和阐述，于是他们就把当时人们的思想——当然是普遍和一般的思想——直接地呈现在我们面前，这里并不讨论那些玄虚的"空""性"，而是在种种切身的愿望中坦率地表示着信仰的意义。

并不是说非得把注意力集中在那些不常用的边缘资料上，因为我所说的"一般知识、思想与信仰"并不仅仅是指最下层的民间意识。毫无疑问，如家训、族规、劝善书、童蒙课本、宝卷等等无疑是极好的分析资料，美国关于中国思想史的入门书 *Sources of Chinese Tradition* 就是把《太上感应篇》和《一贯道理问答》都收进去的。但是，那些常见的经典文献也可以对一般知识、思想与信仰史的研究有用。在若干年前，一次读日本学者福井文雅的《中国思想研究と现代》，这部书中有一节讨论《隋书・经籍志》的佛教观，他列举了《隋志》关于佛教的十一个观点，把它与《魏书・释老志》进行比较，这使我想到，那些并非佛教徒的学者们，从旁观角度对于佛教的叙述和介绍，是否也可以作为测定一般知识和思想水准的参考文献？过了一年，收到兴膳宏教授寄赠的《隋书经籍志详考》，再读关于佛教的那一节，发现他已经把这一节文字所依据的佛经一一考证并证明，于是我又想到，如果我们能够通过这种注释了解一般非佛教人士经常阅读何种佛教文献，那么，是否可以大致判断当时一般人的佛教知识与思想的水平？当我在撰写公元四世纪以后的佛教传播的一节时，查阅《敦煌遗书总目》时，我又想到，如果大致统计一下敦煌卷子佛经钞本的种类和数量，从那些被钞写次数最多又相对通俗的经典中，是否可以大致测定当时一般佛教知识与信仰的状况？

无意识的史料并不向人们"叙述"，只是给人们"陈列"，叙述有叙述者的意识，而陈列却只是呈现。很多无意识的历史资料被排除在思想史之外，让人觉得很可惜，也使思想史并不那么切中实存的思想世界。有时候，思想史的写作是一代影响一代的，前一个撰写者的思路与视野给后来重写思想史的人带来了方便，可他提供的线索也给后来的重写者暗示和限定了寻觅资料的方向，使得稍有懒惰之意的重写者不再旁骛，于是在陈陈相因中，史料就被限定在一个约定俗成的范围中。举三个例子。比如《普门品》，前两年我常常到各个寺庙去闲逛，在北京、杭州、福州、香港、台北等地的寺庙中，都可以看到出售普及性便携式的佛教小册子，其中必有这本《妙法莲华经》卷七《观世音菩萨普门品》，显然有相当多的佛教信仰者的佛教知识水平与它相关。又如类书，我相信现存的各种类书如《艺文类聚》《初学记》《六帖》《太平御览》是思想史的绝好文本，它们大体一致的，按照天地、帝王、人事、礼乐、职官、品物为门类的分类法，各类中无意识地堆垛的各种通常共享的文献，恰恰就是我们测定一般知识、思想与信仰水准的材料，而佛教与道教的类书，如北周的《无上秘要》、唐代的《法苑珠林》，似乎也可以作为分析社会普遍流传的佛教道教知识的文本。再如宋代思想，人们很容易想到朱熹，不过，人们所凭借的，主要是《朱文公文集》《四书集注》和《朱子语类》中有关理学的那一部分资料，很少有人认真地把《家礼》作为研究的对象，但是，从现存的很多地方志中我们知道，至少到民国年间，《家礼》仍然是一般社会仪礼的依据，而在这种仪式性的规定中呈现的，千年来被中国人普遍遵循和追求的价值与意义，其实正是一般知识、思想与信仰世界的内容。可是，像《普门品》这样从七世纪以来一直广泛流传的佛教经文，像《初学记》《艺文类聚》这样汇集了当时普遍知识和思想的类书，像《家礼》这样世俗社会应用性的仪礼规范，又何曾真正地被思想史注意和分析过呢？

导读

葛兆光的《中国思想史》全书一百多万字，由《导论：思想史的写法》《七世纪前中国的知识、思想与信仰世界》《七世纪至十九世纪中国的知识、思想与信仰》三个部分组成。作者以个人的观察角度和理解视野，对上起远古下至十九世纪持续数千年的中国知识、思想与信仰世界进行了历史研究和描述，称得上皇皇巨著。《中国思想史》自出版便受到学界的重视，先后被翻译成多种语言，并获得多种奖项。尽管学界对于该书具有不同的声音，该书的某些细节确实存在商榷之处，但不可否认，该书为中国思想史的写作提供了一种新的思路。

一

《中国思想史》一书的最大特点，在于它显示出思想史的一种新写法。联想到雷蒙德·威廉斯著名的观点，“Culture is ordinary”，葛兆光《中国思想史》对“一般”这个词语的强调，表现出他将传统的“精英史”式思想史的写作，拉入到一种更具文化性、社会性的写作语境之中。作者在肯定古代中国精英与经典思想的同时，特别强调这些思想得以形成与确立的知识来源和终极依据；不仅描述古代中国最深刻的思想，而且也描述作为这些思想的土壤的一般知识、思想与信仰的历史，从而显现出当今中国的思想传统是如何从古代到现代被逐渐建构起来的。

对于《中国思想史》这部上百万字的巨著，《导论：思想史的写法》是其中颇为重要的一个部分。葛兆光强调，思想史的不同写法背后，体现着历史研究的不同观念、思路和方法。导论以“写法”为题，并非仅在讨论写作的策略问题，实际上，写法的改变常常意味着思想史研究的观念、思路和方法的改变。确然，治史的方法同作者的历史观点有着天然的联系，理解思想史的写作方法，可以说是理解思想史的入口。因此，阅读《中国思想史》这样一部巨著，从了解作者的写作方法开始，无疑能直到事半功倍的效果。

二

传统的思想史，是经典、精英式的。写作者按照时间顺序安排写作的章节，通过对思想家的排列座次，对经典的征引、注解、论述，将断裂的言说连缀成整体，由此显现出思想发展的进程。但是在葛兆光看来，经典、精英式的思想史使思想的历史成了思想家的博物馆，并不能完全显现思想发展的真实面貌。它至少存在这样几个问题。

第一，它与思想发展的真实情况并不相符。经典、精英式的思想史，貌似有着鲜明的连续性，但是这种连续性在很大程度上是写作者整理、想象的结果，与真实的历史之间存在着距离。其一，“思想史的时间顺序并不完全与历法意义上的时间顺序相吻合”①。由思想精英和经典文本构成的思想未必有一个非常清晰的延续的必然脉络，倒是那种存在于普遍生活中的知识与思想却在缓缓地承续和演进着，存在着一种内在理路。其二，精英与经典的思想未必真的在生活世界中起着最重要的作用。思想与学术，有时是一种少数精英知识分子操练的场地，常常是虚浮在社会和生活之上的，真正在生活与社会中支配着人们对宇宙解释的那些知识与思想，并不全在精英与经典中。其三，思想史对精英与经典的历史性地位的确认，常常是出于特殊原因追认的结果。

第二，它忽视了知识在思想体系中的重要作用。在处理与知识的关系方面，思想呈现出“无端的骄傲”。在葛兆光看来，知识的储备是思想接受的前提，知识的变动是思想变动的先兆。因此，对思想的理解往往建立在对知识理解的基础之上。葛兆光说：“恰恰是东汉博学通儒的知识主义倾向，使得当时知识阶层的知识取径大大拓展，而这种知识拓展的直接后果，正好就是瓦解了儒学经典作为知识的唯一性，‘性与天道’这种儒家不曾精研的命题顿时成了各种思想入侵的缝隙，各种杂驳的知识就成了人们阅读的热门，正是在这样的情势中，老庄思想才会顺理成章地成为思想的资源，佛教关于佛性的经典才会被如此多的人研读。”但是经典、精英式的思想史写作，将典籍和言说视为写作材料的唯一来源，不仅使得思想史上的许多问题得不到清晰的解释，也使思想史的写作变得狭隘。

第三，忽视对思想“终极依据”的追寻。葛兆光认为，一种文化、一种知识或一种思想，其背后必定有一个支持的起点。这个起点，有人称为“基石”“共识”或“预设”，但是葛兆光称其为“依据”。这个依据，正如荣格所说的“集体无意识”，当历史一次又一次地向它表示认同之后，它已经悄然淡出，被依赖它的人们“束之高阁”，因而很难说清楚。但是在整个思想和知识的体系中，它仿佛树根，支撑着树干、树枝和树叶，给它们提供存在的水分与营养。思想的“终极依据”虽隐于意识深处难以为人们所见，但正是它为知识和思想提供了支撑和依托，赋予知识与思想的合理性，控制着人们对一切的判断与解释。但是经典、精英式的思想史写作，囿于有形的典籍和言说，对历史深处的幽暗和混沌无所觉察，使得思想的“终极依据”始终沉于意识的底层，思想史写作缺乏最根本的支撑，从而导致思想的现象与事件难以得到最清晰的阐释。

① 葛兆光：《思想史的写法——中国思想史导论》，复旦大学出版社2004年版，第10页。

三

应当如何打破经典、精英式思想史的写作模式，为思想史的写作探寻出新的出路？葛兆光提出了“一般知识、思想与信仰”的概念。何为一般知识、思想与信仰？葛兆光说，在人们生活的实际的世界中，还有一种近乎平均值、作为底色或基石而存在的知识、思想和信仰。最普遍的，也能被有一定知识的人所接受、掌握和使用的对宇宙间现象和事物的解释，是一种“日用而不知”的普遍知识和思想。这种一般的知识、思想与信仰，真正地在人们判断、解释、处理面前的世界中起着作用。一方面，它背靠人们不言而喻的终极的依据和假设，建立起一整套有效的理解；另一方面，在日常生活中起着解释和操作的作用，以作为人们生活的规则和理由。

《导论：思想史的写法》分为上下两个部分，每部分由一个引言和四个小节组成。八个小节主要思考与论述的是以下问题：精英与经典的思想世界和一般知识、思想与信仰世界的关系问题；知识史与思想史的关系问题；古代中国思想的终极依据问题；所谓“无思想”的时代对于思想史的意义问题；作为历史记忆的传统知识和思想的诠释问题；思想史研究中考古发现与文物资料的使用问题；后现代历史学理论资源的意义和边界问题。从这八个小节的论述来看，“一般知识、思想和信仰”在其中起着核心和纽带作用。从整部《中国思想史》来看，“一般知识、思想和信仰”也贯穿于全书始终，是统摄全书的一个重要概念。

如关于春秋战国时期思想的论述。春秋战国时期是中国思想史最辉煌的时代之一。传统思想史的写作，在论述春秋战国思想产生的基础时，多是从当时的社会环境，政治、经济、宗教状况等方面进行分析。如侯外庐的《中国思想通史》、杨荣国的《中国古代思想史》。侯外庐的《中国思想通史》从古代中国乃至古代亚细亚的社会状况遥遥发起，迤经殷商、西周，最终落脚在春秋战国，然后浓墨重彩，分章论述孔墨老庄等思想家及其流派。条分缕析，眉目清楚，但是其对古代中国的文物、考古等领域，特别是考古发现中没有文字的部分，的确少有涉及。葛兆光认为，“任何经由人工的文物本身都携带了人的想法，从无文字的考古发现与文物资料中重建思想话语，恰恰是思想家的责任”[①]。比如说，从殷周考古发现的古墓葬结构，到汉唐考古发现的皇宫与长安遗址，以及一直延续到明清甚至当代的中央都市建筑，从亚形演变到以南北为中轴，两翼平行展开，布局齐整的格局，可能包含着“奉天承运”的古代中国政治观念。而墓室壁画中日常生活场景在宋代明显增多，则反映了人们生活世界重心的变化及都市与文明的扩张。所以在写作春秋战国时期这段思想史时，葛兆光特别强调了星算、占卜之学对于春秋战国思想生成的意义。

又比如说关于中国上古时代的思想状况的描述。胡适讲中国思想史，丢开唐、虞、夏、商，径自从《诗经》讲起。但是葛兆光认为要去追溯“思想之初”，“根据历史的资料和思想的理路，去体会古代人类的心情，去追溯古代人类思想的历程”[②]。因此，在重构上古思想

① 葛兆光：《思想史的写法——中国思想史导论》，复旦大学出版社 2004 年版，第 110—111 页。
② 葛兆光：《中国思想史》第 1 卷，复旦大学出版社 2004 年版，第 4 页。

世界时，葛兆光在征用有字文献的同时，特别重视对无字文物——良渚玉琮、濮阳蚌壳龙虎、凌家滩玉版——对于思想史的意义。通过对这些无字文物的分析，葛兆光认为，中华先民很早就有了“天圆地方”的观念。这个观念不仅“包含着宇宙天地有中心与边缘的思想，而且潜含着中国古代人们自以为居于天地中心的想法”①，更重要的是，对天地的感觉与想象与后来中国人的各种抽象观念有极深关系，是古代中国人推理和联想中不证自明的基础和依据。

关于“思想之初”，彼得·沃森在《思想史——从火到弗洛伊德》一书中说，根据某些生物学家的观点，人类的第一个抽象思想出现于大约 70 万年前，当石器手斧在比例结构上开始呈现标准化的时候。这一标准化表明早期人类的头脑中已经有了手斧应该是什么样的“思想”。但是他认为，在 250 万年前，远在手斧的标准化之前，早期人类认识到锋利的石头能够穿刺他们用手指和牙齿都不能撕开的兽皮而首次发明手斧，也是一种“思想”的证据。② 彼得·沃森的观点可能不无商榷之处，但即便如此，它仍然显现出“一般知识、思想和信仰”对于思想史的重要意义。同样，葛兆光的《中国思想史》一书在细节上，并非没有争议之处，但是它对于“一般知识、思想和信仰”的强调，为思想史的写作提供了一条新的思路；对于文学史、文化史等领域的写作，也具有重要的启示意义。

思考与讨论

1. 试论述葛兆光写作《中国思想史》的时代背景。

2. 葛兆光所说的“一般知识、思想与信仰”的相对于传统思想史所说的“知识、思想与信仰”有何独特性？在思想史上有何独特意义？

3. 在自己的专业领域中是否也有葛兆光所说的“一般知识”，这种一般知识对于自己的专业有没有影响？

拓展阅读

1. 葛兆光：《中国思想史》第 1 卷，复旦大学出版社 2004 年版。

2. 彼得·沃森：《思想史——从火到弗洛伊德》，胡翠娥译，译林出版社 2018 年版。

3. 尤瓦尔·赫拉利：《人类简史——从动物到上帝》，林俊宏译，中信出版集团 2017 年版。

① 葛兆光：《中国思想史》第 1 卷，复旦大学出版社 2004 年版，第 19 页。 ② 彼得·沃森：《思想史——从火到弗洛伊德》，胡翠娥译，译林出版社 2018 年版，第 9 页。

德性，个人生活的整体和传统的概念（节选）[①]

麦金太尔

任何一个把每个人的生活看作是一个整体，一个统一体，他的品格使德性有一个适当的目的的当代设想，都要碰到两种不同的障碍：一种是社会的，一种是哲学的。社会的障碍来自这个方面：现代把每个人的生活分隔成多种片段，每个片段都有它自己的准则和行为模式。工作与休息相分离，私人生活与公共生活相分离，团体则与个人相分离，人的童年和老年都被扭曲而从人的生活的其余部分分离出去，成了两个不同的领域。所有这些分离都已实现，所以个人所经历的，是这些相区别的片段，而不是生活的统一体，而且教育我们要立足于这些片段去思考和体验。

《德性之后》书影

哲学的障碍来自两种不同的趋向，一种是主要的，虽然不仅仅是这种，这就是在分析哲学中成为主流的趋向，另一种是在社会学理论和存在主义之中的趋向。前者是这样的趋向：依据简单的成份，以原子论的方式思考人的行为，分析复杂的行为和处理问题。这种趋向在“一个基本行为”这种观念的多种背景条件中重复出现。具体行为作为更大整体的部分而有它们的特点这一观点是一个与我们主导思想相异的观点，但只要我们开始懂得，个人生活远不仅是个别行为和事件的一个后果的时候，我们就至少必须考虑这个观点。

…………

同时，自我消解成一系列角色扮演的分离领域，不允许那被真正看作是德性——在任何一点亚里士多德主义的意义上的那些品质有践行的余地，因为一种德性不是一种使人只在某种特定类型的场合中获得成功的品质。被说成是一个好委员、一个好的管理人员、一个赌徒或一个诈骗团伙中的歹徒的德性的东西，是职业技艺在这些场合中的职业性运用，在这些地方，职业技艺是有效用的，但它不是德性。某人真正拥有一种德性，就可以指望他能在非常不同类型的环境场合中表现出它来。在许多环境场合，我们不能指望一种德性的践行会有效用，却可以指望一种职业技艺能够做到。赫克托耳在他与安德洛玛刻分手和在与阿基里斯交战时，表现了完全相同的勇敢；埃利诺·马克思在与她父亲的关系中，在同职业工会主义者一起工作中，和在与艾夫林的纠葛中，表现了同一个同情心。在某人的生活中的一个德性之整体，唯有作为一个整体生活，即一个能被看作也可被评价为

① 选自麦金太尔：《德性之后》，龚群等译，中国社会科学出版社 1995 年版，第 257—281 页。

一个整体的生活的特征才是可理解的。因此,正像在本书前些部分,在讨论到与现代的出现相伴随的道德的破碎和变化时所指出的,有着现代特征的道德判断的论点的出现的每一阶段,为一个有着现代特征的自我概念的相应阶段的出现所伴随,所以现在,在界定特定的前现代的德性概念(这一概念是我书中早就有的)时,必然要对相伴随的自我概念说点什么,这是这样一个自我概念:它的整体性在于这样一种叙述的整体中,这种叙述把诞生、生活和死亡联结起来作为叙述的开端、中间和结尾。

…………

我正站着等一辆公共汽车,一个年轻人挨着我站着,突然他说:"一般野鸭的名称是Histrionicus,Histrionicus,Histrionicus。"他所说的这句话的意思是没有问题的,但问题是,如何回答这个问题,他说出这句话是要干什么?可设想他刚才说出的这个句子是间发性的偶然说出的,这可能是疯了的一种可能的形式。但如果如下的情况是真实的,他说这句话这个行为就是可理解的。他把我错误地看成是昨日他在图书馆所碰到的问他如下问题的某人,"你碰巧知道一般野鸭的拉丁文名称吗?"或者他刚从心理治疗医生那里上课回来,他的医生鼓励他通过与陌生人谈话来消除他的羞怯。"但是我将说什么呢?"医生说:"你说什么都行。"或者他是一个苏联间谍,在一预先安排好的约会地点等待着,说出这句选择不当的暗语句子,以使人能认出他来和他接触。在这每一个情形里,通过寻找这句话在一种叙述中的位置,说话这个行动变得可理解了。

对此,可能有人会答复说,提供一种叙述也不必然就使得这样一种行动可以理解。这里理解所需要的是,我们能识别相关类型的言语活动。(例如,"他正在回答一个问题")或者他的话有某种目的(例如,"他正力图引起你的注意")。但言语活动和目的也能是可理解的,或不可理解的。设想,那个在公共汽车站的人以如下话来解释他的言语:"我正在回答一个问题。"我回答说:"但我决没有向你问任何问题,而对于那个问题,但愿那能是个回答。"他说:"噢,我知道了。"因而,他的行为又变得不可理解。并且,我们能够很容易地举一个同等的例子指出,服务于一种已知类型的某些目的的行为——仅仅这个事实还不足于使得一种行为可理解,目的和言语活动都需要背景条件。

…………

在这章的开始时,我表明,要成功地识别和理解某人正在做什么,我们总是要把一个特殊事件置于一些叙述的历史背景条件中,这历史既有个人所涉及的历史,也有个人在其中活动和所经历的环境的历史。现在这点变得很清楚了:我们通过这种方式使得其他人的行为可以理解,因为行为本身有一种基本的历史特征。正是因为我们过着可叙述的生活,也因为我们依据我们所过的叙述生活理解我们自己的生活,叙述形式才是理解其他人的行为的适当形式。故事在它被说出以前就存在——除了虚构的以外。

…………

一个活着的传统是一种历史性的伸展了的,社会性的具体化了的论证,并且恰恰有几分是有关构成传统的利益的一种论证。在一个传统内对利益的追求,延伸几代人有时甚至是许多代人。因此,个人对他或她的利益的追求,就一般的和特殊的意义而言,是被引导在那些传统所限定的范围内的,而个人生活就是这些传统的一部分,这不论对于实践的内在利益还是对个人生活的利益而言，都是如此。再一次地我们看到，包容的叙述现象是至关重要的，我们时代的一种实践的历史；在一般的和特征的意义上，是被那属于传统的更大和更长的历史所包容，也只有依据这个更大更长的历史才可理解，通过这个传统，实践以它现在的形式被传递给我们；我们个人自己的生活的历史在一般的和特征的意义上，也是包容于一些属于传统的更大更长的历史中，也只有依据这些更大更长的历史才可理解。我不得不说"在一般的和特征的意义上的"，而不说"总是"，因为传统在衰败，分解和消失。那什么维持着和强化着这些传统，又是什么削弱和摧毁了它们？

关键性的回答是：相关德行的践行或缺乏相关德行的践行。如果要获得实践的多种内在利益的话，德性就要维持那些必需的关系，而德性不仅在维持那些必需的关系中，也不仅在维持个人生活的方式中——在这种方式中，个人以他的整体生活的善（利益）作为他的善（利益）来寻求——有它的意义和作用，而且在维持那些把必然的历史关联条件提供给实践和个人的传统中有它的意义和作用。缺乏正义，缺乏真诚，缺乏勇敢，缺乏相关的理智德性，这些都腐败着传统，正如它们腐败着从传统中获得其生命的那些机构和实践一样，而这些机构和实践是传统在当代的具体体现。认识到这一点当然也在于认识到另外一种德性的存在，这种德性是当它几近不存在时，它的重要性可能就最为明显，这是一个对传统有适当意义的德性，一个属于传统，或传统所遇到的德性。不要把这种德性与任何保守主义的古董形式相混淆，我不赞成那些选择了充当赞美过去的传统的保守主义角色的人。宁可说，传统的一种适当意义是在对将来的那些可能性的把握中表明的，这种可能性就是说，过去已使现在的出现有其可能，活着的传统，恰恰因为它们继续着一个未完的叙述而面对一个未来，而就这个未来具有的任何确定的和可确定的特征而言，它来自于过去。

导读

麦金太尔，当代西方著名哲学家和伦理学家，他认为当代人类已经处于深刻的危机之中。在科学技术日益发展的今天，当代人逐渐成为单向度的人，成为一种工具，功利主义大行其道，现代伦理学就是规则中心主义，即强调规则，强调服从等。面对如此现状，他呼唤回归道德传统。在《德性之后》一书中，他用"尼采还是亚里士多德"这样一个问题来表达对当代道德哲学的出路问题的选择。"尼采意味着一种可以无视道德主张激进的道德虚无主义，亚里士多德意味着一种可以包括全面人生德性、幸福和生活方式的美德伦理学。"①麦金太尔认为，尼采主张建立的是道德虚无主义，而亚里士多德主张建立的是内涵与外延都更为广泛的德性伦理学。

一、麦金太尔对西方伦理道德的反思

现代社会，人远离了目的，变成了工具，人的异化问题成了时代特征，从而导致德性失

① 何怀宏：《现代伦理学：在康德与卢梭之间》，《读书》2004年第12期，第150页。

去了根基，最终道德及哲学陷入了相对主义和虚无主义。麦金太尔对当代西方道德的现状进行了激烈的批判，并进行了深刻的反思。在麦金太尔看来，当代人类的德性危机主要体现在三个方面。

第一，当代社会生活中道德判断标准混乱。在《德性之后》一书中，麦金太尔对这种现状描绘道："当代道德言词最突出的特征是如此多地用来表述分歧；而表达分歧的争论的最显著特征是其无终止性。我在这里不仅是说这些争论没完没了——虽然它们确是如此，而且是说它们显然无法找到终点。似乎在我们的文化中没有任何确保道德上一致的合理方法。"①他用日常生活的三个争论来对其观点进行充分的阐释，分别是战争问题、人流问题、教育医疗权利问题。这三个问题的争论充分表明社会及人们对道德的理解随时代变迁而变得多元化。价值多元与生活方式多样导致道德相对主义的出现，造成道德判断标准混乱。

第二，当代西方社会情感主义泛滥。当代西方社会生活中道德判断的运用是纯主观的和情感性的，个人的道德立场、道德原则和道德价值的选择是没有客观依据的主观选择。情感主义否认存在客观的、非个人的道德标准，道德判断的主观性成为合理存在，德性必然异化。

第三，传统德性边缘化。在麦金太尔看来，从传统意义上看，德性已经发生了质变，由以往的在社会生活中占中心地位退居到生活的边缘。这是他呼唤传统的重要原因。麦金太尔认为启蒙运动导致亚里士多德的目的论传统丧失，把人类引向了道德相对主义与虚无主义，使传统德性边缘化。因此，他极力主张回归传统，即回归亚里士多德的传统道德谱系。

二、麦金太尔的德性观

在《荷马史诗》中德性用于指称任何种类的优点。拉丁语中的德性则指"男子气概的"，显示某方面能力的品性。L. 施密特在《古希腊伦理学》中谈道，"对于个人或事物，无论是实践的、道德的、精神的或肉体的属性来说，凡是具有头等重要意义的"②，都被认为是具有德性的东西。亚里士多德认为"德性属于灵魂"，他在《优台谟伦理学》中谈道，"德性是那些有某种用途或效用的事物最好的排列、品质或能力"。③ 在他看来，德性必须具有人的灵魂中最优秀、最高级的部分——理性并受其指导，否则谈不上真正的优秀，也谈不上美德。

麦金太尔在批判继承前人基础上，进一步探讨了德性的问题。在他看来，德性至少包括三方面。

（一）真正的德性具有实践性品质

麦金太尔认为，德性只有通过具体的实践才能得以表现并获得其意义，具体的实践活动是德性得以表现的基础。人们在实践中获得内在利益与外在利益。所谓外在利益就是

① 麦金太尔：《德性之后》，龚群等译，中国社会科学出版社 1995 年版，第 9 页。 ② 施密特：《古希腊伦理学》第 1 卷，柏林出版社 1982 年版，第 295 页。 ③ 苗力田：《亚里士多德选集》伦理学卷，中国人民大学出版社 1999 年版，第 374 页。

在一定社会条件下，人们通过任何一种形式的实践可获得的权势、地位和金钱等。内在利益则是某种实践本身就具有的，除了这种实践活动任何其他类型的实践活动都不可获得。因而这种内在利益或善的获得必须依据参加特定的实践所取得的经验才可识别和判断，缺乏相关经验的人是无法判断的。① 举一简单的例子，一个长跑运动员，获得了长跑冠军，他所获得的外在利益便是金钱与荣誉，但他获得的快乐与成功感则是内在利益。同时麦金太尔指出，进入一种实践，既要获得这种实践所带来的利益，这里包括内在利益和外在利益，但也要涉及卓越的标准和服从规则。跑步跑得好，是在服从规则的前提下所表现出来的卓越，人只有在服从规则的前提下实践，才能在其中追求相应的卓越，才能获得他的内在利益。而在服从规则里，我们需要有正义、勇敢、诚信与美德，实践活动才能继续，所以美德对于实践具有内在的重要意义。因此麦金太尔将德性定义为："德性是一种获得性人类品质，这种德性的拥有和践行，使我们能够获得实践的内在利益，缺乏这种德性，就无从获得这些利益。"②

麦金太尔把德性与实践看成内在不可分割的，没有实践就无从谈德性。德性可以使一个人获得内在利益，而人只有处于有着内在利益的实践中才能获得德性。即德性就是一种内在利益的获得性品质。

（二）德性应与人的整体性紧密相连

麦金太尔在《德性之后》中说道："任何一个把每个人的生活看作是一个整体，一个统一体，他的品格使德性有一个适当的目的的当代设想，都要碰到两种不同的障碍：一种是社会的，一种是哲学的。"③他认为，在社会意义上，人被分割成不同的角色，个人生活的整体性消失殆尽。而在哲学领域，在功利主义或者义务论者看来，个人是原子式的存在，原子式地思考个人行为，依据简单的行为成分，分析复杂的行为和处理问题。④ 他认为德性应该体现在一个人的生活整体中，他把只在某一特定场合或特定类型的活动中使人获得成功的内在品质称为技能。一个人的德性应该在不同场合不同类型的活动中表现出来，应体现在其生活的整体中。举例说明，一个人在他的上级面前非常有礼貌但面对下属却截然不同，缺乏耐心且暴躁，这样的礼貌文明不叫德性。

在选文中关于问野鸭子名字的例子充分证明：人生就是一个历史的叙事，我们要理解别人就需要理解他的历史故事，我们理解了他的这种具有可理解性的故事，他的"人格的同一性"也就能体现出来了。因此麦金太尔将德性定义为"将使我们能够克服我们所遭遇的伤害、危险、诱惑和涣散，从而在对相关类型的善的追求中支撑我们，并且还将把不断增长的自我认识和对善的认识充实我们"⑤。

（三）德性应关乎历史传统

麦金太尔认为，从历史来看，个人从社会的过去继承了很多东西，是传统的继承者，个人的社会身份和历史身份的占有不可分割。也就是说，对个人的理解应置于历史角度，个

① 麦金太尔：《德性之后》，龚群等译，中国社会科学出版社 1995 年版，第 18 页。 ② 麦金太尔：《德性之后》，龚群等译，中国社会科学出版社 1995 年版，第 241 页。 ③ 麦金太尔：《德性之后》，龚群等译，中国社会科学出版社 1995 年版，第 257 页。 ④ 龚群：《麦金太尔的德性伦理观》，《伦理学研究》2009 年第 4 期，第 83 页。 ⑤ 麦金太尔：《德性之后》，龚群等译，中国社会科学出版社 1995 年版，第 277 页。

人对德性的探求都发生在传统之内。就一个历史传统来说，他内含着个人和实践活动的历史关联条件。个人生活作为传统的一部分，自我都是传统的承载者，因此，个人与历史的关联是通过传统来实现的，而这种历史关联条件提供给个人和维持实践传统的是德性。

因此麦金太尔的第三层德性定义是：相关美德的践行维持并强化着传统，而美德的缺失则削弱并破坏着传统。

三、德性论之于大学生德育

所谓德育，有广义也有狭义之说。我们这里所说的大学生德育专指狭义的德育，即学校德育，是指教育者按照一定的社会或阶级要求有目的、有计划、有系统地对受教育者施加思想、政治、道德方面的影响，并通过受教育者积极的认识、体验和践行形成一定社会与阶级所需要的品德的教育活动。我们仅从狭义的角度来探讨麦金太尔德性论对我国大学生德育的启示。

第一，注重德性实践养成，追求内在利益。

任何一种理论研究都是源于社会实践的需要，其最终的目的是指导实践。麦金太尔认为，只有通过具体的实践，德性才得以表现。因为实践活动将会出现在不同的情境中，课堂教育不能够涵盖所有情境，我们当代大学生要全面发展自己的德性，就必须做到理论与实践相结合，理论指导实践并在实践中获得内在利益。

麦金太尔认为，实践是德性的基础，而实践最重要的目的是对诸如真诚、善良、正直、勇敢等的"内在利益"的获得，而非金钱、权势等的外在利益的获得。正当的外在利益是可取的，它可以成为社会发展的动力并为其提供物质保证。但不可只为外在利益而不择手段，迷失自我，成为金钱的奴隶，成为如马尔库塞所说的"单向度的人"。

如今的许多大学重智轻德，学校的思想道德教育匮乏，致使一些大学生丧失德性，以致发生诸多校园恶性事件。德性的形成与完善至关重要，德性培养是理想人格培养的前提。我们当代大学生应多在实践中追求内在利益，在实践中完善自己的德性，努力成为有理想人格的人。

第二，充分认识生活的整体性。

在现代社会，自我与社会相分离，个人以自我为中心来进行道德判断，德性被现代化。人的生活被割成碎片，不同的场合需要不同的德性，因此一个人是否具有德性，需要观照他的整体生活才能作出判断。不同的角色，不同的职业，对道德要求不一样。在德育过程中，当代大学生需要认识生活的整体性，培养整体的德性以及在各个冲突中保持统一。

只有把个人生活看作一个整体，我们才可能成为对别人、对社会负责的人。"我"是过去"我"的延续，将来的"我"是现在的"我"的延续，"我"必须对所做的每一件事负责。大学生在德育过程中，要把人生看作一个不断向终极目标前进的过程。这个过程有各种艰难险阻，但只要把德性当作内心的信念，我们无论面对什么困境都能作出合理的选择，显现美好德性，获得善的品质。

第三，德性与传统的互动。

麦金太尔认为，我们需要从传统的角度来理解与把握德性与善。只有对传统文化的深刻把握才能获得对德性的准确理解。我国的传统文化所追求的是一种“真、善、美”的人生境界，是一种对自我价值与社会价值的高度统一的追求，也是一种人与自然、群体、社会的和谐统一。美德的践行维持并强化着传统，人类社会就是靠美德将过去、现在、未来维系起来的一个有生命力的连续且不断发展的统一体。面对传统，我们要做到弃其糟粕，取其精华。中国的传统文化博大精深，我们要以开放的眼光来看待，发现其重要的现代价值。

思考与讨论

1. 你在大学接受了什么样的道德教育？
2. 结合生活实际，思考当代大学生应如何进行自我德育。

拓展阅读

1. 龚群：《麦金太尔的德性伦理观》，《伦理学研究》2009 年第 4 期。
2. 龚群、邢雁欣：《麦金太尔的德性观》，《天府新论》2009 年第 6 期。
3. 周中之：《伦理学》，人民出版社 2004 年版。
4. 苗力田：《亚里士多德选集》伦理学卷，中国人民大学出版社 1999 年版。

万俊人论市场经济、道德与雷锋精神

万俊人[①]

论市场经济的道德维度(节选)[②]

所谓“市场经济的道德维度”，是指市场经济本身的道德性及其理解。它至少涉及两个方面：其基本方面是，作为现代人类经济生活和行为的基本模式，市场经济是否有其内在的道德意义和价值尺度？

…………

在《国富论》中，斯密似乎采取了相反的出发点：人性本恶。然而在他看来，人性本善与人性本恶都是人性的原始事实，最善者也会自保自利，最恶者也不乏同情。正是这种人的天性生成了人类自身两个伟大的行动目标：“维持个体的生存和种族繁衍”[③]。前者要求个人努力追求自我发展，后者要求每一个体必须兼顾他人福利，保持其行为的“合宜性”。这两个相互关联的动机，促成了人类个体目标与整体目标的内在关联，仿佛有一只“看不见的手”将个体的自利行为导向人类社会的共同善。[④] 用经济学术语说，个体充分而合理的自由竞争和创造，必然带来社会整体福利的增长，这就是市场经济的自然秩序。人们不应忘记，被视为斯密政治经济学的重要概念之一的“看不见的手”，最早却出自其道德哲学代表作《道德情操论》。这一概念推理逻辑使我们想到同期法国思想家孟德威尔的《蜜蜂寓言》。后者曾证明个人与社会如同蜜蜂与蜂巢的关系，只要每一只蜜蜂勤劳采撷酿蜜，最终的结果必定是整个蜂巢蜜流充盈。这就是孟德威尔“私恶即公利”的著名命题。与之相似，斯密用“看不见的手”对国民财富及其起源作了同样的推理：在市场经济条件下，只有实行完全自由的经济竞争，才是增加国民财富并使之最大化的根本途径。马克思证实：斯密的逻辑推理来源于孟德威尔，因为《国富论》中有一段话“几乎逐字逐句抄自贝·德·孟德威尔的《蜜蜂的寓言，或个人劣行即公共利益》的注释”[⑤]。

…………

……斯密的道德推理实际不是在制造问题，毋宁说揭示了一个深刻的现代性问题：

① 万俊人：清华大学人文学院哲学系教授。 ② 选自《中国社会科学》2000年第2期。 ③ 亚当·斯密：《道德情操论》，蒋自强等译，商务印书馆1997年版，第107页。 ④ 亚当·斯密：《道德情操论》，蒋自强等译，商务印书馆1997年版，第230页。 ⑤《马克思恩格斯全集》第23卷，人民出版社1972年版，第393页。马克思所指的那段话是《国富论》上卷第一篇第一节“论分工”的最后一段，参见郭大力、王亚南中译本，商务印书馆1997年版，第11—12页。

在商品经济条件下①，是否能够或是否应当将人类经济行为与其道德行为完全分离开来？人格能否截然分裂？

…………

然而，上述能够证实市场经济之道德正当合理性的三个主要方面，即价值效率、市场分配正义、较充分的行为交往和利益共享，虽然具有内在本然的道德性质——即它们本身具有人类善的积极价值，但是，第一，这是在某种理想化的意义上来说，并不能必然成为完全的现实；在某种特殊情景条件下，还可能走向其反面。比如说，无节制地放任主义的市场经济，不仅不会创造生产的高效率，反而有可能造成效益的浪费，本世纪前期的世界性经济危机（1929—1933）时期，由于生产过剩而出现的以奶填海的现象即是显证。所以说，在市场经济的效率标准中，生产高效与生产过剩仅一步之遥。第二，市场经济的“市场分配公正”只是原初的、有局限的。作为“第一次分配”，市场调节的作用只限于交易性领域，并不能扩及非交易性领域。而且，市场公正本身虽然具有其客观普通性，但并不彻底。比如说，它并不能完全确保有资格进入市场的所有“经济人”或“游戏者”具有真正意义上的起点公平，因而其自由的公平竞争也可能从一开始起就是不公平的。拥有大量土地和地租收入的庄园主与一无所有的无产者毕竟不可能享有真正平等的参与资格，他们在市场游戏中的角逐一开始就不是真正公平的。第三，市场经济本身不能完全脱离人类生活的其他方面而孤立存在和发展，更不可能完全自发进行，它需要有必要的社会政治、文化和道德的条件。“文革”时期的中国不能实行市场经济，20 世纪末期的中国也不可能重复17、18 世纪英国资本主义和殖民扩张式经济发展道路。由于其特殊的政治经济结构、文化传统和其所面临的国际经济形势，今天的中国只可能选择“社会主义的市场经济”。这些条件限制本身即说明了市场经济本身的现实合理性限度。

…………

道德价值原本就是人类经济生活中一个不可或缺的必要考量。人既不可能是纯粹的“经济人”，也不可能是纯粹的“道德人”，即使是最典型的“守财奴”或最伟大的道德圣人也不会如此。当亚当·斯密谈到“经济人”和“道德人”时，他只是说，人性有善有恶（“利他”或“利己”）的原始事实，有可能导致人格的分裂，但真正具有健全理性的人是不会如此的，尤其是当我们把人类追求物质之善的经济行为与追求精神之善的道德行为都置于人性之善或人生完善的整体目标中来加以审视时，情况更是如此。

…………

道德资源已被证明是一种可以转化的特殊社会资本。美国著名学者福山在其近著《信任——社会美德与繁荣的创造》一书中，通过对欧美、日本和其他东南亚国家的社会信任度差异的实证审察和分析，揭示了诸如诚信一类的“社会美德”在这些国家或地区的现

① 在斯密思想中，“商品经济”比“市场经济”的概念内涵似更为宽泛。如他所说，一旦社会劳动分工形成，“一切人都要依赖交换而生活，或者说，在一定程度上，一切人都成为商人，而社会本身，严格地说，也成为商业社会”。《国富论》，郭大力、王亚南译，商务印书馆 1997 年版，第 20 页。

代化经济生活中所产生的不同作用和效果。[1] 一些经济学家未必承认道德资源可以转化为经济资本，可他们却不能不承认，虽然人们还不能精确地证实道德能够给市场经济增加什么，至少已经可以证明道德能够给市场经济活动减少什么，比如说，普遍的社会伦理信任可以降低市场的“交易成本”或“额外交易成本”。道德的这种“减少”效应，实际也就是一种经济的“增长”效益。

道德作为人类行为和关系的一种持久有效的调节方式和规范系统，不仅可以作为确保社会正义分配的“第三种调节”方式，促进和完善社会的公平分配，而且也是社会正义（包括分配正义）的基本价值标准之一，因而也是保障和促进经济学自我确立的“富国裕民”之崇高目标的社会普遍化落实的重要条件。现代市场经济被公认为是制度化、秩序化和全球化的经济，其制度、秩序和全球化的内涵不是纯经济性的，至少还包含有政治和法律、社会伦理和文化心理、甚至个人内在道德约束（如正义感、责任感）等规范内容。这其中，社会伦理规范作为一种无形的秩序和约束仍起着不可替代的作用。

对市场经济和经济学的道德审察或伦理批判总是必要的。这是评价和反省社会经济事实的基本方式之一，其目的不是限制经济本身，而是限制经济活动中潜在的缺陷和可能的风险，规范人们的经济行为和活动，使其成本或费用尽可能经济合理，从而最终实现真正合理高效的经济目标。而它的深远意义则在于，始终保持人类政治、经济和文化之生活世界的完整和统一，确保人类社会理想与人格理想的完整和统一。这样，我们对市场经济之道德维度的探究本身也就是对人类幸福生活之道德基础与价值意义的追问。

迷茫的时代与雷锋精神[2]

50 年前，雷锋这位普通的战士用短暂的一生书写了一种不朽的道德精神：助人为乐，给人以春天般的温暖；服务人民，给社会以秋天般的奉献；干一行爱一行，专一行精一行，对事业投以夏天般的热情；做好事，不嫌点滴微小；做好人，能在日常平凡中成就纯粹高尚；艰苦奋斗，勤俭节约；律己成就温良恭俭让之美德，为人达于仁爱道义之至善。行为平凡而品格非凡，动机单纯而德性纯粹，生命短暂而精神长久。因此，他赢得了人们的崇敬，成为了一代又一代人的道德典范。49 年前，毛泽东主席挥笔题词，号召全国人民“向雷锋同志学习”。时至今日，雷锋的名字历久弥新，享誉海内外。这种不朽的道德精神被称为“雷锋精神”。毫无疑问，它将长久地保有其道德典范意义，不仅之于中国，而且也之于世界；不仅之于过去，而且也之于现在和将来。它是中国社会主义道德精神的集中体现，也是中华民族珍贵的道德精神财富，它曾经滋润、也将长久地滋润中国人民和一切善良人们的道德精神世界。

---

① 弗兰西斯·福山：《信任——社会美德与繁荣的创造》，李宛蓉译，远方出版社 1998 年版。译者把“social virtue”译为“社会道德”，欠贴切，现改译为“社会美德”。 ② 选自万俊人：《迷茫的时代与雷锋精神》，《人民论坛》2012 年第 9 期，第 58—59 页。

一个冷漠、无情、自私、甚至贪婪的社会决不是好社会

今天，我们依然回顾雷锋的精神，以他为榜样。然而，对于我们和我们这个时代来说，再一次回味雷锋和以他的名字命名的雷锋精神，却不仅仅是因为"雷锋精神"依然值得纪念和学习，更多的是因为我们和我们这个时代比以往任何时候都更加急切地吁求着"雷锋精神"。

不是吗？当一些人目睹惨死的小悦悦却无动于衷、熟视无睹时，当一些人面对倒下的老人却仍纠结于"扶还是不扶"而踌躇不前时，当一些人花天酒地却忘记茅屋秋风中的父老乡亲时，当一些人面对金钱名利而心慌意乱、甚至不顾一切时，当"范跑跑"面对突如其来的灾难不顾自己的学生却还能津津乐道时，难道不需要"雷锋精神"来唤醒这些人已然迷茫的心灵？

也许，我们都需要扪心自问：我们中是否的确有些人已然对"雷锋精神"从熟悉、亲近、感动而渐渐变得陌生、疏远、漠然？若如是，又是为什么？我们是否真的觉得我们生活的世界已经不再需要雷锋和"雷锋精神"，而只需要金钱、财富、权力和享乐？的确，我们正处在一个急速转变的社会转型时代，需要尽快地改变曾经贫穷落后的国家，需要市场和市场经济，需要过富裕的生活，可是，我们更需要问一问自己：即便拥有所有这些，是否已经足够？金钱、财富、权力和享乐是否就是我们活着的全部意义？若是，为什么当人们拥有这些东西之后却仍然感觉不到幸福快乐，我们中的不少人甚至还会出现"端着碗吃肉，放下筷子骂娘"的尴尬和怨气？

问题和答案其实都很简单：我们都想生活在一个好社会，都想同好人生活在同一个世界。一个冷漠、无情、自私、甚至贪婪的社会决不是好社会，周围太缺少好人甚或太多恶人也不可能让我们过上好生活。更重要更根本的是，人类作为一种社会生物其实非常脆弱，每一个人其实都只是一种"依赖性的理性动物"，无论你多么强大和富足，你都无法独立地满足自己的全部需求。也就是说，我们每一个人都或多或少、在某一或者某些方面依赖他人，因而我们都不得不同他人打交道，也不能不考虑他人和他人的需求、他人的态度和行为。我们的先祖多么富有智慧和伦理！他们从原始打猎的经验中逐渐懂得：一个人的打猎终究难有大的收获，面对诸如狮子老虎一类的庞然大物，若无同胞的援助和必要的器械，再强悍再优秀的猎手也无法得手。可问题是，任何个人都不可能指望只借助于他人而不去援助他人，在人际交往中，一锤子买卖只能偶尔得逞，无法长久指望；而任何一种必要的器械和工具都不可能完全靠自己单独创造出来。马克思说，人是社会的生物，社会是人生存和发展的根本前提和充要条件。众人围猎可以创造更大的收获，社会是我们创造财富和价值的先决条件。对他人和社会的这种内在需求，使得诸如法律、道德、文化都成为了人类自身的必需，成为维系人类社会及其发展的内在需要。

社会主义社会是人类历史上崭新的社会形态，其优越性不仅体现为更高的社会政治正义和经济平等，也体现为更高的道德追求和更普遍的社会主义道义精神，因而更需要道德与道德精神的支撑和滋养。雷锋精神就是社会主义道德精神的集中体现和最高境界：助人为乐，爱民如己，克己奉公；工作兢兢业业，日常温良恭俭让；积小善为大德，持美德于

终身。可以说，雷锋精神的每个方面都体现着社会主义的集体主义、爱国主义、人道主义和利他主义，体现着社会主义的道德责任和道德良知。

今天我们怎样向雷锋学习

新中国成立六十多年来，雷锋精神一直鼓舞和引领着我们的社会主义道德文化建设，历经曲折而迅猛的社会发展，雷锋精神历久弥新，依然鲜活灿烂。今天，我们正值社会主义现代化事业高歌猛进的伟大时刻，政治日益昌明，经济迅猛发展，文化日趋繁荣，社会主义道德建设也正在进入一个崭新的发展阶段。社会主义核心价值观已经成为凝聚人心、推进社会良性发展的精神力量。在此形势下，我们要更加珍惜雷锋精神的道德意义，更加自觉地学习和实践雷锋精神，将之融入我们每一个人和每一个群体的精神意识和道德行动之中。

向雷锋同志学习，不是形式主义地模仿，而是要结合我们这个伟大时代的伟大实践，创造性地践行雷锋精神。近年来，我们社会不断涌现的道德模范和感动中国人物群体，已经用他们的实际行动证明了雷锋精神的魅力和不朽，他们就是我们时代的活雷锋！

向雷锋同志学习，也绝不只是一种社会政治宣传，而是我们时代的道德风尚和中国特色社会主义道德实践的生动见证。不断普及和深入的志愿者义务行动、社会公益慈善行动、文明公民行动、民间自发的扶贫帮困行动和生态环境保护行动……都充分而真实地表明：雷锋精神正在从一种个人道德行动扩展为社会公德行动，从个人美德修养范畴扩展到家庭美德建设、职业道德建设和社会公共道德建设各个领域和层面。也就是说，雷锋精神已然成为我们时代的社会伦理精神！

历史和现实已经证明，而且我们确信未来也仍将证明：中国人民和中国人民的社会主义现代化实践不仅敢于改革开放，敢于创造，而且也善于发展，善于继承和弘扬具有长久价值意义的社会主义的文化、道德、理想和精神。我们拥有孔子等文化先祖为我们创造和留下的独特而宝贵的道德文化遗产，我们也拥有基于马克思主义、毛泽东思想、邓小平理论、三个代表和科学发展观所建立起来的社会主义优秀道德文化。雷锋精神是中华民族优秀道德传统、社会主义新型道德和中国共产党人优良的政党道德的集中体现，它既代表着我们时代崇高的道德精神，也是社会主义核心价值观的集中体现，因而它必将随着社会主义事业的发展而永放光芒。

导读

改革开放以来，随着市场经济的迅速发展，国人的社会生活相对以前有了巨大的改变，因此也影响到国人的道德、精神生活。在对效率、效益的追求下，道德、精神生活对于经济、社会具有怎样的意义？在社会中又处于怎样的地位？万俊人先生的两篇文章给出了鲜明的回答。

著名经济学者汪丁丁在《市场经济与道德基础》一书中，谈到了市场经济与道德的关系问题。但他基本上是基于经济学的角度。他认为，市场经济需要自己的道德基础，假如一个地域、国家在长期的历史发展中发展出了这种道德基础，那么市场经济在这个地域、国家就会得到良好的发展，否则，市场经济在发展过程中，会遇到各种各样的问题。那么，市场经济需要的道德基础究竟是什么呢？汪丁丁认为，“市场经济是分工合作的秩序不断扩展的过程。这个秩序的道德基础是分工的人们对相互产权的尊重。尊重产权是一种社会共识，它要求人们之间建立基本的信任关系”①。而中国在几千年的历史发展中，人们之间的信任关系基本是基于血缘或地缘的关系。就像费孝通先生所说的，中国社会是个乡土社会，乡土社会的结构特点，就是以一己为中心，社会关系层层外推，构成一个由生育和婚姻所结成的关系网，费先生把这种结构称为“差序格局”。差序就像石子投入水中引起的波纹，一圈圈推出去，愈推愈远，愈推愈薄。而在西方社会，“一个人可以以不同‘法人’的资格进入不同团体，团体又可以‘法人’资格进入更大的组织”。费先生把西方社会的格局叫作“团体格局。”

汪丁丁认为，在中国几千年的历史里形成的这种差序格局，在具备血缘、地缘关系的人那里，存在着比较深厚的信任，而超出了血缘和地缘，则很难建立比较深厚的信任关系。所以，我国在实行市场经济的时候，出现了比西方多得多的道德问题。但是，市场经济作为一种比较先进的资源配置的方式，我们又不可能先来培育适合这种方式的社会道德基础，然后再慢慢实现市场经济。我们只能在实行市场经济的时候做一些政治、经济体制的改革，同时进行市场经济道德的教育工作。

以上所述，是典型的从经济学者的角度出发看待市场经济与道德的关系。显而易见，这里的道德是从宏观角度着眼的，与我们所通常理解的微观角度着眼的道德有所不同。

同样是探讨市场经济与道德的关系，伦理学者万俊人的着眼点明显不同于经济学者。他在《论市场经济的道德维度》一文里，主要是从伦理学的角度来探讨这个问题的。

万俊人认为，市场通过市场价格体系与利润分配机制，确保了市场面前人人平等、事事平等。任何非经济的政治力量（权力或权威）、社会文化力量（传统习惯或个人心理偏好）原则上都不能直接限制或改变这种市场竞争的公平秩序。其一，市场经济促进了人类社会的相互交往和沟通，出现了跨集团、跨地区、跨国界的经济贸易。其二，这不但促进了生产、提高了经济效益，也提高了人类分享经济成果的能力，创造了前所未有的社会物质生活条件。他认为，这一点是市场经济具备道德性的重要方面。万俊人认为，市场经济具有道德性，上面所述的几点，正是市场经济表现了道德性的地方。

但同时，万俊人强调，市场经济在具备道德性的同时，也必须有道德规范来约束。其原因在于：其一，市场经济的道德性从理性化的意义上来说，并不一定能完全变为现实；其二，市场经济的分配公正是有局限的；其三，市场经济本身不能脱离人类生活的其他方面而孤立存在。

那么，我们应该如何看待市场经济与道德的关系问题呢？

市场经济本身具有鼓励人们追求个人经济效益最大化的特点，这一点是把双刃剑，一方面，它促使人们提高劳动生产率，研究市场、消费者的喜好；另一方面，它也鼓励人们不

① 汪丁丁：《市场经济与道德基础》，上海人民出版社2007年版，第46页。

择手段，只为实现自己的经济利益最大化。这造成了所谓的“囚徒困境”，即，贪图个人或局部利益的人获利，顾及社会或整体利益的人倒霉。从这方面来讲，市场经济也必须有道德规范的约束。这一点我们从我国的经济发展中也能看到。

改革开放以来，我国的经济建设取得了举世瞩目的成就。经济总量跃居世界第二。但同时，也出现很多道德问题。在市场经济中，在对效率与效益的追求中，某些人变成了利益至上者，所关心的仅是金钱、财富、权力和享乐。所以，必须由道德规范来约束市场经济。不讲道德的市场经济，不仅必然最终会损害市场经济，也会造成人的精神与道德的滑坡。正因如此，越是要求发展市场经济，越是追求效率与效益，道德与精神的价值也显得越发重要，越是需要在时代中发扬雷锋精神。

同时，人类归根结底是一种社会生物，并且人作为一种社会生物，其实都只是一种“依赖性的理性动物”，一个人无法独立地满足自己的全部需求，而不得不在某些方面依赖别人。因而我们都不得不同他人打交道，也不能不考虑他人和他人的需求、他人的态度和行为。一个冷漠、无情、自私甚至贪婪的社会决不是好社会。因此，雷锋精神对于今日的时代仍然具有无比重要的意义。正如作者所说：“新中国成立六十多年来，雷锋精神一直鼓舞和引领着我们的社会主义道德文化建设，历经曲折而迅猛的社会发展，雷锋精神历久弥新，依然鲜活灿烂。”在当今时代之下，我们更是要在习近平新时代中国特色社会主义思想的指导下不忘初心，不懈奋斗，将雷锋精神创造性地融入个人实践之中，为实现中华民族伟大复兴的中国梦、实现人民对美好生活的向往而不断奋斗。

思考与讨论

1. 什么是雷锋精神？
2. 你认为雷锋精神在当代有何意义？
3. 康德是道德义务论者，即道德是个人的不求回报的义务，你如何看待康德的观点？

拓展阅读

1. 亚里士多德：《尼各马可伦理学》，廖申白译，商务印书馆 2003 年版。
2. 万俊人：《正义为何如此脆弱》，经济科学出版社 2012 年版。

高等教育出版社

教学资源索取单

尊敬的老师：

您好！

感谢您使用**詹艾斌**、**陶也青**主编的《**大学人文教程**》。为便于教学，本书另配有课程相关的教学资源，如贵校已选用了本书，您只要添加 QQ 服务号 800078148，或者把下表中的相关信息以电子邮件或邮寄方式发至我社即可免费获得。

我们的联系方式：

联系电话：(021)56718921/56718739　　电子邮箱：800078148@b.qq.com

高教社大学语文写作教师交流群(QQ)：279433803

高教社通识教育教师交流群(QQ)：278499548

地址：上海市虹口区宝山路 848 号　　邮编：200081

<table>
<tr><td>姓　　名</td><td></td><td>性别</td><td></td><td>出生年月</td><td></td><td>专　　业</td><td></td></tr>
<tr><td>学　　校</td><td colspan="3"></td><td>学院、系</td><td></td><td>教 研 室</td><td></td></tr>
<tr><td>学校地址</td><td colspan="5"></td><td>邮　　编</td><td></td></tr>
<tr><td>职　　务</td><td colspan="3"></td><td>职　　称</td><td></td><td>办公电话</td><td></td></tr>
<tr><td>E-mail</td><td colspan="5"></td><td>手　　机</td><td></td></tr>
<tr><td>通信地址</td><td colspan="5"></td><td>邮　　编</td><td></td></tr>
<tr><td>本书使用情况</td><td colspan="7">用于________学时教学，每学年使用________册。</td></tr>
</table>

您对本书有什么意见和建议？

您还希望从我社获得哪些服务？

☐ 教师培训　　☐ 教学研讨活动

☐ 寄送样书　　☐ 相关图书出版信息

☐ 其他________________